BIBLIOTHÈQUE POSITIVISTE

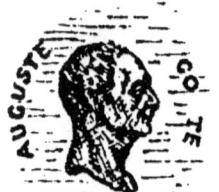

AUGUSTE COMTE

DISCOURS SUR L'ENSEMBLE
DU
POSITIVISME

ÉDITION DU CINQUANTENAIRE

AVEC NOTES, SOUS-TITRES ET TABLE ANALYTIQUE

PARIS
SOCIÉTÉ POSITIVISTE INTERNATIONALE
2, RUE ANTOINE-DUBOIS, 2
Place de l'École de Médecine.

1907

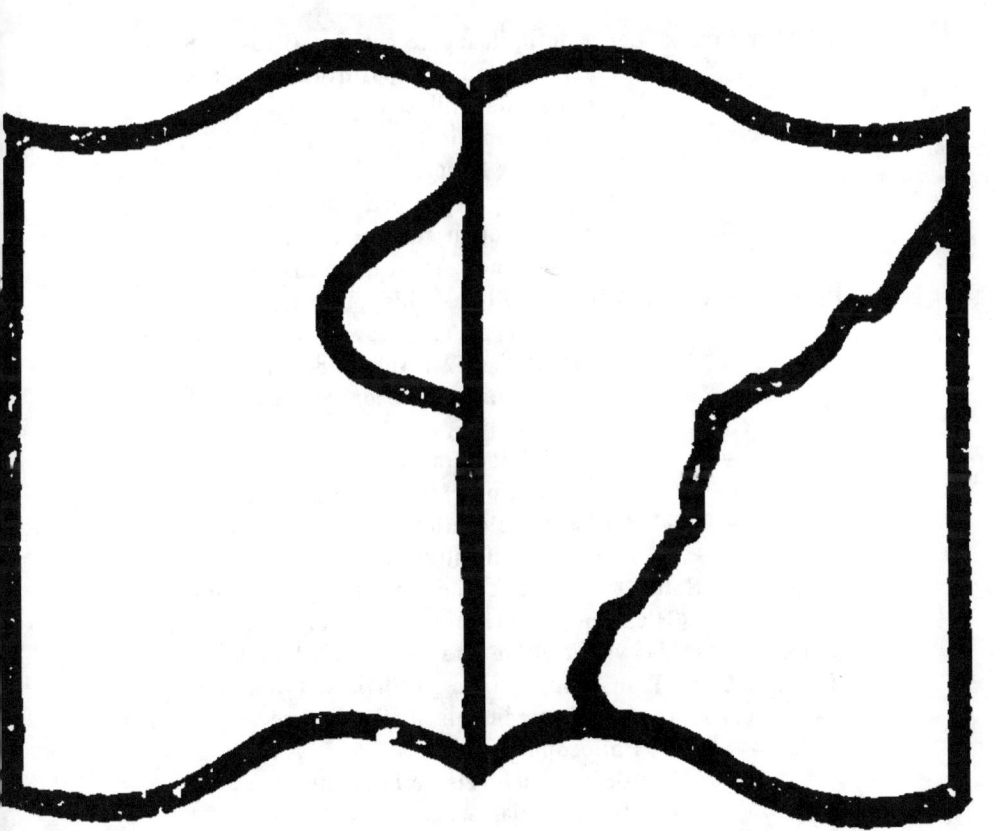

Texte détérioré — reliure défectueuse
NF Z 43-120-11

Publications de l'École positiviste

EXTRAIT DU CATALOGUE

Auguste Comte. Cours de Philosophie positive. 6 vol. in-8.
— Système de Politique positive. 4 vol. in-8.
— Opuscules de Philosophie sociale (1819-1828). 1 vol. in-12..............
— Discours sur l'Esprit positif. 1 vol. in-12.
— Catéchisme positiviste. 1 vol. in-12.....
— Calendrier positiviste..................
— Correspondance. 4 vol. in-8, chacun.....
Pierre Laffitte. Cours de Philosophie première. 2 vol. in-8..........................
— Le Catholicisme. 1 vol. in-8...........
— Le Positivisme et l'Économie politique. 1 vol. in-32.....................
— La Révolution française. 1 vol. in-32...
— La Civilisation chinoise. 1 vol. in-8.....
— Le Faust de Gœthe. 1 vol. in-8, édition de luxe, illustrations.............
Dr Robinet. Notice sur la vie et l'œuvre d'Auguste Comte (3ᵉ édition). 1 vol. in-8..................
Émile Antoine. La vie et et l'œuvre de P. Laffitte........
Maurice Ajam. Transition, roman positiviste. 1 vol. in-8.
Émile Corra. Appréciation générale du Positivisme, br...
— La Philosophie positive..................
— Les devoirs naturels de l'homme..........
— La Morale sociale.......................
— La Troisième République, br. in-8........
— Le Rôle social des Morts, br. in-8........
Dr Paul Dubuisson. Le Positivisme et la question sociale, br.
P. Grimanelli. La Crise morale et le Positivisme. 1 vol. in-8.
Camille Monier. Essai sur le Langage. 1 vol. in-8.......

La Revue Positiviste Internationale

Directeur : Émile Corra.

Rédacteur en chef : Dr Constant Hillemand.

Paraît huit fois l'an par fascicule d'environ 112 pages

Abonnement : France et Colonies, **20 fr.** — Autres pays, **2**
Le numéro : **2 fr. 75.**

Administration : rue Antoine-Dubois, 2, Paris (VIᵉ).

DISCOURS SUR L'ENSEMBLE

DU

POSITIVISME

Publications de l'École positiviste

EXTRAIT DU CATALOGUE

Auguste Comte. Cours de Philosophie positive. 6 vol. in-8.
— Système de Politique positive. 4 vol. in-8.
— Opuscules de Philosophie sociale (1819-1828). 1 vol. in-12..............
— Discours sur l'Esprit positif. 1 vol. in-12.
— Catéchisme positiviste. 1 vol. in-12.....
— Calendrier positiviste................
— Correspondance. 4 vol. in-8, chacun.....
Pierre Laffitte. Cours de Philosophie première. 2 vol. in-8.........................
— Le Catholicisme. 1 vol. in-8..........
— Le Positivisme et l'Économie politique. 1 vol. in-32.....................
— La Révolution française. 1 vol. in-32...
— La Civilisation chinoise. 1 vol. in-8.....
— Le Faust de Gœthe. 1 vol. in-8, édition de luxe, illustrations..............
Dr Robinet. Notice sur la vie et l'œuvre d'Auguste Comte (3e édition). 1 vol. in-8..................
Émile Antoine. La vie et et l'œuvre de P. Laffitte........
Maurice Ajam. Transition, roman positiviste. 1 vol. in-8.
Émile Corra. Appréciation générale du Positivisme, br...
— La Philosophie positive................
— Les devoirs naturels de l'homme..........
— La Morale sociale......................
— La Troisième République, br. in-8........
— Le Rôle social des Morts, br. in-8........
Dr Paul Dubuisson. Le Positivisme et la question sociale, br.
P. Grimanelli. La Crise morale et le Positivisme. 1 vol. in-8.
Camille Monier. Essai sur le Langage. 1 vol. in-8.......

La Revue Positiviste Internationale

Directeur : Émile Corra.

Rédacteur en chef : Dr Constant Hillemand.

Paraît huit fois l'an par fascicule d'environ 112 pages

Abonnement : France et Colonies, 20 fr. — Autres pays, 2
Le numéro : 2 fr. 75.

Administration : rue Antoine-Dubois, 2, Paris (VIe).

DISCOURS SUR L'ENSEMBLE

DU

POSITIVISME

ÉDITION DU CINQUANTENAIRE

AVEC NOTES
SOUS-TITRES ET TABLE ANALYTIQUE

DISCOURS SUR L'ENSEMBLE

DU

POSITIVISME

PAR

AUGUSTE COMTE

PARIS
SOCIÉTÉ POSITIVISTE INTERNATIONALE
2, RUE ANTOINE-DUBOIS, 2
Place de l'École de Médecine

1907

TABLE ANALYTIQUE

DES MATIÈRES

OBSERVATION. — La table analytique comprend notamment les sous-titres, avec leurs numéros d'ordre. Ces sous-titres ne sont pas d'Auguste Comte. Ils ont été ajoutés pour faciliter la lecture et l'étude de l'ouvrage du Maître. Les manchettes insérées par notre éminent et regretté confrère, M. le D. Bridges, dans la traduction anglaise de l'ouvrage, ont servi de point de départ à la rédaction des sous-titres.

	Pages
Préambule général....................................	2

PREMIÈRE PARTIE

Esprit fondamental du positivisme.

1. — Le but de la philosophie est de systématiser la vie humaine..................................	8
2. — La synthèse théologique n'a pas su embrasser le côté pratique de la vie humaine.............	9
3. — L'esprit positif prend sa source dans la vie active	11
4. — Dans la synthèse positive, comme dans la nature humaine, le sentiment est prépondérant......	14
5. — Servir les sentiments sociaux est la fonction propre de l'intelligence......................	16
6. — Dans le régime théologique, l'intelligence était l'esclave du cœur; dans le système positif, elle en est le serviteur................................	18
7. — Principe subjectif du positivisme : l'intelligence doit servir le cœur...........................	21
8. — Le monde extérieur, expliqué par la science, forme la base objective du positivisme........	22

		Pages
9.	L'ordre extérieur contient nos instincts égoïstes et stimule nos sentiments altruistes................	24
10.	Nos conceptions sur le monde extérieur n'ont cessé de s'élargir ; mais elles ne sont que depuis peu satisfaisantes..................	26
11.	Même quand le monde extérieur n'est pas modifiable, il exerce sur le caractère de l'homme une heureuse influence.......................	28
12.	Le monde extérieur est, le plus souvent, modifiable entre certaines limites.....................	31
13.	Pour fonder la synthèse positive, il fallait vaincre une grosse difficulté théorique : compléter la notion de loi naturelle et l'étendre aux phénomènes sociaux et moraux..........	34
14.	La découverte des lois sociologiques donne aux questions sociales une grande importance. Le principe subjectif du positivisme est sans danger pour la pensée libre...............	39
15.	Il y a deux sortes de lois naturelles : les lois abstraites et les lois concrètes. La connaissance et la coordination des lois abstraites permettent de fonder la synthèse positive....	41
16.	La synthèse des lois abstraites découle de la théorie de l'évolution humaine...................	44
17.	Possibilité d'aborder l'œuvre de régénération sociale...	48
18.	Il ne faut pas confondre le positivisme avec l'athéisme, le matérialisme, le fatalisme ou l'optimisme. L'athéisme, comme la théologie, voudrait résoudre des problèmes insolubles...	49
19.	Le matérialisme tend à subordonner les sciences supérieures aux sciences inférieures. Le positivisme rectifie cette erreur........................	53
20.	Le positivisme n'est pas fataliste : il soutient que l'homme peut et doit modifier l'ordre extérieur...	58

		Pages
21.	Le positivisme n'est pas optimiste : il juge avec un esprit relatif les faits historiques, mais il ne les justifie pas tous............................	59
22.	Divers sens du mot « positif » : relatif, organique, précis, certain, utile, réel. Il aura, plus tard, une signification morale.....................	61

SECONDE PARTIE

Destination sociale du positivisme, d'après sa connexité nécessaire avec l'ensemble de la grande révolution occidentale.

23.	Connexité entre la Révolution française et le positivisme...............................	63
24.	La phase négative ou destructive de la Révolution a favorisé l'idée de progrès et, par suite, l'étude des phénomènes sociaux..............	64
25.	Preuve de l'impuissance de la doctrine métaphysique ou critique............................	69
26.	Période de réaction (1794 à 1830)............	72
27.	Etat stationnaire (1830 à 1848)...............	73
28.	1848. — Abolition de la royauté. L'esprit républicain implique subordination de la politique à la morale................................	74
29.	Conciliation nécessaire entre l'ordre et le progrès. L'ordre restera rétrograde tant que le progrès restera anarchique..................	76
30.	Insuffisance des divers partis politiques......	78
31.	Nécessité d'une nouvelle doctrine générale....	80
32.	La réforme doit être d'abord intellectuelle; elle doit porter sur tout l'Occident................	84
33.	La République occidentale comprend la France, l'Italie, l'Espagne, l'Angleterre et l'Allemagne.	88
34.	Première tentative, au moyen âge catholique, de séparation entre le pouvoir spirituel et le pouvoir temporel............................	90

	Pages
35. — Séparation des deux pouvoirs. Instauration d'un pouvoir spirituel, organe de la République occidentale...	94
36. — Doctrine morale du positivisme. Elle consiste à faire prévaloir l'altruisme sur l'égoïsme, la sociabilité sur la personnalité.................	97
37. — La progression morale : personnelle, domestique, sociale. Le cœur humain ne peut aller du premier au troisième degré que sous l'influence des sentiments domestiques..........	100
38. — L'altruisme est le vrai fondement de la morale personnelle..	103
39. — L'éducation morale doit être fondée sur la raison et sur le sentiment...	105
40. — Action morale du pouvoir spirituel sur l'opinion publique : répartition de l'éloge et du blâme, glorification des grands hommes, réprobation des principaux rétrogradateurs.................	107
41. — Devise du positivisme : Ordre et Progrès........	111
42. — Le progrès n'est que le développement de l'ordre	112
43. — Théorie du progrès : matériel, physique, intellectuel, moral...	113
44. — Indications politiques. Régime de transition. Gouvernement provisoire..................................	117
45. — La réorganisation spirituelle doit précéder la réforme temporelle.......................................	120
46. — Rôle du gouvernement pendant l'interrègne spirituel : assurer l'ordre matériel, garantir la liberté de la parole et de la discussion.........	123
47. — La devise de 1830 était conforme à la situation politique...	128
48. — Liberté de l'enseignement. Suppression du budget des cultes et du budget de l'Université....	129
49. — Prépondérance du pouvoir central pour assurer l'ordre public..	131
50. — Aptitude du positivisme à réorganiser sans dieu ni roi..	134

TABLE DES MATIÈRES

TROISIÈME PARTIE

Efficacité populaire du positivisme.

	Pages
51. — Affinités entre philosophes et prolétaires.........	135
52. — La condition du prolétaire favorise la culture des sentiments généreux et des idées générales	137
53. — La Convention et les prolétaires................	141
54. — La souveraineté du peuple. Le positivisme ne l'admet pas ; mais il reconnaît, pour les cas extrêmes, le droit à l'insurrection............	142
55. — Transformation du dogme métaphysique de la souveraineté du peuple........................	143
56. — Aptitude du prolétariat à devenir l'auxiliaire du pouvoir spirituel.............................	145
57. — Puissance morale et politique de l'opinion publique régénérée................................	147
58. — Organisation de l'opinion publique	149
59. — Les clubs ouvriers............................	153
60. — Les organes philosophiques de l'opinion publique	154
61. — Combinaison nécessaire entre la doctrine, la force et l'organe de l'opinion publique........	158
62. — Le communisme	160
63. — Le socialisme................................	162
64. — Théorie positive de la propriété...............	163
65. — Divergences entre le communisme et le positivisme...................................	166
66. — Conciliation nécessaire entre l'indépendance et le concours................................	167
67. — Dans le régime industriel, les chefs sont indispensables...................................	168
68. — Le communisme méconnaît la continuité historique...	169
69. — En tant que système, le communisme est sans valeur, bien qu'il ait été inspiré par de nobles sentiments...................................	171

TABLE DES MATIÈRES

	Pages
70. — Contrôler l'emploi de la richesse est plus efficace que contester le droit du riche	173
71. — L'hérédité ne mérite pas les critiques dont elle est l'objet.................................	174
72. — Le travail intellectuel, qui est une force sociale, doit être réglé.............................	175
73. — Action de l'opinion publique sur les capitalistes	176
74. — Le refus de concours ou la grève............	177
75. — Positivisme et socialisme. Points communs et divergences.................................	179
76. — Nécessité d'un nouveau système d'éducation pour résoudre les problèmes sociaux................	180
77. — L'éducation du peuple. Exposé sommaire du nouveau système	182
78. — Utilité des voyages pour compléter l'éducation..	188
79. — Concentration des études.....................	189
80. — Rôle de l'État.............................	190
81. — Alliance entre les philosophes et les prolétaires.	195
82. — Les prolétaires n'accordent plus aucun crédit à la théologie.................................	196
83. — Les prolétaires doivent également abandonner les idées métaphysiques	197
84. — Vénération aveugle des prolétaires pour les littérateurs et les avocats........................	198
85. — Le prolétaire doit se considérer comme étant un fonctionnaire public.........................	202
86. — Le prolétaire ne doit rechercher ni la richesse ni les mandats politiques........................	204
87. — Liberté d'association et liberté d'enseignement..	208
88. — Les prolétaires et la guerre...................	209
89. — Pendant la période transitoire, le pouvoir politique doit être centralisé.....................	210
90. — Par exception et pendant la durée de la période transitoire, le gouvernement doit être confié à des prolétaires.............................	212

QUATRIEME PARTIE

Influence féminine du positivisme.

                                                    Pages

91. — La femme, élément affectif de la société, doit devenir le suprême régulateur humain....... 216
92. — La femme et les idées modernes............. 218
93. — Le positivisme donne satisfaction aux vœux légitimes de la femme........................ 220
94. — La femme ne doit pas commander. Elle doit modifier l'homme par l'affection et le conseil. 222
95. — L'action combinée des philosophes, des prolétaires et des femmes constitue la force morale. 227
96. — Positivisme et catholicisme. Le nouveau pouvoir spirituel sera supérieur à l'ancien............ 231
97. — Dans le positivisme, le cœur et l'esprit s'entr'aident................................ 233
98. — Affinités de la femme pour le positivisme...... 237
99. — Le catholicisme a purifié l'amour au détriment de la tendresse........................... 239
100. — Influence de la femme sur les prolétaires et sur les philosophes......................... 241
101. — Le salon permet à la femme d'exercer son influence sociale............................ 245
102. — L'action principale de la femme s'exercera toujours dans la famille...................... 246
103. — L'épouse.. 248
104. — Mariage indissoluble........................... 251
105. — Veuvage éternel............................... 253
106. — La mère....................................... 255
107. — L'éducation de l'enfant appartient à sa mère.... 256
108. — Sophismes modernes sur les droits de la femme. 259
109. — L'évolution favorise, non pas l'égalité entre les sexes, mais leur différenciation............. 262
110. — L'homme doit nourrir la femme............... 263

111. — La femme doit recevoir la même éducation que l'homme.	265
112. — Récompense attachée à la mission affective de la femme.	269
113. — La femme et la chevalerie.	270
114. — Le culte de la femme.	273
115. — Le culte de la femme prépare le culte de l'Humanité.	279
116. — Les femmes exceptionnelles.	280
117. — Les femmes feront connaître le positivisme aux populations méridionales.	285
118. — La femme est l'élément sympathique du pouvoir modérateur.	288

CINQUIÈME PARTIE

Aptitude esthétique du positivisme.

119. — Le positivisme et l'art.	290
120. — L'artiste doit charmer la vie et non la diriger.	293
121. — Influence politique des poètes et littérateurs. Les dangers de cette influence.	295
122. — Théorie générale de l'art.	299
123. — Rôle de la poésie.	301
124. — L'art établit l'harmonie entre les sentiments, les pensées et les actes.	304
125. — Le processus esthétique : imitation, idéalisation, expression.	305
126. — Classification des beaux-arts.	308
127. — La poésie.	309
128. — La musique.	310
129. — La peinture, la sculpture, l'architecture.	311
130. — L'art dans l'antiquité.	312

131. — L'art au moyen âge.	314
132. — L'art dans les temps modernes	315
133. — Avenir de l'art	316
134. — L'art et l'éducation	319
135. — L'art et les fêtes publiques	321
136. — Évocation idéale des grandes époques et des grands hommes	323
137. — La nouvelle éducation favorisera les vocations esthétiques	324
138. — Dans l'avenir, les artistes seront annexés au pouvoir spirituel	326
139. — Comparaison entre le génie esthétique et le génie philosophique ou scientifique	328
140. — L'art et la femme	331
141. — L'art et le prolétaire	332
142. — Participation de l'art au mouvement régénérateur	333
143. — Le positivisme est plus favorable aux beaux-arts que toute autre philosophie	337

CONCLUSION GÉNÉRALE

DU DISCOURS SUR L'ENSEMBLE

Religion de l'Humanité.

144. — Caractères fondamentaux du nouveau régime : l'amour pour principe, l'ordre pour base et le progrès pour but	340
145. — Harmonie entre le cœur, l'esprit et le caractère	343
146. — Pouvoir spirituel et pouvoir temporel	343
147. — Rôle de la femme	345
148. — Rôle du prolétaire	345
149. — La solution du grand problème humain	346
150. — L'Humanité est le véritable Grand-Être	348

		Pages
151.	— Les prêtres de l'Humanité	351
152.	— Aspect statique de l'Humanité	353
153.	— Aspect dynamique de l'Humanité	355
154.	— La science et les savants	357
155.	— La religion de l'Humanité est plus favorable à l'art qu'à la science	359
156.	— Représentation poétique du nouvel Être-Suprême	360
157.	— L'Humanité et les Dieux	361
158.	— Culte de l'Humanité	363
159.	— Culte des grands hommes. Calendrier positiviste	365
160.	— Culte des morts	366
161.	— Le concours des divers beaux-arts	369
162.	— Le positivisme est supérieur au catholicisme	371
163.	— Vivre pour autrui sera le bonheur suprême	373
164.	— Nouvelle forme de la prière	374
165.	— La morale positiviste	375
166.	— Le nouveau pouvoir spirituel	378
167.	— Dualisme entre la hiérarchie morale et la hiérarchie pratique	380
168.	— Les droits et les devoirs. Nul ne possède d'autre droit que celui de faire son devoir	383
169.	— Le sentiment social comprend : la solidarité entre tous les hommes et surtout la continuité entre toutes les générations	385
170.	— Les fonctions du nouveau pouvoir spirituel. Séparation complète entre le spirituel et le temporel, la théorie et la pratique, le conseil et le commandement	388
171.	— Les fonctions des capitalistes ou chefs temporels	392
172.	— Réaction nécessaire des forces morales sur les forces matérielles	394
173.	— Sanctions propres à limiter et à réfréner les abus des capitalistes	396

	Pages
174. — Dans le nouveau régime, la richesse peut être transmise par hérédité....................	397
175. — Responsabilité matérielle des capitalistes......	398
176. — Rapports normaux entre philosophes, prolétaires et capitalistes....................	400
177. — Évolution des devises révolutionnaires.........	401
178. — Première devise : Liberté, Égalité.............	402
179. — Deuxième devise : Liberté, Ordre public.......	403
180. — Troisième et dernière devise : Ordre et Progrès.	404
181. — Nécessité d'une politique provisoire pendant la période de transition. Le nouveau gouvernement doit être confié à trois prolétaires......	405
182. — Le Comité positif occidental, organe du nouveau pouvoir spirituel....................	408
183. — La République occidentale. Ses principales institutions : la marine, la monnaie, le collège, la bannière religieuse, le drapeau politique...	410
184. — La nouvelle doctrine convient aux hommes de toutes les races et de tous les climats, mais leur adhésion volontaire ne peut se produire qu'avec une vitesse inégale................	414
185. — La religion de l'Humanité. Par son élévation morale, sa supériorité intellectuelle, son efficacité sociale et politique, elle peut résoudre le grand problème des temps modernes......	418
186. — Tout homme doit maintenant choisir entre le camp, rétrograde et anarchique, des serviteurs d'un Dieu en décadence et le camp, organique et progressif, des serviteurs de l'Humanité...........................	422

ERRATA ET ADDENDA

Page 16 ligne 25. *Au lieu de :* antagonismes, *lire :* antagonistes.
— 17 — 5. *Au lieu de :* propre, *lire :* propres.
— 73 — Titre courant. *Au lieu de :* première, *lire :* seconde.
— 67 — 23. *Après le mot :* science, *supprimer la virgule.*
— 77 — 3. L'auteur parle d'une « commotion sans exemple ». Il s'agit des journées de juin 1848.
— 77 — 26. *Au lieu de :* avénement, *lire :* avènement.
— 88 — 10. L'auteur parle de « mémorables expéditions ». Il s'agit des croisades.
— 136 — 6. *Au lieu de :* mêmes, *lire :* même.
— 154 — 3. *Au lieu de :* Elle, *lire :* Elles.
— 232 — 15. *Au lieu de :* eut, *lire :* eût.
— 254 — 1. *Au lieu de :* appprécient, *lire :* apprécient.
— 280 — 30. L'auteur parle d'une « héroïque vierge ». Il désigne ainsi Jeanne d'Arc.
— 397 — 11. *Au lieu de :* positiviste, *lire :* positivisme.
— 400 — 19. *Au lieu de :* auxquels, *lire :* auxquelles.
— 400 — 20. *Au lieu de :* Il, *lire :* Ils.

DISCOURS SUR L'ENSEMBLE

DU POSITIVISME

―――

> On se lasse de penser, et même d'agir ;
> jamais on ne se lasse d'aimer.
>
> (*Dédicace*).

Dans cette série d'aperçus systématiques sur le positivisme, je caractériserai d'abord ses éléments fondamentaux, ensuite ses appuis nécessaires, et enfin son complément essentiel. Quelque sommaire que doive être ici cette triple appréciation, elle suffira, j'espère, pour surmonter définitivement des préventions excusables, mais empiriques. Tout lecteur bien préparé pourra constater ainsi que la nouvelle doctrine générale, qui semble encore ne pouvoir satisfaire que la raison, n'est pas, au fond, moins favorable au sentiment, et même à l'imagination.

PRÉAMBULE GÉNÉRAL

Le positivisme se compose essentiellement d'une philosophie et d'une politique, qui sont nécessairement inséparables, comme constituant l'une la base et l'autre le but d'un même système universel, où l'intelligence et la sociabilité se trouvent intimement combinées. D'une part, en effet, la science sociale n'est pas seulement la plus importante de toutes ; mais elle fournit surtout l'unique lien, à la fois logique et scientifique, que comporte désormais l'ensemble de nos contemplations réelles (1). Or, cette science finale, encore plus que chacune des sciences préliminaires, ne peut développer son vrai caractère sans une exacte harmonie générale avec l'art correspondant. Mais, par une coïncidence nullement fortuite, sa fondation théorique trouve aussitôt une immense destination pratique, pour présider aujourd'hui à l'entière régénération de l'Europe Occidentale. Car, d'une autre part, à mesure que le cours naturel des événements caractérise la grande crise moderne, la réorganisation politique se présente de plus en plus comme nécessairement impossible sans la reconstruction préalable des opinions et des mœurs. Une systématisation réelle de toutes les pensées humaines constitue donc notre premier besoin social, également relatif à l'ordre et au progrès. L'accomplissement graduel de cette vaste élaboration philosophique fera spontanément surgir

---

(1) L'établissement de ce grand principe constitue le résultat le plus essentiel de mon *Système de philosophie positive*. Quoique les six volumes de cet ouvrage aient tous paru, de 1830 à 1842, sous le titre de *Cours* (suggéré par l'élaboration orale qui prépara, en 1826 et 1829, ce traité fondamental), je l'ai ensuite qualifié toujours de *Système* pour mieux marquer son vrai caractère. En attendant qu'une seconde édition régularise cette rectification, cet avis spécial préviendra, j'espère, toute méprise à ce sujet.

dans tout l'Occident une nouvelle autorité morale, dont l'inévitable ascendant posera la base directe de la réorganisation finale, en liant les diverses populations avancées par une même éducation générale, qui fournira partout, pour la vie publique comme pour la vie privée, des principes fixes de jugement et de conduite. C'est ainsi que le mouvement intellectuel et l'ébranlement social, de plus en plus solidaires, conduisent désormais l'élite de l'humanité à l'avènement décisif d'un véritable pouvoir spirituel, à la fois plus consistant et plus progressif que celui dont le moyen âge tenta prématurément l'admirable ébauche.

Telle est donc la mission fondamentale du positivisme, généraliser par la science réelle et systématiser l'art social. Ces deux faces inséparables d'une même conception seront successivement caractérisées dans les deux premières parties de ce Discours, en indiquant d'abord l'esprit général de la nouvelle philosophie, et ensuite sa connexité nécessaire avec l'ensemble de la grande révolution dont elle vient diriger la terminaison organique.

A cette double appréciation, succédera naturellement celle des principaux appuis qui sont propres à la doctrine régénératrice. Cette indispensable adhésion ne saurait aujourd'hui, sauf de précieuses exceptions individuelles, émaner d'aucune des classes dirigeantes, qui, toutes plus ou moins dominées par l'empirisme métaphysique et l'égoïsme aristocratique, ne peuvent tendre, dans leur aveugle agitation politique, qu'à prolonger indéfiniment la situation révolutionnaire, en se disputant toujours les vains débris du régime théologique et militaire, sans conduire jamais à une véritable rénovation.

La nature intellectuelle du positivisme et sa destination sociale ne lui permettent un succès vraiment décisif que dans le milieu où le bon sens, préservé d'une vicieuse culture, laisse le mieux prévaloir les vues d'ensemble, et où les sentiments généreux sont d'ordinaire le moins comprimés. A ce double titre, les prolétaires et les femmes constituent nécessairement les auxiliaires essentiels de la nouvelle doctrine générale, qui, quoique destinée à toutes les classes modernes, n'obtiendra un véritable ascendant dans les rangs supérieurs que lorsqu'elle y reparaîtra sous cet irrésistible patronage. La réorganisation spirituelle ne peut commencer qu'avec le concours des mêmes éléments sociaux qui ensuite doivent le mieux seconder son essor régulier. D'après leur moindre participation au gouvernement politique, ils sont plus propres à sentir le besoin et les conditions du gouvernement moral, destiné surtout à les garantir de l'oppression temporelle.

Je consacrerai donc la troisième partie de ce Discours à caractériser sommairement la coalition fondamentale entre les philosophes et les prolétaires, qui, préparée des deux côtés par l'ensemble du passé moderne, peut seule produire aujourd'hui une impulsion vraiment décisive. On sentira ainsi que, en s'appliquant à rectifier et à développer les tendances populaires, le positivisme perfectionnera et consolidera beaucoup sa propre nature, même intellectuelle.

Néanmoins, cette doctrine ne montrera toute sa puissance organique et ne manifestera pleinement son vrai caractère qu'en acquérant l'appui le moins prévu pour prix de son aptitude nécessaire à régler et à améliorer la condition sociale des femmes, comme l'indiquera spécialement la quatrième partie de ce Discours. Le point de vue féminin permet seul à la philosophie positive d'embrasser le véritable ensemble de l'existence humaine, à la fois individuelle et collective. Car cette existence ne peut être dignement systématisée qu'en prenant pour base la subordination continue de l'intelligence à la sociabilité, directement représentée par la vraie nature, personnelle et sociale, de la femme.

Quoique ce Discours doive simplement ébaucher ces deux grandes explications, il fera, j'espère, assez sentir combien le positivisme est plus propre que le catholicisme à utiliser profondément les tendances spontanées du peuple et des femmes dans l'institution finale du pouvoir spirituel. Or la doctrine nouvelle ne peut obtenir ce double appui que d'après son aptitude exclusive à dissiper radicalement les diverses utopies anarchiques qui menacent de plus en plus toute l'existence domestique et sociale. En même temps, de part et d'autre, elle ennoblira beaucoup le caractère fondamental et sanctionnera activement tous les vœux légitimes.

C'est ainsi qu'une philosophie, d'abord émanée des plus hautes spéculations, se montre déjà capable d'embrasser sans effort, non seulement la plénitude de la vie active, mais aussi l'ensemble de la vie affective. Toutefois, pour manifester entièrement son universalité caractéristique, je devrais encore y signaler un complément indispensable, en indiquant enfin, malgré des préjugés très plausibles, sa profonde aptitude à féconder aussi ces brillantes facultés qui représentent le mieux l'unité humaine, en ce que, contemplatives par leur nature, elles se rattachent au sentiment par leur principal domaine, et à l'activité par leur influence générale. Cette appréciation esthétique du positivisme sera directement ébauchée dans la cinquième partie de ce Discours, comme suite naturelle de l'explication relative aux femmes. J'y ferai, j'espère, entrevoir comment la doctrine nouvelle, par cela même qu'elle embrasse réellement l'ensemble des rapports humains, peut seule combler une grande lacune spéculative en constituant bientôt une vraie théorie générale des beaux-arts, dont le principe consiste à placer l'idéalisation poétique entre la conception philosophique et la réalisation politique, dans la coordination positive des fonctions fondamentales de l'humanité. Cette théorie expliquera pourquoi l'efficacité esthétique du positivisme ne pourra se manifester par des productions caractéristiques que quand la régénération intellectuelle et morale se trouvera assez avancée pour avoir déjà éveillé les principales sympathies qui lui sont propres et sur lesquelles devra reposer le nouvel essor de l'art. Mais, après ce premier ébranlement mental et social, la poésie moderne, investie enfin de sa vraie dignité, viendra, à son tour, entraîner l'humanité vers un avenir qui ne sera plus ni vague ni chimérique, tout en rendant familière la saine appréciation des divers états antérieurs. Un système, qui érige directement le perfectionnement universel en but fondamental de toute notre existence personnelle et sociale, assigne nécessairement un office capital aux facultés destinées surtout à cultiver en nous l'instinct de la perfection en tous genres. Les étroites limites de ce Discours ne m'empêcheront pas d'ailleurs d'y indiquer que, tout en ouvrant à l'art moderne une immense carrière, le positivisme lui fournira, non moins spontanément, de nouveaux moyens généraux.

J'aurai ainsi pleinement esquissé le vrai caractère de la doctrine régénératrice, successivement appréciée sous tous les aspects principaux, en passant, d'après un enchaînement toujours naturel, d'abord de sa fondation philosophique à sa destination politique, de là à son efficacité populaire, puis à son influence féminine, et enfin à son aptitude esthétique. Pour conclure ce long Discours, simple prélude d'un grand traité, il ne me restera plus qu'à indiquer comment toutes ces diverses appréciations, spontanément résumées par une devise décisive, viennent se condenser activement dans la conception réelle de l'Humanité, qui, dignement systématisée, constitue finalement l'entière unité du positivisme. En formulant ces conclusions caractéristiques, je serai naturellement conduit aussi à signaler, en général, d'après l'ensemble du passé, la marche ultérieure de la régénération humaine, qui, bornée d'abord, sous l'initiative française, à la grande famille occidentale, devra s'étendre ensuite, selon des lois assignables, à tout le reste de la race blanche, et même enfin aux deux autres races principales.

PREMIÈRE PARTIE

ESPRIT FONDAMENTAL DU POSITIVISME

1. — *Le but de la philosophie est de systématiser la vie humaine.*

La vraie philosophie se propose de systématiser, autant que possible, toute l'existence humaine, individuelle et surtout collective, contemplée à la fois dans les trois ordres de phénomènes qui la caractérisent, pensées, sentiments, et actes. Sous tous ces aspects, l'évolution fondamentale de l'humanité est nécessairement spontanée, et l'exacte appréciation de sa marche naturelle peut seule nous fournir la base générale d'une sage intervention. Mais les modifications systématiques que nous y pouvons introduire ont néanmoins une extrême importance, pour diminuer beaucoup les déviations partielles, les funestes retards, et les graves incohérences, propres à un essor aussi complexe, s'il restait entièrement abandonné à lui-même. La réalisation continue de cette indispensable intervention constitue le domaine essentiel de la politique. Toutefois, sa vraie conception ne peut jamais émaner que de la philosophie, qui en perfectionne sans cesse la détermination générale. Pour cette commune destination fondamentale, l'office propre de la philosophie consiste à coordonner entre elles toutes les parties de l'existence humaine, afin d'en ramener la notion théorique à une complète unité. Une telle synthèse ne saurait être réelle qu'autant qu'elle représente exactement l'ensemble des rapports naturels, dont la judicieuse étude devient ainsi la condition préalable de cette construction. Si la philosophie tentait d'influer directement sur la vie active autrement que par cette systématisation, elle usurperait vicieusement la mission nécessaire de la politique, seule arbitre légitime de toute évolution pratique. Entre ces deux fonctions principales du grand organisme, le lien continu et la séparation normale résident à la fois dans la morale systématique, qui constitue naturellement l'application caractéristique de la philosophie et le guide général de la politique. J'expliquerai d'ailleurs comment la morale spontanée, c'est-à-dire l'ensemble des sentiments qui l'inspirent, doit toujours dominer les recherches de l'une et les entreprises de l'autre, comme l'a déjà indiqué mon ouvrage fondamental.

Cette grande coordination, qui caractérise l'office social de la philosophie, ne saurait être réelle et durable qu'en embrassant l'ensemble de son triple domaine, spéculatif, affectif et actif. D'après les réactions naturelles qui unissent intimement ces trois ordres de phénomènes, toute systématisation partielle serait nécessairement chimérique et insuffisante. Toutefois, c'est aujourd'hui seulement que la philosophie, en parvenant à l'état positif, peut enfin concevoir dignement la vraie plénitude de sa mission fondamentale.

2. — *La synthèse théologique n'a pas su embrasser le côté pratique de la vie humaine.*

La systématisation théologique émana spontanément de la vie affective, et dut également à cette unique origine sa prépondérance initiale et sa dissolution finale. Elle domina longtemps les principales spéculations, surtout pendant l'âge polythéique, où le raisonnement restreignait encore fort peu l'empire primitif de l'imagination et du sentiment. Mais, même à cette époque de son plus grand essor mental et social, la vie active lui échappa essentiellement, sauf d'inévitables réactions, plus relatives d'ordinaire à la forme qu'au fond. Cette scission naturelle, quoique d'abord insensible, tendit ensuite, par son accroissement continu, à dissoudre radicalement la construction initiale. Une coordination purement subjective ne pouvait s'accorder avec la destination nécessairement objective qui caractérise l'existence pratique, d'après son invincible réalité. Tandis que l'une représentait tous les phénomènes comme régis par des volontés plus ou moins arbitraires, l'autre poussait de plus en plus à les concevoir assujettis à des lois invariables, sans lesquelles notre activité continue n'aurait pu comporter aucune règle. D'après cette impuissance radicale à embrasser réellement la vie active, la systématisation théologique dut aussi rester toujours très incomplète quant à la vie spéculative et même affective, dont l'essor général se subordonne nécessairement aux principales exigences pratiques. L'existence humaine ne pouvait donc être pleinement systématisée tant que le régime théologique a prévalu, puisque nos sentiments et nos actes imprimaient alors à nos pensées deux impulsions essentiellement inconciliables. Il serait d'ailleurs superflu d'apprécier ici l'inanité nécessaire de la coordination métaphysique, qui malgré ses prétentions absolues, ne put jamais enlever à la théologie le domaine affectif, et fut toujours moins propre à embrasser la vie active. Au temps de sa plus grande splendeur scolastique, la systématisation ontologique ne sortit point du domaine spéculatif, réduit même à la vaine contemplation abstraite d'une évolution purement individuelle, l'esprit métaphysique étant radicalement incompatible avec le point de vue social. J'ai assez démontré, dans mon ouvrage fondamental, que cet esprit transitoire fut toujours impropre à rien construire réellement. Sa domination exceptionnelle comportait seulement une destination révolutionnaire, pour seconder l'évolution préliminaire de l'humanité en décomposant peu à peu le régime théologique, qui, après avoir seul dirigé l'essor initial, avait dû devenir, à tous égards, irrévocablement rétrograde.

3. — *L'esprit positif prend sa source dans la vie active.*

Par cela même que toutes les spéculations positives émanèrent d'abord de la vie active, elles manifestèrent toujours plus ou moins leur aptitude caractéristique à systématiser l'existence pratique, que la coordination primitive ne pouvait embrasser. Quoique leur défaut de généralité et de liaison entrave beaucoup encore le développement de cette propriété, il n'en a point empêché le sentiment universel. Des théories directement relatives aux lois des phénomènes et destinées à fournir des prévisions réelles, sont aujourd'hui appréciées surtout comme seules capables de régulariser notre action spontanée sur le monde extérieur. C'est pourquoi l'esprit positif a pu devenir de plus en plus théorique et tendre à s'emparer peu à peu de tout le domaine spéculatif, sans perdre jamais l'aptitude pratique inhérente à son origine, même quand il poursuivait des recherches vraiment oiseuses, excusables seulement à titre d'exercices logiques. Dès son premier essor mathématique et astronomique, il a montré sa tendance à systématiser l'ensemble de nos conceptions, suivant l'extension continue de son principe fondamental. Ce nouveau principe philosophique, après avoir longtemps modifié de plus en plus le principe théologico-métaphysique, s'efforce évidemment, depuis Descartes et Bacon, de le remplacer irrévocablement. Ayant ainsi pris graduellement possession de toutes les études préliminaires, désormais affranchies du régime ancien, il lui restait à compléter sa généralisation en s'emparant aussi de l'étude finale des phénomènes sociaux. Interdite à l'esprit métaphysique, cette étude n'avait jamais pu être saisie par l'esprit théologique que d'une manière indirecte et empirique, comme condition de gouvernement. Or ce complément décisif a été, j'ose le dire, assez réalisé, dans mon élaboration fondamentale, pour rendre déjà incontestable l'aptitude du principe positif à coordonner toute l'existence spéculative sans cesser de développer, et même d'affermir, sa tendance initiale à régulariser aussi la vie active.

La coordination positive de tout le domaine intellectuel se trouve ainsi d'autant mieux assurée que cette création de la science sociale, en complétant l'essor de nos contemplations réelles, leur imprime aussitôt le caractère systématique qui leur manquait encore, en offrant nécessairement le seul lien universel qu'elles comportent.

Cette conception est assez adoptée déjà pour qu'aucun véritable penseur méconnaisse désormais la tendance nécessaire de l'esprit positif vers une systématisation durable, comprenant à la fois l'existence spéculative et l'existence active. Mais une telle coordination serait encore loin de présenter l'entière universalité sans laquelle le positivisme resterait impropre à remplacer entièrement le théologisme dans le gouvernement spirituel de l'humanité. Car elle n'embrasserait point la partie vraiment prépondérante de toute existence humaine, la vie affective. Seule celle-ci fournit aux deux autres une impulsion et une direction continues, à défaut desquelles leur propre essor se consumerait bientôt en des contemplations vicieuses ou du moins oiseuses et en une agitation stérile ou même perturbatrice. La persistance de cette immense lacune rendrait d'ailleurs illusoire la double coordination théorique et pratique, en la privant de l'unique principe qui puisse lui procurer une consistance réelle et durable. Une telle impuissance serait

encore plus grave que l'insuffisance nécessaire du régime
théologique envers la vie active ; car ni la raison, ni
même l'activité, ne peuvent constituer la véritable unité
humaine. Dans l'économie individuelle et surtout collective, l'harmonie ne reposera jamais que sur le sentiment, comme l'indiquera spécialement la quatrième
partie de ce Discours. C'est à sa source spontanément
affective que la théologie a toujours dû son empire
essentiel. Malgré son évidente caducité, elle conservera
ainsi, du moins en principe, quelques légitimes prétentions à la prépondérance sociale, tant que la nouvelle
philosophie ne l'aura point dépouillée aussi de ce privilège fondamental. Telle est donc la condition finale dont
rien ne peut dispenser la grande évolution moderne : la
coordination positive, sans cesser d'être théorique et
pratique, doit aussi devenir morale, et puiser même
dans le sentiment son vrai principe d'universalité. Alors
seulement elle pourra enfin écarter toutes les prétentions
théologiques, en réalisant mieux que le régime ancien
la destination décisive de toute doctrine générale. Car,
elle aura ainsi coordonné, pour la première fois depuis
le début de l'essor humain, tous les aspects fondamentaux de notre triple existence. Si le positivisme ne pouvait, en effet, remplir cette inévitable condition, aucune
systématisation ne serait désormais possible ; le principe
positif se trouvant, d'un côté, assez développé pour neutraliser le principe théologique, et, d'un autre côté,
restant toujours incapable d'une équivalente suprématie.
C'est pourquoi tant' d'observateurs consciencieux sont
aujourd'hui entraînés à désespérer de l'avenir social, en
reconnaissant l'impuissance finale des anciens principes
du gouvernement humain, sans apercevoir l'avènement
graduel de nouvelles bases morales, faute d'une théorie
assez réelle et assez complète pour leur avoir manifesté
la vraie tendance définitive de la situation moderne. Le

caractère actuel du principe positif semble justifier une telle opinion ; car son inaptitude à s'emparer jamais du domaine affectif doit maintenant paraître aussi constatée que sa prochaine prépondérance dans l'ordre actif et même spéculatif.

4. — *Dans la synthèse positive, comme dans la nature humaine, le sentiment est prépondérant.*

Mais un examen plus approfondi rectifiera pleinement cette première appréciation, en montrant que la sécheresse justement reprochée jusqu'ici aux inspirations positives tient seulement à la spécialité empirique de leur essor préliminaire, sans être aucunement inhérente à leur véritable nature. Surgie d'abord des impulsions matérielles, et bornée aux études inorganiques, la positivité ne reste, d'ordinaire, antipathique au sentiment que faute d'être encore devenue assez complète et assez systématique. En s'étendant aux spéculations sociales, qui doivent former son principal domaine, elle y perd nécessairement les divers vices propres à sa longue enfance. Par suite même de sa réalité caractéristique, la nouvelle philosophie se trouve entraînée à devenir encore plus morale qu'intellectuelle, et à placer dans la vie affective le centre de sa propre systématisation, pour représenter exactement les droits respectifs de l'esprit et du cœur dans la véritable économie de la nature humaine, soit individuelle, soit collective. L'élaboration des questions sociales la conduit aujourd'hui à dissiper radicalement les orgueilleuses illusions inhérentes à sa préparation scientifique, quant à la prétendue suprématie de l'intelligence. Sanctionnant l'expérience universelle, encore mieux que ne put le faire le catholicisme, le positivisme explique pourquoi le bonheur privé et le bien public dépendent beaucoup plus du cœur que de l'esprit. Mais, en outre, l'examen direct de la question de systématisation le conduit à proclamer que l'unité humaine ne peut résulter que d'une juste prépondérance du sentiment sur la raison et même sur l'activité.

Notre nature étant caractérisée à la fois par l'intelligence et par la sociabilité, l'unité semble d'abord pouvoir s'y établir d'après deux modes différents, selon que la suprématie y appartient à l'un ou à l'autre attribut. Il n'existe pourtant qu'un seul mode de systématisation, parce que les deux attributs ne sont point, à beaucoup près, également susceptibles de prévaloir. Soit que l'on considère la nature propre de chacun d'eux ou que l'on compare leurs énergies respectives, on peut clairement reconnaître que l'intelligence ne comporte réellement d'autre destination durable que de servir la sociabilité. Quand, au lieu de s'en constituer dignement le principal ministre, elle aspire à la domination, elle ne parvient jamais à réaliser ses orgueilleuses prétentions, qui ne peuvent aboutir qu'à une désastreuse anarchie.

Même dans la vie privée, il ne peut régner entre nos diverses tendances une harmonie continue que par l'universelle prépondérance du sentiment qui nous inspire la volonté sincère et habituelle de faire le bien. Ce penchant est, sans doute, comme tout autre, essentiellement aveugle, et il a besoin du secours de la raison pour connaître les vrais moyens de se satisfaire, de même que l'activité lui devient ensuite indispensable pour les appliquer. Mais l'expérience journalière prouve néanmoins qu'une telle impulsion constitue, en effet, la principale condition du bien, parce que, d'après le degré ordinaire d'intelligence et d'énergie que présente notre nature, cette stimulation soutenue suffit pour diriger avec fruit les recherches de l'une et les entreprises de l'autre. Privées d'un tel mobile habituel, toutes deux s'épuiseraient nécessairement en tentatives stériles ou incohérentes, et retomberaient bientôt dans leur torpeur initiale. Notre existence morale ne comporte donc une véritable unité qu'autant que l'affection domine à la fois la spéculation et l'action.

5. — *Servir les sentiments sociaux est la fonction propre de l'intelligence.*

Quoique ce principe fondamental convienne beaucoup à la vie individuelle, c'est la vie publique qui en manifeste le mieux l'irrécusable nécessité. Ce n'est pas que la difficulté y change réellement de nature, ni qu'elle y exige de nouvelles solutions; mais elle y parvient à un degré bien plus appréciable, qui ne permet aucune incertitude sur les moyens. L'indépendance mutuelle des divers êtres qu'il faut alors rallier montre clairement que la première condition de leur concours habituel consiste dans leur propre disposition à l'amour universel. Il n'y a pas de calculs personnels qui puissent ordinairement remplacer cet instinct social, ni pour la soudaineté et l'étendue des inspirations, ni pour la hardiesse et la persistance des résolutions. A la vérité, ces affections bienveillantes doivent être le plus souvent moins énergiques en elles-mêmes, que les affections égoïstes. Mais elles possèdent nécessairement cette admirable propriété que l'existence sociale permet et provoque leur essor presque illimité, tandis qu'elle comprime sans cesse leurs antagonismes; aussi est-ce surtout d'après la tendance croissante des premières à prévaloir sur les secondes qu'on doit mesurer le principal progrès de l'humanité. Leur ascendant spontané peut être beaucoup secondé par l'intelligence, quand elle s'applique à consolider la sociabilité en appréciant mieux les vrais rapports naturels, et à la développer en éclairant son exercice à l'aide des indications du passé sur l'avenir. C'est dans ce noble service que la nouvelle philosophie fait consister la principale destination de l'esprit, auquel ainsi elle fournit à la fois une incomparable consécration et un champ inépuisable, bien plus propre à le satisfaire profondément que ses vains triomphes académiques et ses puériles investigations actuelles.

Au fond, les superbes aspirations de l'intelligence à la domination universelle, depuis que la grande unité théologique s'est irrévocablement rompue, n'ont jamais pu comporter aucune réalisation, et n'étaient susceptibles que d'une efficacité insurrectionnelle contre un régime devenu rétrograde. L'esprit n'est pas destiné à régner, mais à servir : quand il croit dominer, il rentre au service de la personnalité, au lieu de seconder la sociabilité, sans qu'il puisse nullement se dispenser d'assister une passion quelconque. En effet, le commandement réel exige, par-dessus tout, de la force, et la raison n'a jamais que de la lumière ; il faut que l'impulsion lui vienne d'ailleurs. Les utopies métaphysiques, trop accueillies chez les savants modernes, sur la prétendue perfection d'une vie purement contemplative, ne constituent que d'orgueilleuses illusions, quand elles ne couvrent pas de coupables artifices. Quelque réelle que soit, sans doute, la satisfaction attachée à la seule découverte de la vérité, elle n'a jamais assez d'intensité pour diriger la conduite habituelle ; l'impulsion d'une passion quelconque est même indispensable à notre chétive intelligence pour déterminer et soutenir presque tous ses efforts. Si cette inspiration émane d'une affection bienveillante, on la remarque comme étant à la fois plus rare et plus estimable ; sa vulgarité empêche, au contraire, de la distinguer quand elle est due aux motifs personnels de gloire, d'ambition, ou de cupidité : telle est, au fond, la seule différence ordinaire. Lors même que l'impulsion mentale résulterait, en effet, d'une sorte de passion exceptionnelle pour la pure vérité, sans aucun mélange d'orgueil ou de vanité, cet exercice idéal, dégagé de toute destination sociale, ne cesserait pas d'être profondément égoïste. J'aurai bientôt lieu d'indiquer comment le positivisme, encore plus sévère que le catholicisme, imprime nécessairement une énergique flétrissure sur un tel type métaphysique ou scientifique, dans lequel le vrai point de vue philosophique fait hautement reconnaître un coupable abus des facilités que la civilisation procure, pour une toute autre fin, à l'existence contemplative.

C'est ainsi que le principe positif, spontanément émané de la vie active, et successivement étendu à toutes les parties essentielles du domaine spéculatif, se trouve, dans sa pleine maturité, inévitablement conduit, par une suite naturelle de sa réalité caractéristique, à embrasser aussi l'ensemble de la vie affective, où il place aussitôt l'unique centre de la systématisation finale. Le positivisme érige donc désormais en dogme fondamental, à la fois philosophique et politique, la prépondérance continue du cœur sur l'esprit.

6. — *Dans le régime théologique, l'intelligence était l'esclave du cœur ; dans le système positif, elle en est le serviteur.*

Sans doute, cette indispensable subordination, seule base possible de l'unité humaine, avait été organisée, quoique empiriquement, par le régime théologique, comme je l'ai remarqué ci-dessus. Mais, d'après une fatalité propre à l'état initial, cette première organisation se trouvait nécessairement affectée d'un vice radical qui ne lui permettait qu'une destinée provisoire. Car, elle devait bientôt devenir profondément oppressive pour l'intelligence, qui n'a pu s'y faire jour qu'en la modifiant de plus en plus, de manière à finir par la dissoudre, en résultat général de cette inévitable insurrection de vingt siècles, laquelle d'ailleurs a naturellement développé les anarchiques utopies de l'orgueil métaphysique et scientifique. En effet, si le cœur doit toujours poser les questions, c'est toujours à l'esprit qu'il appartient de les résoudre : tel est le vrai sens que le positivisme vient établir en systématisant à jamais le principe nécessaire de toute économie individuelle ou collective. Or l'impuissance primitive de l'esprit, qui ne pouvait remplir dignement son office qu'après une longue et difficile préparation, a d'abord obligé le cœur de l'y remplacer, en suppléant au défaut de notions objectives par l'essor spontané de ses inspirations subjectives, sans lesquelles toute l'évolution humaine, tant mentale que sociale, serait restée indéfiniment impossible, comme l'explique mon *Système de philosophie positive*. Mais cet empire absolu, longtemps indispensable, ne pouvait ensuite éviter de devenir hostile au développement propre de la raison, à mesure que celle-ci parvenait à ébaucher des conceptions fondées sur une appréciation plus ou moins réelle du monde extérieur. Telle est, en général, la principale source directe des grandes modifications successivement survenues dans l'ensemble des croyances théologiques. Depuis que ce système a subi tous les amendements compatibles avec sa nature fondamentale, le conflit intellectuel, devenu plus grave et plus rapide par l'essor décisif des connaissances positives, a pris un caractère de plus en plus rétrograde d'un côté et révolutionnaire de l'autre, d'après l'impossibilité, de plus en plus sentie, de concilier deux régimes aussi opposés. Tel est surtout le caractère de la situation actuelle, où l'ancienne domination de la théologie, si elle était susceptible de restauration, constituerait directement une profonde dégradation intellectuelle, et même par suite morale, en réglant uniquement d'après nos désirs et nos convenances toutes nos opinions sur la vérité extérieure. Aussi l'humanité ne peut-elle plus faire aucun pas décisif sans renoncer totalement au principe théologique, qui déjà ne conserve, en Occident, d'autre efficacité essentielle que de maintenir, par sa résistance nécessaire, la vraie position de la question principale. Il oblige ainsi la systématisation nouvelle à se concentrer enfin dans la vie affective, malgré les préjugés et les habitudes propres à l'immense transition révolutionnaire qui dure depuis la fin du moyen âge. Mais le positivisme, en remplissant, encore mieux qu'aucun théologisme, cette condition fondamentale de toute organisation, termine nécessairement la longue insurrection de l'esprit contre le cœur. Car, par une décision à la fois spontanée et systématique, il accorde à l'intelligence la libre participation totale qui lui appartient dans l'ensemble de la vie humaine. D'après l'interprétation positive du grand principe organique, l'esprit ne doit essentiellement traiter que les questions posées par le cœur pour la juste satisfaction finale de nos divers besoins. L'expérience a déjà trop démontré que, sans cette règle indispensable, l'esprit suivrait presque toujours sa pente involontaire vers les spéculations oiseuses ou chimériques, qui sont en même temps les plus nombreuses et les plus faciles. Mais, dans son élaboration quelconque de chaque sujet ainsi proposé, l'esprit doit rester seul juge, soit de la convenance des moyens, soit de la réalité des résultats. C'est uniquement à lui qu'il appartient d'apprécier ce qui est pour prévoir ce qui sera, et de découvrir les procédés d'amélioration. En un mot, l'esprit doit toujours être le ministre du cœur et jamais son esclave. Telles sont les conditions corrélatives de l'harmonie finale instituée par le principe positif. On doit peu craindre qu'elles soient gravement troublées, puisque les deux éléments de ce grand équilibre se trouveront bientôt disposés naturellement à le maintenir, comme également favorable à chacun d'eux. Les habitudes insurrectionnelles de la raison moderne n'autorisent point à lui supposer un caractère indéfiniment révolutionnaire, une fois que ses légitimes réclamations se trouveront largement satisfaites. D'ailleurs, au besoin, les moyens ne manqueraient pas au nouveau régime pour réprimer assez des prétentions subversives, ainsi que j'aurai bientôt l'occasion de le faire sentir. D'un autre côté, la nouvelle domination du cœur ne saurait jamais devenir, comme l'ancienne, sérieusement hostile envers l'esprit. Car, le véritable amour demande toujours à s'éclairer sur les moyens réels d'atteindre le but qu'il poursuit : le règne du vrai sentiment doit être habituellement aussi favorable à la saine raison qu'à la sage activité.

7. — *Principe subjectif du positivisme : l'intelligence doit servir le cœur.*

Voilà comment une doctrine, qui ne comporte pas plus l'hypocrisie que l'oppression, vient aujourd'hui, en résultat général des diverses évolutions antérieures, régénérer à la fois l'ordre public et l'ordre privé, de plus en plus compromis par une situation radicalement anarchique. Elle rallie à jamais la vraie philosophie et la saine politique sous un même principe fondamental, non moins susceptible d'être senti que d'être démontré, et qui est autant propre à tout systématiser qu'à tout régir. Ce grand dogme positiviste de l'universelle prépondérance du cœur sur l'esprit sera d'ailleurs représenté, dans la cinquième partie de ce Discours, comme aussi capable d'aptitude esthétique que de puissance philosophique et d'efficacité sociale. On achèvera ainsi de comprendre la possibilité de tout concentrer désormais autour d'un principe unique, à la fois moral, rationnel et poétique, seul propre à terminer réellement la plus profonde révolution de l'humanité. Chacun peut déjà constater ici que la force, essentiellement moderne, de la démonstration, encore restée, à tant d'égards, dissolvante, se sanctifie nécessairement, lors de sa pleine maturité, en recevant irrévocablement, de la nouvelle impulsion générale, une importante destination organique qu'un prochain avenir développera beaucoup. Je puis donc, sans aucune exagération, conclure, de l'ensemble des indications précédentes, que, malgré son origine purement théorique, désormais le positivisme convient autant aux âmes tendres qu'aux esprits méditatifs et aux caractères énergiques.

Ayant ainsi déterminé la nature et le principe de la systématisation totale que doivent maintenant construire les vrais philosophes, il me reste à en caractériser la marche nécessaire et ensuite le nœud fondamental.

8. — *Le monde extérieur, expliqué par la science, forme la base objective du positivisme.*

Quoique cette construction ne puisse convenir à sa destination qu'en embrassant l'ensemble de son triple domaine, spéculatif, affectif, et actif, ses trois parties essentielles ne sauraient pourtant s'accomplir à la fois, sans que néanmoins leur inévitable succession altère aucunement leur solidarité spontanée, puisqu'elle résulte, au contraire, d'une juste appréciation de leur mutuelle dépendance. Il importe de reconnaître, en effet, que les pensées doivent être systématisées avant les sentiments, et ceux-ci avant les actes. C'est sans doute par l'instinct confus de cet ordre nécessaire que les philosophes avaient jusqu'ici borné à la seule existence contemplative le domaine général de la systématisation humaine.

L'inévitable obligation de coordonner avant tout les idées ne résulte pas seulement de ce que leur liaison est plus facile et comporte plus de perfection, de manière à constituer une utile préparation logique au reste de la grande synthèse. En creusant davantage ce sujet, on découvre un motif plus décisif et moins saillant, qui représente ce préambule, pourvu qu'il soit complet, comme la base nécessaire de l'ensemble de la construction, qui heureusement ne peut plus offrir ensuite aucune difficulté du premier ordre, du moins en s'y bornant avec sagesse au degré de coordination qu'exige réellement sa destination finale.

Cette importance prépondérante de la simple systématisation intellectuelle semble d'abord contraire à la faible énergie des fonctions correspondantes dans l'économie totale de notre véritable nature, où le sentiment et l'activité contribuent certainement beaucoup plus que la pure raison à chaque résultat habituel. Si l'on tente de résoudre cette sorte de paradoxe, on est conduit à discerner enfin en quoi consiste le nœud fondamental du grand problème de l'unité humaine.

En effet, une telle unité exige d'abord un principe nécessairement subjectif, qui a été posé ci-dessus, dans la prépondérance continue du cœur sur l'esprit, sans laquelle ni l'existence collective, ni même la simple existence individuelle, ne comporteraient aucune harmonie durable, faute d'une impulsion assez énergique pour faire habituellement converger les nombreuses tendances, hétérogènes et souvent opposées, d'un organisme aussi complexe. Mais cette indispensable condition intérieure serait loin de suffire, si, en même temps, le monde extérieur ne nous offrait pas spontanément une base objective, indépendante de nous, dans l'ordre général des divers phénomènes qui régissent l'humanité, et dont l'évidente prépondérance peut permettre au sentiment d'amour de discipliner les inclinations discordantes, quand l'intelligence nous a dévoilé le véritable ensemble de notre destinée. Telle est la principale mission de l'esprit, dignement consacré désormais au service du cœur par la théorie positive de la systématisation humaine.

Si, au début de ce discours, j'ai représenté cette construction comme inévitablement insuffisante, et même chimérique, tant qu'elle resterait partielle, je dois maintenant ajouter, pour compléter le grand programme philosophique, qu'elle ne doit pas davantage rester isolée, et même que l'harmonie subjective serait impossible sans un lien objectif. D'abord, cette coordination purement intérieure, en la supposant accomplie à part, ne comporterait évidemment presque aucune efficacité habituelle pour notre vrai bonheur privé ou public, qui dépend beaucoup des relations de chacun de nous avec l'ensemble des êtres réels. Mais, en outre, par l'extrême imperfection de notre nature, les tendances discordantes de l'égoïsme fondamental sont en elles-mêmes tellement supérieures aux dispositions sympathiques de la sociabilité, que celles-ci ne pourraient jamais prévaloir sans le point d'appui qu'elles trouvent dans une économie extérieure qui nécessairement provoque leur essor continu, tandis qu'elle comprime l'ascendant de leurs antagonistes.

9. — *L'ordre extérieur contient nos instincts égoïstes et stimule nos sentiments altruistes.*

Pour apprécier assez cette réaction indispensable, il faut concevoir cet ordre extérieur comme embrassant, avec le monde proprement dit, l'ensemble de nos propres phénomènes, qui, quoique les plus modifiables de tous, sont néanmoins assujettis aussi à d'invariables lois naturelles, principal objet de nos contemplations positives. Or nos affections bienveillantes se trouvent spontanément conformes à celles de ces lois qui régissent directement la sociabilité, et nous disposent d'ailleurs à respecter toutes les autres, aussitôt que notre intelligence en a découvert l'empire. L'harmonie affective, même privée, et surtout publique, n'est donc possible que par l'évidente nécessité de subordonner l'existence humaine à cet ascendant extérieur qui seul rend disciplinables nos instincts égoïstes, dont la prépondérance neutraliserait aisément nos impulsions sympathiques, si celles-ci ne trouvaient en dehors cet appui fondamental, que la raison peut seule mettre au service du sentiment pour régler l'activité.

C'est ainsi que la systématisation intellectuelle, essentiellement relative à ce grand spectacle naturel, acquiert nécessairement une importance très supérieure à ses propres exigences théoriques, ordinairement si faibles, même chez les plus contemplatifs. En ce sens, la synthèse spéculative résout aussitôt la principale difficulté que présente la synthèse affective, en associant à nos meilleures impulsions intérieures une puissante stimulation extérieure, qui leur permet de contenir assez nos penchants discordants pour établir l'harmonie habituelle qu'elles poursuivent toujours, mais qu'elles ne pourraient jamais réaliser sans un tel secours continu. On sait d'ailleurs que cette conception générale de l'ordre naturel constitue directement la base indispensable de toute systématisation réelle des actes humains, qui ne comportent d'efficacité qu'en vertu de leur conformité permanente à l'ensemble de cette irrésistible économie : cette partie de notre grande démonstration se trouve aujourd'hui devenue si familière que je suis ici dispensé de l'indiquer davantage. Quand la synthèse spéculative aura permis d'accomplir la synthèse affective, il est clair que la synthèse active ne pourra plus offrir de nouvelles difficultés majeures, puisque l'unité d'impulsion achèvera d'instituer une unité d'action déjà préparée par l'unité de conception. Voilà comment toute la systématisation humaine dépend finalement de la simple coordination mentale, qui doit d'abord sembler en elle-même si peu décisive.

A son principe subjectif, la prépondérance du sentiment, le positivisme associe donc une base objective, l'immuable nécessité extérieure, qui seule permet réellement de subordonner à la sociabilité l'ensemble de notre existence. La supériorité de la nouvelle systématisation sur l'ancienne est encore plus évidente sous ce second aspect que sous le premier. Car, ce lien objectif ne résultait, dans le théologisme, que de la croyance spontanée aux volontés surnaturelles. Or, quelque réalité qu'on attribuât alors à cette fiction, sa source restait pourtant subjective en effet, ce qui devait rendre fort confuse et très mobile son efficacité habituelle. La discipline correspondante ne pouvait être comparable, ni en évidence, ni en énergie, ni en stabilité, à celle que comporte la notion continue d'un ordre vraiment extérieur, confirmé, malgré nous, par toute notre existence.

10. — *Nos conceptions sur le monde extérieur n'ont cessé de s'élargir; mais elles ne sont que depuis peu satisfaisantes.*

Ce dogme fondamental du positivisme doit être conçu, non comme le produit instantané d'une inspiration générale, mais comme le résultat graduel d'une immense élaboration spéciale, qui a commencé avec le premier exercice de la raison humaine, et qui est à peine achevée aujourd'hui chez ses organes les plus avancés. Il constitue la plus précieuse acquisition intellectuelle de l'ensemble de l'humanité, préparant avec effort, pendant sa longue enfance, le seul régime qui convienne finalement à sa vraie nature. Dans tous les cas fondamentaux, il n'est réellement démontrable que par l'observation, sauf l'extension par analogie. Jamais il ne comporte de preuves déductives qu'envers les phénomènes évidemment composés de ceux où il est déjà constaté. C'est ainsi, par exemple, que nous sommes logiquement autorisés à admettre, en général, des lois météorologiques, quoique la plupart soient encore ignorées, et doivent peut-être rester toujours inconnues : car, de tels événements ne résultent certainement que d'un concours d'influences naturelles, astronomiques, physiques, chimiques, etc., dont chacune a été reconnue assujettie à un ordre invariable. Mais, envers tous les phénomènes vraiment irréductibles à d'autres, une induction spéciale peut seule déterminer, à cet égard, notre conviction : comment pourrait être déduit un principe nécessairement destiné à fournir la base tacite de toute déduction réelle ? Voilà pourquoi ce dogme, si étranger à notre régime initial, a exigé une si longue préparation, dont les plus éminents penseurs ne pouvaient eux-mêmes se dispenser. Quand les conceptions métaphysiques ont semblé anticiper à ce sujet sur les vérifications indispensables, leur efficacité n'est résultée, au fond, que de leur aptitude provisoire à généraliser, d'une manière plus ou moins confuse, les analogies spontanément suscitées par la découverte effective des lois naturelles envers les plus simples phénomènes. Ces anticipations dogmatiques sont même restées toujours fort équivoques, et surtout très stériles, tant qu'elles n'ont pu se rattacher à aucune ébauche spéciale de théorie vraiment positive. Aussi, malgré la puissance apparente de telles argumentations, si familières à la raison moderne, le vrai sentiment de l'ordre extérieur se trouve-t-il encore profondément insuffisant chez les meilleurs esprits, faute d'une convenable vérification envers les phénomènes les plus compliqués et les plus importants, sauf le très petit nombre des penseurs qui admettent déjà comme définitive ma découverte fondamentale des principales lois sociologiques. L'incertitude qui subsiste ainsi pour une étude intimement liée à toutes les autres, exerce d'ailleurs sur celles-ci une ténébreuse réaction, qui altère gravement la notion de l'invariabilité jusque, dans les plus simples sujets ; comme le témoigne, par exemple, l'aberration radicale de presque tous les géomètres actuels quant au prétendu calcul des chances, où l'on suppose nécessairement que les faits correspondants ne suivent aucune loi. Ce grand dogme ne pouvait donc être, en un cas quelconque, solidement établi qu'autant que sa vérification spéciale s'étendait à toutes les catégories essentielles de phénomènes élémentaires. Mais cette difficile condition se trouvant assez remplie aujourd'hui, chez les penseurs vraiment au niveau de leur siècle, nous pouvons enfin constituer directement l'unité humaine sur cette base objective, désormais inébranlable : tous les événements réels, y compris ceux de notre propre existence individuelle et collective, sont toujours assujettis à des relations naturelles de succession et de similitude, essentiellement indépendantes de notre intervention.

11. — *Même quand le monde extérieur n'est pas modifiable, il exerce sur le caractère de l'homme une heureuse influence.*

Tel est donc le fondement extérieur de la grande synthèse, aussi bien affective et active que purement spéculative, constamment relative à cet ordre immuable. Son appréciation réelle constitue le principal objet de nos contemplations, sa prépondérance nécessaire règle l'essor général de nos sentiments, et son amélioration graduelle détermine le but continu de nos actions. Pour en mieux saisir l'influence, il suffirait de supposer un moment sa cessation effective : alors notre intelligence se consumerait en divagations effrénées, bientôt suivies d'une incurable torpeur ; nos meilleurs penchants ne contiendraient plus l'ascendant spontané des moins nobles instincts ;

et notre activité n'aboutirait qu'à une incohérente agitation. Quoique cet ordre ait été longtemps ignoré, son inévitable empire n'en a pas moins tendu toujours à régler, à notre insu, toute notre existence, d'abord active, et par suite contemplative ou même affective. A mesure que nous l'avons connu, nos conceptions sont devenues moins vagues, nos inclinations moins capricieuses, et notre conduite moins arbitraire. Depuis que nous en saisissons l'ensemble, il tend à régulariser, en tous genres, la sagesse humaine, en représentant toujours notre économie artificielle comme un judicieux prolongement de cette irrésistible économie naturelle, qu'il faut d'abord étudier et respecter pour parvenir à l'améliorer. Même en ce qu'il nous offre de vraiment fatal, c'est-à-dire d'immodifiable, cet ordre extérieur est indispensable à la direction de notre existence, malgré les superficielles récriminations de tant d'orgueilleuses intelligences. Si, par exemple, on suppose l'homme soustrait à la nécessité de résider sur la terre, et libre de changer à volonté son séjour planétaire, toute notion de société se trouve aussitôt détruite par les tendances vagabondes et inconciliables auxquelles se livreraient ainsi les diverses individualités. L'irrésolution et l'inconséquence, inhérentes à la multiplicité et à la médiocrité de nos penchants, ne nous permettent une conduite suivie et unanime qu'en vertu de ces insurmontables exigences, sans lesquelles notre chétive raison, malgré ses vains murmures, ne parviendrait jamais à terminer ses confuses délibérations. Impropres à rien créer, nous ne savons que modifier à notre avantage un ordre essentiellement supérieur à notre influence. En supposant possible l'indépendance absolue, tant rêvée par l'orgueil métaphysique, on sent bientôt que, loin d'améliorer notre destinée, elle empêcherait tout essor réel de notre existence, même privée. Le principal artifice du perfectionnement humain consiste, au contraire, à diminuer l'indécision, l'inconséquence, et la divergence de nos desseins quelconques en rattachant à des motifs extérieurs celles de nos habitudes intellectuelles, morales, et pratiques qui émanèrent d'abord de sources purement intérieures. Car tous les liens mutuels de nos diverses tendances sont incapables d'en assurer la fixité, jusqu'à ce qu'ils trouvent au dehors un point d'appui inaccessible à nos variations spontanées.

Mais, quelle que soit déjà l'heureuse efficacité du dogme positiviste, même en ce que l'ordre naturel nous offre d'immuable, nous devons surtout considérer les modifications artificielles dont cette économie fondamentale est à tant d'égards susceptible, puisqu'elles fournissent la principale destination de toute notre activité. Les plus simples de tous les phénomènes, ceux de notre existence planétaire, sont, en effet, les seuls que nous ne puissions aucunement modifier. Quoique, depuis que nous en connaissons les lois, nous y concevions aisément diverses améliorations, notre puissance physique, à quelque extension qu'elle parvienne jamais, restera toujours incapable d'y rien changer. C'est à nous, au contraire, à disposer notre existence pour subir le mieux possible ces irrésistibles conditions générales, dont la simplicité supérieure nous permet des prévisions plus précises et plus lointaines. Leur appréciation positive, de laquelle a surtout dépendu la longue évolution préparatoire de notre intelligence, nous fournira toujours la source la plus nette et la plus décisive du vrai sentiment de l'immuabilité. Si leur étude trop exclusive tend encore à nous pousser au fatalisme, cette influence, désormais réglée par une éducation plus philosophique, peut aisément concourir à notre propre amélioration morale, en nous disposant mieux à une sage résignation envers tous les maux vraiment insurmontables.

12. — *Le monde extérieur est, le plus souvent, modifiable entre certaines limites.*

Dans tout le reste de l'ordre extérieur, son invariabilité fondamentale se concilie toujours avec ses modifications secondaires. Elles deviennent plus profondes et plus multipliées à mesure que la complication croissante des phénomènes permet à notre faible intervention de mieux altérer des résultats dus au concours d'influences plus diverses et plus accessibles, comme l'a tant expliqué mon *Système de philosophie positive*. Suivant l'esprit de ce même ouvrage, notre intervention acquiert ainsi d'autant plus d'efficacité que les lois naturelles se rapportent davantage à notre propre existence, soit individuelle, soit collective. Envers celle-ci surtout, les modifications comportent une telle extension qu'elles contribuent beaucoup à maintenir encore l'erreur vulgaire qui représente ces phénomènes comme affranchis de toute règle immuable.

Pour compléter une telle appréciation générale du dogme positiviste, il importe d'ajouter que cette aptitude croissante de l'ordre extérieur à subir l'intervention humaine se combine nécessairement avec son imperfection plus grande, dont elle constitue ainsi une sorte de compensation spontanée, très précieuse quoique fort insuffisante. Car ces deux caractères résultent également de la complication graduelle de l'économie naturelle. Le régime astronomique est lui-même très imparfait malgré sa simplicité supérieure, qui d'ailleurs nous rend plus irrécusables ses divers inconvénients, dont la sommaire considération mérite une attention sérieuse. Quoique nous ne puissions y apporter aucun remède, cette vue nous préserve d'une stupide admiration, et peut utilement concourir à fixer l'attitude définitive de l'humanité en présence des difficultés de tous genres qui caractérisent sa vraie destinée. Surtout elle tend à écarter radicalement la vaine recherche du bien absolu, qui entrave tant la sage poursuite des améliorations réelles.

Envers tous les autres phénomènes, l'imperfection croissante de l'économie naturelle détermine sans cesse une active stimulation de toute notre existence positive, aussi bien morale et mentale que purement pratique, en nous appelant toujours à soulager des maux que nous pouvons en effet adoucir beaucoup par le judicieux concours de nos efforts continus. C'est surtout ainsi que l'humanité peut développer un caractère de fermeté et de dignité toujours étranger à sa longue enfance théologique. Pour quiconque s'élève aujourd'hui au vrai point de vue de l'avenir social, la conception de l'homme devenu, sans scrupule et sans jactance, l'unique arbitre, entre certaines limites, de l'ensemble de sa destinée, constitue assurément une notion beaucoup plus satisfaisante, à tous égards, que l'antique fiction providentielle qui nous supposait toujours passifs. Une telle appréciation habituelle tend directement à fortifier le lien social, où chacun est ainsi conduit à voir sa principale ressource privée contre les misères générales de la condition humaine. En excitant nos meilleurs sentiments, elle nous fait aussi mieux saisir l'importance de la principale culture intellectuelle, dirigée par là vers sa véritable destination. Quoique cette heureuse influence ait toujours augmenté chez les modernes, elle a été jusqu'ici trop restreinte et trop empirique pour qu'on puisse s'en former une juste idée, autrement qu'en anticipant sur l'avenir humain, d'après une saine théorie historique. Car, notre art systématique ne comprend point encore cette partie de l'économie fondamentale qui, étant à la fois la plus modifiable et la plus imparfaite comme la plus importante, doit constituer, à tous égards, le principal objet de notre sollicitude permanente. L'art médical proprement dit commence à peine à sortir de sa routine initiale. Quant à l'art social, soit moral, soit politique, il y demeure tellement plongé, que la plupart des hommes d'état contestent même la possibilité de l'en dégager jamais, quoiqu'il comporte plus qu'aucun autre une systématisation réelle, qui permettra seule de rationaliser tout le reste de notre existence pratique. Mais ces vues bornées ne tiennent aujourd'hui qu'au sentiment trop incomplet de la réalité des lois naturelles envers les plus éminents phénomènes. Quand l'ordre fondamental est dignement reconnu dans son véritable ensemble, la conception habituelle de l'art devient nécessairement aussi étendue et aussi homogène que celle de la science ; aucun bon esprit ne peut alors contester que notre existence sociale constitue désormais le principal domaine de tous deux.

Le service général de l'intelligence envers la sociabilité ne se borne donc pas à lui faire connaître l'économie naturelle dont elle doit accepter l'inévitable empire. Pour que cette détermination théorique puisse guider notre activité, il y faut joindre l'exacte appréciation des diverses limites de variation propres à cet ordre extérieur, et aussi celles de ses principales imperfections : ces deux données générales permettent seules de caractériser et de circonscrire notre sage intervention. La critique positive de la nature constituera donc toujours une importante attribution de la saine philosophie, quoique l'intention anti-théologique qui l'inspira d'abord ait déjà cessé d'offrir aucun intérêt majeur, par suite même de son irrévocable efficacité. Sans s'occuper d'une lutte quelconque, on concevra désormais un tel examen comme destiné à mieux poser l'ensemble de la question humaine. Il se lie directement au but continu de toute notre existence dans le régime positif, puisque le perfectionnement suppose d'abord l'imperfection. Cette connexité générale devient surtout nécessaire envers notre propre nature ; car la vraie moralité exige un profond sentiment habituel de nos vices spontanés.

13. — *Pour fonder la synthèse positive, il fallait vaincre une grosse difficulté théorique : compléter la notion de loi naturelle, et l'étendre aux phénomènes sociaux et moraux.*

Toutes ces indications caractérisent assez la condition fondamentale d'après laquelle la grande systématisation humaine, sans cesser d'être essentiellement affective par son principe subjectif, doit finalement dépendre d'une opération spéculative, seule capable de lui fournir une base objective, en la liant à l'ensemble de l'économie extérieure dont l'humanité subit et modifie l'empire. Malgré les difficultés propres à une telle explication, elle suffit au but de ce discours, simple prélude d'un traité complet. Elle fait directement apprécier le nœud essentiel de la synthèse positiviste, comme consistant à découvrir la vraie théorie de l'évolution humaine, à la fois individuelle et collective. Car, toute ébauche décisive sur ce sujet final complète aussitôt la notion générale de l'ordre naturel, et l'érige nécessairement en dogme fondamental d'une systématisation universelle, graduellement préparée par l'ensemble du mouvement moderne. Le concours spontané des travaux scientifiques propres aux trois derniers siècles ne laissait, à cet égard, de lacune capitale qu'envers les phénomènes moraux et surtout sociaux. En y démontrant aussi l'existence de lois invariables, par une première coordination totale du passé humain, la raison moderne termine sa laborieuse initiation, et dès lors elle construit son régime final, en s'élevant ainsi au seul point de vue qui puisse tout embrasser.

Tel fut le double but de l'élaboration fondamentale

par laquelle, de l'aveu des principaux penseurs actuels, j'ai complété et coordonné l'ensemble de la philosophie naturelle, en établissant la loi générale de l'évolution humaine, tant sociale qu'intellectuelle. Je ne dois pas revenir ici sur cette grande loi, qui déjà n'est plus contestée, et qui d'ailleurs trouvera sa place dogmatique dans le troisième volume de ce nouveau traité. Elle proclame, comme on sait, le passage nécessaire de toutes nos spéculations quelconques par trois états successifs : d'abord, l'état théologique, où dominent franchement des fictions spontanées, qui ne comportent aucune preuve ; ensuite, l'état métaphysique, que caractérise surtout la prépondérance habituelle des abstractions personnifiées ou entités ; et enfin, l'état positif, toujours fondé sur une exacte appréciation de la réalité extérieure. Le premier régime, quoique purement provisoire, constitue partout notre unique point de départ ; le troisième, seul définitif, représente notre existence normale ; quant au second, il ne comporte qu'une influence modificatrice ou plutôt dissolvante, qui le destine seulement à diriger la transition de l'une à l'autre constitution. Tout commence, en effet, sous l'inspiration théologique, pour aboutir à la démonstration positive, en passant par l'argumentation métaphysique. C'est ainsi qu'une même loi générale nous permet désormais d'embrasser à la fois le passé, le présent, et l'avenir de l'humanité.

A cette loi de filiation, mon *Système de philosophie positive* a toujours associé la loi de classement dont l'application dynamique fournit le second élément indispensable de ma théorie d'évolution, en déterminant l'ordre nécessaire suivant lequel nos diverses conceptions participent à chaque phase successive. On sait que cet ordre est réglé par la généralité décroissante des phénomènes correspondants, ou, ce qui revient au même, par leur complication croissante : de là résulte leur dépendance spontanée envers tous ceux qui sont plus simples et moins spéciaux. La hiérarchie fondamentale de nos spéculations réelles consiste ainsi dans leur classement naturel en six catégories élémentaires : mathématique, astronomique, physique, chimique, biologique et enfin sociologique (1), dont chacune subit avant la suivant les différents degrés essentiels de l'évolution totale, laquelle ne pourrait offrir qu'un caractère vague et confus sans l'usage continu d'une telle classification.

Une théorie formée par l'intime combinaison de cette loi statique avec la loi dynamique semble d'abord ne concerner que le mouvement intellectuel de l'humanité. Mais les explications indiquées ci-dessus nous garantissent d'avance son aptitude nécessaire à embrasser aussi le développement social, dont la marche générale a dû toujours dépendre de celle de nos conceptions élémentaires sur l'ensemble de l'économie naturelle. La partie historique de mon grand ouvrage (2) a démontré, en effet, la correspondance continue entre l'évolution active et l'évolution spéculative, dont le concours naturel devait régler l'évolution affective. Cette extension décisive de la théorie fondamentale exige seulement qu'on y joigne un dernier complément essentiel, directement relatif à l'essor temporel de l'humanité. Il consiste, comme on sait, dans la succession nécessaire des divers caractères principaux de l'activité humaine, d'abord conquérante, ensuite défensive, et enfin industrielle. Leur solidarité naturelle avec la prépondérance respective de l'esprit théologique, de l'esprit métaphysique, et de l'esprit positif, explique aussitôt l'ensemble du passé, en systématisant sans effort la seule conception historique qui soit spontanément sanctionnée par la raison publique, c'est-

(1) L'auteur ajouta plus tard une septième science : la morale. Voir le T. II du *Système de Politique positive*. (*Note des éditeurs*.)
(2) Le *Cours de Philosophie positive*. (*N. des éd.*).

à-dire la distinction générale entre l'antiquité, le moyen âge, et l'état moderne.

Pour fonder enfin la vraie science sociale, il suffisait donc d'établir irrévocablement cette théorie d'évolution, en combinant, avec la loi dynamique qui la caractérise, d'abord le principe statique qui la consolide, et ensuite l'extension temporelle qui la complète. Cette fondation décisive achève de constituer l'ensemble de la philosophie naturelle, en écartant à jamais la distinction provisoire qui, depuis Aristote et Platon, la séparait profondément de la philosophie morale. L'esprit positif, si longtemps borné aux plus simples phénomènes inorganiques, termine alors sa difficile initiation, en s'étendant jusqu'aux spéculations les plus compliquées et les plus importantes, désormais affranchies de tout régime théologique ou métaphysique. Toutes nos conceptions réelles étant ainsi devenues homogènes, l'unité spéculative tend aussitôt à s'établir spontanément, de manière à fournir une solide base objective à la systématisation totale qui constitue le but caractéristique de la vraie philosophie, jusqu'ici resté impossible faute d'éléments suffisants.

On sentira comment la principale difficulté de cette synthèse définitive consistait, j'ose le dire, dans la découverte de ma théorie fondamentale de l'évolution humaine, si l'on considère qu'une telle théorie, en même temps qu'elle complète et coordonne cette base objective, la subordonne spontanément au principe subjectif, qui doit toujours diriger l'ensemble de la construction philosophique. En appréciant ainsi l'ordre universel, l'intelligence, trop fière d'un office indispensable qu'elle seule peut remplir, est souvent disposée à méconnaître sa destination nécessaire au service continu de la sociabilité ; elle tend à suivre librement sa pente naturelle vers les divagations spéculatives, tant fortifiées aujourd'hui par les habitudes empiriques propres à l'essor préliminaire des spécialités positives. Il faut donc que l'inspiration subjective la ramène sans cesse à sa vraie vocation, en empêchant ses contemplations de prendre un caractère absolu et une extension illimitée, qui reproduiraient, sous la forme scientifique, les principaux inconvénients du régime théologico-métaphysique. L'univers doit être étudié, non pour lui-même, mais pour l'homme, ou plutôt pour l'humanité. Tout autre dessein serait, au fond, aussi peu rationnel que peu moral. Car, c'est seulement en tant que subjectives, et jamais comme purement objectives, que nos spéculations réelles peuvent être vraiment satisfaisantes, quand elles se bornent à découvrir, dans l'économie extérieure, les lois qui, d'une manière plus ou moins directe, influent en effet sur nos destinées. Hors de ce domaine, déterminé par la sociabilité, nos connaissances resteront toujours autant imparfaites qu'oiseuses, même envers les plus simples phénomènes, témoin l'astronomie. Sans cette constante prépondérance du sentiment, l'esprit positif retournerait bientôt aux prédilections spontanées de sa longue enfance, pour les contemplations les plus éloignées de l'homme, qui sont aussi les plus faciles. Tant que son initiation est restée incomplète, cette tendance naturelle à poursuivre indistinctement toutes les recherches vraiment accessibles, a pu se justifier par l'efficacité logique que comportaient la plupart de celles qui étaient dépourvues de toute utilité scientifique. Mais, depuis que la méthode positive est assez développée pour devoir être directement vouée à sa véritable destination, ces exercices oiseux prolongent vicieusement le régime préliminaire. Cette vague anarchie spéculative prend même un caractère de plus en plus rétrograde, en tendant à détruire les principaux résultats obtenus par l'esprit de détail, tant qu'il demeura vraiment progressif.

14. — *La découverte des lois sociologiques donne aux questions sociales une grande importance. Le principe subjectif du positivisme est sans danger pour la pensée libre.*

La construction de la base objective indispensable à la grande synthèse humaine suscite donc une difficulté très grave, pour y concilier la liberté habituelle, sans laquelle l'intelligence n'y pourrait procéder convenablement, avec la discipline continue qu'exige sa tendance spontanée aux divagations indéfinies. Cette conciliation était essentiellement impossible, tant que l'étude de l'ordre naturel ne s'étendait point jusqu'aux lois sociologiques. Mais, aussitôt que l'esprit positif embrasse réellement cette attribution finale, la suprématie nécessaire de telles spéculations le soumet sans effort au joug légitime du sentiment. Dans sa marche générale du dehors au dedans, l'appréciation objective vient alors se rattacher spontanément à l'impulsion subjective, dont elle avait si longtemps entravé l'empire fondamental. Aucun véritable penseur ne peut plus refuser d'admettre les démonstrations décisives qui, même sous le simple aspect spéculatif, établissent désormais la prépondérance logique et scientifique du point de vue social, comme seul lien possible de toutes nos contemplations réelles. Son ascendant nécessaire ne saurait jamais devenir oppressif envers les autres études positives qui constitueront toujours, soit pour la méthode, soit pour la doctrine, le préambule indispensable de cette science finale. Ce régime définitif imprime, au contraire, à chaque science préparatoire, à la fois une consécration précieuse et une féconde stimulation, en la liant directement à l'ensemble de l'humanité.

Tel est le mode naturel suivant lequel, comme je l'annonçais au début de ce Discours, l'esprit positif vient aujourd'hui, par la fondation de la sociologie, se replacer à jamais sous la juste domination du cœur, de manière à permettre enfin la systématisation totale, d'après la subordination continue de la base objective envers le principe subjectif. En dissipant sans retour l'antagonisme exceptionnel qui, depuis la fin du moyen âge, dut se développer entre la raison et le sentiment, cette opération philosophique appelle immédiatement l'humanité au seul régime, individuel ou collectif, qui convienne pleinement à sa nature. Tant que ces deux nobles influences sont restées contraires, la sociabilité ne pouvait parvenir à modifier profondément l'empire pratique de la personnalité. Mais, malgré leur faible énergie spontanée dans notre imparfaite organisation, leur concours intime et continu, susceptible d'un essor immense, pourra désormais, sans altérer le caractère essentiellement égoïste de la vie active, lui imprimer un degré habituel de moralité dont le passé ne saurait fournir aucune idée, vu l'insuffisante harmonie que comportaient jusqu'ici ces deux modérateurs nécessaires de tous nos instincts prépondérants.

Je n'aurais point assez défini la synthèse théorique sur laquelle doit reposer toute la systématisation humaine, si maintenant je n'indiquais la restriction générale de cette construction objective à ce qu'elle offre de vraiment indispensable pour permettre l'élaboration directe du régime final. Sans une telle appréciation, l'intelligence, entraînée par ses habitudes actuelles d'orgueilleuse divagation, tendrait à exagérer son office nécessaire, de manière à éluder le joug continu de la sociabilité, en ajournant la régénération morale et politique au-delà de ce qu'exige ce préambule philosophique. Cette dernière détermination manifestera une nouvelle propriété de ma théorie d'évolution, ainsi représentée comme plaçant déjà la coordination spéculative au point de pouvoir aujourd'hui commencer la systématisation affective et même active, au moins quant à sa partie la plus éminente et la plus décisive, la morale proprement dite.

15. — *Il y a deux sortes de lois naturelles : les lois abstraites et les lois concrètes. La connaissance et la coordination des lois abstraites permettent de fonder la synthèse positive.*

Pour restreindre convenablement la construction de notre base objective, nous devons d'abord distinguer, dans l'ordre extérieur, deux classes générales de lois naturelles, les unes simples ou abstraites, les autres composées ou concrètes. Mon ouvrage fondamental a tellement établi et appliqué cette indispensable distinction, désormais incontestable, qu'il me suffit ici d'en caractériser la source et l'usage.

Elle résulte, en principe, de ce que nos études positives peuvent toujours concerner ou les êtres vivants, ou seulement leurs divers phénomènes. Quoique les corps réels ne nous deviennent appréciables que par l'ensemble des phénomènes qu'ils nous offrent, nous pouvons contempler abstraitement chaque sorte de phénomènes sous un aspect commun à tous les êtres qui nous la présentent, ou faire l'examen concret du groupe particulier de phénomènes qui caractérise chacun d'eux. Dans ce dernier cas, nous étudions les différents systèmes d'existence : dans l'autre, nous déterminons les divers modes d'activité. L'exemple, indiqué ci-dessus, des études météorologiques, constitue le meilleur type de cette distinction générale ; car les événements qu'on y considère ne sont jamais que d'évidentes combinaisons de phénomènes astronomiques, physiques, chimiques, biologiques, et mêmes sociaux, dont les lois propres comportent et exigent autant de théories différentes. Si toutes ces lois abstraites nous étaient assez connues, la question concrète ne nous offrirait d'autre difficulté capitale que celle de les combiner assez pour en déduire l'ordre nécessaire de ces effets composés, quoiqu'une telle construction me semble d'ailleurs tant excéder nos faibles facultés déductives que nous ne pourrions encore abandonner, à cet égard, la marche purement inductive.

D'après une telle distinction, notre étude fondamentale de l'économie naturelle doit certainement concerner d'abord son appréciation abstraite, décomposée en autant de cas généraux qu'il existe de phénomènes vraiment élémentaires, c'est-à-dire irréductibles à d'autres, et dès lors exigeant, malgré leur connexité nécessaire, autant d'inductions diverses, sans que leur théorie pût jamais s'établir par la seule déduction. La systématisation spéculative ne peut directement embrasser que ces contemplations simples, qui deviendront ensuite le fondement rationnel des contemplations composées. Quand même celles-ci, par leur complication supérieure, ne comporteraient jamais une pleine coordination, l'unité théorique pourrait se borner aux premières, sans rester au-dessous de sa vraie destination, comme base objective de la grande synthèse humaine. Car ce fondement abstrait nous permettrait déjà d'introduire partout, à un certain degré, la marche déductive, de manière à lier assez toutes nos pensées quelconques pour rendre possible une suffisante systématisation habituelle de nos sentiments et de nos actes, suivant le but de la saine philosophie. L'étude abstraite de l'ordre extérieur nous offre donc la seule synthèse qui soit vraiment indispensable à l'élaboration directe de l'unité totale. Elle constitue, en elle-même, un fondement suffisant de l'ensemble de notre sagesse, qui y trouve cette *philosophie première*, si confusément demandée par Bacon comme base nécessaire du régime normal de l'humanité. Quand nous avons coordonné toutes les lois abstraites des divers modes généraux d'activité réelle, l'appréciation effective de chaque système particulier d'existence cesse aussitôt d'être purement empirique, quoique la plupart des lois concrètes nous restent encore inconnues. Cela est surtout sensible envers le cas le plus difficile et le plus important : car il nous suffit, évidemment, de connaître les principales lois, statiques et dynamiques, de la sociabilité, pour systématiser convenablement toute notre existence publique et privée, de manière à perfectionner beaucoup l'ensemble de nos destinées. Si la philosophie atteint un tel but, ce qui déjà n'est plus douteux, on devra peu regretter qu'elle ne puisse assez expliquer tous les régimes sociaux que le temps et l'espace présentent à nos contemplations. Disciplinée par le vrai sentiment, la raison moderne saura désormais régler sagement une curiosité indéfinie, qui consumerait en recherches oiseuses les faibles puissances spéculatives d'où l'humanité tire ses plus précieuses ressources dans sa lutte si difficile contre les vices de l'ordre naturel. La découverte des principales lois concrètes pourrait, sans doute, contribuer beaucoup à l'amélioration de nos destinées extérieures et mêmes intérieures ; c'est surtout dans ce champ que notre avenir scientifique comporte une ample moisson. Mais leur connaissance n'est nullement indispensable pour permettre aujourd'hui la systématisation totale qui doit remplir, envers le régime final de l'humanité, l'office fondamental qu'accomplit jadis la coordination théologique envers le régime initial. Cette inévitable condition n'exige certainement que la simple philosophie abstraite ; en sorte que la régénération resterait possible, quand même la philosophie concrète ne devrait jamais devenir satisfaisante.

16. — *La synthèse des lois abstraites découle de la théorie de l'évolution humaine.*

Ainsi réduite, la construction de l'unité spéculative se trouve déjà tellement élaborée, en Occident, que tous les vrais penseurs qui se sentent assez sympathiques peuvent y commencer, sans aucun délai, la réorganisation morale qui doit préparer et diriger une véritable réorganisation politique. Car la théorie d'évolution mentionnée ci-dessus constitue, sous un autre aspect, une systématisation directe de toutes nos conceptions abstraites sur l'ensemble de l'ordre naturel.

Pour le sentir, il suffit d'envisager nos diverses connaissances réelles comme composant, au fond, une science unique, celle de l'humanité, dont nos autres spéculations positives sont à la fois le préambule et le développement. Or son élaboration directe exige, évidemment, une double préparation fondamentale, relative d'abord à l'étude de notre condition extérieure, et ensuite à celle de notre nature intérieure. Car, la sociabilité ne saurait être comprise sans une suffisante appréciation préalable du milieu où elle se développe et de l'agent qui la manifeste. Avant d'aborder la science finale, il faut donc avoir assez ébauché la théorie abstraite du monde extérieur et celle de la vie individuelle pour déterminer l'influence continue des lois correspondantes sur celles qui sont propres aux phénomènes sociaux. Cette préparation n'est pas moins indispensable sous le rapport logique que sous le simple aspect scientifique, afin d'adapter notre chétive intelligence aux spéculations les plus difficiles par une suffisante habitude des plus faciles. Enfin, dans cette initiation doublement nécessaire, l'ordre inorganique doit nous occuper avant l'ordre organique, soit en vertu de l'influence prépondérante des lois relatives à l'existence la plus universelle sur les phénomènes propres à la plus spéciale, soit d'après l'évidente obligation d'étudier d'abord la méthode positive dans ses applications les plus simples et les plus caractéristiques. Il serait ici superflu de rappeler davantage des principes que mon ouvrage fondamental a tant établis.

La philosophie sociale doit donc, à tous égards, être préparée par la philosophie naturelle proprement dite, d'abord inorganique, puis organique. Cette indispensable préparation d'une construction réservée à notre siècle remonte ainsi jusqu'à la création de l'astronomie dans l'antiquité. Les modernes l'ont complétée en ébauchant la biologie, dont les notions statiques furent seules accessibles aux anciens. Mais, malgré la subordination nécessaire de ces deux sciences, leur diversité trop prononcée et leur enchaînement trop indirect empêcheraient de concevoir l'ensemble du préambule fondamental, si, par une condensation exagérée, on tentait de le réduire à ces termes extrêmes. Entre eux, la chimie est venue, au moyen âge, constituer un lien indispensable, qui déjà permettait d'entrevoir la véritable unité spéculative, par la succession naturelle de ces trois sciences préliminaires, conduisant graduellement à la science finale. Toutefois, cet intermédiaire ne pouvait suffire, quoique assez rapproché du terme biologique, parce qu'il est trop éloigné du terme astronomique, dont l'ascendant direct y exigeait l'emploi de conceptions factices et même chimériques, susceptibles seulement d'une efficacité passagère. La vraie hiérarchie des spéculations élémentaires n'a donc pu commencer à se manifester que dans l'avant-dernier siècle, quand la physique proprement dite a fait surgir une classe de contemplations inorganiques, qui touche à l'astronomie par sa branche la plus générale, et à la chimie par la plus spéciale. Pour concevoir cette hiérarchie d'une manière conforme à sa destination, il suffit dès lors de la rattacher à son origine nécessaire, en remontant jusqu'à des spéculations tellement simples et universelles que leur positivité puisse être directe et spontanée. Tel est l'éminent caractère des conceptions purement mathématiques, sans lesquelles l'astronomie ne pouvait naître. Elles seules constitueront toujours, dans l'éducation individuelle, comme elles l'ont fait dans notre évolution collective, le véritable point de départ de l'initiation positive, en tant que relatives à des spéculations qui, sous la plus complète domination de l'esprit théologique, suscitent nécessairement un certain essor systématique de l'esprit positif, ensuite étendu de proche en proche jusqu'aux sujets qui lui étaient d'abord le plus interdits.

D'après ces sommaires indications, la série naturelle des spéculations fondamentales se constitue d'elle-même, quand on range, selon leur généralité décroissante et leur complication croissante, les six termes essentiels dont l'introduction y est ainsi motivée, et cette disposition fait aussitôt ressortir leurs vrais rapports mutuels. Or, cette opération coïncide évidemment avec le classement propre à la théorie d'évolution ci-dessus rappelée. Cette théorie peut donc être conçue, sous l'aspect statique, comme offrant une base directe à la systématisation abstraite, d'où l'on vient de voir dépendre l'ensemble de la synthèse humaine. La coordination usuelle ainsi établie entre les éléments nécessaires de toutes nos conceptions réelles constitue déjà une véritable unité spéculative, par l'accomplissement du vœu confus de Bacon, sur la construction d'une *scala intellectui*, permettant à nos pensées habituelles de passer sans effort des moindres sujets aux plus éminents, ou en sens inverse, avec un sentiment continu de leur intime solidarité naturelle. Chacune de ces six branches essentielles de la philosophie abstraite, quoique très distincte des deux adjacentes dans sa partie centrale, adhère profondément à la précédente par son origine, et à la suivante par sa fin. L'homogénéité et la continuité d'une telle construction sont d'autant plus complètes que le même principe de classement, appliqué d'une manière plus spéciale, détermine aussi la vraie distribution intérieure des diverses théories qui composent chaque branche. Par exemple, les trois grandes classes de spéculations mathématiques, d'abord numériques, puis géométriques, et enfin mécaniques, se succèdent et se coordonnent entre elles d'après la même loi qui préside à la formation de l'échelle fondamentale. Mon traité philosophique a pleinement démontré qu'une pareille harmonie intérieure existe partout. La série générale constitue ainsi le résumé le plus concis des plus vastes méditations abstraites ; et, réciproquement, toutes les saines études spéciales aboutissent à autant de développements partiels de cette hiérarchie universelle. Quoique chaque partie exige des inductions distinctes, chacune reçoit de la précédente une influence déductive, qui restera toujours aussi indispensable à sa constitution dogmatique qu'elle le fut d'abord à son essor historique. Toutes les études préliminaires préparent ainsi la science finale, laquelle désormais réagira sans cesse sur leur culture systématique, pour y faire enfin prévaloir le véritable esprit d'ensemble, toujours lié au vrai sentiment social. Cette indispensable discipline ne saurait devenir oppressive, puisque son principe concilie spontanément les conditions permanentes d'une sage indépendance avec celles d'un concours réel. En subordonnant, par sa propre composition, l'intelligence à la sociabilité, une telle formule encyclopédique, éminemment susceptible de devenir populaire, place d'ailleurs tout le système spéculatif sous la surveillance, comme sous la protection, d'un public ordinairement disposé à contenir, chez les philosophes, les divers abus inhérents à l'état continu d'abstraction qu'exige leur office.

17. — *Possibilité d'aborder l'œuvre de régénération sociale.*

La même théorie qui explique l'évolution mentale de l'humanité établit donc la vraie coordination finale de nos pensées élémentaires, de manière à concilier radicalement les conditions, jusqu'ici plus ou moins opposées, de l'harmonie et du mouvement. Son aptitude historique et sa valeur dogmatique se fortifient mutuellement; puisque la véritable liaison de nos conceptions doit surtout ressortir de leurs transformations successives, qui, à leur tour, resteraient inexplicables sans elle, l'histoire et la philosophie devenant ainsi inséparables pour tous les bons esprits.

Une théorie, à la fois statique et dynamique, qui remplit de telles conditions, peut certainement être appréciée aujourd'hui comme constituant déjà l'unité spéculative sur sa véritable base objective, quoique cette unité ait besoin de se développer et de se consolider à mesure que cette base sera mieux étudiée. Mais ce double essor doit réellement dépendre de la destination sociale de cette construction, beaucoup plus que d'une vaine tendance à la perfection scientifique. C'est en dirigeant la réorganisation spirituelle des populations d'élite, que la philosophie abstraite devra surtout sentir le besoin d'une extension nouvelle ou d'une meilleure liaison, quand les exigences morales et politiques y provoqueront l'étude de nouveaux rapports naturels, sans que jamais la conception y doive trop devancer l'application. Il suffit que cette coordination naissante de toutes nos contemplations réelles soit assez élaborée aujourd'hui pour permettre déjà d'aborder la synthèse affective et même active, en commençant à systématiser la morale positive qui doit présider à la régénération finale de l'humanité. Or j'ose assurer que mon ouvrage fondamental ne laisse aucun doute sur la possibilité immédiate d'une telle entreprise, dont l'opportunité sera directement manifestée par l'ensemble de ce Discours.

18. — *Il ne faut pas confondre le positivisme avec l'athéisme, le matérialisme, le fatalisme ou l'optimisme. L'athéisme, comme la théologie, voudrait résoudre des problèmes insolubles.*

Ayant assez caractérisé l'esprit général du positivisme, je dois maintenant ajouter, à cet égard, quelques explications complémentaires, destinées à prévenir ou à rectifier de graves méprises, trop fréquentes et trop dangereuses pour que je puisse les négliger, sans cependant m'occuper jamais des attaques de mauvaise foi.

L'entière émancipation théologique devant constituer aujourd'hui une indispensable préparation à l'état pleinement positif, cette condition préalable entraîne souvent des observateurs superficiels à confondre sincèrement ce régime final avec une situation purement négative, qui présentait, même dans le siècle dernier, un caractère vraiment progressif, mais qui désormais dégénère, chez ceux où elle devient vicieusement permanente, en obstacle essentiel à toute véritable organisation sociale et même mentale. Quoique j'aie, depuis longtemps, repoussé formellement toute solidarité, soit dogmatique, soit historique, entre le vrai positivisme et ce qu'on nomme l'athéisme, je dois ici indiquer encore, sur cette fausse appréciation, quelques éclaircissements sommaires, mais directs.

Même sous l'aspect intellectuel, l'athéisme ne constitue qu'une émancipation très insuffisante, puisqu'il tend à prolonger indéfiniment l'état métaphysique en poursuivant sans cesse de nouvelles solutions des problèmes théologiques, au lieu d'écarter comme radicalement vaines toutes les recherches inaccessibles. Le véritable esprit positif consiste surtout à substituer toujours l'étude des *lois* invariables des phénomènes à celle de leurs *causes* proprement dites, premières ou finales, en un mot la détermination du *comment* à celle du *pourquoi*. Il est donc incompatible avec les orgueilleuses rêveries d'un ténébreux athéisme sur la formation de l'univers, l'origine des animaux, etc. Dans son appréciation générale de nos divers états spéculatifs, le positivisme n'hésite point à regarder ces chimères doctorales comme fort inférieures, même en rationalité, aux inspirations spontanées de l'humanité. Car le principe théologique, consistant à tout expliquer par des *volontés*, ne peut être pleinement écarté que quand, ayant reconnu inaccessible toute recherche des *causes*, on se borne à connaître les *lois*. Tant qu'on persiste à résoudre les questions qui caractérisèrent notre enfance, on est très mal fondé à rejeter le mode naïf qu'y appliqua notre imagination, et qui seul convient, en effet, à leur nature. Ces croyances spontanées ne pouvaient radicalement s'éteindre qu'à mesure que l'humanité, mieux éclairée sur ses moyens et ses besoins, changeait irrévocablement la direction générale de ses recherches continues. Quand on veut pénétrer le mystère inaccessible de la production essentielle des phénomènes, on ne peut rien supposer de plus satisfaisant que de les attribuer à des volontés intérieures ou extérieures, puisqu'on les assimile ainsi aux effets journaliers des affections qui nous animent. L'orgueil métaphysique ou scientifique a pu seul persuader aux athées, anciens ou modernes, que leurs vagues hypothèses sur un tel sujet sont vraiment supérieures à cette assimilation directe, qui devait exclusivement satisfaire notre intelligence jusqu'à ce qu'on eût reconnu l'inanité radicale et l'entière inutilité de toute recherche absolue.

Quoique l'ordre naturel soit, à tous égards, très imparfait, sa production se concilierait beaucoup mieux avec la supposition d'une volonté intelligente qu'avec celle d'un aveugle mécanisme. Les athées persistants peuvent donc être regardés comme les plus inconséquents des théologiens, puisqu'ils poursuivent les mêmes questions en rejetant l'unique méthode qui s'y adapte. Aussi le pur athéisme est-il, même aujourd'hui, fort exceptionnel. Le plus souvent on qualifie ainsi un état de panthéisme, qui n'est, au fond, qu'une rétrogradation doctorale vers un fétichisme vague et abstrait, d'où peuvent renaître, sous de nouvelles formes, toutes les phases théologiques, quand l'ensemble de la situation moderne cesse de contenir le libre essor des aberrations métaphysiques. Un tel régime indique d'ailleurs, chez ceux qui l'adoptent comme définitif, une appréciation très exagérée, ou même vicieuse, des besoins intellectuels, et un sentiment trop imparfait des besoins moraux ou sociaux. Il se combine le plus souvent avec les dangereuses utopies de l'orgueil spéculatif quant au prétendu règne de l'esprit. Dans la morale proprement dite, il procure une sorte de consécration dogmatique aux ignobles sophismes de la métaphysique moderne sur la domination absolue de l'égoïsme. En politique, il tend directement à rendre indéfinie la situation révolutionnaire, par la haine aveugle qu'il inspire envers l'ensemble du passé, dont il empêche toute explication vraiment positive, propre à nous dévoiler l'avenir humain. L'athéisme ne peut donc disposer aujourd'hui à la vraie positivité que ceux chez lesquels il constitue seulement une situation très passagère, la dernière et la moins durable de toutes les phases métaphysiques. Comme la propagation actuelle de l'esprit scientifique facilite beaucoup cette extrême transition, ceux qui parviennent à l'âge mûr sans l'avoir spontanément accomplie annoncent ainsi une sorte d'impuissance mentale, souvent liée à l'insuffisance morale, et peu conciliable avec le positivisme. Les affinités purement négatives étant toujours faibles ou précaires, la véritable philosophie moderne ne peut pas se contenter davantage de la non-admission du monothéisme que de celle du polythéisme ou du fétichisme, que personne ne jugerait suffisantes pour motiver des rapprochements sympathiques. Une semblable préparation n'avait, au fond, d'importance que pour ceux qui durent prendre l'initiative dans la tendance directe de l'humanité à une rénovation radicale. Elle a déjà cessé d'être vraiment indispensable, puisque la caducité du régime ancien ne laisse plus aucun doute essentiel sur l'urgence de la régénération. La persistance anarchique, caractérisée surtout par l'athéisme, constitue désormais une disposition plus défavorable à l'esprit organique, qui devrait déjà prévaloir, que ne peut l'être une sincère prolongation des anciennes habitudes. Car ce dernier obstacle n'empêche plus la vraie position directe de la question fondamentale, et même il tend beaucoup à la provoquer, en obligeant la philosophie nouvelle à ne combattre les croyances arriérées que d'après son aptitude générale à mieux satisfaire tous les besoins moraux et sociaux. Au lieu de cette salutaire émulation, le positivisme ne pourra recevoir qu'une stérile réaction de l'opposition spontanée que lui présente aujourd'hui l'athéisme chez tant de métaphysiciens et de savants, dont les dispositions anti-théologiques n'aboutissent plus qu'à entraver, par une répugnance absolue, la régénération qu'elles préparèrent, à certains égards, dans le siècle précédent. Loin de compter sur l'appui des athées actuels, le positivisme doit donc y trouver des adversaires naturels, quoique le peu de consistance de leurs opinions permette d'ailleurs de ramener aisément ceux dont les erreurs ne sont pas essentiellement dues à l'orgueil.

19. — *Le matérialisme tend à subordonner les sciences supérieures aux sciences inférieures. Le positivisme rectifie cette erreur.*

Il importe davantage à la nouvelle philosophie d'éclaircir la grave imputation de matérialisme que lui attire nécessairement son indispensable préambule scientifique. En écartant toute vaine discussion sur des mystères impénétrables, ma théorie fondamentale de l'évolution humaine me permet de caractériser nettement ce qu'il y a de réel au fond de ces débats si confus.

L'esprit positif, longtemps borné aux plus simples études, n'ayant pu s'étendre aux plus éminentes que par une succession spontanée de degrés intermédiaires, chacune de ses nouvelles acquisitions a dû s'accomplir d'abord sous l'ascendant exagéré des méthodes et des doctrines propres au domaine antérieur. C'est dans une telle exagération que consiste, à mes yeux, l'aberration scientifique à laquelle l'instinct public applique sans injustice la qualification de *matérialisme*, parce qu'elle tend, en effet, à dégrader toujours les plus nobles spéculations en les assimilant aux plus grossières. Une semblable usurpation était d'autant plus inévitable, que partout elle repose sur la dépendance nécessaire des phénomènes les moins généraux envers les plus généraux, d'où résulte une légitime influence déductive par laquelle chaque science participe à l'évolution continue de la science suivante, dont les inductions spéciales ne pourraient autrement acquérir une suffisante rationalité. Aussi toute science a-t-elle dû longtemps lutter contre les envahissements de la précédente ; et ces conflits subsistent encore, même envers les plus anciennes études. Ils ne peuvent entièrement cesser que sous l'universelle discipline de la saine philosophie, qui fera partout prévaloir un juste sentiment habituel des vrais rapports encyclopédiques, si mal appréciés par l'empirisme actuel. En ce sens, le matérialisme constitue un danger inhérent à l'initiation scientifique, telle que jusqu'ici elle dut s'accomplir, chaque science tendant à absorber la suivante au nom d'une positivité plus ancienne et mieux établie. Le mal est donc plus profond et plus étendu que ne le supposent la plupart de ceux qui le déplorent. On ne le remarque aujourd'hui qu'envers les plus hautes spéculations, qui, en effet, y participent davantage comme subissant les empiétements de toutes les autres ; mais il existe aussi, à divers degrés, pour un élément quelconque de notre hiérarchie scientifique, sans même excepter sa base mathématique, qui semblerait d'abord en être naturellement préservée. Un vrai philosophe reconnaît autant le matérialisme dans la tendance du vulgaire des mathématiciens actuels à absorber la géométrie ou la mécanique par le calcul, que dans l'usurpation plus prononcée de la physique par l'ensemble de la mathématique, ou de la chimie par la physique, surtout de la biologie par la chimie, et enfin dans la disposition constante des plus éminents biologistes à concevoir la science sociale comme un simple corollaire ou appendice de la leur. C'est partout le même vice radical, l'abus de la logique déductive ; et le même résultat nécessaire, l'imminente désorganisation des études supérieures sous l'aveugle domination des inférieures. Tous les savants proprement dits sont donc aujourd'hui plus ou moins matérialistes, suivant la simplicité et la généralité plus ou moins prononcées des phénomènes correspondants. Les géomètres se trouvent ainsi le plus exposés à cette aberration, d'après leur tendance involontaire à constituer l'unité spéculative par l'ascendant universel des plus grossières contemplations, numériques, géométriques, ou mécaniques. Mais les biologistes qui réclament le mieux contre une telle usurpation méritent, à leur tour, les mêmes reproches, quand ils prétendent, par exemple, tout expliquer en sociologie par des influences purement secondaires de climat ou de race, puisqu'ils méconnaissent alors les lois fondamentales que peut seule dévoiler une combinaison directe des inductions historiques.

Cette appréciation philosophique du matérialisme explique à la fois la source naturelle et la profonde injustice de la grave méprise dont j'indique ici la rectification décisive. Loin que le vrai positivisme soit aucunement favorable à ces dangereuses aberrations, on voit, au contraire, qu'il peut seul les dissiper irrévocablement d'après son aptitude exclusive à procurer une juste satisfaction aux tendances très légitimes dont elles n'offrent qu'une empirique exagération. Jusqu'ici le mal n'a été contenu que par la résistance spontanée de l'esprit théologico-métaphysique ; et cet office provisoire a constitué la destination, indispensable quoique insuffisante, du spiritualisme proprement dit. Mais de tels obstacles ne pouvaient empêcher l'énergique ascension du matérialisme, ainsi investi, aux yeux de la raison moderne, d'un certain caractère progressif, par sa liaison prolongée avec la juste insurrection de l'humanité contre un régime devenu rétrograde. Aussi, malgré ces impuissantes protestations, l'oppressive domination des théories inférieures compromet-elle beaucoup aujourd'hui l'indépendance et la dignité des études supérieures. En satisfaisant, au delà de toute possibilité antérieure, à ce qu'il y a de légitime dans les prétentions opposées du matérialisme et du spiritualisme, le positivisme les écarte irrévocablement à la fois, l'un comme anarchique, l'autre comme rétrograde. Ce double service résulte spontanément de la simple fondation de la vraie hiérarchie encyclopédique, qui assure à chaque étude élémentaire son libre essor inductif, sans altérer sa subordination déductive. Mais cette conciliation fondamentale sera surtout due à l'universelle prépondérance, logique et scientifique, que la nouvelle philosophie pouvait seule procurer au point de vue social. En faisant ainsi prévaloir les plus nobles spéculations, où la tendance matérialiste est la plus dangereuse et aussi la plus imminente, on la représente directement comme non moins arriérée désormais que son antagoniste, puisqu'elles entravent également l'élaboration de la science finale. Par là, cette double élimination se trouve même liée à l'ensemble de la régénération sociale, que peut seule diriger une exacte connaissance des lois naturelles propres aux phénomènes moraux et politiques. J'aurai bientôt lieu de faire aussi sentir combien le matérialisme sociologique nuit aujourd'hui au véritable art social, comme disposant à méconnaître son principe le plus fondamental, la division systématique des deux puissances spirituelle et temporelle, qu'il s'agit surtout de rendre maintenant inaltérable, en reprenant, sur de meilleures bases, l'admirable construction du moyen âge. On reconnaîtra ainsi que le positivisme n'est pas moins radicalement opposé au matérialisme par sa destination politique que par son caractère philosophique.

Afin de rendre cette sommaire appréciation à la fois plus impartiale et plus décisive, j'y ai écarté à dessein les graves inculpations morales que suscite ordinairement une telle accusation. Même quand elles sont sincères, ces imputations, si souvent démenties par l'expérience, se trouvent, en effet, contraires à la vraie théorie de la nature humaine, puisque nos opinions, saines ou vicieuses, sont heureusement incapables d'exercer sur nos sentiments et notre conduite l'empire absolu qu'on leur attribue communément. D'après leur relation provisoire avec l'ensemble du mouvement d'émancipation, les aberrations matérialistes furent, au contraire, souvent liées, chez les modernes, aux plus généreuses inspirations. Mais, outre que cette solidarité passagère a déjà cessé, il faut aujourd'hui reconnaître que, même dans les meilleurs cas, une telle tendance intellectuelle a toujours altéré, à un certain degré, l'essor spontané de nos plus nobles instincts, en disposant à écarter ou à méconnaître des phénomènes affectifs que ces grossières hypothèses ne pouvaient représenter. On en voit un exemple trop décisif dans le déplorable arrêt prononcé par l'éminent Cabanis contre l'admirable chevalerie du moyen âge (1). Quoique le cœur de ce philosophe fût aussi pur, et même aussi tendre, que son esprit était élevé et étendu, le matérialisme contemporain l'a essentiellement empêché d'apprécier l'heureuse organisation du culte habituel de la femme chez nos énergiques ancêtres.

Cette rectification décisive des deux principales inculpations naturellement adressées aujourd'hui au positivisme systématique, par suite de sa solidarité initiale avec le positivisme empirique, me dispense d'insister autant sur les fréquentes accusations de fatalisme et d'optimisme, dont l'injustice est beaucoup plus facile à caractériser.

(1) CABANIS. *Rapports du physique et du moral de l'homme*, conclusion du V° mémoire ayant pour titre : De l'influence des sexes sur le caractère des idées et des affections morales. « Deux circonstances ont principalement contribué, dans les sociétés modernes, à le (l'amour) dénaturer par une exaltation factice ; je veux dire d'abord ces barrières maladroites que les parents ou les institutions civiles,........; je veux dire, en second lieu, le défaut d'objets d'un intérêt véritablement grand et le désœuvrement général des classes aisées, dans les gouvernements monarchiques ; à quoi l'on peut ajouter encore *les restes de l'esprit de chevalerie, fruit ridicule de l'odieuse féodalité* et cette espèce de conspiration des gens à talents pour diriger toute l'énergie humaine vers des dissipations qui tendraient de plus en plus à river pour toujours les fers des nations ». (*Note des éditeurs*).

20. — *Le positivisme n'est pas fataliste : il soutient que l'homme peut et doit modifier l'ordre extérieur.*

Quant à la première, il faut peu s'étonner que, depuis la naissance des théories réelles, elle ait toujours accompagné chaque extension nouvelle du domaine positif. Lorsque des phénomènes quelconques passent du régime des volontés, même modifiées par les entités, au régime des lois, le contraste de leur régularité finale avec leur instabilité primitive doit, en effet, présenter d'abord un caractère de fatalité, qui ne peut disparaître ensuite que par une appréciation très approfondie du véritable esprit scientifique. Cette méprise est d'autant plus inévitable que notre type initial des lois naturelles se rapporte à des phénomènes immodifiables pour nous, ceux des mouvements célestes, qui nous rappelleront toujours une nécessité absolue, qu'on ne peut s'empêcher d'étendre aux événements plus complexes, à mesure qu'on y introduit la méthode positive. Il faut même reconnaître que le dogme positiviste suppose partout une stricte invariabilité dans l'ordre fondamental, dont les variations, spontanées ou artificielles, ne sont jamais que secondaires et passagères. Les concevoir dépourvues de toutes limites équivaudrait, en effet, à l'entière négation des lois naturelles. Mais, en expliquant ainsi l'inévitable imputation de fatalisme qui s'adressa toujours aux nouvelles théories positives, on voit également que l'aveugle persistance d'un tel reproche indique aujourd'hui une très superficielle appréciation du vrai positivisme. Car si, pour tous les phénomènes, l'ordre naturel est immodifiable dans ses dispositions principales, pour tous aussi, sauf ceux du ciel, ses dispositions secondaires sont d'autant plus modifiables qu'il s'agit d'effets plus compliqués. L'esprit positif, qui dut être fataliste tant qu'il se borna aux études mathématico-astronomiques, perdit nécessairement ce premier caractère en s'étendant aux recherches physico-chimiques, et surtout aux spéculations biologiques, où les variations deviennent si considérables. En s'élevant enfin jusqu'au domaine sociologique, il doit aujourd'hui cesser d'encourir le reproche que mérita son enfance, puisque son principal exercice se rapportera désormais aux phénomènes les plus modifiables, surtout par notre intervention. Il est donc évident que, loin de nous inviter à la torpeur, le dogme positiviste nous pousse à l'activité, surtout sociale, beaucoup plus que ne le comporta jamais le dogme théologiste. Dissipant tout vain scrupule et tout recours chimérique, il ne nous détourne d'intervenir qu'en cas d'impossibilité constatée.

21. — *Le positivisme n'est pas optimiste : il juge avec un esprit relatif les faits historiques, mais il ne les justifie pas tous.*

L'accusation d'optimisme est encore moins fondée que la précédente ; car, cette tendance n'offre point, comme l'autre, une certaine solidarité initiale avec l'esprit positif. Sa source est, au contraire, purement théologique ; son influence décroît toujours à mesure que la positivité se développe. Quoique les phénomènes immodifiables du ciel nous suggèrent naturellement l'idée de perfection autant que celle de nécessité, leur simplicité y manifeste tellement les vices de l'ordre réel que jamais l'optimisme n'y aurait cherché ses principaux arguments, si la première ébauche de leurs théories n'avait pas dû s'accomplir sous le régime monothéique, qui nécessairement y faisait supposer une sagesse absolue. D'après la théorie d'évolution sur laquelle repose aujourd'hui le positivisme systématique, la philosophie nouvelle s'oppose spontanément de plus en plus à l'optimisme, comme au fatalisme, à mesure qu'elle embrasse des spéculations plus compliquées, où les imperfections de l'économie naturelle se prononcent davantage, comme ses modifications. C'est donc envers les études sociales que cette imputation, ainsi que l'autre, doit être le moins méritée. Si elle y semble encore motivée, cela n'y tient aujourd'hui qu'à une insuffisante introduction du véritable esprit scientifique, par des penseurs qui n'en pouvaient assez connaître la nature et les conditions. Faute d'une convenable préparation logique, on a, de nos jours, souvent abusé, en effet, d'un caractère propre aux phénomènes sociaux pour y représenter comme absolue une sagesse spontanée qui est seulement supérieure à ce que comporterait leur degré de complication. En tant que dus à des êtres intelligents, qui tendent toujours à corriger les imperfections de leur économie collective, ces phénomènes doivent offrir un ordre moins imparfait que si, avec une égale complication, leurs agents pouvaient être aveugles. La vraie notion du bien s'y rapportant toujours à l'état social correspondant, il est impossible que chaque situation et chaque changement quelconques n'y soient pas, à certains égards, justifiables, sans quoi ils deviendraient aussitôt inexplicables, comme contraires à la nature des êtres et à celle des événements. Tels sont les motifs naturels qui maintiennent aujourd'hui une dangereuse tendance à l'optimisme politique chez les penseurs, même éminents, qu'une sévère éducation scientifique n'a point préparés à s'affranchir assez des habitudes théologico-métaphysiques envers les plus hautes spéculations. Dans l'harmonie spontanée de chaque régime avec la civilisation correspondante, leur vague appréciation suppose une perfection chimérique. Mais il serait injuste d'attribuer au positivisme des aberrations évidemment contraires à son véritable esprit, et dues seulement à l'insuffisante préparation logique et scientifique de ceux qui ont jusqu'ici abordé les contemplations sociales. L'obligation de tout expliquer ne conduit à tout justifier que ceux qui ne savent point, en sociologie, distinguer l'influence des personnes de celle des situations.

22. — *Divers sens du mot « positif » : relatif, organique, précis, certain, utile, réel. Il aura, plus tard, une signification morale.*

En considérant dans son ensemble cette sommaire appréciation de l'esprit fondamental du positivisme, on doit maintenant sentir que tous les caractères essentiels de la nouvelle philosophie se résument spontanément par la qualification que je lui ai appliquée dès sa naissance. Toutes nos langues occidentales s'accordent, en effet, à indiquer, par le mot *positif* et ses deux dérivés, les deux attributs de réalité et d'utilité, dont la combinaison suffirait seule pour définir désormais le véritable esprit philosophique, qui ne peut être, au fond, que le bon sens généralisé et systématisé. Ce même terme rappelle aussi, dans tout l'Occident, les qualités de certitude et de précision, par lesquelles la raison moderne se distingue profondément de l'ancienne. Une dernière acception universelle caractérise surtout la tendance directement organique de l'esprit positif, de manière à le séparer, malgré l'alliance préliminaire, du simple esprit métaphysique, qui jamais ne put être que critique : ainsi s'annonce la destination sociale du positivisme, pour remplacer le théologisme dans le gouvernement spirituel de l'humanité.

Cette cinquième signification du titre essentiel de la saine philosophie conduit naturellement au caractère toujours relatif du nouveau régime intellectuel, puisque la raison moderne ne peut cesser d'être critique envers le passé qu'en renonçant à tout principe absolu. Quand le public occidental aura senti cette dernière connexité, non moins réelle que les précédentes quoique plus cachée, *positif* deviendra partout inséparable de *relatif*, comme il l'est aujourd'hui d'*organique*, de *précis*, de *certain*, d'*utile* et de *réel*. Dans cette condensation graduelle des principaux titres de la vraie sagesse humaine autour d'une heureuse dénomination, il ne restera bientôt à désirer que la réunion, nécessairement plus tardive, des attributs moraux aux simples caractères intellectuels. Quoique ceux-ci soient seuls rappelés jusqu'ici par cette formule décisive, la marche naturelle du mouvement moderne permet d'assurer que le mot *positif* prendra finalement une destination encore plus relative au cœur qu'à l'esprit. Cette dernière extension s'accomplira lorsqu'on aura dignement apprécié comment, en vertu de cette réalité qui seule la caractérise d'abord, l'impulsion positive conduit aujourd'hui à faire systématiquement prévaloir le sentiment sur la raison, comme sur l'activité. Par une telle transformation, le nom de *philosophie* ne fera, d'ailleurs, que reprendre à jamais la noble destination initiale que rappela toujours son étymologie (1), et qui n'est devenue pleinement réalisable que depuis la récente conciliation des conditions morales avec les conditions mentales, d'après la fondation définitive de la vraie science sociale.

(1) Amour de la sagesse. (*N. des édit.*).

SECONDE PARTIE

DESTINATION SOCIALE DU POSITIVISME

D'APRÈS SA CONNEXITÉ NÉCESSAIRE AVEC L'ENSEMBLE DE LA GRANDE RÉVOLUTION OCCIDENTALE

23. — *Connexité entre la Révolution française et le positivisme.*

La philosophie positive étant surtout caractérisée par l'universelle prépondérance mentale du point de vue social, son aptitude pratique résulte naturellement de sa propre constitution théorique, qui n'a besoin que d'être bien comprise pour tendre sans effort à systématiser la vie réelle, au lieu de rester bornée à nous procurer de vaines satisfactions contemplatives. Réciproquement, cette application spontanée fortifiera beaucoup son vrai caractère spéculatif, en rappelant toujours la concentration nécessaire de tous les efforts scientifiques vers leur but définitif, de manière à contenir, autant que possible, la disposition ordinaire des recherches abstraites à dégénérer en oiseuses divagations. Mais cette liaison générale ne serait point assez efficace pour faire aujourd'hui prévaloir un régime mental aussi nouveau et aussi difficile, si l'ensemble de la situation moderne n'imposait désormais à la philosophie le devoir plus déterminé de satisfaire un immense besoin social qui intéressera directement la sollicitude publique au succès continu de l'élaboration philosophique, dont la consistance se trouvera ainsi non moins garantie que sa dignité. Après avoir assez apprécié le positivisme comme produit nécessaire du mouvement intellectuel, je dois donc indiquer maintenant sa destination politique, sans laquelle il ne saurait être convenablement jugé.

Pour la caractériser nettement, il suffit, dans ce Discours, de faire convenablement sentir l'intime connexité de la nouvelle philosophie avec l'ensemble de la grande révolution qui, depuis plus de soixante ans (1), agite profondément l'élite de l'humanité, en résultat final de la transition décisive qui s'était graduellement opérée pendant les cinq siècles antérieurs.

Cette crise radicale devait naturellement offrir deux phases principales : l'une essentiellement négative, seule achevée jusqu'ici, qui consommerait l'irrévocable extinction du système ancien, mais sans indiquer encore aucune notion fixe et distincte du nouvel état social; l'autre, directement positive, qui vient enfin de commencer, où s'accomplirait l'élaboration fondamentale du système nouveau. La saine philosophie a dû être le dernier produit de la première partie, et doit désormais présider à la seconde ; tel est le double enchaînement qu'il faut ici caractériser.

24. — *La phase négative ou destructive de la Révolution a favorisé l'idée de progrès et, par suite, l'étude des phénomènes sociaux.*

Sans la réaction intellectuelle du grand ébranlement initial, la raison moderne ne pouvait même s'élancer, avec une énergie soutenue, à la poursuite directe du nouveau système, dont la véritable nature se trouvait dissimulée, pour les plus éminents penseurs du dix-huitième siècle, par les vains débris de l'ordre ancien. Cette impulsion décisive était surtout indispensable à la fondation de la science sociale, afin de mettre en évidence la vraie notion générale du progrès humain, qui lui sert de base nécessaire, et qui ne pouvait autrement prévaloir.

(1) Écrit en 1848. *(N. des édit.)*.

En concevant l'ordre comme immobile, sa théorie préliminaire a pu surgir dans l'antiquité, et le grand Aristote l'ébaucha admirablement ; de même que, en biologie, les spéculations purement statiques y naquirent sans aucune conception dynamique. Mais toute idée réelle de progrès social était nécessairement étrangère aux philosophes anciens, faute d'une suffisante manifestation historique du mouvement continu de l'humanité. Ce mouvement a commencé à devenir, au moyen âge, assez prononcé pour susciter un premier instinct réel de notre perfectibilité, par l'universelle persuasion de la supériorité du catholicisme sur le polythéisme et le judaïsme, même avant que la substitution du régime féodal au régime romain complétât cette appréciation spirituelle par une indispensable confirmation temporelle. Quelque confus que dût être ce sentiment primitif du progrès humain, il présentait déjà un haut degré d'énergie et de popularité, trop amorti ensuite dans les luttes théologico-métaphysiques. Il faudra toujours remonter jusque-là pour comprendre la véritable origine de cette ardeur progressive qui distingue l'ensemble de la grande famille occidentale, et qui y a spontanément contenu tant d'aberrations doctorales, là surtout où la métaphysique protestante ou déiste a le moins altéré les nobles inspirations du moyen âge.

Mais ce sentiment initial, quelque indispensable qu'il dût être, ne pouvait aucunement suffire pour constituer la notion fondamentale du progrès humain. Car il faut au moins trois termes pour caractériser une progression quelconque. Or on ne pouvait alors en concevoir que deux, en comparant le moyen âge à l'antiquité. La nature absolue de la philosophie théologique, qui présidait à cette première comparaison, empêchait même de supposer l'existence ultérieure d'aucun terme nouveau, puisqu'elle représentait le régime catholico-féodal comme doué d'une perfection définitive, au-delà de laquelle on plaçait seulement l'utopie chrétienne sur la vie future. Quand la théologie eut assez déchu pour ne plus entraver, à cet égard, l'imagination moderne, il se trouva d'abord que cette déchéance entraîna une sorte de réaction mentale longtemps défavorable à la première ébauche de la notion du progrès, en déterminant contre le moyen âge une aveugle animosité. En haine des croyances qui avaient alors prévalu, presque tous les penseurs furent saisis d'une irrationnelle admiration de l'antiquité, au point de méconnaître totalement la supériorité sociale du moyen âge, dont la masse illettrée conserva seule quelque sentiment réel, surtout chez les populations préservées du protestantisme. La notion du progrès ne commença à préoccuper l'esprit moderne que lorsqu'elle renaquit, avec un nouveau caractère, au milieu du dix-septième siècle, d'après le spectacle décisif de l'évolution élémentaire déjà accomplie par l'élite de l'humanité dans les sciences et dans l'industrie, et même, d'une manière moins irrécusable, dans les beaux-arts. Mais, quoique ces appréciations partielles aient en effet fourni la première source directe des notions systématiques de notre siècle sur le progrès humain, elles ne pouvaient aucunement caractériser la progression, qui restait même plus douteuse qu'au moyen âge sous l'aspect social, plus important que tous ces points de vue spéciaux.

L'ébranlement révolutionnaire qui poussa définitivement la France, centre normal de l'Occident, à la recherche d'une régénération totale, était donc indispensable pour constituer cette progression, en lui fournissant, au moins dans une perspective lointaine et confuse, un troisième terme essentiel, type du vrai régime moderne, dont la comparaison avec le moyen âge annonçât un pas général aussi prononcé que celui qui inspirait à nos ancêtres chevaleresques un juste sentiment de leur supériorité sociale sur leurs antiques prédécesseurs. Tant que le régime catholico-féodal n'était pas ouvertement détruit, ses vains débris dissimulaient l'avenir politique au point de ne permettre aucun sentiment décisif du progrès continu de la sociabilité. Par une exception propre aux phénomènes sociaux, le spectacle doit s'y développer en même temps que l'observateur. Jusqu'à l'explosion de la grande crise, on peut dire que l'évolution politique propre à fournir la base expérimentale de la théorie du progrès restait encore autant incomplète que l'esprit demeurait incapable de l'apprécier. Les plus éminents penseurs ne pouvaient, en effet, concevoir réellement, il y a un siècle, une progression continue, et l'humanité leur semblait condamnée au mouvement circulaire ou oscillatoire. Mais, sous l'impulsion révolutionnaire, le véritable instinct du mouvement humain a spontanément surgi d'une manière plus ou moins décisive chez les moindres intelligences, d'abord en France, et déjà même dans tout l'Occident. C'est donc à ce salutaire ébranlement que nous devons à la fois la force et l'audace de concevoir une notion sur laquelle repose nécessairement la vraie science sociale, et par suite toute la philosophie positive, dont cette science finale pouvait seule constituer l'unité générale. Sans la théorie du progrès, celle de l'ordre resterait insuffisante, même quand on la supposerait possible, pour fonder la sociologie, qui ne peut résulter que de leur intime combinaison. Par cela même que le progrès ne constitue, à tous égards, que le développement de l'ordre, seul il en offre aussi la manifestation décisive. On conçoit donc comment la philosophie positive devait directement émaner de la Révolution française, outre la coïncidence nullement fortuite qui fixait à cette époque le suffisant accomplissement de son préambule scientifique.

Mais, pour compléter cette appréciation, il faut maintenant reconnaître que cette heureuse réaction mentale du grand ébranlement social ne pouvait commencer à se réaliser que quand l'esprit purement révolutionnaire se trouverait tellement amorti que l'éclair ainsi jeté sur l'avenir n'empêchât plus de voir l'ensemble du passé. Si, d'un côté, cette énergique impulsion commençait à nous dévoiler, quoique vaguement, le troisième terme de la progression sociale, elle nous interdisait, d'une autre part, la juste appréciation du second, tant que durerait la haine aveugle que l'émancipation moderne avait dû nous inspirer contre tout le moyen âge, et sans laquelle nous n'aurions pu sortir irrévocablement du régime ancien. L'extinction de ce degré intermédiaire ne troublait pas moins la conception totale que l'absence du degré final, trop différent du degré initial pour lui être immédiatement comparable. Il était donc impossible de former la vraie théorie du progrès humain, sans avoir d'abord rendu une exacte justice au moyen âge, par lequel l'état ancien et l'état moderne se trouvent à la fois réunis et séparés. Or cette équitable appréciation se trouvait certainement incompatible avec la prépondérance initiale de l'esprit révolutionnaire proprement dit. En ce sens, l'énergique réaction philosophique organisée, au début de notre siècle, par l'éminent De Maistre, a profondément concouru à préparer la vraie théorie du progrès. Malgré l'intention évidemment rétrograde qui anima cette école passagère, ses travaux figureront toujours parmi les antécédents nécessaires du positivisme systématique, quoique l'essor décisif de la nouvelle philosophie les ait ensuite écartés à jamais, en s'incorporant d'une manière plus complète tous leurs résultats essentiels.

La vraie science sociale et la vraie philosophie ne pouvaient donc surgir que quand une jeune intelligence, imbue de l'ardeur révolutionnaire, s'approprierait spontanément tout ce qu'une telle élaboration renfermait de précieux sur l'appréciation historique de l'ensemble du moyen âge. C'est seulement alors qu'a pu naître le véritable esprit de l'histoire, l'instinct général de la continuité humaine, auparavant inconnu, même à mon principal précurseur, l'illustre et malheureux Condorcet. A la même époque, le génie de Gall complétait la récente ébauche systématique de la biologie, en créant l'étude scientifique des fonctions intérieures du cerveau, autant du moins que l'évolution purement individuelle permet de les apprécier. On achève ainsi de comprendre l'ensemble de conditions sociales et mentales qui dut placer la découverte des lois sociologiques, et par suite la fondation du positivisme, au temps précis où je commençai à philosopher, une génération après la dictature progressive de la Convention, ou presque dès la chute de la tyrannie rétrograde de Bonaparte.

C'est ainsi que le grand ébranlement révolutionnaire, et même la longue rétrogradation qui lui succéda, devaient précéder et préparer la conception systématique d'une nouvelle doctrine générale. Or si l'élaboration philosophique du positivisme exigeait une telle préparation, cette condition était encore plus indispensable à son avènement social, soit pour lui assurer une suffisante liberté d'exposition et de discussion, soit surtout pour disposer le public à y voir le vrai germe de la solution finale. Il serait ici superflu d'insister sur une nécessité aussi évidente.

25. — *Preuve de l'impuissance de la doctrine métaphysique ou critique.*

Après avoir reconnu comment le positivisme résulta de la première partie de la révolution, il faut, réciproquement, le concevoir comme devant présider à la seconde.

Loin que la révolution ait déterminé la démolition du régime ancien, une saine appréciation historique démontre, au contraire, que cette grande crise provint de l'intime décomposition, d'abord spontanée, puis systématique, que le système politique du moyen âge subit de plus en plus dans tout l'Occident, et surtout en France, à partir du quatorzième siècle. Au lieu de prolonger le mouvement négatif des cinq siècles antérieurs, elle y mit d'abord un terme nécessaire, en manifestant, par un dernier ébranlement, l'irrévocable résolution d'abandonner entièrement l'ordre déchu, pour procéder directement à une régénération totale. Cette indispensable manifestation fut surtout caractérisée par l'entière abolition de la royauté, à laquelle s'étaient successivement ralliés tous les débris spirituels et temporels de l'ancienne constitution française. Mais, sauf ce préambule nécessaire, qui n'occupa que la séance initiale de la principale assemblée révolutionnaire, l'ensemble du mouvement avait, dès le début, une destination essentiellement organique, surtout marquée depuis la prépondérance de l'esprit républicain. Il est clair néanmoins que, malgré cette tendance fondamentale, la première partie de la révolution fut, en effet, éminemment négative. Cet avortement initial ne tint pas seulement aux impérieuses exigences de la lutte, aussi difficile que glorieuse, par laquelle la France maintint son indispensable indépendance contre les formidables attaques de la coalition rétrograde. On doit surtout l'attribuer au caractère purement critique des doctrines métaphysiques qui pouvaient seules diriger alors l'esprit révolutionnaire.

Malgré la solidarité naturelle des deux progressions, négative et positive, qui s'accomplissaient depuis la fin du moyen âge, la première se trouvait nécessairement plus avancée que la seconde. La caducité du régime ancien devait donc susciter le vœu d'une entière rénovation, avant que la préparation élémentaire du régime final fût assez complète pour manifester sa vraie nature générale. On vient même de reconnaître que l'élaboration décisive de la doctrine régénératrice, loin de pouvoir précéder l'ébranlement révolutionnaire, n'était devenue possible que sous son impulsion. Il est donc aisé de concevoir l'insurmontable fatalité qui alors obligea d'employer, comme principes organiques, les doctrines purement critiques qui avaient dû présider aux luttes antérieures. Quoique cette métaphysique négative devînt réellement sans objet dès qu'on renonçait franchement au régime ancien, ses dogmes étaient seuls familiers et contenaient l'unique formule que comportât d'abord le progrès social. Le mouvement initial dut donc s'accomplir sous l'inspiration d'une doctrine vraiment arriérée, qui ne pouvait suffire à cette nouvelle destination.

Nécessairement impuissante à rien construire, une telle philosophie ne comportait d'autre efficacité organique que de formuler vaguement le programme, plutôt sentimental que rationnel, de l'avenir politique, sans indiquer aucunement la marche convenable à sa préparation. Ainsi érigés en principes organiques, les dogmes critiques durent bientôt, d'après leur caractère absolu, développer une tendance radicalement anarchique, aussi hostile aux éléments de l'ordre nouveau qu'aux débris du régime ancien. Une expérience décisive, dont le souvenir est ineffaçable, et qui, par cela même, n'est susceptible d'aucun renouvellement sérieux, mit donc hors de doute l'inaptitude organique de la doctrine qui dirigea d'abord l'esprit révolutionnaire, lequel ne put alors aboutir qu'à démontrer l'urgence d'une rénovation totale, mais sans en indiquer la nature.

26. — *Période de réaction* (1794 à 1830).

Dans une telle situation philosophique et politique, le besoin d'ordre, devenu prépondérant, dut déterminer une longue réaction rétrograde, qui, commencée par le déisme légal de Robespierre, se développa surtout d'après le système de conquêtes de Bonaparte, et se prolongea faiblement, malgré la paix, sous ses chétifs successeurs. Elle n'a laissé d'autre résultat durable que la démonstration historique et dogmatique de l'école de De Maistre sur l'inanité sociale de la métaphysique moderne, dont l'insuffisance mentale ressortait alors de l'extension décisive de l'esprit positif aux plus hautes études biologiques, sous les heureux efforts de Cabanis et surtout de Gall. Au reste, cette laborieuse opposition à l'émancipation finale de l'humanité, loin d'atteindre son but politique, n'aboutit qu'à ranimer l'instinct du progrès, d'après les invincibles répugnances qu'inspirait partout la vaine reconstruction d'un régime tellement déchu que sa nature et ses conditions n'étaient plus comprises par ceux mêmes qui s'efforçaient de le rétablir.

Cet inévitable réveil de l'esprit révolutionnaire se manifesta dès que la paix vint supprimer le principal appui du système de rétrogradation. Mais ce rajeunissement de la métaphysique négative ne s'accompagnait plus d'aucune illusion sérieuse sur son aptitude organique. Ses dogmes ne furent essentiellement accueillis, faute d'une meilleure doctrine, que comme moyens de repousser les principes rétrogrades, de même que ceux-ci n'avaient dû leur faveur apparente qu'au besoin de contenir les tendances anarchiques. Dans ces nouveaux débats sur des sujets usés, le public sentit bientôt que le vrai germe de la solution finale n'existait encore nulle part : aussi n'attacha-t-il d'importance réelle qu'aux conditions d'ordre et de liberté, devenues non moins indispensables à l'élaboration philosophique qu'à la prospérité matérielle. Une telle situation se trouvait très favorable à la construction d'une doctrine définitive, dont le principe fondamental surgit, en effet, pendant cette dernière phase du mouvement rétrograde, quand je découvris, en 1822, la double loi générale de l'évolution théorique.

27. — *État stationnaire* (1830 à 1848).

L'indifférence apparente d'un public qui ne voyait sur aucun drapeau la vraie formule de l'avenir social fut enfin prise par un pouvoir aveugle pour une adhésion tacite à ses vains projets. Aussitôt que les garanties du progrès se trouvèrent sérieusement menacées, la mémorable secousse de 1830 vint mettre un terme irrévocable au système de rétrogradation introduit trente-six ans auparavant. Les convictions qu'il inspirait étaient déjà si peu profondes que ses partisans furent alors conduits spontanément à désavouer leurs propres doctrines, pour développer, à leur manière, les principaux dogmes révolutionnaires. Ceux-ci, à leur tour, se trouvèrent ouvertement abandonnés par leurs anciens organes, à mesure qu'ils parvenaient au gouvernement. Rien ne caractérisera mieux, pour l'histoire, cette double subversion décisive, que les débats relatifs à la liberté d'enseignement, alternativement demandée et refusée, à vingt ans d'intervalle, au nom des mêmes prétendus principes, qui ne représentaient plus, des deux parts, que des intérêts.

Cette décomposition radicale de toutes les convictions antérieures laissa directement surgir l'instinct public, qui désormais réclamait surtout la conciliation fondamentale entre l'esprit d'ordre et l'esprit de progrès. Mais cette position finale de la grande question ne rendit que plus sensible l'absence totale d'une solution réelle, dont le positivisme naissant contenait seul le principe. Toutes les opinions actives se trouvaient, au contraire, irrévocablement devenues à la fois anarchiques et rétrogrades. Quant à celle qui entreprenait de les concilier, son inanité organique ne lui permettait d'autre efficacité théorique que d'encourager également l'anarchie et la rétrogradation, afin de pouvoir toujours les neutraliser l'une par l'autre. Personne, au fond, ne sentait un dénoûment sérieux de la grande révolution dans la prétendue fondation d'une monarchie constitutionnelle, qui, contraire à l'ensemble du passé français, ne pouvait nous offrir qu'une vaine imitation empirique d'une anomalie politique essentiellement propre à l'Angleterre.

Il faut donc envisager cette dernière demi-génération comme une halte naturelle, où le défaut de doctrine dominante empêchait de commencer la terminaison organique de la révolution, malgré l'irrévocable cessation de la réaction rétrograde qui avait dû suivre l'ébranlement initial. Les vrais philosophes se trouvaient seuls entrés déjà dans la nouvelle voie révolutionnaire, depuis que la fondation décisive de la science sociale permettait enfin de déterminer sans utopie le caractère général de l'avenir humain, encore inconnu à mon principal précurseur. Mais, pour que la doctrine régénératrice tendît librement vers son paisible avénement social, il fallait écarter ouvertement le mensonge officiel qui représentait la révolution comme terminée par un vain régime parlementaire, et livrer désormais la réorganisation spirituelle à la concurrence directe des penseurs indépendants. Telle sera nécessairement la double réaction philosophique de notre dernière transformation politique.

28. — 1848. — *Abolition de la r auté. L'esprit républicain implique subordination de la politique à la morale.*

Grâce à l'admirable instinct de nos énergiques prolétaires, les velléités rétrogrades d'un pouvoir devenu contraire à sa destination primitive ont enfin déterminé l'irrévocable abolition de la royauté française, qui, depuis longtemps privée de tout prestige, ne constituait plus qu'un obstacle général au progrès, sans aucun véritable profit pour l'ordre. Sa vaine suprématie entravait directement la réorganisation spirituelle, tandis que son ascendant réel ne pouvait empêcher la misérable agitation politique entretenue par des rivalités essentiellement personnelles.

Dans sa signification négative, le principe républicain résume définitivement la première partie de la révolution, en interdisant tout retour d'une royauté qui, depuis la seconde moitié du règne de Louis XIV, ralliait naturellement toutes les tendances rétrogrades. Par son interprétation positive, il commence directement la régénération finale, en proclamant la subordination fondamentale de la politique à la morale, d'après la consécration permanente de toutes les forces quelconques au service de la communauté. Sans doute ce principe n'existe encore qu'à l'état de sentiment ; mais c'était ainsi qu'il devait surgir, et c'est même ainsi qu'il prévaudra toujours après son indispensable systématisation, comme l'établit la première partie de ce Discours. En ce sens, la population française, digne avant-garde de la grande famille occidentale, vient, au fond, d'ouvrir déjà l'ère normale. Car, elle a proclamé, sans aucune intervention théologique, le vrai principe social, surgi d'abord, au moyen âge, sous l'inspiration catholique, mais ne pouvant prévaloir que d'après une meilleure philosophie et dans un milieu mieux préparé. La république française tend donc à consacrer directement la doctrine fondamentale du positivisme, quant à l'universelle prépondérance du sentiment sur la raison et sur l'activité. Un tel point de départ doit bientôt conduire l'opinion publique à concevoir la nouvelle philosophie comme seule vraiment apte à systématiser ce régime définitif.

29. — *Conciliation nécessaire entre l'ordre et le progrès. L'ordre restera rétrograde tant que le progrès restera anarchique.*

L'ensemble de cette situation fait mieux ressortir la question fondamentale posée pendant la phase précédente, la conciliation nécessaire entre l'ordre et le progrès. En même temps, l'impuissance radicale de toutes les écoles actuelles envers cet irrécusable programme devient ainsi plus évidente. Car, l'irrévocable abolition de la royauté dissout à la fois la seule entrave essentielle qu'éprouvât encore le progrès social et l'unique garantie régulière qui restât à l'ordre public. Ainsi poussées doublement à construire, toutes les opinions demeurent pourtant bornées à une simple efficacité négative, consistant, pour chacune, à contenir, et même très imparfaitement, l'aberration opposée. Dans une situation qui garantit le progrès et compromet l'ordre, celui-ci inspire naturellement des sollicitudes prépondérantes, qui manquent encore d'un digne organe systématique. Une expérience décisive a cependant prouvé l'extrême fragilité de tout régime purement matériel, fondé sur les seuls intérêts, sans affections ni convictions. Mais d'un autre côté, faute de doctrines vraiment dominantes, l'ordre spirituel reste impossible. On ne peut pas même compter sur l'efficacité politique du sentiment social, qui, dépourvu de principes, devient souvent perturbateur. De là résulte la prolongation forcée du régime matériel, quoique son insuffisance soit généralement reconnue. La situation républicaine en interdit cependant le mode le plus durable, la corruption proprement dite, alors remplacée par une compression plus ou moins passagère, chaque fois que l'anarchie devient trop imminente. Mais ces ressources temporaires se proportionnent spontanément aux exigences correspondantes. Tandis que l'ordre se trouve ainsi plus exposé, son maintien comporte aussi des moyens plus énergiques. Peu de temps après la composition initiale de ce Discours, une commotion sans exemple conduisit à constater que la république permet d'employer, et même avec excès, à la défense de l'ordre public, des forces très supérieures à celles dont pouvait disposer la monarchie. La royauté perdit ainsi le seul privilège qui lui conservât sincèrement quelques adhésions réfléchies, et désormais son seul attribut politique consiste à représenter la rétrogradation. Cependant, d'après une autre réaction de la même situation contradictoire, le parti correspondant semble aujourd'hui devenu l'organe des résistances qui maintiennent l'ordre matériel. Ses doctrines étant encore les seules qui offrent un certain caractère organique, quoique rétrograde, les instincts conservateurs s'y rallient empiriquement, sans aucune forte opposition des instincts progressistes, qui sentent confusément leur insuffisance actuelle. Mais, en même temps, ces principes se montrent radicalement dissous chez leurs propres partisans, dont la prépondérance officielle repose sur une libre adoption des dogmes révolutionnaires, ainsi destinés à expirer dans le camp rétrograde. Telle est donc la puissance actuelle des besoins d'ordre qu'ils font momentanément prévaloir un parti dépourvu de ses vieilles convictions, et qui semblait éteint avant l'avènement de notre république. Le positivisme peut seul expliquer et terminer une telle anomalie, fondée sur cette loi évidente : l'ordre restera rétrograde, tant que le progrès restera anarchique. Mais, au fond, la rétrogradation ne se réalise jamais, et même ses principes sont toujours neutralisés par d'incohérentes concessions. Pendant que la jactance de ses chefs semble détruire le régime républicain, il persiste spontanément d'après sa seule opportunité, que rend plus sensible la puérile opposition de presque tous les pouvoirs officiels. Quand l'instinct du perfectionnement se trouvera systématisé, son irrésistible essor montrera bientôt la vraie source de sa stagnation actuelle.

30. — *Insuffisance des divers partis politiques.*

Préparant, à son insu, cette issue normale, l'apparente domination du théologisme fournit au positivisme l'attitude que je souhaitais, il y a dix ans, une lutte devenue directe entre les deux systèmes organiques, en écartant toute intervention critique. Une métaphysique toujours inconséquente trouve aujourd'hui sa ruine définitive dans ce même régime qu'elle désirait pour prévaloir. Quand il faut construire, on sent bientôt la profonde inanité de toutes ces écoles qui se bornent à protester sans cesse contre les institutions théologiques, en admettant néanmoins leurs principes fondamentaux. Elles sont même tellement annulées qu'elles ne peuvent plus remplir assez leur ancien office négatif, désormais échu accessoirement au positivisme, seul garant systématique contre la rétrogradation comme contre l'anarchie. Déjà les psychologues proprement dits ont essentiellement succombé avec la royauté constitutionnelle, d'après l'intime affinité de ces deux importations protestantes. Mais leurs rivaux naturels, les idéologues, qui semblaient ainsi reprendre leur ascendant national, n'ont pu recouvrer l'ancien crédit révolutionnaire de leurs doctrines irrévocablement usées. Les plus avancés d'entre eux, indignes héritiers de l'école voltairienne et dantonienne, se sont montrés profondément impropres, de cœur et d'esprit, à diriger la seconde partie de la révolution, qu'ils distinguent à peine de la première. Je les avais d'abord jugés d'après un type trop éminent, purement exceptionnel parmi eux, le noble Armand Carrel, si malheureusement ravi d'avance à notre république. De vraies convictions républicaines étaient impossibles chez ceux qui, élevés dans les intrigues parlementaires, avaient dirigé ou secondé la longue conspiration de la presse française pour réhabiliter Bonaparte. Leur vaine domination n'a su maintenir l'ordre matériel qu'en invoquant le parti rétrograde, dont ils sont bientôt devenus les simples auxiliaires, après avoir honteusement renié leur foi philosophique. Cette monstrueuse alliance laissera toujours un témoignage caractéristique, quoique épisodique, dans une expédition, aussi méprisable qu'odieuse, dont tous les libres coopérateurs recevront bientôt une juste punition temporelle, en attendant la flétrissure historique. Mais des indices décisifs ont déjà montré la même tendance à l'hypocrisie rétrograde chez l'autre classe de déistes, disciples de Rousseau et imitateurs de Robespierre. Quoique moins discrédités auprès du peuple, comme ayant moins régné, ils ont maintenant perdu toute consistance réelle. Leur sauvage anarchie est directement incompatible avec les dispositions universelles qu'entretiennent toujours l'activité industrielle, l'esprit scientifique, et les goûts esthétiques, propres à l'existence moderne. Ces *docteurs en guillotine*, dont les vains sophismes avaient systématisé de sang-froid des fureurs exceptionnelles, se sont vus bientôt forcés, pour conserver leur popularité, de sanctionner l'heureuse abolition provisoire de l'échafaud politique. La même nécessité les conduit aujourd'hui à désavouer la seule acception réelle du sanguinaire emblème qui sert à désigner un parti trop vague pour comporter un autre nom. Ils n'ont pas mieux compris les vraies tendances du prolétariat dans leur aveugle préoccupation des droits métaphysiques, que le peuple s'est paisiblement laissé ravir quand l'ordre a paru l'exiger, et où ils persistent machinalement à placer la solution républicaine. Aspirant toujours à comprimer au nom du progrès, ils prennent pour type politique une courte anomalie, qui ne se reproduira jamais. Seuls partisans réels de la guerre au milieu d'une paix inaltérable, et bornant la régularisation du travail à détruire la hiérarchie industrielle fondée au moyen âge, ces déclamateurs anarchiques sont, à tous égards, profondément repoussés par leur siècle. Quoique les prolétaires accordent encore quelque confiance à des chefs indignes ou incapables, ce crédit rapidement décroissant ne saurait devenir vraiment dangereux, en un temps où l'enthousiasme politique ne s'attachera jamais à des préjugés métaphysiques. L'influence réelle de ce parti anarchique consiste surtout à servir d'épouvantail au parti rétrograde pour conserver artificiellement, chez les classes moyennes, une adhésion officielle toujours contraire à leur nature et à leurs habitudes. Si, contre toute vraisemblance, ces vains niveleurs prévalaient légalement, leur règne éphémère aboutirait bientôt à leur irrévocable élimination, en prouvant au peuple leur profonde inaptitude à diriger la régénération occidentale. Ainsi, sous l'impulsion continue d'une lumineuse situation, la raison publique se montre de plus en plus opposée à toute métaphysique, comme elle l'était déjà à toute théologie. Ce discrédit final de toutes les écoles antérieures prépare donc l'universel ascendant du positivisme, seul aussi conforme aux vraies tendances du dix-neuvième siècle qu'à ses besoins essentiels.

31. — *Nécessité d'une nouvelle doctrine générale.*

Pour compléter cette indication des tendances propres à la nouvelle situation française, il suffit de noter que la marche générale des débats, et surtout des événements, en faisant mieux ressortir qu'auparavant le besoin fondamental d'une véritable doctrine universelle, propre à contenir les divagations et à éviter ou corriger les perturbations, manifeste aussi la nécessité spéciale de l'autorité spirituelle, qui peut seule assurer l'efficacité pratique d'une telle philosophie. Au milieu de leurs innombrables divergences, toutes nos sectes métaphysiques s'accordent spontanément sur cette intime confusion des deux puissances élémentaires, qui, depuis le quatorzième siècle, constitua de plus en plus, surtout sous l'impulsion protestante, le principal dogme révolutionnaire, en haine du régime propre au moyen âge. Comme leurs pères grecs, les prétendus philosophes modernes, psychologues ou idéologues, ont toujours convoité la suprême concentration des divers pouvoirs humains ; ils ont même propagé cette aberration chez les savants spéciaux. Le positivisme systématique fait seul apprécier aujourd'hui l'admirable instinct qui poussa tous les hommes éminents du moyen âge à introduire, entre la puissance morale et la puissance politique, une division fondamentale, chef-d'œuvre social de la sagesse humaine, et seulement trop prématurée alors pour comporter un succès irrévocable, soit d'après la nature théologique des principes dirigeants, soit par le caractère militaire de l'existence active. Cette séparation nécessaire, principale base du régime final, n'est maintenant comprise et respectée que dans la nouvelle école philosophique, sauf les sympathies spontanées que conservent encore, sans aucune formule, les populations préservées du protestantisme. Dès le début de la révolution, l'orgueil doctoral a directement tendu vers l'omnipotence sociale qu'il avait toujours rêvée comme le type idéal de la perfection politique. Quoique les progrès naturels de la raison publique interdisent déjà tout dangereux essor à cette utopie rétrograde, ils sont encore trop peu systématiques pour empêcher, à cet égard, des tentatives caractéristiques. Tous les novateurs métaphysiques aspirent donc plus que jamais à la suprématie pratique et théorique, maintenant que la situation ne borne plus leur ambition aux simples existences ministérielles. La profonde divergence de leurs opinions respectives, et leur commune discordance avec le milieu actuel, empêchent de craindre qu'ils parviennent jamais à entraver sérieusement la liberté de discussion, en nous imposant la vraie consécration légale d'une doctrine quelconque. Mais ils l'ont assez tenté déjà pour éclairer l'esprit public sur le caractère nécessairement oppressif de toute théorie sociale contraire au vrai principe fondamental de la politique moderne, la séparation normale des deux pouvoirs essentiels. Cet essor perturbateur des ambitions métaphysiques tendra donc à faire spécialement apprécier les démonstrations décisives de la nouvelle philosophie, qui de plus en plus représentera cette division comme également indispensable à l'ordre et au progrès. Si les penseurs positivistes continuent d'éviter toute séduction contraire à leurs convictions, leur paisible attitude spéculative, au milieu de cette vaine agitation politique, achèvera de réconcilier le public impartial avec cette grande notion, entièrement affranchie désormais des croyances qui durent présider à sa première ébauche historique. Ce contraste involontaire fera de plus en plus sentir que la vraie liberté, comme la convergence réelle, ne peuvent aujourd'hui émaner que des doctrines positives, seules capables de supporter une discussion complète, parce que seules elles reposent sur de véritables démonstrations. Mûrie par une situation décisive, la sagesse vulgaire imposera bientôt aux philosophes, avec une irrésistible énergie, l'obligation continue de concentrer tous leurs efforts vers le gouvernement direct des esprits et des cœurs, sans aucune tendance à la domination temporelle, dont la poursuite sera dès lors érigée chez eux en symptôme irrécusable de l'impuissance mentale et même de l'insuffisance morale. L'abolition de la royauté assure d'ailleurs aux vrais penseurs une pleine liberté d'examen, et même d'exposition, tant qu'ils sauront assez respecter les conditions d'ordre. Car l'émancipation théologique se trouve ainsi complétée par l'extinction de ce dernier reste du régime des castes, qui jusqu'alors concentrait chez une famille exceptionnelle la décision régulière des hautes questions sociales. Quelles que puissent devenir les velléités oppressives des magistratures républicaines, cet attribut royal ne saurait passer sérieusement à des pouvoirs purement temporaires, qui, même individualisés, émanent toujours de suffrages incompétents. La philosophie positive démontrera sans difficulté que de tels mandataires sont presque aussi étrangers que leur commettants aux conditions logiques et scientifiques qu'exige aujourd'hui toute élaboration systématique des doctrines morales et sociales. Ces autorités, dépourvues de sanction spirituelle, peuvent bien déterminer l'obéissance au nom de l'ordre ; mais elles ne sauraient obtenir un vrai respect qu'en se renfermant scrupuleusement dans leurs attributions temporelles, sans chercher aucune suprématie mentale. Avant même que le pouvoir central parvienne à ses vrais organes pratiques, la situation républicaine aura fait assez ressortir cette conséquence nécessaire chez une population déjà purgée de tout fanatisme rétrograde ou anarchique. Une telle réaction s'y développera d'autant mieux que les sollicitudes croissantes relatives à l'ordre matériel détourneront davantage les autorités actives de toute prétention envers l'ordre spirituel, dont la reconstruction se trouve ainsi pleinement réservée aux libres penseurs. Il n'y a rien de fortuit, ni même de personnel, dans le pas immense que l'ensemble de ma carrière a déjà réalisé envers la liberté d'exposition, d'abord écrite, puis orale, sous divers régimes oppressifs. Tout vrai philosophe obtiendra désormais une équivalente faculté, en offrant, comme moi, les justes garanties, intellectuelles et morales, que le public et le magistrat doivent exiger des organes systématiques de l'Humanité. Quelques violences que puisse jamais inspirer un besoin empirique de comprimer les niveleurs, j'ose assurer que les constructeurs seront toujours respectés, et bientôt invoqués au secours d'un ordre public qui ne peut plus se passer longtemps d'une sanction rationnelle.

Par l'importante modification politique survenue en France, la seconde partie de la grande révolution, ainsi commencée pour le public comme elle l'était déjà pour les vrais philosophes, tend donc, d'une manière plus directe et plus rapide, à développer son véritable caractère général en appelant la nouvelle doctrine universelle à diriger la réorganisation finale des opinions et des mœurs, seule base solide de la régénération graduelle des institutions sociales. Mais, après avoir indiqué comment le positivisme reçoit aujourd'hui cette haute mission en vertu des changements spontanément accomplis au centre même de l'ébranlement initial, il faut compléter une telle appréciation en attribuant à la réorganisation spirituelle toute son extension caractéristique, qui, suivant la saine théorie historique, doit certainement comprendre l'ensemble de l'Occident européen.

32. — *La réforme doit être d'abord intellectuelle; elle doit porter sur tout l'Occident.*

L'immense transition révolutionnaire qui nous sépare du moyen âge a trop fait oublier la communauté fondamentale qui, préparée par l'incorporation romaine, s'organisa directement sous l'incomparable Charlemagne, entre les diverses populations occidentales, uniformément parvenues déjà à l'état catholique et féodal. Malgré les diversités nationales, aggravées ensuite par les dissidences théologiques, cette vaste république a partout offert, pendant les cinq derniers siècles, un développement intellectuel et social, à la fois positif et négatif, dont le reste de l'humanité n'offre point encore, même en Europe, un véritable équivalent. Si la rupture du lien catholique et la désuétude des mœurs chevaleresques ont beaucoup altéré d'abord le sentiment général d'une telle confraternité, il a tendu à se rétablir sous de nouvelles formes d'après les affinités partielles résultées d'une commune prépondérance de la vie industrielle, d'une semblable évolution esthétique, et d'une évidente solidarité scientifique. Quand la décomposition politique a été assez prononcée pour annoncer partout une entière rénovation, cette similitude de civilisation a de plus en plus développé l'instinct universel de la participation collective à un même mouvement social, borné jusqu'ici à une telle famille. Cependant l'initiative de la grande crise se trouvait nécessairement réservée à la population française, mieux préparée qu'aucune autre branche occidentale, soit quant à l'extinction radicale du régime ancien, soit par l'élaboration élémentaire du nouveau système. Mais les actives sympathies qu'excita dans tout l'Occident le début de notre révolution, indiquèrent que nos frères occidentaux nous accordaient seulement le périlleux honneur de commencer une régénération commune à toute l'élite de l'humanité, comme le proclama, même au milieu de la guerre défensive, notre grande assemblée républicaine. Les aberrations militaires qui ensuite caractérisèrent chez nous la principale phase de la réaction rétrograde durent sans doute suspendre des deux parts le sentiment habituel de cette solidarité nécessaire. Toutefois, il était si enraciné partout, d'après l'ensemble des antécédents modernes, que la paix lui rendit bientôt une nouvelle activité, malgré les efforts continus des divers partis intéressés à perpétuer cette division exceptionnelle. L'uniforme décadence des diverses convictions théologiques facilita beaucoup cette tendance naturelle, en dissipant la principale source des dissentiments antérieurs. Pendant la dernière phase de la rétrogradation, et surtout durant la longue halte qui lui succéda, chaque élément occidental s'efforça plus ou moins de suivre une marche révolutionnaire équivalente à celle du centre français. Notre dernière transformation politique ne peut que fortifier encore cette commune disposition, qui pourtant ne saurait aussitôt produire des modifications analogues chez des populations moins préparées. Chacun sent d'ailleurs qu'une telle uniformité d'agitation intérieure tend de plus en plus à consolider la paix qui en favorisa la propagation. Malgré l'absence de liens systématiques équivalents à ceux du moyen âge, le commun ascendant des véritables mœurs modernes, à la fois pacifiques et rationnelles, a déjà réalisé, entre tous les éléments occidentaux, une confraternité spontanée jusqu'alors impossible, et qui ne permet plus d'envisager nulle part la régénération finale comme purement nationale.

Un tel point de vue est plus propre qu'aucun autre à indiquer nettement le vrai caractère général qui convient à la seconde partie de la révolution. La première, quoique finalement profitable à tout l'Occident, devait se développer comme essentiellement française, parce que notre population était seule mûre pour l'ébranlement initial, qui même dut exalter sa nationalité afin de résister à la coalition rétrograde. Au contraire, la terminaison organique, commençant après que la crise commune a pris toute son extension naturelle, doit toujours être conçue désormais comme directement occidentale. Elle consiste surtout dans une réorganisation spirituelle qui déjà se montre presque également urgente, sous diverses formes, chez les cinq populations dont se compose la grande famille moderne. Réciproquement, l'occidentalité de plus en plus prononcée du mouvement rénovateur est très propre à y faire prévaloir la régénération intellectuelle et morale sur une régénération temporelle qui présentera nécessairement de profondes variétés nationales. Une doctrine commune et des mœurs semblables, d'après un système uniforme d'éducation générale, dirigé et appliqué par un même pouvoir spirituel, voilà ce qui, dans tout l'Occident, constitue maintenant le premier besoin social. A mesure qu'il sera satisfait, la réorganisation temporelle s'accomplira partout suivant les convenances de chaque nationalité, sans que cette juste diversité altère nullement l'unité fondamentale de la grande république positiviste, dont le lien systématique sera plus complet et plus durable que celui de la république catholique propre au moyen âge.

L'ensemble de la situation occidentale ne tend donc pas seulement à faire partout prévaloir désormais le mouvement philosophique sur l'agitation politique. En outre, il provoque spécialement l'avènement décisif de l'autorité spirituelle, qui seule peut conduire cette libre rénovation systématique des opinions et des mœurs avec toute la grandeur et l'uniformité convenables. L'antique préjugé révolutionnaire sur la confusion finale des deux puissances devient ainsi directement contraire aujourd'hui à la régénération sociale qu'il prépara jadis. D'une part, il fait prévaloir des habitudes de nationalité qui déjà devraient se subordonner aux inspirations d'occidentalité. En même temps, l'identité réelle de la crise exigeant partout une solution commune, il pousse à remplir cette condition d'homogénéité par une assimilation temporelle aussi perturbatrice que chimérique.

Quoique mon ouvrage fondamental ait soigneusement défini, d'après l'ensemble du passé, la composition de cette immense famille, l'extrême importance qu'acquiert aujourd'hui une telle notion me détermine ici à motiver directement l'énumération méthodique de ses éléments essentiels.

33. — *La République occidentale comprend la France, l'Italie, l'Espagne, l'Angleterre et l'Allemagne.*

Depuis la chute de la domination romaine, la France a toujours constitué le centre nécessaire, non moins social que géographique, de ce noyau de l'Humanité, surtout à partir de Charlemagne. La seule opération capitale que l'Occident ait jamais accomplie de concert s'exécuta évidemment sous l'impulsion française, dans les mémorables expéditions qui caractérisèrent la principale phase du moyen âge. A la vérité, quand la décomposition commune du régime catholique et féodal commença à devenir systématique, le centre de l'ébranlement occidental se trouva déplacé pendant deux siècles. La métaphysique négative surgit d'abord en Allemagne ; ensuite sa première application temporelle se réalisa en Hollande et en Angleterre par deux révolutions caractéristiques, qui, quoique incomplètes en vertu d'une insuffisante préparation mentale, servirent de prélude à la grande crise finale. Mais, après ce double préambule nécessaire, qui manifesta la vraie destination sociale des dogmes critiques, leur entière coordination et leur propagation décisive s'accomplirent en France, où revint le principal siège de la commune élaboration politique et morale. La prépondérance ainsi acquise à l'initiative française, et qui maintenant se consolidera de plus en plus, n'est donc, au fond, qu'un retour spontané à l'économie normale de l'Occident, longtemps altérée par des besoins exceptionnels. On ne peut prévoir de nouveaux déplacements du centre de mouvement social que dans un avenir trop éloigné pour devoir nous occuper ; ils ne pourront provenir, en effet, que d'une large extension de la civilisation principale hors des limites occidentales, comme je l'indiquerai à la fin de ce Discours.

Au nord et au sud de ce centre naturel, se trouvent les deux couples d'éléments occidentaux dont la France continuera de former le principal lien, autant par les mœurs et le langage que par la situation géographique. Dans le premier couple, essentiellement protestant, il faut d'abord placer la vaste population germanique, avec ses diverses annexes réelles, surtout la Hollande qui, depuis le moyen âge, en constitue, à tous égards, la portion la plus avancée ; ensuite vient la population britannique, y compris même son expansion américaine, malgré leur rivalité actuelle. Le second couple, éminemment catholique, comprend : à l'est, la grande population italienne, toujours si nettement caractérisée, malgré sa décomposition temporelle ; à l'ouest, l'ensemble de la population espagnole, d'où la science sociale ne doit pas séparer son appendice portugais, et qui a tant étendu la famille occidentale par ses immenses colonisations. Pour compléter la définition sociologique du groupe d'élite, il faut y joindre les deux éléments accessoires qui, occidentaux par l'histoire, ancienne chez l'un, moderne chez l'autre, et orientaux par leur siège, constituent, à tous égards, d'après leur état réel, une transition naturelle entre l'orient et l'occident : ce sont, au sud, la population grecque, et, au nord, la population polonaise. Il ne convient pas, d'ailleurs, de signaler ici les divers intermédiaires qui rapprochent ou séparent les principales branches de la grande famille.

Telle est l'immense république dont la nouvelle philosophie doit maintenant diriger la régénération intellectuelle et morale, en combinant l'initiative propre au centre français avec les réactions naturelles par lesquelles chacun des quatre autres éléments doit perfectionner cette impulsion générale. Rien ne tend mieux qu'une semblable tâche à caractériser irrévocablement l'aptitude sociale du positivisme, seul au niveau d'une pareille mission, à laquelle l'esprit métaphysique ne convient pas davantage que l'esprit théologique lui-même. Si la caducité de celui-ci détermina la rupture de l'unité occidentale propre au moyen âge, l'activité dissolvante de l'autre en devint l'agent direct. Aucun d'eux ne peut donc prétendre à réassocier les éléments dont la séparation antérieure reste surtout entretenue par les inspirations théologico-métaphysiques. C'est uniquement au positivisme spontané, à la fois industriel, esthétique, et scientifique, que sont dus les nouveaux rapports partiels qui, depuis la fin du moyen âge, préparent de plus en plus la reconstruction du lien occidental. L'esprit positif, enfin complet et systématique, est donc seul apte à y présider. Il n'appartient qu'à lui de dissiper radicalement les antipathies que conservent encore les diverses nationalités, sans altérer pourtant les qualités naturelles de chacune d'elles, afin de constituer, d'après leur sage combinaison, le génie commun de la nouvelle occidentalité.

34. — *Première tentative, au moyen âge catholique, de séparation entre le pouvoir spirituel et le pouvoir temporel.*

C'est ainsi que l'extension totale de la grande crise met en pleine évidence le vrai caractère général déjà signalé par l'examen direct de sa nature centrale. Toutes les hautes considérations sociales, tant extérieures qu'intérieures, concourent donc à prouver que la seconde partie de la révolution doit surtout consister à reconstruire, dans tout l'Occident, les principes et les mœurs, de manière à constituer une opinion publique dont l'irrésistible prépondérance détermine ensuite la formation graduelle des institutions politiques convenables à chaque nationalité, sous la commune présidence du pouvoir spirituel qui aura dignement élaboré la doctrine fondamentale. L'esprit général de cette doctrine est principalement historique, tandis que la partie négative de la révolution dut faire prévaloir un esprit anti-historique. Une haine aveugle envers le passé était alors indispensable pour sortir énergiquement de l'ancien régime. Désormais, au contraire, notre entière émancipation exige d'abord que nous rendions à tout le passé une complète justice, qui deviendra le tribut le plus caractéristique du véritable esprit positif, . susceptible aujourd'hui d'une telle aptitude, d'après sa nature toujours relative. Le meilleur signe de la vraie supériorité consiste, sans doute, pour les doctrines comme pour les personnes, à bien apprécier tous ses adversaires. Telle est la tendance nécessaire de la véritable science sociale qui vient aujourd'hui fonder la détermination de l'avenir sur la contemplation systématique du passé. C'est la seule marche qui puisse faire librement prévaloir partout une même conception de la régénération finale, toujours rattachée exactement à l'ensemble de l'évolution humaine, en dissipant à jamais les images confuses et discordantes suggérées par des inspirations arbitraires. La prépondérance croissante du sentiment social concourt d'ailleurs avec le progrès naturel de la raison publique, pour imprimer à la dernière partie de la révolution cet esprit historique qui la distinguera profondément de la première, comme l'indiquent déjà tant de prédilections spontanées.

D'après une telle disposition générale, le positivisme ne doit jamais dissimuler la relation fondamentale de la réorganisation spirituelle qu'il vient accomplir avec l'admirable ébauche qui constitue le principal caractère du moyen âge. Loin de proposer à l'humanité une régénération dépourvue de tous antécédents, nous nous honorerons toujours d'appeler aujourd'hui sa maturité à réaliser enfin la noble tentative que conçut son adolescence avant que les conditions mentales et sociales permissent un succès décisif. Nous sommes trop pleins de l'avenir pour craindre jamais d'être sérieusement taxés de retour au passé. Cette imputation serait surtout étrange chez ceux de nos adversaires qui font aujourd'hui consister la perfection politique dans la confusion primitive, soit théocratique, soit militaire, des deux puissances élémentaires.

Leur séparation au moyen âge constitue le plus grand pas qu'ait pu faire jusqu'ici la théorie générale de l'ordre social. Quoique sa réalisation finale fût réservée à de meilleurs temps, cette tentative caractéristique n'en a pas moins marqué le but essentiel, et même ébauché les principaux résultats. C'est là que remonte ce dogme fondamental de la subordination continue de la politique envers la morale, qui distingue la sociabilité moderne, et qui, malgré de graves et fréquentes atteintes, a toujours survécu, même à la chute des croyances qui d'abord le proclamèrent, comme le montre aujourd'hui sa sanction républicaine chez la nation la mieux émancipée. De là date, par suite, cet actif sentiment de la dignité personnelle combinée avec la fraternité universelle, qui caractérise les populations occidentales, surtout celles qui ont échappé au protestantisme. Il faut y rapporter aussi cette unanime tendance à estimer les hommes suivant leur propre mérite intellectuel et moral, indépendamment de leur office social, tout en respectant l'indispensable classement résulté d'une inévitable prépondérance pratique. On y doit donc rattacher les habitudes populaires de libre discussion morale et même politique, d'après le droit et le devoir de chacun d'appliquer au jugement des actes et des personnes la doctrine universelle établie dans l'éducation commune. Enfin, il serait superflu d'indiquer la tendance directe de cette grande institution à organiser l'unité occidentale, qui n'avait point d'autre lien systématique. Tous ces effets sociaux, vulgairement attribués à l'excellence de la doctrine chrétienne, sont ramenés, par une saine appréciation historique, à leur véritable source principale, la séparation catholique des deux puissances. Ils sont demeurés propres aux seuls pays où ce régime a pu prévaloir, quoiqu'une morale équivalente, ou même une foi identique, régnât aussi ailleurs. La décomposition de l'organisme catholique les a, du reste, notablement altérés, malgré leur consécration spontanée par l'ensemble des mœurs modernes, là surtout où l'on s'efforçait de rendre à la doctrine sa pureté et son autorité primitives.

Sous tous ces aspects, le positivisme a déjà rendu au catholicisme une plus complète justice qu'aucun de ses propres défenseurs, sans excepter l'éminent De Maistre, comme l'ont d'ailleurs reconnu quelques organes sincères de l'école rétrograde. Mais cette équitable appréciation ne repose pas seulement sur la grandeur de la tâche ainsi destinée au moyen âge dans l'évolution totale de l'Humanité. Elle résulte aussi d'une exacte démonstration historique de la précocité d'une telle entreprise, dont l'avortement politique dépendit surtout de l'imperfection des doctrines dirigeantes et de l'opposition du milieu correspondant. Quoique le monothéisme répugne beaucoup moins que le polythéisme à la séparation continue des deux puissances, la nature nécessairement absolue de tout esprit théologique tendait toujours à faire dégénérer ce régime en une pure théocratie. Sa chute fut même déterminée par la prépondérance finale de cette inévitable tendance, contre laquelle les rois devinrent, au quatorzième siècle, les organes spontanés de la réprobation générale. De même, quoiqu'une telle division se concilie davantage avec les guerres essentiellement défensives du moyen âge qu'avec le système de conquêtes de l'antiquité, cependant tout véritable esprit militaire la repousse radicalement, comme contraire à la concentration d'autorité qu'il exige pour durer. Aussi cette séparation n'a-t-elle pu alors devenir vraiment systématique, sauf dans la pensée de quelques éminents personnages, spirituels et temporels. Sa réalisation passagère fut surtout le résultat nécessaire de l'ensemble de la situation mentale et sociale. Elle ne consista presque jamais qu'en une sorte d'équilibre très précaire, flottant toujours entre la théocratie et l'empire.

35. — *Séparation des deux pouvoirs. Instauration d'un pouvoir spirituel, organe de la République occidentale.*

C'est uniquement à la civilisation positive de l'Occident moderne qu'il appartient d'accomplir aujourd'hui ce qui alors ne put être que tenté, en utilisant d'ailleurs, non seulement cette admirable ébauche, mais aussi l'indispensable préparation qu'elle a déterminée. L'esprit scientifique de la nouvelle philosophie et le caractère industriel de la nouvelle activité concourent naturellement à rendre désormais inévitable, et même vulgaire, une séparation continue, à la fois spontanée et systématique, qui ne pouvait, au moyen âge, être que confusément pressentie, sous les plus heureuses inspirations d'un ardent instinct de progrès. Mentalement envisagée, elle se réduit, en effet, à la division nécessaire entre la théorie et la pratique, déjà admise, quoique empiriquement dans tout l'Occident, envers les moindres sujets, et qu'il serait étrange de repousser pour l'art et la science les plus difficiles. Sous l'aspect social, elle proclame surtout la distinction naturelle entre l'éducation et l'action, ou entre la morale et la politique, dont personne aujourd'hui n'oserait directement méconnaître l'essor continu comme l'un des principaux bienfaits d'une civilisation progressive. La moralité réelle et la vraie liberté s'y trouvent profondément intéressées, afin que la conduite et le jugement puissent comporter de véritables principes, dont l'application, même la mieux démontrable, serait presque toujours insuffisante, si elle restait livrée à l'impulsion spéciale et directe du commandement ou de l'obéissance. Pour l'harmonie générale des forces politiques, il est clair que les deux pouvoirs théorique et pratique ont des sources et des voies tellement différentes, quant au cœur, à l'esprit, et au caractère, que l'influence consultative et l'influence impérative ne sauraient désormais appartenir aux mêmes organes essentiels. Toute tendance sérieuse à réaliser cette utopie rétrograde ne pourrait aboutir qu'à l'intolérable domination de médiocrités également incapables dans les deux genres. La suite de ce Discours montrera d'ailleurs que cette division fondamentale se trouvera de plus en plus placée naturellement sous l'irrésistible protection spéciale des deux éléments sociaux où résident surtout le bon sens et la moralité.

Nos mœurs sont déjà si favorables à ce principe essentiel de toute la vraie politique moderne, que les répugnances qu'il excite proviennent presque uniquement de son adhérence primitive à des croyances justement déchues. Mais ces préventions révolutionnaires ne sauraient persister quand le public impartial verra cette grande notion directement incorporée désormais à la seule doctrine qui soit dégagée de toute théologie. Chaque conception humaine, et même chaque amélioration sociale, a dû surgir d'abord sous l'inspiration théologique, comme l'ensemble des faits le témoigne clairement, jusque dans les moindres cas. Néanmoins, cette introduction nécessaire n'a jamais empêché l'humanité de s'approprier définitivement des progrès dus à la présidence initiale des croyances qu'elle abandonnait. Il en sera de même pour ce grand principe politique, qui déjà n'est plus compris réellement que par des esprits positifs, sous l'induction spontanée de ses vérifications partielles. La seule opposition directe qu'il rencontre aujourd'hui provient encore de l'ambition métaphysique dont il choque les prétentions caractéristiques à une domination absolue. C'est elle surtout qui inspire le reproche, toujours étrange et souvent menteur, par lequel on tente quelquefois de flétrir, comme théocrates, des philosophes ouvertement affranchis de toutes les croyances qui servent à leurs adversaires pour éluder une discussion décisive. Mais les graves perturbations sociales que suscitera bientôt une vaine obstination pédantocratique à régler par les lois ce qui doit être discipliné par les mœurs, éclaireront l'opinion publique quant à la haute opportunité du dogme positiviste sur la séparation systématique entre le gouvernement moral et le gouvernement politique. L'un, n'ayant d'autre force que la conviction ou la persuasion, se borne toujours, dans la vie active, au simple conseil, tandis que l'autre commande directement la conduite d'après un ascendant matériel.

L'ensemble des indications précédentes aboutit à représenter l'esprit organique qui doit caractériser la seconde partie de la révolution comme alliant l'éminent génie social propre au moyen âge avec l'admirable instinct politique de la Convention. Entre ces deux époques, l'élite de l'humanité s'est trouvée réellement dépourvue de toute organisation systématique, et livrée à la double transition qui décomposait l'ordre ancien et préparait le nouveau. Ces deux préambules sont assez accomplis aujourd'hui; puisque, d'une part, le vœu d'une régénération sociale est devenu irrésistible, tandis que, d'une autre part, la philosophie destinée à la diriger est déjà constituée. Nous sommes donc appelés désormais à reprendre directement, sur de meilleures bases mentales et sociales, la grande entreprise tentée au moyen âge pour fonder, dans tout l'Occident, un régime pacifique et rationnel, en systématisant la prépondérance continue de l'amour universel, dominant à la fois la spéculation et l'action. La marche générale de cette reconstruction sera la même que celle de la démolition préalable. Celle-ci commença, au quatorzième siècle, en neutralisant les fonctions occidentales de l'organisme ancien. Pareillement, la régénération finale s'annonce aujourd'hui par la satisfaction directe des besoins intellectuels et moraux communs aux cinq populations avancées.

36. — *Doctrine morale du positivisme. Elle consiste à faire prévaloir l'altruisme sur l'égoïsme, la sociabilité sur la personnalité.*

Afin de mieux caractériser la destination sociale du positivisme, je me trouve ainsi conduit à indiquer sommairement son aptitude nécessaire à systématiser définitivement la morale universelle, ce qui constitue le but de la philosophie et le point de départ de la politique. Tout pouvoir spirituel devant surtout être jugé d'après une telle attribution, rien ne peut mieux manifester la supériorité naturelle de la spiritualité positiviste sur la spiritualité catholique.

Le positivisme conçoit directement l'art moral comme consistant à faire, autant que possible, prévaloir les instincts sympathiques sur les impulsions égoïstes, la sociabilité sur la personnalité. Cette manière d'envisager l'ensemble de la morale est propre à la nouvelle philosophie, qui seule systématise les progrès accomplis chez les modernes dans la vraie théorie de la nature humaine, si imparfaitement représentée par le catholicisme.

D'après le principe nécessaire de la biologie quant à la prépondérance fondamentale de la vie organique sur toute vie animale, la sociologie explique aussitôt l'ascendant spontané des sentiments personnels, toujours plus

ou moins relatifs à l'instinct conservateur. Mais elle concilie directement cette inévitable suprématie avec l'existence continue des affections bienveillantes, que la théorie catholique représentait comme étrangères à notre constitution, et seulement inspirées par une grâce surhumaine qui ne comportait aucune loi. Le grand problème consiste donc à investir artificiellement la sociabilité de la prépondérance que possède naturellement la personnalité. Sa solution repose sur un autre principe biologique, le développement des fonctions et des organes par l'exercice habituel, et leur tendance à s'atrophier par l'inaction prolongée. Or, notre existence sociale provoque nécessairement l'essor continu des instincts sympathiques, tandis qu'elle comprime celui des penchants personnels, dont la libre activité empêcherait bientôt tous les contacts mutuels. Les premiers compensent donc, à un certain degré, leur infériorité native par leur aptitude spontanée à une extension presque indéfinie ; et l'ascendant naturel des seconds se trouve plus ou moins contenu d'après une inévitable résistance. Ces deux tendances permanentes s'accroissent naturellement à mesure que l'humanité se développe, et leur double progrès fournit la principale appréciation de notre perfectionnement graduel. Une sage intervention systématique, à la fois privée et publique, peut améliorer beaucoup cet ordre spontané, en augmentant les influences favorables et diminuant leurs antagonistes. Tel est le but de l'art moral, qui d'ailleurs a, comme tout autre, d'inévitables limites, quoique les siennes doivent être moins étroites, puisque les phénomènes y sont plus modifiables, en vertu de leur complication supérieure.

. Ainsi, la morale positive se distingue, non seulement de la morale métaphysique, mais aussi de la morale théologique, en prenant pour principe universel la prépondérance directe du sentiment social. Elle représente le bonheur humain, tant privé que public, comme consistant surtout dans le plus grand essor possible des affections bienveillantes, qui sont à la fois les plus douces à éprouver et les seules dont l'expansion puisse être simultanée chez tous les individus. Cette doctrine, aussi profonde et pure qu'elle est simple et vraie, ne pouvait émaner que d'une philosophie déjà conduite, en vertu de sa réalité caractéristique, à systématiser enfin la prépondérance mentale du point de vue social, seul susceptible de rallier toutes nos spéculations positives. D'après sa méthode intuitive, la métaphysique n'a jamais pu sortir rationnellement de la sphère individuelle. La théologie, surtout chrétienne, ne pouvait s'élever aux conceptions sociales que d'une manière indirecte, sous l'impulsion empirique de son office pratique. Son esprit propre était nécessairement personnel, soit quant au but proposé à l'ensemble de chaque existence, soit pour l'affection représentée comme dominante. Quoique nos sentiments généreux aient dû surgir d'abord sous un tel régime, son efficacité morale doit surtout être attribuée à la sagesse sacerdotale, corrigeant les vices essentiels de la seule doctrine qu'elle pût alors employer, d'après les ressources sociales que lui offrait l'antagonisme spontané entre les intérêts imaginaires et les intérêts réels. Dans l'état positif, au contraire, l'aptitude morale est directement inhérente à la doctrine, et peut se développer beaucoup aussitôt que les convictions s'établissent, avant qu'aucune discipline spirituelle se trouve instituée, sans toutefois que cette propriété doive dispenser d'une telle organisation. Tandis que la morale systématique acquiert ainsi une consistance jusqu'alors impossible en se liant profondément à l'ensemble des connaissances réelles, la morale spontanée tend directement à dominer toute l'existence humaine, individuelle ou collective, sous l'impulsion immédiate et continue du sentiment social.

Pour mieux caractériser la parfaite unité que procure à la morale positive son principe unique de l'amour universel, il faut le concevoir comme présidant, soit à la coordination naturelle de ses diverses parties, soit aussi à l'élaboration spéciale de chacune d'elles.

37. — *La progression morale : personnelle, domestique, sociale. Le cœur humain ne peut aller du premier au troisième degré que sous l'influence des sentiments domestiques.*

Leur succession générale d'après les trois degrés essentiels de notre existence, d'abord personnelle, puis domestique, et enfin sociale, représente spontanément l'éducation graduelle du sentiment fondamental, développé peu à peu par des affections de moins en moins énergiques, mais de plus en plus éminentes. Cette progression naturelle constitue réellement notre principale ressource pour parvenir, autant que possible, à la prépondérance normale de la sociabilité sur la personnalité. Entre ces deux états extrêmes du cœur humain, il existe, en effet, un état intermédiaire, propre à déterminer une transition spontanée, sur laquelle repose la vraie solution habituelle du grand problème moral. C'est surtout par les affections de famille que l'homme sort de sa personnalité primitive, et qu'il peut s'élever convenablement à la sociabilité finale. Toute tentative pour diriger l'éducation morale vers l'essor direct de celle-ci en franchissant ce degré moyen, doit être jugée radicalement chimérique et profondément désastreuse. Une telle utopie, trop accréditée aujourd'hui, loin de constituer un véritable progrès social, ne représente, au fond, qu'une immense rétrogradation fondée sur une fausse appréciation de l'antiquité.

D'après cette destination fondamentale de la vie domestique comme lien naturel de la personnalité à la sociabilité, sa coordination nécessaire suffira ici pour caractériser le plan général de la morale positive, toujours conforme à l'ordre des relations réelles.

L'évolution individuelle du sentiment social commence, dans la famille, par l'inévitable essor de l'affection filiale, première source de notre éducation morale, où surgit l'instinct de la continuité, et, par suite, la vénération des prédécesseurs : c'est ainsi que chaque nouvel être se rattache d'abord à l'ensemble du passé humain. Bientôt après, l'affection fraternelle vient compléter cette ébauche initiale de la sociabilité, en y joignant l'instinct direct de la solidarité actuelle. L'âge viril ouvre ensuite une nouvelle évolution domestique, en introduisant des relations éminemment volontaires, et dès lors encore plus sociales que les liaisons involontaires du premier âge. Cette seconde époque de l'éducation morale commence par l'affection conjugale, la plus fondamentale de toutes, où la mutualité et l'indissolubilité du lien assurent la plénitude du dévouement. Type suprême de tous les instincts sympathiques, son nom est le seul qui n'exige aucune qualification. De cette union par excellence résulte naturellement la dernière affection domestique, la paternité, qui termine notre initiation spontanée à la sociabilité universelle, en nous apprenant à chérir nos successeurs : nous sommes ainsi liés à l'avenir comme nous l'étions d'abord au passé.

J'ai dû placer le groupe de sentiments domestiques qui se rapporte aux relations volontaires après celui qui concerne les liens involontaires, afin de suivre le cours individuel de l'évolution affective, pour caractériser la vie de famille comme intermédiaire nécessaire entre l'existence personnelle et l'existence sociale. Mais la disposition doit être inverse quand on établit directement la théorie propre de la famille, à titre d'élément naturel de la société proprement dite. Alors il faut considérer d'abord le sentiment qui constitue essentiellement la famille, en introduisant une nouvelle unité sociale, souvent réduite, en effet, au couple élémentaire. Une fois créée par l'union conjugale, la famille se perpétue par l'affection paternelle suivie de l'amour filial, et s'étend ensuite par le lien fraternel, seul apte à rapprocher immédiatement les diverses familles. Dans cette autre coordination, les sentiments domestiques se trouvent rangés suivant leur énergie décroissante et leur extension croissante. Quoique le dernier soit, d'ordinaire, le moins puissant de tous, il acquiert une importance fondamentale, quand on y voit la transition directe des affections purement domestiques aux affections proprement sociales, dont la fraternité constitue partout le type spontané. Toutefois, pour compléter cette sommaire esquisse d'une telle théorie, la sociologie doit encore placer, entre ces deux ordres de sentiments, un intermédiaire trop peu apprécié jusqu'ici, relatif à la simple domesticité, où les relations de la famille viennent se fondre avec celles de la société. Le nom seul d'un tel lien devrait aujourd'hui suffire, malgré nos mœurs anarchiques, pour nous rappeler que, dans tout état normal de l'humanité, il constitue un complément naturel des affections privées, destiné à terminer l'éducation spontanée du sentiment social, par l'apprentissage spécial de l'obéissance et du commandement, tous deux subordonnés au principe universel d'amour mutuel.

Cette rapide indication de la principale théorie morale caractérise assez l'aptitude fondamentale de la systématisation positive, dont l'appréciation doit ensuite ressortir de l'ensemble du traité auquel ce Discours ne sert que de prélude général. Je crois pourtant devoir encore signaler ici la régénération totale de la morale personnelle, où le positivisme seul fait enfin prévaloir dignement le principe unique de toute la doctrine nouvelle, en y rattachant directement à l'amour ce qui n'a été essentiellement rapporté qu'à l'égoïsme, même dans la philosophie catholique.

38. — *L'altruisme est le vrai fondement de la morale personnelle.*

Les sentiments n'étant développables que par un exercice continu, d'autant plus indispensable qu'ils ont moins d'énergie native, on procède directement contre le véritable esprit de l'éducation affective quand on abuse de la facilité d'appréciation qui distingue cette première partie de la morale universelle pour y réduire les devoirs à de simples calculs de prudence individuelle. Quelque réelle que puisse être l'utilité personnelle des prescriptions ainsi recommandées, une telle marche cultive nécessairement des inclinations intéressées, qui, déjà trop prépondérantes, devraient, au contraire, tomber autant que possible en désuétude systématique. D'ailleurs, le but spécial que l'on a en vue se trouve ainsi manqué souvent, par cela même qu'on a laissé la décision morale à l'arbitrage individuel, dont les variations naturelles sont dès lors sanctionnées d'avance, lorsque, sous sa responsabilité des suites personnelles que seul il peut bien juger, il change la règle proposée. En vertu de sa réalité caractéristique, le positivisme régénère entièrement ces prescriptions initiales, en y faisant directement prévaloir la sociabilité sur la personnalité, puisqu'il s'agit de pratiques où l'individu est loin d'être seul intéressé. Ce n'est point, par exemple, d'après les avantages personnels de la tempérance, de la chasteté, etc., que la morale positive recommande ces vertus élémentaires. Sans méconnaître leur véritable utilité individuelle, elle évite d'y trop insister, de peur d'entretenir l'habitude des calculs personnels. Jamais surtout elle n'en fait la base réelle de ses préceptes, toujours rattachés à la sociabilité.

Quand même une constitution exceptionnelle préserverait l'individu des suites funestes de l'intempérance ou du libertinage, la sobriété et la continence lui seraient ainsi prescrites avec autant de rigueur, comme indispensables à l'accomplissement habituel de ses devoirs sociaux. La plus vulgaire de toutes les vertus personnelles, l'habitude de la purification physique, ne doit pas être exempte de cette salutaire transformation, qui ennoblit un simple précepte hygiénique par le sentiment qui l'impose à chacun pour se rendre mieux apte à servir les autres. C'est seulement ainsi que l'éducation morale peut prendre, dès le début, son vrai caractère général, en habituant l'homme à se subordonner à l'humanité jusque dans ses moindres actes, où il apprend d'abord à surmonter ses mauvais penchants, dont l'appréciation est alors plus facile.

Une telle régénération de la morale personnelle confirme assez la supériorité nécessaire du positivisme, déjà indiquée envers la morale domestique, qui constitua pourtant le principal mérite du catholicisme, première base de sa digne systématisation. Il serait ici superflu d'insister spécialement sur la morale sociale proprement dite, où la nouvelle philosophie doit manifester une aptitude encore plus directe et plus complète, comme seule susceptible de se placer convenablement à ce point de vue. Soit pour l'exacte détermination de tous les devoirs mutuels résultés des diverses relations réelles, soit quant à la consolidation et à l'extension du sentiment fondamental de fraternité universelle, aucune morale métaphysico-théologique ne saurait être comparable à la morale positive, dont les prescriptions, toujours conformes aux lois générales de notre nature individuelle ou collective, s'adaptent spontanément aux convenances spéciales de chaque cas. A ces différents titres, la suite de ce Discours me fournira plusieurs occasions essentielles de caractériser une aptitude aussi naturelle, sans que je doive ici m'y arrêter davantage.

Cette rapide indication de la nouvelle systématisation morale exige maintenant un aperçu équivalent des moyens généraux propres à établir et à appliquer une telle doctrine. Ils sont de deux sortes : les uns, fondamentaux, directement relatifs à chaque initiation morale, posent les principes et règlent les sentiments ; les autres, complémentaires, en consolident l'application réelle dans la vie active. Cette double fonction commence par être spontanée, sous la seule impulsion, même indirecte, de la doctrine générale et de l'instinct social : mais elle ne comporte une pleine efficacité qu'en devenant l'attribution systématique du pouvoir spirituel correspondant.

39. — *L'éducation morale doit être fondée sur la raison et sur le sentiment.*

Quant à l'éducation morale proprement dite, le régime positif la fonde à la fois sur la raison et sur le sentiment, mais en y accordant toujours à celui-ci la prépondérance conforme au principe fondamental de la nouvelle philosophie.

Sous le premier aspect, les préceptes moraux se trouveront ainsi ramenés enfin à de véritables démonstrations, susceptibles de surmonter toute discussion, d'après la vraie connaissance de notre nature personnelle et sociale, dont les lois permettent d'apprécier exactement, dans la vie réelle, privée ou publique, l'influence quelconque, directe ou indirecte, spéciale ou générale, de chaque affection, pensée, action, et habitude. Les convictions correspondantes peuvent devenir aussi profondes que celles qu'inspirent aujourd'hui les meilleures preuves scientifiques, avec ce surcroit naturel d'intensité qui doit résulter de leur importance supérieure et de leur intime corrélation à nos plus nobles instincts. On n'en saurait borner l'efficacité à ceux qui auront pu sentir pleinement la validité logique de ces démonstrations. De nombreux exemples ont déjà constaté, envers tous les autres sujets positifs, que les notions admises seulement par confiance peuvent être adoptées et appliquées avec autant d'ardeur et de fermeté que celles dont on a le mieux pesé tous les motifs. Il suffit que les conditions mentales et morales de cette foi nécessaire se trouvent convenablement remplies; et souvent l'esprit moderne, malgré sa prétendue indocilité, s'est soumis trop aisément. Cet assentiment volontaire que nous voyons accorder chaque jour aux règles quelconques des arts mathématiques, astronomiques, physiques, chimiques, et biologiques, même quand les plus grands intérêts s'y trouvent affectés, s'étendra certainement aux règles morales, quand elles seront reconnues susceptibles aussi de preuves irrécusables.

Mais en développant, à un degré jusqu'alors impossible, la puissance de la démonstration, la nouvelle philosophie évitera toujours d'exagérer son importance pour l'éducation morale, qui doit surtout dépendre du sentiment, même quand elle devient systématique, comme l'indique ci-dessus la simple position générale du grand problème humain. Quelque saines que soient désormais de telles études, leur point de vue ne saurait être directement moral, puisque chacun y appréciera nécessairement la conduite d'autrui plutôt que la sienne, suivant les conditions d'impartialité et de netteté propres à la contemplation vraiment scientifique, qui doit toujours rester objective et non subjective. Or, une telle appréciation extérieure, sans aucun retour immédiat sur soi-même, peut déterminer des convictions réelles, mais elle ne tend point à développer de vrais sentiments, dont, au contraire, elle troublerait ou suspendrait l'exercice spontané, si elle prenait trop d'ascendant habituel. Mais cet excès ne saurait jamais être redouté chez les nouveaux directeurs moraux de l'humanité, par cela même qu'il se trouve directement contraire à cette connaissance approfondie de la vraie nature humaine qui déjà place le positivisme fort au-dessus du catholicisme. Ainsi, le régime positif verra toujours, mieux qu'aucun autre, la principale source de la morale réelle dans l'essor direct, à la fois spontané et systématique, du sentiment social, qu'il s'efforcera de développer autant que possible, dès l'âge même le plus tendre, par tous les artifices que peut indiquer la saine philosophie. C'est en un tel exercice continu que consistera surtout l'éducation morale, soit privée, soit publique, à laquelle l'éducation mentale sera constamment subordonnée. Je compléterai naturellement cette indication générale, en caractérisant ci-dessous l'ensemble de l'éducation populaire.

40. — *Action morale du pouvoir spirituel sur l'opinion publique : répartition de l'éloge et du blâme, glorification des grands hommes, réprobation des principaux rétrogradateurs.*

Une telle initiation, quelque parfaite qu'elle pût être, ne dirigerait point assez la conduite, au milieu des énergiques perturbations de la vie active, si le même pouvoir qui y présida n'en consolidait l'efficacité en prolongeant sa sollicitude systématique sur tout le cours de notre existence, tant privée que publique, pour y rappeler convenablement aux individus et aux classes, ou même aux nations, soit le vrai sens des principes oubliés ou méconnus, soit surtout leur sage application à chaque cas. Mais ici, encore davantage que dans l'éducation proprement dite, l'autorité spirituelle doit moins s'adresser à la raison pure qu'au sentiment direct. Sa principale force résultera d'une puissante organisation de l'opinion publique, appliquant une irrésistible sanction à sa juste distribution de l'éloge et du blâme, comme l'indiquera spécialement la troisième partie de ce Discours. Cette réaction morale de l'humanité sur chacun de ses membres, suite nécessaire de toute vraie communion de principes et de sentiments, doit être développée par le régime positif au delà de toute possibilité antérieure. La réalité supérieure de la doctrine dominante et la sociabilité plus complète du milieu correspondant procurent, sous cet aspect, à la nouvelle spiritualité des avantages moraux que ne comportait point la spiritualité catholique.

Cette supériorité naturelle se manifestera surtout dans le système de commémoration dont l'institution régulière fournit à tout pouvoir spirituel le plus précieux complément de l'éducation morale. La nature absolue de sa doctrine, encore plus que l'imperfection de son milieu social, fit essentiellement avorter les nobles tendances du catholicisme vers une véritable universalité. Malgré tous ses efforts, sa consécration systématique n'a jamais pu embrasser qu'une portion très circonscrite du temps et de l'espace, hors de laquelle son appréciation fut toujours aussi aveugle et aussi injuste qu'il le reproche aujourd'hui à ses propres ennemis. Seule la glorification positive peut s'étendre, sans faiblesse et sans inconséquence, à toutes les époques et à tous les lieux. Fondée sur une vraie théorie de l'évolution humaine, elle en célébrera dignement chaque mode et chaque phase quelconques, de manière à évoquer naturellement la postérité à l'appui de toutes les prescriptions morales, même privées, en étendant jusqu'aux moindres cas son système général de commémoration, dont l'esprit sera toujours identique dans ses diverses ramifications.

Sans anticiper ici sur des indications spéciales réservées au traité que ce Discours prépare, je crois pourtant devoir y caractériser cette aptitude nécessaire du positivisme par un seul exemple, qui fournira probablement la première ébauche de sa réalisation. Il consiste à introduire à la fois la célébration annuelle, aux dates convenables, dans tout l'Occident, des trois principales mémoires que nous offre l'ensemble de nos prédécesseurs sociaux, celles de César, de saint Paul, et de Charlemagne, constituant les meilleurs types respectifs de l'antiquité, du moyen âge, et de leur lien catholique. Aucune de ces éminentes natures n'a pu jusqu'ici être dignement appréciée, faute d'une saine théorie historique, qui seule peut caractériser leur admirable participation à l'évolution fondamentale. Cette lacune est même sensible envers saint Paul, malgré son apothéose théologique, que le positivisme surpassera naturellement en représentant historiquement ce grand homme comme le vrai fondateur de ce qu'on nomme improprement le christianisme. A plus forte raison, la nouvelle doctrine universelle est-elle seule apte à bien apprécier César, presque également méconnu par l'esprit théologique et par l'esprit métaphysique, ainsi que Charlemagne, dont le catholicisme n'a pu qu'ébaucher très imparfaitement la consécration. Malgré cette insuffisance des jugements systématiques, la reconnaissance publique a spontanément maintenu assez le culte de ces trois grands noms pour indiquer combien serait accueillie aujourd'hui, chez toute la famille occidentale, leur digne célébration positiviste.

Pour compléter cet exemple caractéristique, il convient d'y joindre l'indication d'une double manifestation inverse, également fondée sur une saine appréciation historique, qui doit autant présider à la réprobation qu'à la consécration. Quoique le blâme doive se développer beaucoup moins que l'éloge, de peur de trop cultiver des affections pénibles et même funestes, il faut pourtant savoir quelquefois flétrir avec énergie afin de mieux caractériser l'approbation, et par suite de fortifier davantage les principes et les sentiments sociaux. Ainsi, en introduisant le culte systématique des trois grands hommes qui ont le plus accéléré l'évolution humaine, je proposerais d'y joindre la solennelle réprobation simultanée des deux principaux rétrogradateurs que nous offre l'ensemble de l'histoire, Julien et Bonaparte, l'un plus insensé, l'autre plus coupable. L'influence réelle des deux réprouvés fut d'ailleurs assez étendue pour que leur juste flétrissure périodique puisse devenir également populaire dans toutes les parties de l'Occident (1).

Ces diverses fonctions relatives à l'appréciation du passé constituent à la fois une suite inévitable et un complément indispensable de l'attribution fondamentale de l'organisme spirituel quant à la préparation de l'avenir par l'éducation proprement dite. Mais cette destination caractéristique donne encore lieu à un autre genre de fonctions complémentaires, pour modifier directement le présent, d'après la juste influence consultative que tout véritable pouvoir éducateur exerce naturellement sur chaque partie quelconque de l'existence active, soit privée, soit publique. Quoique ces conseils doivent toujours être librement reçus par les praticiens, ils comportent néanmoins beaucoup d'efficacité quand ils émanent sagement d'une digne autorité théorique. Ils se rapportent surtout à la conduite respective des différentes classes ou populations, pour pacifier autant que possible les divers conflits, intérieurs ou extérieurs, dans toute l'étendue du milieu social qui, admettant la même doctrine et participant à la même éducation, reconnaît volontairement les mêmes directeurs intellectuels et moraux. La troisième partie de ce Discours va me conduire à définir le principal exercice de ce second ordre de

(1) L'auteur a, plus tard, retiré cette proposition. V. le *Système de Politique positive*, t. IV, ch. V. (*N. des édit.*).

fonctions complémentaires, qui achève ici l'indication systématique des attributions normales propres au nouveau pouvoir spirituel.

41. — *Devise du positivisme : Ordre et Progrès.*

Tous ces aperçus permettent maintenant d'apprécier comment l'ensemble des caractères qui doivent distinguer cette puissance régénératrice se résume spontanément par sa devise fondamentale, à la fois philosophique et politique (*Ordre et Progrès*), que je m'honorerai toujours d'avoir créée et proclamée.

D'abord, le positivisme peut seul constituer solidement chacune de ces deux grandes notions, conçues en même temps comme scientifiques et comme sociales. Cette aptitude exclusive est évidente quant au progrès, dont aucune autre doctrine ne saurait fournir une définition claire et complète. Mais, quoique moins sensible envers l'ordre, elle n'y est pas moins réelle ni moins profonde, d'après les explications propres à la première partie de ce Discours. Nulle philosophie antérieure n'a pu concevoir l'ordre autrement que comme immobile ; ce qui rend une telle conception entièrement inapplicable à la politique moderne. Seul apte à toujours écarter l'absolu sans jamais introduire l'arbitraire, l'esprit positif doit donc fournir l'unique notion de l'ordre qui convienne à notre civilisation progressive. Il lui procure un fondement inébranlable en lui donnant un caractère objectif, d'après le dogme universel de l'invariabilité des lois naturelles, qui interdit à cet égard toute divagation subjective. Pour la nouvelle philosophie, l'ordre artificiel, dans les phénomènes sociaux comme dans tous les autres, repose nécessairement sur l'ordre naturel, résulté partout de l'ensemble des lois réelles.

42. — *Le progrès n'est que le développement de l'ordre.*

Mais la conciliation fondamentale entre l'ordre et le progrès constitue, d'une manière encore plus irrécusable, le privilège caractéristique du positivisme. Aucune autre doctrine n'a même tenté cette indispensable fusion, qu'il établit spontanément, en passant, d'après son échelle encyclopédique, des moindres cas scientifiques aux plus éminents sujets politiques. Mentalement envisagée, il la réduit à la corrélation nécessaire entre l'existence et le mouvement, d'abord ébauchée envers les plus simples phénomènes inorganiques, et ensuite complétée dans les conceptions biologiques. Après cette double préparation, qui procure à cette combinaison une imposante autorité scientifique, il établit son caractère définitif en l'étendant aux saines spéculations sociales, d'où résulte aussitôt son efficacité pratique, inhérente à cette entière systématisation. L'ordre devient alors la condition permanente du progrès, tandis que le progrès constitue le but continu de l'ordre. Enfin, par une plus profonde appréciation, le positivisme représente directement le progrès humain comme consistant toujours dans le simple développement de l'ordre fondamental, qui contient nécessairement le germe de tous les progrès possibles. La saine théorie de notre nature, individuelle ou collective, démontre que le cours de nos transformations quelconques ne peut jamais constituer qu'une évolution sans comporter aucune création. Ce principe général est pleinement confirmé par l'ensemble de l'appréciation historique, qui dévoile toujours les racines antérieures de chaque mutation accomplie, jusqu'à indiquer le plus grossier état primitif comme l'ébauche rudimentaire de tous les perfectionnements ultérieurs.

D'après cette identité fondamentale, le progrès devient à son tour la manifestation de l'ordre. Son analyse propre peut donc caractériser assez la double notion sur laquelle reposent à la fois la science et l'art de la sociabilité. Ainsi conçue, cette appréciation devient mieux saisissable, surtout en un temps où la nouveauté et l'importance de la théorie du progrès préoccupent davantage l'attention publique, qui sent, à sa manière, l'immense portée d'une telle conception, comme base nécessaire de toute saine doctrine morale et politique.

43. — *Théorie du progrès : matériel, physique, intellectuel, moral.*

Sous cet aspect, le positivisme assigne pour but continu à toute notre existence, personnelle et sociale, le perfectionnement universel, d'abord de notre condition extérieure, et ensuite surtout de notre nature intérieure. Le premier genre de progrès nous est commun avec tous les animaux un peu élevés, dont chacun tend plus ou moins à améliorer sa situation matérielle. Malgré son infériorité propre, il constitue chez nous, d'après sa facilité plus grande, le début nécessaire du perfectionnement, qui ne saurait être vraiment goûté dans ses plus éminents degrés par des populations restées étrangères à son mode le plus grossier. C'est ce qui motive le vif attrait qu'inspire aujourd'hui ce progrès matériel, où l'élite de l'humanité sent d'ailleurs une impulsion spontanée vers de plus nobles améliorations, dont les adversaires systématiques n'osent jamais repousser cette involontaire séduction initiale. Au reste, notre anarchie mentale et morale, qui nous empêche d'organiser réellement aucun autre perfectionnement essentiel, explique, sans la justifier, l'importance exorbitante qu'on y attache maintenant. Quoi qu'il en soit, il n'est pas douteux que le second genre de progrès constitue seul le principal caractère de l'humanité, sauf la faible initiative qu'en offrent plusieurs animaux supérieurs, qui tendent en effet à améliorer aussi leur propre nature sous les plus simples aspects.

Ce perfectionnement vraiment humain embrasse à la fois trois sortes d'améliorations, dont la difficulté croit avec leur dignité et leur étendue, selon qu'elle concerne notre nature physique, intellectuelle, ou morale. Le premier degré, d'ailleurs très susceptible d'être décomposé suivant le même principe, se confond presque, à son début, avec le simple progrès matériel. Mais, dans son ensemble, il offre beaucoup plus d'importance et aussi de difficulté, d'après son influence supérieure sur notre vrai bonheur. Nous gagnerions davantage, par exemple, au moindre accroissement de notre longévité, ou à une consolidation quelconque de notre santé, qu'au plus laborieux perfectionnement de nos rivières ou de nos véhicules artificiels, jamais équivalent aux avantages naturels de l'organisation des oiseaux. Toutefois, ce premier genre de progrès intérieur ne saurait être envisagé comme rigoureusement particulier à l'homme, puisque certains animaux en présentent des vestiges spontanés, surtout quant à la propreté, début naturel d'une telle série de perfectionnements.

L'humanité n'est donc bien caractérisée que par le progrès intellectuel et le progrès moral, dont l'animalité ne comporte qu'une certaine réalisation individuelle, sans aucun autre essor collectif que celui qui résulte de notre intervention continue. Ces deux degrés suprêmes du perfectionnement total présentent entre eux une inégalité de prix, d'extension, et de difficulté, analogue à celle qui règne entre les deux degrés inférieurs, en les appréciant toujours d'après leur influence réelle sur le bonheur humain, privé ou public. Notre amélioration mentale, scientifique ou esthétique, soit quant à la capacité d'observation, soit pour l'aptitude inductive ou déductive, quand l'état social permet de l'utiliser dignement, importe davantage à nos destinées, et d'ailleurs comporte un plus vaste essor que toutes les améliorations physiques, et, à plus forte raison, matérielles. Mais, d'après l'explication fondamentale indiquée au début de ce Discours, il est certain que la vraie félicité humaine dépend encore plus du progrès moral, sur lequel nous avons aussi plus d'empire, quoiqu'il soit plus difficile. Il n'y a pas d'amélioration intellectuelle qui pût, à cet égard, équivaloir, par exemple, à un accroissement réel de bonté ou de courage. Pour simplifier la conception précise de l'ensemble de notre existence personnelle ou sociale, on peut donc se borner à le représenter comme voué surtout au perfectionnement moral, qui participe à notre vrai bonheur d'une manière plus directe, plus complète, et plus certaine qu'aucun autre quelconque. Quoiqu'il ne puisse dispenser des précédents, qui doivent même lui servir de préparation graduelle, il est d'autant plus propre à une telle condensation que, par suite de cette connexité, il rappelle spontanément et stimule directement tous ceux-ci. Ainsi concentré, notre perfectionnement se rapporte surtout aux deux qualités morales qui importent le plus à la vie réelle, pour l'impulsion affective et la décision active, c'est-à-dire la tendresse et l'énergie, comme l'indique, dans toutes nos langues occidentales, l'heureuse ambiguïté du mot *cœur* chez les deux sexes. Le régime positif tend nécessairement à les développer d'une manière plus directe, plus féconde, et plus soutenue, qu'aucune discipline antérieure. Son ensemble pousse fortement à la tendresse, en subordonnant à la sociabilité toutes nos pensées et nos affections, comme tous nos actes. Quant à l'énergie, il la suppose partout et l'inspire toujours, par l'élimination radicale de toute chimère oppressive, par le sentiment familier de notre vraie dignité, et par l'excitation continue de notre activité, individuelle ou collective. Notre propre initiation à cette existence finale constitue, sous cet aspect, une preuve décisive, en obligeant chacun de nous à surmonter des terreurs qui jadis ébranlaient les plus fiers courages.

Telle est donc l'échelle fondamentale du perfectionnement humain, d'abord matériel, puis physique, ensuite intellectuel, enfin et surtout moral. Ces quatre degrés essentiels comporteraient tous, d'après la même règle, des décompositions secondaires, d'où résulteraient entre eux beaucoup de transitions normales. Quoiqu'il faille les écarter ici, il importe d'y concevoir le principe philosophique de toute cette analyse comme identique à celui de la vraie hiérarchie encyclopédique, d'après la généralité et la complication des phénomènes. Les deux ordres se correspondraient avec exactitude s'ils étaient développés de la même manière. Ils ne semblent différer que d'après l'obligation de spécifier davantage leur partie inférieure pour le but scientifique, et leur partie supérieure pour l'usage social. Mais cette double échelle du vrai et du bon aboutit toujours à la même conclusion, soit en plaçant le point de vue social au-dessus de tous les autres, soit en faisant consister le souverain bien dans l'amour universel.

Cette appréciation systématique de la devise fondamentale résume l'indication directe par laquelle je devais ici caractériser la réorganisation spirituelle qui constitue la principale destination de la nouvelle philosophie. On peut ainsi sentir comment le positivisme réalise à la fois les plus nobles tentatives sociales du catholicisme au moyen âge et les plus éminentes conditions du grand programme de la Convention. En s'appropriant définitivement les mérites opposés qui appartinrent d'abord à l'esprit catholique et à l'esprit révolutionnaire, il assure la désuétude simultanée de la théologie et de la métaphysique, qui peuvent s'éteindre sans danger, quand leurs offices contraires se trouvent mieux remplis par une même doctrine finale. La séparation normale des deux puissances élémentaires devait surtout déterminer cette fusion et cette épuration indispensables, puisqu'elle fut le principal objet de ce long antagonisme préparatoire.

44. — *Indications politiques. Régime de transition. Gouvernement provisoire.*

Ayant assez défini la régénération mentale et morale qui doit caractériser, dans tout l'Occident, la seconde partie de la grande révolution, il me reste à indiquer les relations nécessaires de ce mouvement philosophique avec l'ensemble de la politique actuelle. Quoique l'évolution du positivisme soit, au fond, indépendante des tendances sociales représentées aujourd'hui par les débris des doctrines antérieures, la marche générale des événements peut exercer sur elle une réaction qu'il importe de prévoir. Réciproquement, sans que la nouvelle doctrine puisse encore modifier beaucoup le milieu correspondant, elle y peut déjà réaliser des améliorations qu'il faut signaler. Sous ces deux aspects, ce traité contiendra un soigneux examen du caractère qui convient à la transition finale pour faciliter autant que possible l'avènement de l'avenir normal déterminé par la vraie science sociale. Cette seconde partie de mon introduction générale serait donc incomplète si je n'y joignais enfin la suffisante indication d'une telle politique provisoire, qui doit durer jusqu'à ce que la doctrine rénovatrice ait librement obtenu un ascendant décisif.

Le principal caractère de cette politique est aussitôt déterminé par sa destination temporaire. Aucune institution finale ne saurait surgir tant que persistera l'anarchie actuelle des opinions et des mœurs. Jusqu'à ce que de fortes convictions et des habitudes systématiques aient librement prévalu envers tous les cas essentiels de la vie sociale, il n'y aura de véritable avenir que pour les diverses mesures propres à faciliter cette reconstruction fondamentale. Toutes les autres tentatives resteront nécessairement éphémères, comme l'expérience l'a déjà tant confirmé, malgré le vain espoir de leurs auteurs, même appuyé d'un premier entraînement populaire.

Cette inévitable condition de notre situation révolutionnaire n'a encore été dignement sentie que par l'admirable assemblée qui dirigea l'ébranlement républicain. De tous les pouvoirs qui, depuis deux générations, s'efforcent de guider nos destinées, la Convention a seule su éviter l'orgueilleuse illusion politique de bâtir directement pour l'éternité, sans attendre aucune fondation intellectuelle et morale. Aussi elle seule a laissé des traces vraiment profondes, dans les esprits comme dans les cœurs. Par cela même que ses grandes mesures furent ouvertement provisoires, sans excepter celles qui concernaient plutôt l'avenir que le présent, elles se trouvèrent en harmonie spontanée avec le milieu qu'elles devaient modifier. Tout vrai philosophe éprouvera toujours une respectueuse admiration pour cette sagesse instinctive, qui non seulement n'était secondée par aucune théorie réelle, mais avait à combattre sans cesse la métaphysique décevante à travers laquelle devaient penser les seuls hommes d'état vraiment éminents dont l'Occident puisse s'honorer depuis la mort du grand Frédéric. Cette supériorité serait d'ailleurs inexplicable si les impérieuses nécessités qui l'exigèrent n'en avaient aussi secondé beaucoup l'essor, soit en manifestant mieux l'impossibilité actuelle d'aucun régime définitif, soit en contenant les anarchiques illusions de la doctrine officielle par l'énergique concentration politique qui pouvait seule empêcher une invasion rétrograde. Quand ce besoin salutaire cessa de prévaloir, la grande assemblée subit, à son tour, quoique beaucoup moins que sa devancière, le vulgaire entraînement métaphysique vers la constitution abstraite et totale d'un prétendu état final, dont la durée ne s'étendit pas même jusqu'au terme assigné d'abord au régime provisoire qui immortalise la première moitié de son règne.

D'après son institution primitive, ce gouvernement révolutionnaire né devait cesser qu'au moment de la paix générale. Mais, s'il avait pu fournir une telle carrière, on eût probablement été conduit à le prolonger davantage, en reconnaissant l'impossibilité réelle d'établir alors un régime définitif. Cette politique exceptionnelle ne fut, sans doute, motivée que par l'urgence de la situation, comme indispensable à notre grande défense nationale. Néanmoins, outre cette nécessité temporaire, qui devait absorber toute autre considération, il existait un motif plus profond et plus durable, qu'aurait pu seule manifester une théorie historique alors impossible. Il consistait dans la nature purement négative de la métaphysique dominante, d'où résultait le manque total des bases intellectuelles et morales qu'exigeait une vraie reconstruction politique. Quoique méconnue, cette immense lacune fut, au fond, la principale source de l'ajournement nécessaire du régime définitif. L'avènement de la paix l'aurait bientôt signalée, puisqu'elle était déjà appréciée, dans le camp opposé, par des esprits étrangers aux justes préoccupations de la lutte républicaine. Elle se trouva surtout dissimulée sous l'inévitable illusion initiale qui attribuait une véritable aptitude organique aux doctrines purement critiques élaborées pendant la génération précédente. Quand ce triomphe même de la métaphysique révolutionnaire rendit évidente sa nature essentiellement anarchique, la tendance aux constructions finales devint l'origine nécessaire de la grande rétrogradation dont les diverses phases remplirent toute la génération suivante. Car l'absence de principes appropriés à une véritable réorganisation obligea de fonder ces vaines tentatives sur les principes du régime ancien, comme formulant les seules notions d'ordre réel qui fussent alors systématisables.

45. — *La réorganisation spirituelle doit précéder la réforme temporelle.*

Un tel caractère persiste encore assez pour que notre situation révolutionnaire continue aujourd'hui à interdire toute immédiate réorganisation temporelle, sous peine de semblables tendances rétrogrades, qui désormais se trouveraient en même temps anarchiques. Quoique le positivisme ait déjà posé les bases philosophiques du vrai régime final, ces nouveaux principes sont encore si peu développés, et surtout si mal appréciés, qu'ils ne peuvent nullement diriger la vie politique proprement dite. Jusqu'à ce qu'ils aient librement prévalu dans les esprits et dans les cœurs, ce qui exige au moins une génération, ils ne sauraient présider à l'avènement graduel des institutions finales. On ne peut aujourd'hui élaborer directement que la réorganisation spirituelle, qui, malgré ses hautes difficultés, est devenue enfin aussi possible qu'elle était déjà urgente. Quand elle sera assez avancée, elle déterminera peu à peu une véritable régénération temporelle, qui, tentée trop tôt, ne pourrait aboutir qu'à de nouvelles perturbations. Sans doute, ces troubles ne comportent plus autant de gravité politique qu'auparavant, par suite même de notre profonde anarchie spirituelle, qui empêche la prépondérance de toutes véritables convictions, à la fois fixes et communes. Les seules doctrines qui en aient suscité d'énergiques sont irrévocablement énervées, depuis qu'une irrécusable expérience, suivie d'une discussion décisive, a démontré partout l'impuissance organique et la tendance subversive de la métaphysique révolutionnaire. Affaiblie par les concessions théologiques que lui arrache l'irrésistible obligation de construire, elle ne peut plus inspirer qu'une politique toujours flottante entre la rétrogradation et l'anarchie, ou plutôt devenue à la fois oppressive et subversive, par le besoin de comprimer un milieu social devenu presque aussi antipathique au règne de la métaphysique qu'à celui de la théologie. Mais, quoique cette discordance radicale doive dissiper aujourd'hui toute inquiétude sérieuse de profondes perturbations politiques, désormais impossibles faute de passions suffisantes, les tendances empiriques vers la construction immédiate d'un régime définitif peuvent encore, outre leur stérilité nécessaire, susciter de fâcheux désordres, surtout partiels. Le calme intérieur ne repose maintenant, comme la paix extérieure, que sur l'insuffisance des forces perturbatrices, par une suite naturelle de l'extension même du mouvement de décomposition, sans qu'il existe d'ailleurs, en l'un ou l'autre cas, aucune garantie directe et normale. Cette étrange situation persistera nécessairement autant que l'interrègne intellectuel et moral, qui interdit encore toute véritable communion de principes et même de sentiments, seule propre à fonder, sous ce double aspect, une sécurité réelle et complète. Quoique la spontanéité de cet équilibre passager le rende moins précaire qu'il ne doit le sembler, il suscite naturellement, au dedans et même au dehors, de fréquentes alarmes, qui, toujours pénibles, entraînent souvent de funestes réactions pratiques. Or toute tentative d'immédiate reconstruction temporelle, loin de pouvoir améliorer une telle situation, ne tend jamais qu'à l'aggraver beaucoup, en ranimant artificiellement des doctrines épuisées, qu'il faudrait abandonner à leur extinction spontanée. Leur vain réveil officiel ne saurait aboutir qu'à altérer, chez le public et même parmi les penseurs, la liberté d'esprit indispensable au paisible avènement des vrais principes définitifs.

Ainsi, malgré la paix, notre nouvelle politique républicaine doit être, autant que l'ancienne, essentiellement provisoire, vu la persistance de l'interrègne spirituel. Ce caractère temporaire doit même s'y marquer davantage, puisqu'il n'existe plus aucune grave illusion sur la valeur organique de la métaphysique officielle, à laquelle le besoin de formules quelconques procure seul aujourd'hui, faute d'une véritable doctrine sociale, une apparente résurrection, qui forme un contraste décisif avec l'absence totale de convictions systématiques chez la plupart des esprits actifs. L'illusion, d'abord inévitable, qui fit employer comme organiques des principes purement critiques, ne comporte pas de renouvellement sérieux. Il suffirait, pour se rassurer à cet égard, de considérer l'universel ascendant des mœurs industrielles, des goûts esthétiques, et des tendances scientifiques, dont la triple influence spontanée est inconciliable avec la prépondérance sociale des dogmes métaphysiques, tant idéologiques que psychologiques. On doit peu craindre l'entraînement naturel qui nous ramène aujourd'hui vers la première partie de la révolution, afin de retremper le sentiment familier de notre marche républicaine, en nous hâtant d'oublier la longue réaction rétrograde et la halte équivoque qui nous séparent de l'ébranlement initial, auquel se lieront, d'une manière de plus en plus directe, les souvenirs définitifs de l'Humanité. Tout en satisfaisant ce juste besoin, l'instinct public ne tardera pas à sentir que, dans cette grande époque, nous ne devons voir d'autre objet essentiel d'imitation actuelle que l'admirable sagesse par laquelle la Convention, pendant sa phase progressive, apprécia la nécessité d'une politique éminemment provisoire, en réservant à de meilleurs temps la reconstruction définitive. Il y a lieu d'espérer que toute nouvelle tentative solennelle de constitution abstraite déterminera bientôt, en France, et par suite dans tout l'Occident, une irrévocable conviction générale de la profonde inanité de tels essais. Ce dernier effort d'une métaphysique expirante s'accomplira d'ailleurs sous le paisible ascendant d'une pleine liberté de discussion, chez une population non moins sceptique envers les entités politiques que pour les mystères chrétiens. Aucun des essais antérieurs n'avait pu rencontrer une situation aussi défavorable à des doctrines qui ne comportent pas de vraies démonstrations, seule source désormais possible d'une foi durable. Si donc une nouvelle élaboration constitutionnelle s'accomplit avec toute la maturité convenable, la raison publique l'aura peut-être discréditée avant même qu'elle soit achevée, sans permettre seulement à son règne officiel la courte durée moyenne des constitutions précédentes. Toute tentative légale pour restreindre, à ce sujet, la liberté de discussion, n'aboutirait qu'à mieux assurer cette conséquence naturelle de notre situation mentale et sociale.

46. — *Rôle du gouvernement pendant l'interrègne spirituel: assurer l'ordre matériel, garantir la liberté de la parole et de la discussion.*

La nécessité qui nous prescrit une politique purement provisoire, tant que durera l'interrègne spirituel, détermine aussi la vraie nature de ce régime transitoire. Si le gouvernement révolutionnaire de la Convention s'était prolongé jusqu'à la paix générale, on l'eût sans doute maintenu encore, mais en changeant son principal caractère, d'après le nouveau besoin qui l'exigeait. Tant que la lutte nationale avait persisté, il dut consister en une énergique dictature, à la fois spirituelle et temporelle, qui ne différait de celle propre à la royauté déchue que par l'intensité supérieure résultée de son génie éminemment progressif, qui seul la distinguait d'une véritable tyrannie. Mais la paix eût fait inévitablement cesser cette entière concentration politique, sans laquelle aurait avorté notre défense républicaine. Le régime provisoire n'étant plus prescrit que par l'absence des vrais principes sociaux, il aurait dû se concilier avec une pleine liberté d'exposition et de discussion, jusqu'alors impossible et même dangereuse, mais devenue ainsi la condition nécessaire de l'élaboration et de l'installation d'une nouvelle doctrine universelle, seule base solide de la régénération finale.

Cette hypothétique transformation du gouvernement révolutionnaire proprement dit doit aujourd'hui se réaliser dans la politique exceptionnelle qui convient à la république française, renaissant au milieu d'une paix générale désormais inaltérable, et au sein d'une profonde anarchie spirituelle. Les indignes héritiers de la Convention firent dégénérer en une tyrannie rétrograde la dictature progressive que l'ensemble de la situation lui avait conférée. Sous la dernière phase de la longue rétrogradation, cette concentration totale fut radicalement énervée par l'opposition légale du pouvoir local. Quoique le pouvoir central prétendît toujours à l'omnipotence officielle, l'inévitable essor de la liberté d'examen neutralisait de plus en plus sa vaine domination spirituelle, en lui laissant seulement la prépondérance temporelle qu'exigeait l'ordre public. Pendant la halte qui suivit la réaction rétrograde, la dictature, même temporelle, fut légalement dissoute par le démembrement du pouvoir central au profit du pouvoir local. Tous deux renoncèrent tacitement à diriger la réorganisation spirituelle, pour se consacrer surtout au maintien de plus en plus difficile de l'ordre matériel, au milieu d'une pleine anarchie mentale, qu'aggravait alors le honteux empirisme d'après lequel on prétendait fonder, sur les intérêts seuls, un régime dépourvu de toute base morale. Le caractère progressif nécessairement propre à notre république procure sans doute à ses deux éléments temporels un surcroît naturel d'intensité qui naguère eût soulevé d'insurmontables répugnances. Mais chacun d'eux commettrait une faute immense, s'il tentait aujourd'hui de reconstruire, sous une forme quelconque, la dictature passagère de la Convention. Quoique cette tentative ne comportât aucun succès réel, elle pourrait susciter de graves perturbations, qui désormais seraient à la fois anarchiques et rétrogrades, comme l'est irrévocablement la métaphysique discréditée qu'on y appliquerait.

L'absence totale de convictions fixes et communes ne permet donc maintenant qu'une politique purement provisoire, essentiellement bornée à l'ordre matériel : en même temps, l'heureuse nature de la situation, intérieure et extérieure, n'exige pas davantage pour seconder la grande rénovation mentale et morale qui doit caractériser le régime définitif. En écartant à jamais le mensonge officiel par lequel la monarchie constitutionnelle prétendait s'ériger en dénoûment final de la grande révolution, notre république ne peut proclamer, comme irrévocable, que son seul principe moral, l'entière prépondérance continue du sentiment social, vouant directement au bien commun toutes les forces réelles. Telle est aujourd'hui l'unique maxime vraiment définitive, sans qu'on ait aucun besoin de l'imposer, parce qu'elle résulte spontanément des tendances universelles, qui ne permettent à personne de la contester, depuis que tous les préjugés contraires sont radicalement détruits. Mais, quant aux doctrines, et par suite aux institutions, propres à organiser ce règne direct de la sociabilité universelle, notre république reste essentiellement indéterminée, et comporte beaucoup de régimes différents. Il n'y a de politiquement irrévocable que l'entière abolition de la royauté, qui, sous une forme quelconque, constituait depuis longtemps en France, et même à de moindres degrés, dans tout l'Occident, le symbole de la rétrogradation.

Cette solennelle prépondérance du sentiment social, principal mérite de l'état républicain, repousse directement aujourd'hui toute prétention immédiate au régime définitif, comme contraire à la consciencieuse recherche d'une solution réelle, qui suppose d'abord des conditions systématiques, dont les débris actuels des doctrines antérieures ne sauraient deviner la source. En demandant que la réorganisation intellectuelle et morale soit désormais livrée sincèrement à la libre concurrence de tous les penseurs, les vrais philosophes parleront ainsi au nom même de la république, profondément intéressée aujourd'hui à empêcher l'oppressive consécration d'aucune croyance officielle. Un tel appui sera beaucoup plus efficace pour garantir la pleine liberté philosophique contre la vicieuse exagération du mouvement politique, que ne pouvait l'être, pendant la halte, la résistance instinctive d'un pouvoir rétrograde. Cette répugnance, énergique mais aveugle, à l'élaboration immédiate des institutions, se trouvera désormais remplacée très heureusement par l'accroissement naturel d'une sage indifférence publique, d'après l'inévitable avortement des tentatives discordantes propres aux diverses utopies métaphysiques. La nouvelle situation n'offrirait de vrai danger philosophique que par sa tendance à détourner le public, et même les penseurs, de toute méditation forte et prolongée, pour se livrer aussitôt à des essais pratiques, fondés seulement sur une appréciation superficielle et précipitée. Il faut avouer que notre disposition actuelle serait radicalement incompatible avec l'élaboration primitive de la doctrine régénératrice, si cette fondation ne s'était déjà accomplie sous l'équilibre compressif, qui seul y vouait profondément notre faible intelligence, depuis que la rétrogradation politique n'était plus assez intense pour empêcher l'essor philosophique. Mais la conception originale a définitivement surgi sous la dernière phase rétrograde ; elle s'est ensuite développée, et même propagée, pendant la halte parlementaire. La nouvelle philosophie se présente aujourd'hui pour guider le progrès social, à jamais redevenu prépondérant. Ces dispositions passagères, qui eussent entravé sa création, sont loin d'être défavorables à son appréciation, pourvu que ses organes essentiels sachent toujours éviter dignement la séduction vulgaire qui entraine aujourd'hui tant de penseurs vers la carrière temporelle. Seule apte à bien apprécier l'inanité nécessaire et le danger radical des diverses utopies qui se disputent la présidence de la réorganisation finale, la philosophie positive aura bientôt détourné le public de cette vaine agitation politique, pour concentrer l'attention universelle vers la rénovation totale des opinions et des mœurs.

Pendant que la situation républicaine assure au positivisme la pleine liberté qu'exige son office actuel, elle peut être conçue, sous un autre aspect, comme commençant déjà l'état normal, en déterminant peu à peu l'indépendance fondamentale du nouveau pouvoir spirituel envers tout pouvoir temporel, local ou central. Non seulement le gouvernement proprement dit sera bientôt forcé d'avouer son impuissance à prononcer sur une doctrine générale qui exige un ensemble de hautes études scientifiques auxquelles nos hommes d'état sont naturellement étrangers. Mais, en outre, les perturbations suscitées par les ambitieuses illusions d'une métaphysique incapable d'apprécier la société actuelle, détermineront le public à ne plus accorder sa confiance qu'aux penseurs qui renonceront à toute élévation politique pour se vouer solennellement à leur destination philosophique. Ainsi, la séparation normale des deux puissances élémentaires, systématisée dans le positivisme, émanera de plus en plus de notre situation républicaine, qui semble d'abord nous en détourner d'après la séduisante facilité des applications immédiates. Quoique nos préjugés révolutionnaires paraissent encore nous éloigner beaucoup de ce grand principe social, l'expérience y conduira bientôt le gouvernement et le public pour garantir à la fois l'ordre et le progrès, également menacés désormais par toutes les utopies métaphysiques. Tous les penseurs sincères seront même entraînés à surmonter l'aveugle répugnance qu'il leur inspire, en reconnaissant que, s'il condamne leur vaine ambition politique, il leur ouvre une immense carrière de noble ascendant moral. Outre sa haute destination sociale, cette nouvelle voie peut seule réaliser les justes prétentions personnelles de la vraie dignité philosophique, souvent compromise aujourd'hui dans leurs triomphes temporels.

47. — *La devise de 1830 était conforme à la situation politique.*

Le vrai caractère de notre politique provisoire est tellement déterminé par la situation générale que l'instinct pratique a devancé à ce sujet les saines indications théoriques, comme le prouve l'heureuse devise (*liberté, ordre public*) spontanément surgie, chez la classe moyenne, au début de la longue halte. Cette devise, dont on ignore l'auteur, n'avait aucune solidarité réelle avec les velléités rétrogrades de la royauté déchue. Quoique empirique, sa spontanéité la rend plus propre qu'aucune maxime métaphysique à formuler les deux conditions essentielles du milieu social d'où elle émana. En systématisant une telle inspiration de la sagesse publique, la saine philosophie doit aujourd'hui la consolider par un double complément indispensable à sa première destination, mais trop contraire aux préjugés actuels pour venir d'aucune source pratique. Il consiste à développer à la fois les deux termes de la formule, en proclamant la vraie liberté d'enseignement et la prépondérance du pouvoir central sur le pouvoir local. La rapidité de ce Discours ne saurait m'empêcher d'y placer déjà, sous l'un et l'autre aspect, une indication caractéristique, quoique très sommaire, des explications réservées au quatrième volume du présent traité.

48. — *Liberté de l'enseignement. Suppression du budget des cultes et du budget de l'université.*

Désormais le positivisme constitue réellement le seul organe systématique d'une véritable liberté d'exposition et d'examen, que ne peuvent franchement proclamer des doctrines incapables de résister à une discussion approfondie, comme étrangères à toute démonstration décisive. Cette liberté, depuis longtemps assurée quant à l'expression écrite, doit s'étendre maintenant à l'expression orale, et se compléter par la renonciation du pouvoir temporel à tout monopole didactique. Le libre enseignement, que le positivisme seul peut invoquer avec une pleine sincérité, est devenu indispensable à notre situation, soit comme mesure transitoire, soit même comme annonce de l'avenir normal. Sous le premier aspect, il constitue une condition d'avènement de toute doctrine propre à déterminer, d'après une vraie discussion, des convictions fixes et communes, que supposerait tout système légal d'instruction publique, loin de pouvoir les produire. Appréciée sous le second rapport, la liberté d'enseignement ébauche déjà le véritable état final, en proclamant l'incompétence radicale de toute autorité temporelle pour organiser l'éducation. Le positivisme est donc loin de nier jamais que l'enseignement doive être réglé. Mais il établit que cette organisation n'est point encore possible, tant que durera l'interrègne spirituel ; et que, quand elle deviendra réalisable, d'après le libre ascendant d'une doctrine universelle, elle appartiendra exclusivement au nouveau pouvoir intellectuel et moral. Jusque-là, l'État doit renoncer à tout système complet d'éducation générale, sauf de sages encouragements aux branches les plus exposées à être négligées dans les entreprises privées, surtout l'instruction primaire. Toutefois, il faut maintenir avec soin, en les perfectionnant autant que le permettent nos lumières actuelles, les divers établissements publics, fondés ou régénérés par la Convention, pour la haute instruction spéciale ; car ils contiennent de précieux germes spontanés pour la réorganisation ultérieure de l'éducation générale. Mais tout ce que la grande assemblée avait détruit doit être aujourd'hui supprimé définitivement, sans excepter les académies, même scientifiques, dont la funeste influence mentale et morale a tant justifié, depuis leur restauration, la sage abolition initiale. La juste surveillance permanente du gouvernement sur les établissements particuliers doit se rapporter, non à la doctrine, mais aux mœurs, honteusement délaissées par la légalité actuelle. Voilà le seul office général que doive conserver à cet égard notre régime provisoire. A cela près, il doit livrer l'éducation aux libres tentatives des associations particulières, afin de laisser surgir un système définitif, dont la supposition actuelle ne constituerait qu'un mensonge oppressif. La principale condition d'une telle liberté consiste aujourd'hui à supprimer à la fois tout budget théologique et tout budget métaphysique, en laissant à chacun l'entretien du culte et de l'instruction qu'il préfère. Cette double suppression doit d'ailleurs s'accomplir avec la justice et la générosité qui conviennent à une véritable régénération, supérieure à toute rivalité haineuse ; il faudra donc indemniser dignement les personnes, ecclésiastiques ou universitaires, ainsi atteintes par une mesure qu'elles n'avaient pu prévoir. Une telle marche facilitera beaucoup cette conséquence nécessaire d'une situation qui, dans l'absence de toute doctrine librement dominante, interdit, comme rétrograde, la consécration légale d'aucun des systèmes épuisés qui jadis se disputèrent l'ascendant spirituel. Nos mœurs républicaines sont déjà très favorables à ce régime, malgré la tendance des idéologues à succéder aux psychologues pour les bénéfices métaphysiques.

49. — *Prépondérance du pouvoir central pour assurer l'ordre public.*

Quant aux conditions de l'ordre public, la sanction systématique du positivisme doit aussi les consolider beaucoup, en surmontant les préjugés révolutionnaires contre la prépondérance directe du pouvoir central. La division métaphysique entre la puissance exécutive et la puissance législative ne constitue qu'un vicieux reflet empirique de la grande séparation ébauchée au moyen âge entre les deux éléments nécessaires du gouvernement humain. Malgré leurs vaines démarcations constitutionnelles, le pouvoir local et le pouvoir central se disputeront toujours l'ensemble de l'autorité temporelle, irrationnellement dispersée entre eux par des nécessités passagères. Tout le passé français ayant été favorable à la prépondérance du pouvoir central jusqu'à sa dégénération rétrograde vers la fin du dix-septième siècle, nos prédilections actuelles envers le pouvoir local constituent donc une véritable anomalie historique, qui tend toujours à cesser avec les inquiétudes de rétrogradation. En nous offrant, à cet égard, une énergique garantie, la situation républicaine changera bientôt la direction habituelle de nos sympathies politiques. Outre sa responsabilité seule réelle, le pouvoir central présente aujourd'hui un caractère mieux adapté à nos besoins essentiels, par l'esprit pratique qui nécessairement y prévaudra de plus en plus, et qui le dispose davantage à abdiquer franchement toute prétention à la suprématie spirituelle. L'assemblée où réside le pouvoir local se trouve, au contraire, souvent entraînée, par son caractère équivoque, vers une domination théorique, dont elle ne remplit néanmoins aucune condition essentielle. Sa prépondérance serait donc ordinairement funeste à la vraie liberté d'examen, que son instinct doit lui représenter comme la source naturelle d'une autorité spirituelle destinée à restreindre la sienne. Le positivisme, qui maintenant seul peut apprécier ces diverses tendances, ose seul aussi proclamer sans détour la prédilection systématique qu'elles doivent inspirer envers le pouvoir central, dans la plupart de ses luttes avec le pouvoir local. Supérieurs à tout soupçon de rétrogradation et de servilité, les philosophes qui, renonçant à toute position politique, se vouent aujourd'hui à la réorganisation spirituelle, ne craindront pas de recommander avec énergie la prépondérance directe du pouvoir central, et la réduction du pouvoir local à ses attributions indispensables. Notre situation républicaine, malgré les apparences contraires, favorisera bientôt cette salutaire transformation de nos premières habitudes révolutionnaires, soit en dissipant la juste défiance qu'inspirait l'esprit rétrograde inhérent à la royauté, soit en facilitant la répression exceptionnelle de toute dégénération ultérieure, sans qu'il faille troubler d'avance notre politique habituelle en vue d'une éventualité désormais peu redoutable. Quand le pouvoir central aura assez manifesté un vrai caractère progressif, il trouvera l'opinion française fort disposée à restreindre beaucoup le pouvoir local, soit en réduisant l'assemblée représentative au tiers du nombre exorbitant qui prévaut aujourd'hui, soit même en bornant ses attributions essentielles au vote périodique de l'impôt. La dernière phase rétrograde et la longue halte parlementaire ont introduit, à cet égard, pendant une génération, des dispositions exceptionnelles, que la marche d'un sage gouvernement et les démonstrations d'une saine philosophie transformeront aisément. Contraires à l'ensemble de notre passé, elles n'offrent à nos mœurs politiques qu'une vaine imitation d'un régime essentiellement propre à la transition anglaise. Par suite même de sa récente extension, le mode représentatif sera sans doute bientôt discrédité en France, quand cet extrême essor aura manifesté l'insuffisance radicale et la tendance perturbatrice que lui reproche la vraie philosophie.

Outre ce perfectionnement essentiel de chacune des deux grandes conditions propres à notre régime provisoire, le positivisme systématise et consolide leur intime connexité naturelle. D'une part, il fait sentir que la véritable liberté exige aujourd'hui l'énergique prépondérance d'un pouvoir central vraiment progressif, convenablement réduit à sa destination pratique par une sage renonciation à la suprématie spirituelle. Cet ascendant habituel est maintenant indispensable pour contenir les tendances oppressives des diverses doctrines actuelles qui, toutes plus ou moins incompatibles avec la séparation des deux puissances sociales, poussent à fonder la communion mentale sur une compression matérielle. Sans cette autorité tutélaire, la pleine liberté philosophique conforme à nos mœurs actuelles serait d'ailleurs menacée aussi par les dispositions anarchiques inhérentes à l'interrègne spirituel. D'une autre part l'essor de cette liberté peut seul permettre au pouvoir central d'obtenir sur le pouvoir local une prépondérance permanente, nécessaire pour la consolidation réelle de l'ordre public; car, le respect sincère d'une telle garantie journalière dissipe aussitôt toutes les craintes de rétrogradation qui empêchent aujourd'hui ce salutaire ascendant. Quelque empiririques que soient ces inquiétudes, jusqu'ici trop naturelles, elles cesseraient certainement d'après l'avènement officiel de la liberté d'enseignement et d'association, qui ôterait au pouvoir temporel tout espoir, et même toute pensée, de faire matériellement prévaloir une doctrine quelconque envers le régime définitif de notre société républicaine.

50. — *Aptitude du positivisme à réorganiser sans dieu ni roi.*

L'ensemble des indications propres à cette seconde partie caractérise déjà l'aptitude spéciale du positivisme, non seulement pour déterminer et préparer l'avenir, mais aussi pour conseiller et améliorer le présent, toujours d'après l'exacte appréciation systématique du passé, suivant la saine théorie fondamentale de l'évolution humaine. Aucune autre philosophie ne peut aborder l'irrévocable question que l'élite de l'humanité pose désormais à tous ses directeurs spirituels : réorganiser sans dieu ni roi, sous la seule prépondérance normale, à la fois privée et publique, du sentiment social, convenablement assisté de la raison positive et de l'activité réelle.

TROISIÈME PARTIE

EFFICACITÉ POPULAIRE DU POSITIVISME

---

51. — *Affinités entre philosophes et prolétaires.*

D'après la nature philosophique et la destination sociale du positivisme, il doit chercher son appui fondamental en dehors de toutes les classes, spirituelles ou temporelles, qui jusqu'ici ont plus ou moins participé au gouvernement de l'humanité. Sauf de précieuses exceptions individuelles, qui bientôt se multiplieront beaucoup, chacune d'elles présente naturellement, dans ses préjugés et dans ses passions, divers obstacles essentiels à la réorganisation intellectuelle et morale qui doit caractériser la seconde partie de la grande révolution occidentale. Leur vicieuse éducation et leurs habitudes empiriques repoussent l'esprit d'ensemble auquel il faut désormais subordonner toutes les conceptions spéciales. Un actif égoïsme aristocratique y entrave ordinairement la prépondérance réelle du sentiment social, principe suprême de notre régénération. Non seulement il ne faut pas compter sur les classes dont la domination fut à jamais détruite au début de la crise révolutionnaire; mais nous devons attendre une répugnance presque aussi réelle, quoique mieux dissimulée, chez celles qui obtinrent ainsi l'ascendant social qu'elles convoitaient depuis longtemps. Leurs conceptions politiques se rapportent surtout à la possession du pouvoir au lieu de concerner sa destination et son exercice. Elles avaient sérieusement regardé la révolution comme terminée par le régime parlementaire propre à la halte équivoque qui vient de finir. Cette phase stationnaire leur inspirera de longs regrets, en tant que spécialement favorable à leur active ambition. Une complète régénération sociale est presque autant redoutée par ces diverses classes moyennes que chez les anciennes classes supérieures. Les unes et les autres s'accorderaient surtout à prolonger, autant que possible, sous de nouvelles formes, mêmes républicaines, le système d'hypocrisie théologique qui constitue maintenant le seul reste effectif du régime rétrograde. Ce honteux système leur offre le double attrait d'assurer la respectueuse soumission des masses sans prescrire aux chefs aucun devoir rigoureux. Si leurs préjugés critiques et métaphysiques tendent à perpétuer l'interrègne spirituel qui empêche la régénération finale, leurs passions ne craignent pas moins l'avènement d'une nouvelle autorité morale, qui nécessairement se ferait surtout sentir aux puissants. Au dix-huitième siècle, la plupart des grands, et même les rois, purent accueillir une philosophie purement négative, qui, en leur ôtant beaucoup d'entraves, leur procurait une célébrité facile, sans leur imposer aucun sacrifice essentiel. Mais ce précédent ne doit pas faire espérer, chez nos riches et nos lettrés, un accueil aussi favorable pour la philosophie positive, qui vient aujourd'hui discipliner les intelligences afin de reconstruire les mœurs.

A ce double titre, le positivisme ne peut obtenir de profondes adhésions collectives qu'au sein des classes qui, étrangères à toute vicieuse instruction de mots ou d'entités, et naturellement animées d'une active sociabilité, constituent désormais les meilleurs appuis du bon sens et de la morale. En un mot, nos prolétaires sont seuls susceptibles de devenir les auxiliaires décisifs des nouveaux philosophes. L'impulsion régénératrice dépend surtout d'une intime alliance entre ces deux éléments extrêmes de l'ordre final. Malgré leur diversité naturelle, toutefois bien plus apparente que réelle, ils comportent, au fond, beaucoup d'affinité intellectuelle et morale. Les deux genres d'esprit présenteront de plus en plus le même instinct de la réalité, une semblable prédilection pour l'utilité et une égale tendance à subordonner les pensées de détail aux vues d'ensemble. De part et d'autre, se développeront aussi les généreuses habitudes d'une sage imprévoyance naturelle, et un pareil dédain des grandeurs temporelles; du moins quand les vrais philosophes auront formé, par le commerce des dignes prolétaires, leur propre caractère définitif. Lorsque ces sympathies fondamentales pourront assez éclater, on sentira que chaque prolétaire constitue, à beaucoup d'égards, un philosophe spontané, comme tout philosophe représente, sous divers aspects, un prolétaire systématique. Ces deux classes extrêmes offriront d'ailleurs des dispositions équivalentes envers la classe intermédiaire, qui, siège nécessaire de la prépondérance temporelle, tient sous sa dépendance normale leur commune existence pécuniaire.

Toutes ces affinités résultent naturellement des positions et des destinations respectives. Si elles sont encore peu prononcées, cela tient surtout à l'absence actuelle d'une véritable classe philosophique, dont à peine il existe déjà quelques types isolés. Quoique les vrais prolétaires soient heureusement beaucoup moins rares, c'est seulement en France, ou plutôt à Paris, qu'ils ont pu surgir dignement, affranchis de toute croyance chimérique et de tout vain prestige social. C'est uniquement là qu'on peut sentir l'intime réalité de l'appréciation indiquée ci-dessus.

52. — *La condition du prolétaire favorise la culture des sentiments généreux et des idées générales.*

On voit alors que les occupations journalières du prolétaire sont beaucoup plus favorables à l'exercice philosophique que celles des classes moyennes, parce qu'elles n'absorbent point assez pour empêcher des contemplations suivies, même pendant le travail pratique. Ce loisir mental est moralement facilité par l'absence naturelle de responsabilité ultérieure : la position du travailleur le préserve spontanément des ambitieux calculs qui inquiètent sans cesse l'entrepreneur. Le caractère propre des méditations respectives résulte même de cette double diversité, qui invite l'un aux conceptions générales et l'autre aux vues spéciales. Pour le digne prolétaire, le régime de la spécialité dispersive, tant prôné maintenant, se présente directement sous son vrai jour, c'est-à-dire comme abrutissant, parce qu'il condamnerait son esprit à un exercice tellement misérable qu'il ne prévaudra jamais chez nous, malgré les empiriques instances de nos économistes anglomanes. Au contraire, cette spécialisation exclusive et continue doit sembler beaucoup moins dégradante, ou plutôt elle paraît devenir indispensable chez l'entrepreneur, et même chez le savant, en s'appliquant à des sujets qui absorbent davantage les médiocres intelligences, à moins qu'une saine éducation n'y ait développé le goût et l'habitude des généralités abstraites.

Mais le contraste moral entre les deux modes d'existence pratique est encore plus décisif que leur contraste intellectuel. La fierté qu'inspirent ordinairement les succès temporels est, au fond, peu justifiée par le genre de mérite que suppose réellement l'acquisition, même pleinement légitime, de la grandeur ou de la richesse. Ceux qui font plus de cas des qualités intrinsèques que des résultats effectifs, reconnaissent aisément que les triomphes pratiques, industriels comme militaires, dépendent surtout du caractère, et non de l'esprit ni du cœur. Ils exigent principalement la combinaison d'un certain degré d'énergie avec beaucoup de prudence et une suffisante persévérance. Quand ces conditions sont remplies, la médiocrité intellectuelle et l'imperfection morale n'empêchent nullement d'utiliser ainsi les circonstances favorables, habituellement indispensables à de tels succès. On peut même assurer, sans aucune exagération, que la mesquinerie des pensées et des sentiments contribue souvent à susciter et à maintenir les dispositions convenables. Lorsqu'il faut un grand essor des trois qualités actives, il est plutôt déterminé par les impulsions personnelles d'avidité, d'ambition, ou de gloire, que par les instincts supérieurs. Ainsi, quelque respect que mérite toute élévation légitime, la philosophie, encore plus clairvoyante que ne put l'être la religion, n'en saurait conclure, en faveur des grands ou des riches, une supériorité morale que n'indique nullement la vraie théorie de la nature humaine.

L'existence habituelle du prolétaire est beaucoup plus propre à développer spontanément nos meilleurs instincts. Même quant aux trois qualités actives, d'où dépendent surtout les succès temporels, la prudence est la seule qui s'y trouve ordinairement insuffisante, de manière à empêcher l'efficacité personnelle des deux autres, mais sans altérer leur application sociale. Toutefois, la supériorité morale du type prolétaire se rapporte surtout à l'essor direct des divers instincts supérieurs. Quand la systématisation finale des opinions et des mœurs aura fixé le vrai caractère propre à cette immense base de la société moderne, on sentira que les différentes affections domestiques doivent naturellement s'y développer davantage que chez les classes intermédiaires, trop préoccupées de calculs personnels pour goûter dignement de tels liens. Mais la principale efficacité morale de la vie prolétaire concerne les sentiments sociaux proprement dits, qui tous y reçoivent spontanément une active culture journalière, même dès la première enfance. C'est là qu'on trouve, d'ordinaire, les meilleurs modèles du véritable attachement, jusque chez ceux qu'une dépendance continue, trop souvent dégradée par nos mœurs aristocratiques, semble condamner à une moindre élévation morale. Une vénération sincère, pure de toute servilité, s'y développe naïvement envers les supériorités quelconques, sans être neutralisée par l'orgueil doctoral, ni troublée par la rivalité temporelle. Les impulsions généreuses y sont toujours entretenues par d'actives sympathies, involontairement résultées d'une expérience personnelle des maux inhérents à l'humanité. Partout ailleurs, le sentiment social ne saurait trouver autant d'excitation spontanée, du moins quant à la solidarité actuelle, qui s'y présente à chacun comme sa principale ressource, sans altérer pourtant une énergique individualité. Si l'instinct de la continuité humaine n'y est point encore assez développé, cela tient surtout au défaut de culture systématique, seule efficace à cet égard. Il serait désormais superflu de prouver qu'aucune autre classe ne comporte des exemples aussi fréquents ni aussi décisifs d'une franche et modeste abnégation, en chaque vrai besoin public. Enfin, il importe de noter, à ce sujet, que, d'après l'absence totale d'éducation régulière, toutes ces hautes qualités morales doivent être regardées comme propres au prolétariat, depuis que l'émancipation radicale des esprits populaires interdit de rapporter ces résultats à l'influence théologique. Quoique ce type si méconnu ne soit encore essentiellement réalisable qu'à Paris, sa manifestation initiale dans le foyer occidental doit annoncer assez à tous les vrais observateurs l'entière extension finale d'un caractère aussi conforme aux indications de la saine théorie de l'homme, surtout quand le positivisme aura pu systématiser convenablement ces tendances spontanées.

53. — *La Convention et les prolétaires.*

D'après cette sommaire appréciation, on explique aisément l'admirable instinct social qui avait poussé la Convention à chercher parmi nos prolétaires son principal appui, non seulement contre ses dangers exceptionnels, mais pour la régénération finale qu'elle poursuivait avec ardeur sans pouvoir en déterminer la nature. Toutefois, faute d'une vraie doctrine générale, et vu l'anarchique impulsion de la métaphysique dominante, cette alliance fondamentale était alors conçue dans un esprit contraire à son but principal, puisqu'elle appelait le peuple à l'exercice habituel de l'autorité politique. Une telle direction convenait beaucoup, sans doute, aux nécessités temporaires de la situation correspondante, où la défense républicaine dépendait surtout des prolétaires, seuls dévoués et inébranlables. Mais, représentée comme définitive par l'esprit absolu de la théorie officielle, elle devint bientôt incompatible avec les conditions essentielles de la société moderne. Ce n'est pas que le peuple ne doive habituellement, quand le cas l'exige, prêter son assistance, même matérielle, à l'exercice spécial de l'autorité temporelle. Loin d'être aucunement anarchique, cette intervention subalterne, tant au dedans qu'au dehors, constitue évidemment une garantie indispensable à tout régime normal. On doit même reconnaître que, sous ce rapport, les mœurs françaises sont encore très imparfaites, puisqu'elles disposent trop souvent notre population à rester au moins spectatrice dans les actes journaliers d'une police tutélaire. Mais toute participation directe du peuple au gouvernement politique, pour la décision suprême des mesures sociales, ne peut convenir, chez les modernes, qu'à la situation révolutionnaire. Étendue à l'état final, elle y deviendrait nécessairement anarchique, à moins de s'y trouver essentiellement illusoire.

54. — *La souveraineté du peuple. Le positivisme ne l'admet pas; mais il reconnaît, pour les cas extrêmes, le droit à l'insurrection.*

Sans admettre le dogme métaphysique de la souveraineté populaire, le positivisme s'approprie systématiquement tout ce qu'il renferme de vraiment salutaire, soit pour les cas exceptionnels, soit surtout envers l'existence normale, en écartant les immenses dangers inhérents à son application absolue. Dans l'usage révolutionnaire, sa principale efficacité consiste à justifier directement le droit d'insurrection. Or, la politique positive représente un tel droit comme une ressource extrême, indispensable à toute société, afin de ne pas succomber à la tyrannie qui résulterait d'une soumission absolue, trop prêchée par le catholicisme moderne. Au point de vue scientifique, on y doit voir une crise réparatrice encore plus nécessaire à la vie collective qu'à la vie individuelle, suivant cette loi biologique évidente que l'état pathologique devient plus fréquent et plus grave à mesure que l'organisme est plus compliqué et plus éminent. Personne ne saurait donc craindre sérieusement que le prochain ascendant du positivisme dispose jamais à l'obéissance passive, en tant qu'il éteindra l'esprit révolutionnaire proprement dit, qui équivaut désormais à prendre la maladie pour le type définitif de la santé. Le caractère profondément relatif de la nouvelle doctrine sociale la rend, au contraire, seule apte à concilier radicalement la subordination habituelle avec la révolte exceptionnelle, comme l'exigent à la fois le bon sens et la dignité humaine. En réservant ce dangereux remède pour les cas vraiment extrêmes, elle n'hésitera jamais à l'approuver, ni même à le recommander, quand il sera devenu réellement indispensable. Mais elle accomplira cet office passager sans soumettre habituellement les questions et les choix politiques à des juges évidemment incompétents, qu'il saura d'ailleurs disposer à la libre abdication de leurs droits anarchiques.

Quant à la prescription normale que contient réellement, quoique sous une forme très confuse, la théorie métaphysique de la souveraineté populaire, le positivisme est encore plus propre à la dégager d'un dangereux alliage, de manière à augmenter son efficacité sociale, loin de l'énerver. Il y distingue deux notions très différentes, jusqu'ici confondues, l'une politique, pour certains cas assignables, l'autre morale, envers toute application quelconque.

55. — *Transformation du dogme métaphysique de la souveraineté du peuple.*

La première consiste à proclamer, au nom de la masse sociale, les décisions spéciales dont tous les citoyens peuvent ordinairement apprécier assez les motifs essentiels, et qui intéressent directement l'existence pratique de toute la communauté, comme les jugements des tribunaux, les déclarations de guerre, etc. Sous le régime positif, ces nobles formules, inspirées par l'instinct familier de la solidarité universelle, deviendront encore plus imposantes, en invoquant l'ensemble de l'humanité, au lieu d'un peuple particulier. Mais il serait absurde d'étendre le même usage aux cas plus nombreux où la population, incapable de prononcer, doit adopter les résolutions des supérieurs qui ont obtenu sa confiance. Cette nécessité sociale tient, soit à la difficulté de la question, soit à l'influence trop indirecte ou trop restreinte de la mesure. On peut citer, comme types, les décisions, souvent capitales néanmoins, qui concernent les notions scientifiques, ou même la plupart des règles pratiques, industrielles, médicales, etc. Dans tous ces cas, le positivisme aura peu de peine aujourd'hui à préserver la rectitude populaire des aberrations subversives qui ne s'aggravent que sous l'impulsion d'un orgueil métaphysique, presque inconnu à nos prolétaires illettrés.

Sous le second aspect, l'interprétation normale de la prétendue souveraineté du peuple se réduit à l'obligation fondamentale de diriger toute l'existence sociale vers le bien commun, doublement relatif, d'ordinaire, à la masse prolétaire, soit en vertu de son immense supériorité numérique, soit surtout d'après les difficultés propres à sa destinée naturelle, qui exige une sollicitude artificielle, peu nécessaire ailleurs. Mais, ainsi conçue, cette notion, essentiellement républicaine, se confond avec la base universelle de la vraie morale, la prépondérance directe et continue de la sociabilité sur toute personnalité. Le positivisme est tellement apte à se l'incorporer, qu'elle y devient, comme ce Discours l'a déjà prouvé, le principe unique de sa systématisation totale, même spéculative. En s'appropriant à jamais ce grand précepte social, dont l'esprit métaphysique dut être, depuis la décadence du catholicisme, l'organe provisoire, il le purifie définitivement de toute inspiration anarchique. Car il transporte à l'ordre moral ce que la doctrine révolutionnaire place si dangereusement dans l'ordre politique, d'après son préjugé caractéristique sur la confusion permanente des deux puissances élémentaires. J'aurai bientôt lieu d'indiquer spécialement combien cette salutaire transformation, loin d'affaiblir ce principe républicain, augmentera son efficacité continue, sans exposer aux déceptions ni aux perturbations que le mode métaphysique tend toujours à susciter.

56. — *Aptitude du prolétariat à devenir l'auxiliaire du pouvoir spirituel.*

Nous sommes ainsi conduits à caractériser directement la principale participation collective qui doit habituellement appartenir aux prolétaires dans le régime final de l'humanité. Elle résulte de leur aptitude naturelle à devenir les auxiliaires indispensables du pouvoir spirituel pour son triple office social d'appréciation, de conseil, et même de préparation. Toutes les propriétés intellectuelles et morales que nous venons de reconnaître au prolétariat concourent à lui conférer une telle attribution continue. Sauf la classe philosophique, principal organe de l'esprit d'ensemble, aucune autre partie de la société moderne ne saurait être aussi disposée que les prolétaires à se tenir convenablement au point de vue général. Leur supériorité est encore plus évidente quant au sentiment social, pour lequel ils doivent, d'ordinaire, l'emporter même sur les vrais philosophes, dont les tendances trop abstraites gagneront beaucoup au contact journalier d'une noble spontanéité populaire. Ainsi, la classe prolétaire est naturellement plus propre qu'aucune autre à comprendre, et surtout à sentir, la morale réelle, quoiqu'elle fût incapable de la systématiser. Cette aptitude spontanée se manifeste principalement envers la morale sociale proprement dite, la plus éminente et la plus décisive des trois parties essentielles de la morale universelle. Enfin, outre ces dispositions naturelles de l'esprit et du cœur, les besoins collectifs propres au prolétariat l'appellent nécessairement au secours des principales règles morales, ordinairement destinées à le protéger. Pour faire prévaloir ces règles dans la vie active, le pouvoir spirituel doit peu compter sur l'assistance des classes intermédiaires, siège naturel de la prépondérance temporelle, dont ses prescriptions doivent surtout contenir et rectifier les abus. Les tendances ordinaires des grands et des riches vers l'égoïsme et l'oppression nuisent principalement aux prolétaires. C'est donc l'adhésion de ceux-ci qu'il faut surtout invoquer à l'appui des règles morales. Ils se trouvent d'autant mieux disposés à les sanctionner par leur énergique approbation, qu'ils doivent rester étrangers au gouvernement politique proprement dit. Toute participation habituelle au pouvoir temporel tend, outre son caractère anarchique, à les détourner du principal remède que la nature de l'ordre social offre à l'ensemble des maux qui leur sont propres. La sagesse populaire appréciera bientôt l'inanité nécessaire des solutions immédiates que l'on prône aujourd'hui. Elle ne tardera point à sentir combien ses légitimes réclamations se lient surtout aux moyens moraux que le positivisme présente au prolétariat, quoiqu'il l'invite aussi à abdiquer une autorité illusoire ou perturbatrice.

Cette tendance fondamentale du peuple à seconder le pouvoir spirituel dans son principal office social est tellement naturelle qu'elle s'est déjà manifestée, au moyen âge, envers la spiritualité catholique. Il faut même rapporter à une semblable affinité les sympathies qu'excite encore le catholicisme, malgré sa décadence universelle, chez les populations préservées du protestantisme. Les observateurs empiriques prennent souvent ces affections pour de vraies adhésions à des croyances qui, au fond, sont là plus éteintes qu'ailleurs. Mais cette illusion historique se dissipera d'après l'accueil que ces populations, mal à propos taxées d'arriérées, feront bientôt au positivisme, quand elles sentiront son aptitude à mieux satisfaire que le catholicisme au besoin fondamental qui préoccupe si justement leur instinct social.

57. — *Puissance morale et politique de l'opinion publique régénérée.*

Quoi qu'il en soit, cette affinité spontanée du prolétariat envers le pouvoir spirituel ne pouvait, au moyen âge, se développer beaucoup, puisque l'élément populaire se dégageait à peine des restes du servage quand le catholicisme obtenait son principal ascendant. La saine théorie historique représente même ce défaut d'appui comme l'une des sources spéciales de l'inévitable avortement de la noble tentative catholique. Cette spiritualité prématurée était déjà dissoute essentiellement, par la désuétude nécessaire des croyances correspondantes, et aussi d'après le caractère rétrograde de l'autorité théologique, quand le prolétariat eut acquis assez d'importance sociale pour lui fournir un soutien décisif, si elle avait pu le mériter. L'ensemble de l'évolution moderne réservait donc au positivisme la réalisation totale d'une telle combinaison, d'après l'alliance fondamentale qu'il va organiser entre les philosophes et les prolétaires, également préparés à cette coalition finale par la transition positive et négative accomplie pendant les cinq derniers siècles.

Directement appréciée, cette association régénératrice est surtout destinée à constituer enfin l'empire de l'opinion publique, que tous les pressentiments, instinctifs ou systématiques, s'accordent, depuis la fin du moyen âge, à concevoir comme le principal caractère du régime final de l'humanité.

Ce salutaire ascendant doit devenir le principal appui de la morale, non seulement sociale, mais aussi privée, et même personnelle, parmi des populations où chacun sera de plus en plus poussé à vivre au grand jour, de manière à permettre au public le contrôle efficace de toute existence quelconque. La chute irrévocable des illusions théologiques rend cette force spécialement indispensable, pour compenser, chez la plupart des hommes, l'insuffisance de la moralité naturelle, même sagement cultivée. Après l'incomparable satisfaction directement inhérente à l'exercice continu du sentiment social, l'approbation commune constituera la meilleure récompense de la bonne conduite. Vivre dignement dans la mémoire des autres fut toujours le vœu principal de chacun, même sous le régime théologique. Dans l'état positif, cette noble ambition acquiert encore plus d'importance, comme seule satisfaction que comporte désormais notre intime besoin d'éterniser l'existence. En même temps que plus nécessaire au nouveau régime moral, la force de l'opinion publique s'y développe davantage. La réalité caractéristique d'une doctrine toujours conforme à l'ensemble des faits y assure mieux l'autorité des règles et l'efficacité de leur application, que ne peuvent plus éluder les subterfuges suggérés par la nature vague et absolue des prescriptions théologiques ou métaphysiques. D'un autre côté, l'invocation directe et continue de la sociabilité, comme principe unique de la morale positive, y provoque aussitôt l'intervention permanente de l'opinion publique, seul juge naturel de toute conduite ainsi destinée au bien commun. Le but nécessairement personnel de chaque existence, d'après la doctrine théologico-métaphysique, ne pouvait autant comporter un tel appel.

Appréciée ensuite dans l'ordre politique proprement dit, il est superflu de prouver que la force de l'opinion publique doit en devenir le principe régulateur. Sa prépondérance s'y réalise déjà, malgré notre anarchie mentale, toutes les fois qu'une impulsion décisive vient contenir les divergences radicales qui la neutralisent ordinairement. Cet ascendant spontané se manifeste même quand l'esprit public prend une direction vicieuse, à laquelle nos gouvernements ne peuvent presque jamais résister assez. Qu'on juge, d'après ce double genre d'épreuves, quelle suprématie doit acquérir le légitime usage d'une telle force, quand elle résultera, non d'un concours précaire et passager, mais d'une communion systématique de principes universels. C'est ainsi qu'on peut clairement reconnaître combien la régénération finale des institutions sociales dépend surtout de la réorganisation préalable des opinions et des mœurs. Une telle base spirituelle n'est pas seulement indispensable pour déterminer en quoi doit consister la reconstruction temporelle; elle seule aussi fournira la principale force qui doive en réaliser l'accomplissement. A mesure que l'unité mentale et morale se rétablira, elle présidera nécessairement à l'essor graduel du nouveau système politique. Les principales améliorations sociales peuvent donc être réalisées longtemps avant que la réorganisation spirituelle soit terminée. Au moyen âge, on voit le régime catholique modifier beaucoup la société renaissante pendant que sa propre constitution était peu avancée. Il en doit être encore plus ainsi dans notre régénération.

58. — *Organisation de l'opinion publique.*

Cette double destination fondamentale de l'opinion publique détermine aussitôt les conditions essentielles de son organisation normale. Un tel office moral et politique exige d'abord de véritables principes sociaux, ensuite un public qui, les ayant adoptés, en sanctionne l'application spéciale, et enfin un organe systématique qui, après avoir établi la doctrine universelle, en dirige l'usage journalier. Malgré son évidence naturelle, cette analyse de l'opinion publique est encore si méconnue que quelques indications directes sont ici indispensables pour caractériser chacune des trois conditions générales.

La première équivaut, au fond, à étendre jusqu'à l'art social la division fondamentale entre la théorie et la pratique, dont personne ne conteste plus la nécessité envers les moindres cas. C'est surtout à ce titre que la nouvelle spiritualité sera bientôt jugée supérieure à l'ancienne. Au moyen âge, les principes généraux de la conduite morale et politique ne pouvaient avoir qu'un caractère empirique, sanctionné seulement par la consécration religieuse. Toute la supériorité de ce régime sur celui de l'antiquité se bornait donc, sous ce rapport, à séparer ces règles d'avec leur application particulière, pour en faire l'objet direct d'une étude préalable, ainsi préservée des passions journalières. Malgré l'importance d'une telle séparation, le défaut de rationalité y laissait au simple bon sens le soin d'éclairer, en chaque cas, l'application des principes, d'abord vagues et absolus d'après la nature des croyances correspondantes. Aussi l'efficacité de ce premier spiritualisme résulta-t-elle surtout de son aptitude indirecte à cultiver le sentiment social, suivant le seul mode qui fût alors possible. Le spiritualisme positif se présente aujourd'hui avec un caractère beaucoup plus satisfaisant, comme fondé sur une entière systématisation, à la fois objective et subjective. Sans rien perdre de leur valeur expérimentale, les principes sociaux y acquièrent une imposante autorité théorique, et surtout une consistance inébranlable, d'après leur relation nécessaire avec l'ensemble des lois réelles de notre nature individuelle et collective. Ces lois confirmeront du moins tous ceux qui n'en seront pas immédiatement déduits. Toujours rattachées ainsi à la sociabilité fondamentale, les règles pratiques comporteront, en chaque cas, une interprétation nette et homogène, propre à écarter les sophismes passionnés. Ces principes rationnels qui rendent notre conduite indépendante des impulsions du moment, peuvent seuls assurer l'efficacité habituelle du sentiment social, et nous préserver des aberrations que suscitent souvent ses inspirations spontanées. Sa culture directe et continue constitue, sans doute, dans la vie réelle, publique ou privée, la première source de notre moralité. Mais cette condition nécessaire ne saurait habituellement suffire pour contenir la prépondérance naturelle de l'égoïsme, si la conduite pratique n'est point tracée d'avance, en chaque cas important, d'après des règles démontrables, adoptées d'abord de confiance et ensuite par conviction.

Dans aucun art, le désir sincère et ardent de réussir ne saurait dispenser de connaître la nature et les conditions du bien. La pratique morale et politique ne peut être affranchie d'une telle obligation, quoique les inspirations directes du sentiment y soient beaucoup plus efficaces que partout ailleurs. Trop d'exemples publics et privés ont déjà manifesté pleinement combien il peut nous égarer quand son impulsion n'est point éclairée par des principes convenables. C'est ainsi que, faute de convictions systématiques, les généreuses tendances initiales de la France républicaine envers le reste de l'Occident dégénérèrent bientôt en une violente oppression, quand un chef rétrograde vint faire un appel facile à la personnalité. Les cas inverses sont encore plus communs, et d'ailleurs aussi propres à caractériser cette solidarité naturelle entre les sentiments et les principes. Une vicieuse doctrine sociale a souvent secondé la prépondérance spontanée de l'égoïsme, en faussant la notion du bien public. L'histoire contemporaine en fournit un exemple trop décisif dans le déplorable crédit qu'obtint, en Angleterre, la théorie sophistique de Malthus sur la population. Malgré le peu d'accueil qu'elle a trouvé chez tous les autres occidentaux, et quoique réfutée déjà par de généreux penseurs nationaux, cette immorale aberration procure encore une apparente sanction scientifique à la coupable antipathie des classes dirigeantes envers toute profonde régénération britannique.

Après l'établissement d'une doctrine générale, la principale condition pour constituer l'empire de l'opinion publique consiste dans l'existence d'un milieu social propre à faire habituellement prévaloir les principes fondamentaux. Voilà ce qui manquait surtout au spiritualisme catholique, dont l'avortement était ainsi inévitable, même quand les croyances eussent été moins fragiles. J'ai assez indiqué déjà comment le prolétariat moderne offre, au contraire, un immense point d'appui naturel à la nouvelle spiritualité. Le besoin en est aussi peu contestable que la spontanéité. Quoique la doctrine positive soit, en elle-même, beaucoup plus efficace que ne pouvaient l'être des préceptes non démontrables, il ne faut pas compter que les convictions qu'elle inspire dispensent jamais de cette énergique assistance. La raison est loin de comporter une telle autorité directe dans notre imparfaite constitution. Même le sentiment social, malgré son efficacité très supérieure, ne saurait habituellement suffire pour diriger convenablement la vie active, si l'opinion publique ne venait sans cesse fortifier les bonnes tendances individuelles. Le difficile triomphe de la sociabilité sur la personnalité n'exige pas seulement l'intervention continue de véritables principes généraux, aptes à dissiper toute incertitude quant à la conduite propre à chaque cas. Il réclame aussi la réaction permanente de tous sur chacun, soit pour comprimer les impulsions égoïstes, soit pour stimuler les affections sympathiques. Sans cette universelle coopération, le sentiment et la raison se trouveraient presque toujours insuffisants, tant notre chétive nature tend à faire prévaloir les instincts personnels. On a vu ci-dessus les prolétaires constituer spontanément, à cet égard, la principale source de l'opinion

publique, non seulement en vertu de leur supériorité
numérique, mais surtout d'après l'ensemble de leurs
caractères intellectuels et moraux, combinés avec l'influence directe de leur position sociale. C'est ainsi que,
posant enfin le problème fondamental de la vie humaine,
le positivisme fait seul ressortir, de la nature même du
grand organisme, les diverses bases essentielles d'une
solution réelle.

59. — *Les clubs ouvriers.*

Rien ne peut désormais empêcher nos prolétaires, soit
isolés, soit surtout réunis, de juger librement l'application
journalière, et même les principes généraux, d'un régime
social qui les affecte nécessairement plus qu'aucune autre
classe. Le mémorable empressement de notre population
à former partout des clubs, sans aucune excitation spéciale, et malgré l'absence de tout véritable enthousiasme,
prouva récemment combien était contraire à nos mœurs
la compression matérielle qu'éprouvaient auparavant ces
dispositions spontanées. Au lieu de décroître, ces tendances ne pourront que s'enraciner et se développer de
plus en plus, parce qu'elles sont pleinement conformes
aux habitudes, aux sentiments, et aux besoins des prolétaires qui forment la principale base de telles réunions.
Une véritable doctrine sociale doit les consolider
beaucoup, en leur donnant un caractère plus régulier et
un but plus important. Loin d'être aucunement anarchiques, elles constituent, au fond, une faible ébauche
spontanée des mœurs finales de l'humanité régénérée.
En se réunissant ainsi, on entretient le sentiment social
par une heureuse excitation journalière. L'opinion
publique s'élabore d'une manière à la fois plus rapide et
plus complète, du moins après une suffisante préparation
individuelle. Personne aujourd'hui ne soupçonne la

grande et heureuse influence qu'acquerront ces tendances spontanées, quand une doctrine vraiment universelle les aura dignement systématisées. Elle fourniront alors le principal point d'appui de la réorganisation spirituelle, ainsi assurée d'une active adhésion populaire, d'autant plus décisive qu'elle sera toujours libre et pacifique. Les craintes d'agitation matérielle que réveillent aujourd'hui ces réunions ne sont dues qu'à une empirique appréciation de notre passé révolutionnaire. Au lieu de propager le goût et de développer l'exercice de ce qu'on nomme les droits politiques, nos clubs tendront bientôt à détourner profondément d'une vaine intervention temporelle, en appelant nos prolétaires à leur principal office social, comme auxiliaires essentiels du nouveau pouvoir spirituel. Par cette noble perspective normale, le positivisme leur offrira un attrait bien supérieur à celui que comportent maintenant les illusions métaphysiques. Au fond, le club est surtout destiné à remplacer provisoirement l'église, ou plutôt, à préparer le temple nouveau, sous l'impulsion graduelle de la doctrine régénératrice, qui peu à peu y fera prévaloir le culte final de l'Humanité, comme je l'indiquerai spécialement à la fin de ce Discours. En permettant le libre essor de toutes les tendances progressives, notre situation républicaine ne tardera pas à manifester la disposition spontanée de notre population à donner désormais cette nouvelle issue aux diverses émotions sociales dont le catholicisme fut longtemps le seul régulateur.

60. — *Les organes philosophiques de l'opinion publique.*

Pour achever d'indiquer la vraie théorie de l'opinion publique, il ne reste plus à caractériser ici que la nécessité, trop méconnue aujourd'hui, qui, entre une doctrine et son public, exige un organe philosophique, sans lequel leur relation avorterait presque toujours. D'abord, cette dernière condition est encore plus inévitable que la seconde ; et, en fait, elle n'a jamais manqué, car toute doctrine suppose des fondateurs primitifs, et même des docteurs habituels. Il y aurait une évidente contradiction à concevoir des principes moraux et politiques comme investis d'un haut ascendant social, tandis que ceux qui les posent ou les enseignent seraient dépourvus de toute autorité spirituelle. La métaphysique négative, d'abord protestante, puis déiste, a bien pu faire temporairement prévaloir une telle incohérence, quand la raison publique se préoccupait surtout du besoin d'échapper à la rétrogradation catholique. Pendant cette longue insurrection, chacun se trouvait transformé en une sorte de prêtre, interprétant, à son gré, une doctrine qui pouvait se passer d'organes propres, parce que sa destination était essentiellement critique. Nos diverses constitutions métaphysiques ont directement consacré un tel régime, par leurs déclarations préalables, qui semblent offrir à tout citoyen un moyen général d'appréciation sociale, d'après lequel il serait dispensé de recourir à des interprètes spéciaux. Je ne dois pas discuter ici cette empirique extension à l'état organique d'une disposition qui ne pouvait convenir qu'à la transition révolutionnaire.

Envers les moindres arts, on n'oserait prétendre que les préceptes généraux pussent exister sans culture théorique, ni que leur interprétation spéciale dût rester livrée au simple instinct du praticien. Comment en serait-il autrement pour l'art le plus difficile et le plus important, où des règles moins simples et moins précises exigent davantage une explication propre à chaque cas ? Quelque satisfaisantes que doivent devenir les démonstrations des principes sociaux, il ne faut pas croire que la doctrine positive puisse jamais dispenser, même après la meilleure éducation, de recourir, dans la vie réelle, publique ou privée, à de fréquentes consultations philosophiques. Les motifs moraux sont encore plus décisifs que les considérations intellectuelles pour indiquer la nécessité d'un tel intermédiaire continu entre la règle et l'usage. Si, d'un côté, l'organe philosophique peut seul connaître assez le véritable esprit de la doctrine dirigeante, il est, d'une autre part, seul susceptible de présenter habituellement les garanties de pureté, d'élévation et d'impartialité, sans lesquelles ses conseils n'auraient presque aucune efficacité pour réformer la conduite individuelle ou collective. C'est surtout par lui que doit s'accomplir, d'ordinaire, cette réaction de tous sur chacun, reconnue ci-dessus indispensable à la moralité réelle. Il n'est point, à la vérité, la principale source de l'opinion publique, comme l'orgueil théorique dispose trop souvent à le croire. Mais, quoique cette force résulte essentiellement d'une libre sanction populaire, ce concours spontané ne devient pleinement efficace que par la proclamation systématique des jugements unanimes, sauf les cas exceptionnels où suffit l'expression directe. L'élément prolétaire et l'élément philosophique sont donc solidaires dans l'élaboration spéciale, et même dans la manifestation habituelle, de la véritable opinion publique. Sans l'un, la doctrine la mieux établie manquerait ordinairement d'énergie; sans l'autre, elle n'aurait presque jamais assez de consistance pour surmonter les obstacles permanents que notre nature personnelle et sociale oppose à la prépondérance pratique des règles fondamentales.

Au fond, ce besoin d'organes systématiques pour guider et proclamer l'opinion publique se fait toujours sentir, même au milieu de notre anarchie spirituelle, chaque fois que survient une manifestation réelle, qui ne pourrait avoir lieu si personne n'en prenait l'initiative ou la responsabilité. Dans la vie privée, où cette intervention manque souvent, on peut aujourd'hui vérifier, par contraste, une telle nécessité, en observant l'insuffisance pratique des règles les moins contestées, mais dont l'application spéciale n'émane d'aucune autorité régulière. Une appréciation plus facile et des sentiments plus actifs tendent alors à compenser imparfaitement cette grave lacune. Les conditions plus difficiles et les exigences supérieures de la vie publique n'ont jamais permis qu'elle restât aussi dépourvue d'intervention systématique. Chacun de ses actes manifeste, même aujourd'hui, l'indispensable participation d'une certaine autorité spirituelle, dont les organes, quoique très mobiles, sortent le plus souvent du journalisme métaphysique et littéraire. Notre anarchie mentale et morale ne dispense donc pas l'opinion publique de directeurs et d'interprètes. Elle oblige seulement à se contenter de ceux qui ne peuvent lui offrir que des garanties personnelles, sans aucun gage régulier de la fixité de leurs convictions et de la pureté de leurs sentiments. Ainsi posée par le positivisme, la question de l'organisation de l'esprit public ne saurait longtemps rester indécise. On voit qu'elle se réduit, au fond, à la séparation normale des deux puissances sociales, comme la condition de doctrine a été ci-dessus ramenée à la division correspondante entre la théorie et la pratique. D'une part, il est clair que la saine interprétation des règles morales et politiques ne peut émaner, de même qu'envers tout autre art, que des philosophes voués à l'étude des lois naturelles sur lesquelles elles reposent. Or, pour se maintenir au point de vue d'ensemble qui fait seul leur mérite intellectuel, ces philosophes doivent s'abstenir avec soin de toute participation habituelle à la vie active, surtout publique, dont l'influence spéciale altérerait bientôt leur aptitude spéculative. Cette condition ne leur est pas moins indispensable, d'une autre part, afin de conserver la pureté de leurs sentiments et l'impartialité de leur caractère, double garantie morale de leur autorité, publique ou privée.

61. — *Combinaison nécessaire entre la doctrine, la force et l'organe de l'opinion publique.*

Telle est, en aperçu, la théorie positive de l'opinion publique. Dans ses trois éléments nécessaires, la doctrine, la force, et l'organe, elle se trouve ainsi rattachée profondément à l'ensemble de la réorganisation spirituelle; ou plutôt, elle ne constitue que l'appréciation la plus usuelle de ce sujet fondamental. Toutes ses parties essentielles offrent entre elles une intime solidarité naturelle. Si les principes positifs ne peuvent compter beaucoup que sur l'appui des prolétaires, ceux-ci, à leur tour, ne sauraient désormais sympathiser habituellement avec aucune autre doctrine. Il en est de même quant aux organes philosophiques, dont le peuple peut seul établir et maintenir l'indépendance nécessaire. Nos lettrés repoussent instinctivement la division des deux puissances, qui poserait des bornes systématiques à leur vaine ambition actuelle. Cette séparation est aussi redoutée par nos riches, qui craindraient de voir ainsi surgir une autorité morale capable d'imposer à leur égoïsme un frein irrésistible. Les prolétaires seuls peuvent aujourd'hui la comprendre et l'aimer, d'après leur aptitude plus prononcée à l'esprit d'ensemble et au sentiment social. Mieux préservés, surtout en France, des sophismes métaphysiques et des prestiges aristocratiques, leur esprit et leur cœur accueilleront aisément les maximes du positivisme sur cette condition fondamentale de notre vraie régénération.

Cette théorie de l'opinion indique nettement où en est déjà l'organisation de ce grand régulateur moderne, et ce qui lui manque encore essentiellement. La doctrine existe enfin, surtout la force, et même l'organe, mais sans combinaison mutuelle. Toute l'impulsion régénératrice dépend donc, en dernier ressort, de l'intime alliance entre les philosophes et les prolétaires.

Pour achever de caractériser cette coalition décisive, il me reste à indiquer les avantages généraux qu'elle offre au peuple quant à la satisfaction normale de ses réclamations légitimes.

La principale amélioration, celle qui doit bientôt développer et consolider toutes les autres, consiste dans le noble office social ainsi conféré directement aux prolétaires, désormais érigés en auxiliaires indispensables de la puissance spirituelle. Cette immense classe, qui, depuis sa naissance au moyen âge, était restée extérieure à l'ordre moderne, y prend alors la vraie position qui convient à sa nature propre et au bien commun. A leurs fonctions spéciales, tous ses membres joignent enfin une haute participation habituelle à la vie publique, destinée à compenser les inconvénients inévitables de leur situation privée. Loin de troubler l'ordre fondamental, une telle coopération populaire en constituera la plus ferme garantie, par cela même qu'elle ne sera point politique, mais morale. Telle est donc la transformation finale que le positivisme opère dans la manière dont l'esprit révolutionnaire a conçu l'intervention sociale des prolétaires. A l'orageuse discussion des droits, nous substituons la paisible détermination des devoirs. Les vains débats sur la possession du pouvoir sont remplacés par l'examen des règles relatives à son sage exercice.

Une superficielle appréciation de la situation actuelle représente d'abord nos prolétaires comme très éloignés encore d'une semblable disposition. Mais, d'après une étude mieux approfondie, on peut assurer que l'expérience même qu'ils accomplissent aujourd'hui sur l'extension des droits politiques, achèvera bientôt de leur manifester l'inanité d'un remède aussi peu conforme à leurs vœux naturels. Sans faire une abdication formelle, qui semblerait contraire à leur dignité sociale, leur sagesse instinctive ne tardera pas à déterminer une désuétude encore plus décisive. Le positivisme les convaincra aisément que, si le pouvoir spirituel doit se ramifier partout pour atteindre pleinement son but social, le bon ordre exige, au contraire, la concentration habituelle du pouvoir temporel. Cette conviction résultera surtout d'une saine appréciation de la nature essentiellement morale des difficultés fondamentales qui préoccupent si justement nos prolétaires.

62. — *Le communisme.*

Ils ont déjà fait, à cet égard, un pas spontané, dont l'importance est encore trop peu sentie. Une célèbre utopie, qui s'y propage rapidement, leur sert, faute d'une meilleure doctrine, à formuler aujourd'hui leur manière propre de concevoir la principale question sociale. Quoique l'expérience résultée de la première partie de la révolution ne les ait point désabusés entièrement des illusions politiques, elle les a conduits à sentir que la propriété leur importait davantage que le pouvoir proprement dit. En étendant jusque-là le grand problème social, le communisme rend aujourd'hui un service fondamental, qui n'est pas neutralisé par les dangers temporaires inhérents à ses formes métaphysiques. Aussi cette utopie doit-elle être soigneusement distinguée des nombreuses aberrations que fait éclore notre anarchie spirituelle, en appelant aux plus difficiles spéculations des esprits incapables ou mal préparés. Ces vaines théories sont si peu caractérisées, qu'on est conduit à les désigner par les noms de leurs auteurs. Le communisme, qui ne porte le nom de personne, n'est point un produit accessoire d'une situation exceptionnelle. Il y faut voir le progrès spontané, plutôt affectif que rationnel, du véritable esprit révolutionnaire, tendant aujourd'hui à se préoccuper surtout des questions morales, en rejetant au second rang les questions politiques proprement dites. Sans doute, la solution actuelle des communistes reste encore essentiellement politique, comme chez leurs prédécesseurs, puisque c'est aussi par le mode de possession qu'ils prétendent régler l'exercice. Mais la question qu'ils ont enfin posée exige tellement une solution morale, sa solution politique serait à la fois si insuffisante et si subversive, qu'elle ne peut rester à l'ordre du jour, sans faire bientôt prévaloir l'issue décisive que le positivisme vient ouvrir à ce besoin fondamental, en présidant à la régénération finale des opinions et des mœurs.

Pour rendre justice au communisme, on doit surtout y apprécier les nobles sentiments qui le caractérisent, et non les vaines théories qui leur servent d'organes provisoires, dans un milieu où ils ne peuvent encore se formuler autrement. En s'attachant à une telle utopie, nos prolétaires, très peu métaphysiques, sont loin d'accorder à ces doctrines autant d'importance que les lettrés. Aussitôt qu'ils connaîtront une meilleure expression de leurs vœux légitimes, ils n'hésiteront pas à préférer des notions claires et réelles, susceptibles d'une efficacité paisible et durable, à de vagues et confuses chimères, dont leur instinct sentira bientôt la tendance anarchique. Jusque-là, ils doivent adhérer au communisme, comme au seul organe qui puisse aujourd'hui poser et maintenir, avec une irrésistible énergie, la question la plus fondamentale. Les dangers mêmes que fait craindre leur solution actuelle concourent à provoquer et à fixer l'attention générale sur ce grand sujet, que l'empirisme métaphysique et l'égoïsme aristocratique des classes dirigeantes feraient écarter ou dédaigner sans un tel appel continu. Quand nos communistes auront rectifié leurs idées, rien ne les obligerait d'ailleurs d'abandonner un nom qui n'indique directement que la prépondérance fondamentale du sentiment social. Mais notre salutaire transformation républicaine les dispensera même d'une telle qualification, en leur offrant une désignation équivalente, d'ailleurs exempte de pareils dangers. Loin de redouter le communisme, la nouvelle philosophie espère donc des succès prochains chez la plupart des prolétaires qui l'ont adopté, surtout en France, où les abstractions ont peu d'ascendant sur des esprits pleinement émancipés. Ce résultat s'accomplira nécessairement à mesure que le peuple reconnaîtra l'aptitude fondamentale du positivisme à mieux résoudre que le communisme le principal problème social.

63. — *Le socialisme.*

Une telle tendance s'est déjà manifestée clairement, depuis la publication initiale de ce Discours, par la nouvelle formule qui a spontanément prévalu chez nos prolétaires. En adoptant l'heureuse expression de *socialisme*, ils ont à la fois accepté le problème des communistes et repoussé leur solution, qu'un exil volontaire semble écarter irrévocablement. Mais les socialistes actuels n'évitent réellement le communisme qu'en restant passifs ou critiques. S'ils obtenaient l'ascendant politique avant que leurs idées se trouvent au niveau de leurs sentiments, ils seraient nécessairement conduits bientôt aux anarchiques aberrations que réprouve aujourd'hui leur instinct confus. C'est pourquoi la rapide propagation du socialisme inspire de justes alarmes aux classes dont la résistance empirique constitue maintenant l'unique garantie légale de l'ordre matériel. En effet, le problème posé par les communistes n'admet aucune autre solution que la leur, tant que persiste la confusion révolutionnaire entre les deux puissances spirituelle et temporelle. Ainsi, l'unanime réprobation qu'inspirent ces utopies doit partout disposer au positivisme, qui désormais peut seul préserver l'Occident de toute grave tentative communiste. Fondant enfin la politique moderne sur une digne systématisation de l'admirable division ébauchée au moyen âge, le parti constructeur vient aujourd'hui satisfaire les pauvres tout en rassurant les riches. Sa solution normale rendra bientôt inutiles ces dénominations passagères. Définitivement purifiée, l'antique qualification de *républicains* suffira toujours pour désigner les vrais sentiments régénérateurs, tandis que le titre de *positivistes* caractérisera seul les opinions, les mœurs, et même les institutions correspondantes.

64. — *Théorie positive de la propriété.*

Également poussé par sa réalité caractéristique et sa tendance constante à consacrer la raison au service du sentiment, le positivisme est doublement entraîné à systématiser le principe spontané du communisme sur la nature sociale de la propriété et sur la nécessité de la régler.

Les vrais philosophes n'hésitent point à sanctionner directement les réclamations instinctives des prolétaires envers la vicieuse définition adoptée par la plupart des juristes modernes, qui attribuent à la propriété une individualité absolue, comme droit d'user et d'abuser. Cette théorie antisociale, historiquement due à une réaction exagérée contre des oppressions exceptionnelles, est autant dépourvue de justice que de réalité. Aucune propriété ne pouvant être créée, ni même transmise, par son seul possesseur, sans une indispensable coopération publique, à la fois spéciale et générale, son exercice ne doit jamais être purement individuel. Toujours et partout, la communauté y est plus ou moins intervenue, pour le subordonner aux besoins sociaux. L'impôt associe réellement le public à chaque fortune particulière ; et la marche générale de la civilisation, loin de diminuer cette participation, l'augmente continuellement, surtout chez les modernes, en développant davantage la liaison de chacun à tous. Un autre usage universel prouve que, dans certains cas extrêmes, la communauté se croit même autorisée à s'emparer de la propriété tout entière. Quoique la confiscation ait été provisoirement abolie en France, cette unique exception, due à l'abus récent de ce droit incontestable, ne saurait longtemps survivre aux souvenirs qui l'inspirèrent et au pouvoir qui l'introduisit. Nos communistes ont donc très bien réfuté les juristes quant à la nature générale de la propriété.

Il faut admettre aussi leur critique fondamentale des économistes, dont les maximes métaphysiques interdisent toute régularisation sociale des fortunes personnelles. Cette aberration dogmatique, suscitée, comme la précédente, par de vicieuses interventions, est directement contraire à la saine philosophie, quoiqu'elle semble s'en rapprocher en reconnaissant l'existence des lois naturelles dans les phénomènes sociaux. Les économistes ne paraissent adhérer à ce principe fondamental que pour constater aussitôt combien ils sont incapables de le comprendre, faute de l'avoir d'abord apprécié envers les moindres phénomènes avant de l'étendre aux plus élevés, car ils ont ainsi méconnu radicalement la tendance de l'ordre naturel à devenir de plus en plus modifiable, à mesure qu'il se complique davantage. Toutes nos destinées actives reposant sur une telle notion, rien ne peut excuser le blâme doctoral que la métaphysique économique oppose à l'intervention continue de la sagesse humaine dans les diverses parties du mouvement social. Les lois naturelles auxquelles ce mouvement est, en effet, assujetti, loin de nous détourner de le modifier sans cesse, doivent, au contraire, nous servir à y mieux appliquer notre activité, qui s'y trouve à la fois plus efficace et plus urgente qu'envers tous les autres phénomènes.

Sous ces divers aspects, le principe fondamental du communisme est donc nécessairement absorbé par le positivisme. En le fortifiant beaucoup, la nouvelle philosophie l'étend davantage, puisqu'elle l'applique aussi à tous les modes quelconques de l'existence humaine, indistinctement voués au service continu de la communauté, suivant le véritable esprit républicain. Les sentiments d'individualisme comme les vues de détail ont dû prévaloir pendant la longue transition révolutionnaire qui nous sépare du moyen âge. Mais les uns conviennent encore moins que les autres à l'ordre final de la société moderne. Dans tout état normal de l'humanité, chaque citoyen quelconque constitue réellement un fonctionnaire public, dont les attributions plus ou moins définies déterminent à la fois les obligations et les prétentions. Ce principe universel doit certainement s'étendre jusqu'à la propriété, où le positivisme voit surtout une indispensable fonction sociale, destinée à former et à administrer les capitaux par lesquels chaque génération prépare les travaux de la suivante. Sagement conçue, cette appréciation normale ennoblit sa possession, sans restreindre sa juste liberté, et même en la faisant mieux respecter.

65. — *Divergences entre le communisme et le positivisme.*

Mais c'est là que cesse toute concordance réelle entre les saines théories sociologiques et les inspirations spontanées de la sagesse populaire. En acceptant l'énoncé communiste, et même en l'agrandissant beaucoup, les positivistes écartent radicalement une solution aussi insuffisante que subversive. Celle que nous lui substituons s'en distingue surtout par l'introduction des moyens moraux au lieu des moyens politiques. Ainsi, la principale différence sociale entre le positivisme et le communisme se rapporte finalement à cette séparation normale des deux puissances élémentaires, qui, méconnue jusqu'ici dans toutes les conceptions rénovatrices, se retrouve toujours, au fond de chaque grand problème moderne, comme seule issue finale de l'humanité. En caractérisant mieux l'aberration communiste, cette appréciation l'excuse davantage, d'après sa similitude essentielle avec toutes les autres doctrines maintenant accréditées. Quand presque tous les esprits cultivés méconnaissent ainsi le principe fondamental de la politique moderne, pourrait-on blâmer l'instinct populaire d'avoir subi jusqu'à présent cette influence universelle de l'empirisme révolutionnaire ?

Je ne dois pas entreprendre, surtout ici, l'examen spécial d'une antique utopie, solidement réfutée, depuis vingt-deux siècles, par le grand Aristote, qui annonçait ainsi le caractère organique de l'esprit positif, même dès sa première ébauche. Une inconséquence décisive suffirait d'ailleurs pour manifester à la fois la complète irrationalité et l'honorable source sentimentale du communisme moderne. Car il diffère essentiellement de l'ancien, représenté surtout par les rêveries de Platon, en ce que celui-ci joignait à la communauté des biens celle des femmes et des enfants, qui en constituerait, en effet, une suite indispensable. Quelque connexes que soient ces deux erreurs, l'utopie n'est plus comprise ainsi que chez un petit nombre de lettrés, dont l'esprit mal cultivé trouble le cœur trop peu actif. Noblement inconséquents, nos prolétaires illettrés, seuls communistes dignes d'attention, n'adoptent, dans cette indivisible aberration, que la partie relative à leurs besoins sociaux, en repoussant avec énergie celle qui choque nos meilleurs instincts.

Sans discuter ces illusions, il importe de caractériser les vices essentiels de la méthode correspondante, parce que, hors du positivisme, ils sont aujourd'hui plus ou moins communs à toutes les écoles rénovatrices. Ils consistent, d'une part, à méconnaître ou même à nier les lois naturelles des phénomènes sociaux ; et, d'autre part, à recourir aux moyens politiques là où doivent prévaloir les moyens moraux. De ces deux fautes connexes, résultent, en effet, l'insuffisance et le danger des diverses utopies qui se disputent vainement la présidence de notre régénération. Pour mieux éclaircir cette appréciation, je continue à l'appliquer surtout à l'aberration la plus prononcée, d'où chacun l'étendra aisément à toutes les autres.

60. — *Conciliation nécessaire entre l'indépendance et le concours.*

L'ignorance des lois réelles de la sociabilité se manifeste d'abord dans la dangereuse tendance du communisme à comprimer toute individualité. Outre qu'on oublie ainsi la prépondérance naturelle de l'instinct personnel, on méconnaît l'un des deux caractères fondamentaux de l'organisme collectif, où la séparation des fonctions n'est pas moins nécessaire que leur concours. Si l'on supposait entre tous les hommes une telle solidarité qu'ils devinssent matériellement inséparables, comme le montrent certains cas superficiels de monstruosité binaire, toute société cesserait aussitôt. Cette hypothèse extrême aide à comprendre combien l'individualité est indispensable à notre nature sociale, afin d'y permettre la variété d'efforts simultanés qui la rend si supérieure à toute existence personnelle. Le grand problème humain consiste à concilier, autant que possible, cette libre division avec une convergence non moins urgente. Une préoccupation exclusive de cette dernière condition tendrait à détruire toute activité réelle, et même toute vraie dignité, en supprimant toute responsabilité. Malgré les consolations domestiques, le seul défaut d'indépendance rend souvent intolérables ces destinées exceptionnelles qui se consument sous le patronage forcé de la famille. Que serait-ce donc si chacun se trouvait dans une situation analogue envers une communauté indifférente? Tel est l'immense danger de toutes les utopies qui sacrifient la vraie liberté à une égalité anarchique, ou même à une fraternité exagérée. En ce sens, le positivisme ratifie essentiellement, quoique d'après un principe contraire, la critique décisive dont le communisme a été l'objet chez nos économistes, surtout dans l'estimable traité du plus avancé d'entre eux (M. Dunoyer).

67. — *Dans le régime industriel, les chefs sont indispensables.*

Cette utopie n'est pas moins opposée aux lois sociologiques en ce qu'elle méconnaît la constitution naturelle de l'industrie moderne, d'où elle voudrait écarter des chefs indispensables. Il n'y a pas plus d'armée sans officiers que sans soldats; cette notion élémentaire convient tout autant à l'ordre industriel qu'à l'ordre mili-

taire. Quoique l'industrie moderne n'ait pu encore être
systématisée, la division spontanée qui s'y est graduellement accomplie entre les entrepreneurs et les travailleurs constitue certainement le germe nécessaire de son
organisation finale. Aucune grande opération ne serait
possible, si chaque exécutant devait aussi être administrateur, ou si la direction était vaguement confiée à une
communauté inerte et irresponsable. L'industrie moderne tend évidemment à agrandir sans cesse ses entreprises, toute extension accomplie suscitant aussitôt une
expansion supérieure. Or, cette tendance naturelle, loin
d'être défavorable aux prolétaires, permettra seule la
systématisation réelle de la vie matérielle, quand elle
sera dignement réglée par une autorité morale. Car, c'est
uniquement à des chefs puissants que le pouvoir philosophique imposera de vrais devoirs habituels en faveur
de leurs subordonnés. Si la prépondérance temporelle
était trop peu concentrée, il n'existerait point assez de
forces pour accomplir les grandes prescriptions morales,
à moins d'exiger d'exorbitants sacrifices, bientôt incompatibles avec tout mouvement industriel. Tel est le vice
nécessaire de toute réformation qui se borne au mode
d'acquisition du pouvoir, public ou privé, au lieu d'en
régler l'exercice, en quelques mains qu'il réside. On tend
ainsi à annuler des forces dont le bon usage constitue
notre principale ressource contre les hautes difficultés
sociales.

68. — *Le communisme méconnait la continuité historique.*

Le respectable sentiment qui inspire le communisme
moderne est donc très contraire jusqu'à présent à la nature du mal et à celle du remède, faute d'une véritable
assistance scientifique. On peut même faire à nos communistes un reproche plus grave, sur l'insuffisance

directe de leur instinct social. Car, cette sociabilité, dont ils sont si fiers, se borne à sentir seulement la solidarité actuelle, sans aller jusqu'à la continuité historique, qui constitue pourtant le principal caractère de l'humanité. Quand ils auront complété leur essor moral, en suivant dans le temps la connexité qu'ils voient uniquement dans l'espace, ils apercevront aussitôt la nécessité des conditions universelles qu'ils méconnaissent aujourd'hui. Ils apprécieront alors l'importance de l'hérédité, comme mode naturel suivant lequel chaque génération transmet à la suivante les travaux déjà accomplis et les moyens de les perfectionner. L'extension de ce mode à l'ordre individuel n'est qu'une suite de son évidente nécessité envers l'ordre collectif. Mais les reproches que méritent, à cet égard, les sentiments de nos communistes, conviennent également à toutes les autres sectes rénovatrices, dont l'esprit anti-historique suppose toujours une société sans ancêtres, même en s'occupant surtout des descendants.

Tous ces vices incontestables ne sauraient empêcher la saine philosophie de juger avec indulgence le vrai communisme actuel, en le rapportant soit à sa source réelle, soit à sa destination effective. Il serait fort injuste de discuter en elle-même une doctrine qui n'a de sens et de valeur qu'envers le milieu où elle surgit. Elle y remplit, à sa manière, un office indispensable, en posant directement le principal problème social, que le positivisme naissant a seul mieux formulé. Vainement penserait-on, à cet égard, que le simple énoncé suffirait, sans la dangereuse solution qui l'accompagne aujourd'hui. Ce serait méconnaître les exigences réelles de notre faible intelligence, qui, même envers les moindres sujets, ne peut longtemps s'attacher à des questions dépourvues de toute réponse. Si, par exemple, Gall et Broussais s'étaient bornés à poser les grands problèmes qu'ils ont osé résoudre, leurs principes eussent été incontestables, mais stériles, faute d'une impulsion rénovatrice, qui ne pouvait émaner que d'une solution systématique, quelque hasardée qu'elle dût être d'abord. Comment une telle nécessité mentale pourrait-elle être éludée envers les sujets les plus difficiles et aussi les plus passionnés ? Au reste, quand les aberrations communistes seront sagement comparées aux autres doctrines sociales qui ont obtenu, de nos jours, un véritable ascendant, même officiel, on se sentira mieux disposé à les excuser. Sont-elles, par exemple, plus vaines et, au fond, plus dangereuses que l'empirique utopie qui, pendant toute une génération, prévalut en France, et domine encore chez tant de docteurs, sur la terminaison de la grande révolution par l'installation du régime parlementaire propre à la transition anglaise ? D'ailleurs, nos prétendus conservateurs n'évitent réellement les aberrations communistes qu'en écartant ou éludant les questions correspondantes, qui, pourtant, deviennent de plus en plus irrésistibles. Quand ils s'efforcent de les traiter, ils tombent, à leur tour, dans les mêmes dangers, nécessairement communs à toutes les écoles qui, repoussant la division des deux pouvoirs, tendent toujours à suppléer aux mœurs par les lois. C'est ainsi que les doctrines officielles prônent aujourd'hui des institutions essentiellement communistes, les salles d'asiles, les crèches, etc. ; tandis que l'instinct populaire les flétrit justement comme contraires au digne essor universel des affections domestiques.

69. — *En tant que système, le communisme est sans valeur, bien qu'il ait été inspiré par de nobles sentiments.*

Outre son antagonisme passager avec d'autres doctrines vicieuses, le communisme n'a donc de valeur fondamentale que d'après le sentiment qui l'inspire, sans qu'on puisse jamais admettre sa solution illusoire et subversive. Mais cette noble source morale suffira seule pour lui conserver une influence croissante, jusqu'à ce que nos prolétaires aient reconnu que les mêmes besoins peuvent être mieux satisfaits par des moyens plus doux et plus réels. Notre régime républicain, qui d'abord semble si favorable à cette utopie, doit pourtant diminuer bientôt son importance, puisqu'il tend à consacrer directement le principe social d'où elle tire son mérite essentiel, en le dégageant des dangereuses illusions qui l'altèrent aujourd'hui. Surtout en France, où la facilité d'acquérir développe partout le goût naturel de la propriété, on doit peu redouter les ravages pratiques d'une telle aberration, dont la salutaire réaction y déterminera seulement une attention sérieuse aux justes réclamations populaires. Le danger deviendra beaucoup plus grave dans les parties de l'Occident où, l'aristocratie ayant moins déchu, les prolétaires sont à la fois moins avancés et plus opprimés, principalement en Angleterre. Même chez les populations catholiques, où la vraie fraternité a mieux résisté à l'égoïsme anarchique, les perturbations communistes ne sont finalement évitables que d'après l'ascendant plus rapide du positivisme, destiné à dissiper toutes les aberrations sociales, en faisant prévaloir la vraie solution des questions qui les suscitent.

La nature du mal indique aussitôt que le remède en doit être surtout moral, et l'instinct populaire ne tardera pas à sentir cette nécessité, fondée sur la connaissance réelle de l'humanité. En ce sens, le communisme prépare, à son insu, l'ascendant pratique du positivisme, en posant, avec une irrésistible énergie, un problème que la nouvelle philosophie peut seule résoudre sans illusion et sans perturbation.

70. — *Contrôler l'emploi de la richesse est plus efficace que contester le droit du riche.*

Dissipant toute discussion vaine et orageuse sur l'origine et l'étendue des possessions, elle établit directement les règles morales relatives à leur destination sociale. La répartition des forces réelles, surtout temporelles, est tellement supérieure à notre intervention, que nous consumerions notre courte vie en débats stériles et interminables si notre principale sollicitude s'appliquait à rectifier, sous ce rapport, les imperfections de l'ordre naturel. En quelques mains que réside un pouvoir quelconque, ce qui intéresse essentiellement le public c'est son utile exercice ; et, à cet égard, nos efforts comportent beaucoup plus d'efficacité. D'ailleurs, en réglant la destination, on réagit indirectement sur la possession qui l'affecte accessoirement.

Ces règles indispensables doivent être, quant à leur source, morales et non politiques : dans leur application, générales et non spéciales. Tous ceux qui les subiront les auront volontairement adoptées par l'éducation, et leur observance habituelle conservera le mérite de la liberté, comme Aristote le sentait déjà. L'assimilation morale des propriétés privées aux fonctions publiques ne les assujettira point à des prescriptions tyranniques, qui tendraient à dégrader profondément le caractère humain, en détruisant la spontanéité et la responsabilité. Cette appréciation normale sera appliquée même souvent en sens inverse, pour consolider les fonctionnaires au lieu d'ébranler les propriétaires. Le vrai principe républicain consiste à faire toujours concourir au bien commun toutes les forces quelconques. Pour cela, il faut, d'une part, déterminer exactement ce qu'exige, en chaque cas, l'utilité générale, et, d'une autre part, développer partout les dispositions correspondantes. Ce double office continu réclame surtout une doctrine fondamentale, une éducation convenable, un esprit public bien dirigé. Il doit donc dépendre principalement de l'autorité philosophique que le positivisme vient installer au sommet de la société moderne. A cette direction toute morale, la faiblesse humaine continuera, sans doute, d'exiger que la législation proprement dite joigne la répression matérielle des violations les plus directes et les plus dangereuses. Mais cet inévitable complément deviendra beaucoup plus accessoire qu'il ne le fut, au moyen âge, sous la prépondérance sociale du catholicisme. Les peines et les récompenses spirituelles prévalent davantage sur les temporelles à mesure que l'évolution humaine développe mieux la liaison de chacun à tous, par la triple voie naturelle du sentiment, de la raison, et de l'activité.

71. — *L'hérédité ne mérite pas les critiques dont elle est l'objet.*

Plus paisible et plus efficace que le communisme parce qu'il est plus vrai, le positivisme présente aussi une solution plus large et plus complète des hautes difficultés sociales. Quant à la propriété, on doit regarder comme non moins étroite que perturbatrice la superficielle appréciation, d'ailleurs trop souvent envieuse, qui condamne l'hérédité, en tant que conduisant à posséder sans travail. Du point de vue moral, on aperçoit aussitôt le vice radical de ces récriminations empiriques, qui méconnaissent l'aptitude fondamentale d'un tel mode de transmission à mieux développer qu'aucun autre les dispositions favorables au bon emploi de la fortune. Car, l'esprit et le cœur évitent ainsi les habitudes mesquines ou sordides que suscite ordinairement une lente accumulation des capitaux. La possession initiale de la richesse nous fait mieux sentir le besoin de la considération. Ainsi, ceux qu'on voudrait flétrir comme oisifs peuvent aisément devenir les plus utiles de tous les riches, d'après une sage réorganisation des opinions et des mœurs. On sait d'ailleurs que de telles existences deviennent de plus en plus exceptionnelles, à mesure que la civilisation accroît la difficulté de vivre sans industrie. C'est donc, à tous égards, une aberration très blâmable que de vouloir bouleverser la société pour des abus qui tendent à disparaître, et qui même comportent la plus heureuse transformation morale.

72. — *Le travail intellectuel, qui est une force sociale, doit être réglé.*

Enfin, la solution positiviste l'emporte directement sur la communiste par sa plénitude caractéristique. Le communisme se préoccupe exclusivement des richesses, comme si c'étaient les seules forces sociales qui fussent aujourd'hui mal réparties et mal administrées. Il existe pourtant encore plus d'abus réels envers la plupart des autres facultés humaines, surtout quant aux talents intellectuels, que nos utopistes n'osent nullement régler. Seul apte à concevoir l'ensemble de notre existence, le positivisme peut seul instituer la juste prépondérance du sentiment social, en l'étendant à tous les modes quelconques de notre activité réelle. L'assimilation morale des fonctions privées aux offices publics convient encore davantage au savant, à l'artiste, etc., qu'au simple propriétaire, soit pour la source des facultés, soit pour leur destination. Néanmoins, en voulant rendre communs les biens matériels, seuls pleinement susceptibles d'appropriation personnelle, on n'étend point cette utopie aux biens spirituels, qui la comporteraient beaucoup mieux. Souvent même les apôtres du communisme se montrent zélés partisans de la prétendue propriété littéraire. De telles inconséquences confirment l'inanité d'une doctrine sociale ainsi conduite à constater son impuissance envers les cas les plus conformes à sa destination. Car, une semblable extension caractériserait aussitôt l'inconvenance des prescriptions politiques et la nécessité des règles morales, seules également propres à garantir le bon emploi de toutes les forces réelles. La spontanéité qu'exige l'essor intellectuel, sous peine d'avortement, empêche, sans doute, l'instinct communiste de le soumettre aussi à son utopie réglementaire. Au contraire, le positivisme n'éprouve aucun embarras, et ne suscite aucune perturbation, en étendant son office moral jusqu'aux forces qui ont le plus besoin d'être sagement dirigées. En respectant leur juste liberté, il consolide aussi celle des facultés moins éminentes, dont la compression offre presque autant de dangers réels. Quand la vraie morale garantit la tendance sociale de toutes les activités partielles, leur libre essor augmente certainement leur efficacité publique. Loin de gêner l'industrie privée, la civilisation moderne lui transmet de plus en plus d'*onctions, surtout matérielles, confiées d'abord au gouvernement proprement dit. Cette irrécusable tendance conduit mal à propos les économistes à méconnaitre le besoin de toute vraie systématisation. Elle indique seulement la prépondérance croissante des prescriptions morales sur les règlements politiques.

73. — *Action de l'opinion publique su. les capitalistes.*

Cette aptitude caractéristique du positivisme à résoudre moralement les principales difficultés sociales doit aussi satisfaire aux justes réclamations populaires que suscitent les divers conflits industriels. Ainsi purifiés de toute tendance anarchique, les vœux légitimes du prolétariat acquerront une force irrésistible, surtout quand ils seront proclamés, au nom d'une doctrine librement dominante, par une autorité philosophique aussi impartiale qu'éclairée. En inspirant au peuple le respect habituel de ses chefs temporels, cette puissance spirituelle saura prescrire à ceux-ci des devoirs qu'ils ne pourront éluder. Toutes les classes ayant accepté, dans l'éducation universelle, les bases générales des obligations spéciales qui leur seront ainsi imposées, les seules armes du sentiment et de la raison, uniquement secondées par l'opinion, obtiendront une efficacité pratique dont rien ne peut aujourd'hui suggérer l'idée. Même en remontant au moyen âge, on s'en forme difficilement une juste notion, parce qu'on attribue alors aux terreurs ou espérances chimériques ce qui résultait surtout d'une énergique répartition de l'éloge et du blâme. Nécessairement réduite à ce dernier secours, la spiritualité positive lui procurera une extension et une consistance que ne comportait point la spiritualité catholique, comme je l'ai indiqué dans la seconde partie.

74. — *Le refus de concours ou la grève.*

Telle est l'unique solution normale qui convienne réellement aux débats habituels entre les travailleurs et les entrepreneurs, sous la suprême intervention d'une autorité philosophique librement respectée de tous. Pour achever d'en sentir l'efficacité, il faut la pousser jusqu'à la systématisation de l'antagonisme matériel entre les deux classes actives. Ce conflit de la richesse et du nombre n'a pu encore se développer beaucoup, parce que la coalition, qui seule le rend important, n'était jusqu'ici possible que d'un côté. Quoique, en Angleterre, la législation ne l'interdise pas aux prolétaires, leur défaut d'émancipation mentale et morale les empêche davantage de l'utiliser. Dès que les travailleurs français se concerteront aussi librement que leurs chefs, l'antagonisme matériel se développera de manière à faire bientôt sentir des deux parts le besoin d'un régulateur spirituel. Néanmoins, la conciliation philosophique ne saurait prétendre à bannir entièrement les moyens extrêmes ; mais elle en restreindra beaucoup l'usage, et aussi elle l'adoucira. Ces moyens se réduisent, de part et d'autre, au refus de concours, qui doit partout être réservé à chaque libre agent, sous sa juste responsabilité des suites, pour faire exceptionnellement sentir l'importance méconnue de sa fonction habituelle. L'ouvrier ne peut pas plus être contraint à travailler que l'entrepreneur à administrer. Seulement la puissance morale blâmera tout abus que ferait l'un ou l'autre de cette extrême protestation, toujours réservée aux divers éléments de l'organisme collectif, d'après leur indépendance naturelle. Dans les temps les plus réguliers, tout fonctionnaire a pu suspendre exceptionnellement son office, comme le firent souvent, au moyen âge, les prêtres, les professeurs, les juges, etc. Il faut donc se borner à régler une telle faculté. Sa systématisation industrielle constituera l'une des attributions secondaires du pouvoir philosophique, qui sera naturellement consulté presque toujours sur de semblables mesures, comme en toute autre grave occurence, publique ou privée. Quand il aura approuvé la suspension ou l'interdit, cette haute sanction procurera à un tel mode une efficacité qu'il ne peut comporter aujourd'hui. C'est seulement ainsi qu'une mesure partielle pourra s'étendre, d'abord à tous les membres d'une même profession, ensuite d'une industrie à d'autres, et même passer enfin à toutes les populations occidentales qui reconnaitront librement les mêmes directeurs spirituels. A la vérité, la désapprobation philosophique ne saurait empêcher des agents qui se croiraient lésés d'employer, sous leur responsabilité, ce mode extrême. Car, le vrai pouvoir théorique se borne toujours à conseiller, sans commander jamais. Mais, en ce cas, à moins que les philosophes n'aient blâmé à tort, la mesure ne comportera point l'extension et l'importance ordinairement indispensables à sa pleine efficacité.

Cette théorie des coalitions revient, au fond, à systématiser, dans les relations industrielles, la faculté d'insurrection, ci-dessus indiquée, envers les plus hautes fonctions sociales, comme une ressource extrême de tout organisme collectif. Sa marche essentielle est, en effet, la même quant aux applications les plus simples et les plus fréquentes que pour les cas les plus rares ou les plus importants. Toujours l'intervention philosophique, provoquée ou spontanée, influera beaucoup sur le résultat, soit qu'elle systématise des tendances légitimes mais empiriques, soit qu'elle en blâme l'essor spécial.

75. — *Positivisme et socialisme.* — *Points communs et divergences.*

L'ensemble des indications précédentes conduit à définir exactement la principale différence pratique entre la politique des positivistes et celle des communistes ou des socialistes. Toutes les écoles rénovatrices s'accordent aujourd'hui à s'occuper surtout du peuple, pour l'incorporer dignement à la société moderne, qui, depuis la fin du moyen âge, prépare sa constitution finale. Elles coïncident aussi quant à la nature des grands besoins sociaux propres aux prolétaires, d'une part, l'éducation normale, de l'autre, le travail régulier, également dignes de systématisation. Voilà tout ce que le positivisme offre de vraiment commun avec nos diverses doctrines progressives. Mais il se distingue profondément de toutes par sa manière de concevoir et d'accomplir cette double organisation. Il regarde la seconde systématisation comme nécessairement fondée sur la première, tandis que jusqu'ici on les suppose simultanées, ou plutôt on s'efforce de régler le travail avant de constituer l'éducation. Quoique cette différence d'ordre semble d'abord peu décisive, elle suffit pour changer radicalement le caractère et la marche de notre régénération. Car le mode qui prévaut encore revient, au fond, à tenter la réorganisation temporelle indépendamment de la spirituelle ; c'est-à-dire, à construire l'édifice social sans bases intellectuelles et morales. De là résulte, pour satisfaire aux justes exigences populaires, la préférence stérile et subversive accordée aux mesures politiques proprement dites, dont l'efficacité semble immédiate. Au contraire, le positivisme est pareillement conduit à faire prévaloir l'influence paisible et certaine, mais indirecte ou graduelle, du sentiment et de la raison, secondée par une sage opinion publique, sous l'impulsion systématique des vrais philosophes, assistés d'une libre adhésion populaire. En un mot, la double solution du commun problème social sera toujours empirique et révolutionnaire, de manière à rester purement nationale, ou bien elle deviendra rationnelle et pacifique, avec un vrai caractère occidental, selon que l'organisation du travail précédera ou suivra celle de l'éducation.

76. — *Nécessité d'un nouveau système d'éducation pour résoudre les problèmes sociaux.*

D'après cette conclusion, je n'aurais point assez caractérisé ici l'efficacité populaire du positivisme, si je n'indiquais pas sommairement le système d'éducation générale qui doit constituer à la fois le principal office et le plus puissant moyen du nouveau pouvoir spirituel pour satisfaire dignement aux vœux légitimes des prolétaires.

Le mérite social du catholicisme consista surtout à établir, pour la première fois, autant que le comportait le moyen âge, une éducation systématique, indistinctement commune à toutes les classes, sans même excepter ceux qui étaient encore esclaves. Cet immense service se liait nécessairement à la fondation initiale d'un pouvoir spirituel indépendant du pouvoir temporel. Outre ses bienfaits passagers, nous lui devons un principe impérissable, la prépondérance de la morale sur la science dans toute véritable éducation. Mais cette première ébauche dut être fort incomplète, soit par l'imperfection du milieu où elle s'accomplissait, soit d'après les vices de la doctrine qui y présidait. Destinée surtout à des populations opprimées, une telle éducation devait principalement inspirer une résignation presque passive, sauf les devoirs imposés aux chefs, sans aucune vraie culture intellectuelle. Cette double tendance convenait à une doctrine qui plaçait en dehors de toute vie sociale le but essentiel de chaque existence, et qui représentait tous les phénomènes comme soumis à une volonté impénétrable. Sous ces divers aspects, l'éducation catholique ne pouvait réellement s'appliquer qu'au moyen âge, pendant que l'élite de l'humanité se dégageait peu à peu de l'esclavage antique, d'abord en le transformant en servage, pour parvenir ensuite à l'entière libération personnelle. Dans l'ordre ancien, elle eût été subversive ; dans l'ordre moderne, elle serait servile et insuffisante. Elle ne devait diriger que la longue et difficile transition de l'une à l'autre sociabilité. Après l'émancipation individuelle, les prolétaires, développant leur activité progressive pour s'élever à leur vraie position collective, ont bientôt éprouvé des besoins intellectuels et sociaux qu'un tel mode ne pouvait aucunement satisfaire.

Voilà pourtant le seul système véritable d'éducation universelle qui ait existé jusqu'à présent ; car on ne saurait accorder ce titre à la prétendue éducation universitaire que les métaphysiciens ont fait graduellement prévaloir, dans tout l'Occident, depuis la fin du moyen âge. Elle ne fut qu'une extension de l'instruction spéciale que recevaient auparavant les prêtres, et qui se réduisait surtout à l'étude de leur langue sacrée, plus la culture dialectique nécessaire à la défense de leurs dogmes. Mais la morale restait adhérente à la seule éducation théologique. Au fond, cette instruction métaphysique et littéraire n'a beaucoup secondé la transition moderne que par son efficacité critique, quoiqu'elle ait aussi assisté accessoirement l'évolution organique, surtout esthétique. Son insuffisance et son irrationalité se sont de plus en plus manifestées, à mesure qu'elle s'est étendue aux classes nouvelles, dont la vraie destination, soit active, soit même spéculative, exigeait une tout autre préparation. Aussi ce prétendu système universel n'a-t-il jamais embrassé les prolétaires, même chez les populations protestantes, quoique chaque croyant y devînt une sorte de prêtre.

Par la décrépitude du mode théologique et l'impuissance du mode métaphysique, la fondation d'un vrai système d'éducation populaire ne convient donc qu'au positivisme, seul apte aujourd'hui à y concilier dignement les deux ordres de conditions également indispensables, les unes mentales, les autres morales, toujours opposées depuis la fin du moyen âge. La prépondérance du cœur sur l'esprit y sera plus solidement constituée que sous le régime catholique, sans comprimer jamais le véritable essor spéculatif. Car la raison s'y consacrera toujours, comme dans la vie active, à systématiser le sentiment, dont la culture spontanée, commencée dès la naissance, s'y développera constamment, par un triple exercice habituel, personnel, domestique, et social.

77. — *L'éducation du peuple.* — *Exposé sommaire du nouveau système.*

J'ai directement indiqué déjà la coordination finale de la morale universelle, pour caractériser le principal office du nouveau pouvoir spirituel. C'est pourquoi je dois ici me borner à signaler sa haute prépondérance, d'abord spontanée, puis systématique, dans tout le cours de l'éducation positive, et la manière dont elle s'y trouve spontanément liée au système entier des connaissances réelles.

Une telle éducation, comme l'existence qu'elle doit préparer, subordonnera toujours l'intelligence à la sociabilité, en prenant celle-ci pour but et l'autre pour moyen. Elle est surtout destinée à disposer nos prolétaires à leur noble office social de principaux auxiliaires du pouvoir philosophique, et aussi à leur faire mieux remplir leurs fonctions spéciales.

Depuis la naissance jusqu'à la majorité, son ensemble comprend deux parties générales : l'une essentiellement spontanée, finissant à la puberté ou au début de l'apprentissage industriel, doit s'accomplir, autant que possible, au sein de la famille, sans exiger d'autres études que celles relatives à la culture esthétique; l'autre, directement systématique, consistera principalement en une suite publique de cours scientifiques sur les lois essentielles des divers ordres de phénomènes, servant de base à la coordination morale, qui fera converger toutes les préparations antérieures vers leur commune destination sociale. Au temps indiqué par une longue expérience pour l'époque de l'émancipation légale, et où nos mœurs tendent à fixer le terme de l'apprentissage pratique, chaque prolétaire se trouvera ainsi préparé, d'esprit et de cœur, à son office public et privé.

La première moitié de la partie spontanée doit être consacrée, sous la présidence des parents, et surtout des mères, à l'éducation physique, jusqu'à la fin de la seconde dentition. Ce préambule, borné jusqu'ici à un grossier exercice musculaire, consistera davantage à cultiver à la fois nos sens et notre adresse, en nous préparant déjà à l'observation et à l'action. Il ne comporte aucune étude proprement dite, pas même de lecture ou d'écriture ; l'instruction acquise s'y réduit aux faits de tous genres qui attireront spontanément l'attention naissante. La philosophie de l'individu, comme celle de l'espèce à pareil âge, se borne alors au pur fétichisme, dont aucune vaine intervention ne doit troubler le cours naturel. Toute la sollicitude des parents consiste à inspirer les préjugés et susciter les habitudes que justifiera plus tard l'éducation systématique. L'active culture des bons sentiments y pose sans cesse les meilleures bases de la vraie moralité.

Dans les sept années environ comprises entre la dentition et la puberté, cette éducation spontanée commence à devenir systématique, mais seulement quant aux beaux-arts, quoiqu'il importe beaucoup, surtout moralement, qu'elle s'accomplisse encore sans quitter jamais la famille. Les vraies études esthétiques se réduisent toujours à des exercices plus ou moins réglés, qui n'exigent aucunes leçons formelles, du moins pour l'éducation générale, sauf les besoins propres à certaines professions. Rien n'empêchera donc de les accomplir au sein de la famille, dès la seconde génération positiviste, quand le goût mieux cultivé permettra aux parents d'y présider assez. Elles comprendront surtout : d'une part, la poésie, comme l'art fondamental ; d'une autre part, les deux arts spéciaux les plus essentiels, la musique et le dessin. Sous le premier aspect, cet âge sera donc consacré à la culture familière de nos principales langues occidentales, sans lesquelles la poésie moderne ne saurait être assez appréciée. Outre leur destination esthétique, ces exercices comportent une haute efficacité morale, pour dissiper les préventions nationales, afin d'occidentaliser nos mœurs positivistes. La saine philosophie impose à chaque population l'obligation sociale de connaître toutes les langues limitrophes. Selon ce principe incontestable, la France se trouve forcée, d'après sa position centrale, qui lui procure d'ailleurs tant d'avantages, d'étudier à la fois les quatre autres idiomes occidentaux. Quand toutes les affinités naturelles des cinq populations avancées seront complétées par l'universelle pratique d'une telle règle, une commune langue occidentale ne tardera pas à surgir spontanément, sans aucune assistance des utopies métaphysiques sur l'unité absolue du langage humain.

Pendant cette dernière moitié de la première éducation, où prévaudra la culture de l'imagination, l'individu poursuivra sa propre évolution philosophique en s'élevant du simple fétichisme initial au vrai polythéisme, comme le fit avant lui l'espèce au même état. Cette inévitable similitude entre l'essor personnel et la progression sociale s'est toujours manifestée plus ou moins, malgré les précautions de l'empirisme chrétien, qui ne put jamais détourner l'enfant des naïves compositions adaptées à une telle phase. L'éducation positive respectera cette tendance nécessaire, sans toutefois exiger des parents aucune hypocrisie, ni susciter aucune contradiction ultérieure. Pour tout concilier, il suffira d'être vrai, en avertissant l'enfant que ses croyances spontanées conviennent seulement à son âge, et doivent finir par le conduire à d'autres, suivant la loi fondamentale de toute évolution humaine. Outre l'avantage scientifique de lui rendre ainsi familier ce grand dogme positiviste, une telle sagesse réagira naturellement sur la sociabilité naissante, en disposant d'avance à sympathiser avec les nombreuses populations qui restent encore à ce degré de la vie intellectuelle.

La seconde éducation positive ne saurait demeurer purement domestique, puisqu'elle exige des leçons publiques, où la plupart des parents n'auront jamais qu'une participation accessoire. Mais cette nécessité ne doit pas conduire cependant à priver l'enfant de la vie de famille, qui ne cesse point alors d'être indispensable à son évolution morale, dont les exigences doivent toujours prévaloir. Il peut aisément suivre les meilleurs maîtres, sans exposer sa moralité personnelle et domestique aux altérations presque inévitables que déterminent nos cloîtres scolastiques. Les contacts sociaux qui semblent compenser les dangers privés de ce régime peuvent résulter mieux des libres relations extérieures, où les sympathies sont plus consultées. Cette appréciation, qui rend à la fois plus facile et plus parfaite l'éducation populaire, ne peut cesser de convenir qu'envers certaines professions, dont l'éducation spéciale continuera peut-être d'exiger la clôture collective. Je doute même que cette obligation reste finalement indispensable pour ces cas exceptionnels.

Quant à la marche générale de l'éducation systématique, elle est déjà tracée, sans aucune incertitude, par la loi encyclopédique qui constitue le second élément nécessaire de ma théorie d'évolution. Car les études scientifiques du prolétaire doivent se rapporter, comme celles du philosophe, d'abord à notre condition inorganique, ensuite à notre propre nature, personnelle et sociale, pour constituer la double base rationnelle de notre conduite réelle. On sait que la première classe comprend deux couples de sciences préliminaires, l'un mathématico-astronomique, l'autre physico-chimique. A chacun d'eux, l'initiation positive consacrera deux années. Mais l'extension supérieure et la prépondérance logique du premier obligeront alors à deux leçons hebdomadaires, tandis qu'une seule suffira réellement pour tout le reste de l'éducation prolétaire. Les exigences beaucoup moindres de l'apprentissage industriel, à ce début, permettront naturellement ce surcroît initial d'occupations spéculatives. A cette préparation inorganique, succédera l'étude biologique, aisément susceptible alors d'être condensée en une cinquième année, dans un cours de quarante leçons vraiment philosophiques et populaires. D'après tout ce préambule indispensable, une sixième année, de même durée didactique, systématisera définitivement toutes les spéculations réelles par l'étude directe de la sociologie, statique et dynamique, qui rendra familières les vraies notions sur la structure et le mouvement des sociétés humaines, surtout modernes. Un tel fondement permettra à la dernière de ces sept années du noviciat positif de diriger immédiatement l'ensemble de cette éducation vers sa principale destination sociale, par l'exposition méthodique de la morale, dont chaque démonstration essentielle deviendra alors pleinement appréciable, suivant la saine théorie du monde, de la vie, et de l'humanité.

Pendant tout ce cours d'études, le trimestre libre de chaque année sera partiellement consacré aux examens publics destinés à constater l'assimilation de toutes les connaissances antérieures. Les exercices esthétiques de la première éducation se prolongeront volontairement au milieu des travaux scientifiques de la seconde, pour peu que les goûts naturels s'y trouvent sagement encouragés. Ils feront naître accessoirement, dans les deux dernières années de l'initiation philosophique, l'étude spontanée de nos deux principales langues anciennes, à titre de complément poétique, lié d'ailleurs aux théories historiques et morales dont le prolétaire sera alors préoccupé. Si l'habitude du grec intéresse surtout nos origines esthétiques, celle du latin est encore plus utile au plein sentiment de notre filiation sociale.

L'évolution philosophique de l'individu subira graduellement, comme celle de l'espèce, sa dernière préparation, pendant ces sept années d'essor rationnel, en passant du polythéisme antérieur à un monothéisme non moins spontané, par la réaction croissante de l'esprit de discussion sur la prépondérance primitive de l'imagination. Il faudra respecter aussi cette libre transition métaphysique, où chacun rendra naïvement un dernier hommage aux conditions essentielles de l'initiation humaine. On doit reconnaître que ce régime provisoire conviendra toujours à la nature abstraite et indépendante des études mathématiques, qui absorberont les deux premières années d'un tel noviciat. Tant que la déduction prévaut sur l'induction, l'esprit demeure nécessairement enclin aux théories métaphysiques. Leur essor spontané conduira bientôt chacun à réduire sa théologie primitive à un déisme plus ou moins vague, qui, pendant les études physico-chimiques, dégénérera, sans doute, en une sorte d'athéisme, finalement remplacé, sous la lumineuse impulsion des conceptions biologiques, et surtout sociologiques, par le vrai positivisme. C'est ainsi que la systématisation définitive de la morale coïncidera avec un plein sentiment personnel de la filiation humaine, qui permettra au nouveau membre de l'humanité de sympathiser dignement avec tous ses ancêtres et ses contemporains, sans cesser de travailler pour ses successeurs quelconques.

78. — *Utilité des voyages pour compléter l'éducation.*

Un tel plan d'éducation populaire semble d'abord peu compatible avec la précieuse pratique spontanément émanée de la sagesse prolétaire, qui consacre les dernières années de l'apprentissage industriel à de libres voyages, aussi utiles à l'esprit et au cœur que leur sont ordinairement nuisibles les vagues excursions de nos riches oisifs. Mais cet heureux usage ne contrarie nullement des études sédentaires, puisqu'il donne toujours lieu à de longs séjours dans les principaux centres de production, où l'ouvrier retrouvera naturellement l'équivalent de chaque cours annuel qu'il aurait suivi au pays natal. L'homogénéité de la corporation philosophique, et son uniforme extension territoriale, préviendront assez les inconvénients propres à de telles mutations. Chaque système de cours n'exigeant en tout que sept professeurs, dont chacun parcourrait successivement tous les degrés encyclopédiques, le nombre total de ces fonctionnaires resterait assez petit pour qu'ils pussent partout être d'un mérite équivalent, et trouver aussi une égale assistance temporelle. Loin de gêner les voyages prolétaires, le régime positif leur imprimera un nouveau caractère intellectuel et social, en les étendant à tout l'Occident, dont la surface entière offrira aisément à l'ouvrier positiviste les moyens de poursuivre son éducation, sans être même arrêté par le langage. Ces sages déplacements, où se développera la fraternité occidentale, compléteront d'ailleurs les études esthétiques, soit en familiarisant davantage avec les idiomes appris pendant la seconde enfance, soit surtout en faisant mieux goûter les productions musicales, pittoresques, ou monumentales, qui ne peuvent s'apprécier qu'à leur source locale.

79. — *Concentration des études.*

On doit craindre aujourd'hui que les trois cent soixante leçons de cet enseignement septennaire ne permettent point d'y embrasser convenablement un tel ensemble d'études fondamentales. Mais il n'en faut pas juger par l'extension actuelle des cours correspondants, qui tient à leur spécialité habituelle, et surtout à l'empirisme dispersif de la plupart des professeurs, d'après notre déplorable régime scientifique. Quand la saine philosophie aura régénéré nos diverses études positives, en y faisant dignement prévaloir l'esprit d'ensemble au nom du sentiment social, la condensation familière des conceptions produira des leçons beaucoup plus substantielles, toujours destinées à diriger, au lieu de remplacer, des efforts spontanés, dont dépend toute véritable efficacité didactique. Un exemple exceptionnel, trop oublié maintenant, permet de se former quelque idée d'une telle rénovation, d'après ces célèbres cours, si heureusement nommés révolutionnaires, qui, au début de l'École Polytechnique, concentrèrent en trois mois l'enseignement des trois années. Ce qui fut alors une admirable anomalie, due surtout à l'exaltation républicaine, pourra devenir l'état normal, quand une pareille puissance morale s'appuiera sur une entière systématisation mentale, inconnue à nos éminents précurseurs.

L'efficacité didactique du sentiment a été jusqu'ici ignorée, parce que la culture de l'esprit coïncidait, depuis la fin du moyen âge, avec l'inertie du cœur. Mais la subordination continue, à la fois spontanée et systématique, de l'intelligence à la sociabilité, qui constitue le principal caractère du positivisme, est aussi féconde en avantages théoriques qu'en propriétés morales. Dans tout le cours de l'éducation populaire, les parents et les maîtres saisiront chaque occasion opportune de développer le sentiment social, dont l'excitation familière charmera souvent les plus austères leçons. L'esprit sera toujours consacré surtout à raffermir et à cultiver le cœur, qui, à son tour, l'animera et le dirigera. Cette intime solidarité entre les pensées générales et les sentiments généreux facilitera d'autant mieux les études scientifiques du prolétaire qu'elles succéderont à des études esthétiques qui auront déjà suscité d'heureuses habitudes pour embellir la vie entière.

80. — *Rôle de l'État.*

En destinant surtout au peuple une telle éducation, je n'ai pas seulement voulu mieux caractériser son extension universelle et sa nature philosophique. A mes yeux, il ne doit finalement exister aucun autre enseignement organisé, du moins général. La dette sacrée ainsi acquittée par la république envers les prolétaires ne s'étend nullement aux classes qui peuvent aisément acquérir l'instruction qu'elles désirent. Cette instruction spéciale ne peut être d'ailleurs qu'un développement partiel, ou tout au plus une application déterminée, de la saine instruction générale, d'après laquelle chacun deviendra même susceptible ordinairement d'accomplir seul cette initiation secondaire. Quant à l'apprentissage professionnel, il doit surtout résulter ensuite de l'exercice, jusque dans les plus grands arts, sans comporter jamais aucun véritable enseignement. La fausse appréciation qui prévaut aujourd'hui à ce sujet tient à la déplorable absence de toute éducation générale, depuis la désuétude du régime catholique. Car les précieux établissements spéciaux, créés pendant les trois derniers siècles, dans tout l'Occident, et dignement régénérés, en France, par la Convention, ne constituent, au fond, que divers germes scientifiques indispensables pour la rénovation finale de l'éducation générale. Autant leur efficacité théorique est incontestable, autant on peut mettre en doute l'utilité pratique qui semble les avoir inspirés, et dont les arts correspondants pourraient aisément se passer, sans même excepter l'École Polytechnique, le Muséum d'histoire naturelle, etc. Ils n'ont une valeur capitale qu'à titre de moyens transitoires, comme toutes les saines créations de notre temps anarchique. En ce sens, ils peuvent aujourd'hui être utilement réorganisés sous l'inspiration d'une philosophie qui, sans aucune illusion sur leur durée, les adaptera mieux à leur éminente destination actuelle. A divers égards, elle en proposera même quelques autres, surtout une haute école philologique, embrassant l'ensemble des langues humaines suivant leurs vraies affinités, pour compenser l'indispensable suppression des chaires gréco-latines. Mais tout cet échafaudage provisoire disparaîtra, sans doute, avant la fin du dix-neuvième siècle, quand prévaudra le système définitif d'une véritable éducation générale. Sa présente nécessité ne doit pas faire méconnaître son caractère et sa destinée. Au fond, l'État ne doit l'instruction qu'aux prolétaires ; et, en l'organisant sagement, elle dispense de toute institution spéciale. Ces principes définitifs facilitent beaucoup l'éducation populaire, en même temps qu'ils l'ennoblissent. Ils conduiront les nations, les provinces, et les villes à demander, à l'envi, au pouvoir occidental les plus éminents professeurs pour des cours dont tout vrai philosophe s'honorera toujours, quand on sentira partout que la popularité réelle d'un digne enseignement coïncide nécessairement avec son élévation systématique. Cet office habituel deviendra naturellement la principale fonction de la plupart des organes de la nouvelle spiritualité, au moins dans une grande partie de leur carrière active.

D'après les indications précédentes, une telle éducation générale ne comporte aujourd'hui aucune organisation immédiate. Quelles que pussent être, à cet égard, les dispositions sincères des divers gouvernements actuels, leurs efforts empiriques nuiraient beaucoup à cette grande fondation en voulant la hâter, surtout s'ils prétendaient la diriger. En effet, tout véritable système d'éducation suppose l'ascendant préalable d'une vraie doctrine philosophique et sociale, qui en détermine la nature et la destination. Les enfants ne sauraient être élevés contrairement aux convictions paternelles, ni même sans leur assistance. Quoique l'éducation systématique doive ensuite consolider beaucoup les opinions et les mœurs qui ont déjà prévalu dans le milieu social, elle serait impossible si ces principes de ralliement n'y avaient pas d'abord obtenu spontanément une suffisante prépondérance. Jusque-là, la systématisation mentale et morale ne peut s'accomplir que chez des individus assez préparés, dont chacun s'efforce de réparer, autant que possible, les vices et les lacunes de sa propre éducation, sous la présidence d'une nouvelle doctrine universelle. Ces tardives convictions personnelles dirigent l'initiation collective de la génération suivante, si la doctrine doit vraiment prévaloir. Telle est, à cet égard, la marche naturelle, dont aucune influence artificielle ne peut dispenser. Loin donc d'inviter les gouvernements actuels à organiser déjà l'éducation générale, il faut les exhorter à abandonner franchement les attributions oiseuses ou perturbatrices qu'ils conservent encore à ce sujet, surtout en France. J'ai ci-dessus indiqué la double exception que comporte cette maxime actuelle, pour l'instruction primaire et la haute instruction spéciale, qui doivent attirer de plus en plus une sage sollicitude publique, comme germes indispensables d'une vraie rénovation. A cela près, il importe beaucoup que le pouvoir temporel, central ou local, abdique son étrange suprématie didactique, en établissant la véritable liberté d'enseignement, dont j'ai signalé les deux conditions essentielles, par la suppression simultanée de tous les budgets théologiques et métaphysiques. Tant qu'une doctrine universelle n'aura pas librement prévalu, les efforts quelconques des gouvernements actuels pour la régénération directe de l'instruction publique ne pourront être que rétrogrades, puisqu'ils devront ainsi s'appuyer sur quelqu'une des diverses doctrines arriérées qu'il s'agit aujourd'hui de remplacer entièrement.

C'est donc chez les adultes qu'il faut maintenant s'efforcer surtout d'établir enfin des convictions systématiques, qui permettront ensuite la vraie rénovation de l'éducation proprement dite. Parmi les moyens essentiels que la presse et la parole permettent d'appliquer à cet indispensable préambule, je dois distinguer ici une suite plus ou moins méthodique de cours populaires sur les diverses sciences positives, y compris l'histoire, désormais digne d'un tel rang. Mais ces cours ne peuvent comporter une pleine efficacité que d'après un caractère vraiment philosophique, et par conséquent social, même envers les moindres études mathématiques. Ils doivent aussi rester toujours indépendants d'un gouvernement quelconque, afin d'éviter toute doctrine officielle. L'ensemble de ces conditions se résume très heureusement, en concevant ces cours comme occidentaux, et non comme purement nationaux. On y provoque ainsi l'active prépondérance d'une libre association philosophique, résultée, dans tout l'Occident, du concours volontaire de ceux qui peuvent dignement coopérer à ce grand office transitoire, par une intervention essentiellement gratuite. Le positivisme peut seul déterminer aujourd'hui une telle formation. C'est surtout ainsi que se développera bientôt la coalition fondamentale entre les philosophes et les prolétaires.

Suivant cette marche indépendante, les efforts destinés à propager les convictions positivistes coïncideront naturellement avec le libre essor de l'autorité spirituelle qui doit y puiser la base de notre régénération. Le régime transitoire se rapprochera donc autant que possible de l'état normal, à mesure que la solidarité spontanée des deux classes extrêmes de l'ordre final se caractérisera davantage. Pour mieux sentir cette tendance graduelle, les cours positivistes doivent être comparés aux clubs correspondants. Tandis que les uns préparent directement l'avenir, les autres concourent au même but en jugeant le passé et conseillant le présent, de manière à ébaucher à la fois les trois modes essentiels du nouveau spiritualisme.

81. — *Alliance entre les philosophes et les prolétaires.*

L'ensemble des indications précédentes caractérise assez le système final de l'éducation populaire, et la transition immédiate qui doit le préparer. Pendant qu'elle s'acccomplira, l'alliance des philosophes avec les prolétaires réalisera, des deux parts, d'importants avantages, longtemps avant que l'état normal soit devenu possible en Occident. Cet énergique appui permettra à la naissante spiritualité d'obtenir bientôt le respect, et même l'affection, des chefs temporels les plus disposés aujourd'hui à dédaigner toute puissance qui n'est pas matérielle. Leur vain orgueil sera souvent conduit à invoquer l'intervention des philosophes contre la juste indignation des prolétaires. Quelque violente que semble toujours la force du nombre, elle finit, d'ordinaire, par l'être, au fond, beaucoup moins que celle de la richesse. Car elle dépend surtout d'un concours qui, prolongé, exige une convergence intellectuelle et morale, sur laquelle l'influence philosophique agit davantage, soit pour former, soit pour dissoudre. Sans que les philosophes puissent jamais disposer à leur gré de nos prolétaires, comme l'ont rêvé quelques roués, ils pourront en modifier beaucoup les passions et la conduite, quand il y appliqueront dignement leur autorité morale, au profit réel, tantôt de l'ordre, tantôt du progrès. Ce libre ascendant ne peut résulter que d'un double sentiment habituel de confiance et de reconnaissance, déterminé non seulement par l'aptitude présumée, mais surtout par les services rendus. Nul ne pouvant faire convenablement valoir ses propres réclamations, c'est aux philosophes qu'il appartient de présenter noblement aux classes dirigeantes les justes exigences des prolétaires, tandis que ceux-ci obligeront les chefs temporels à respecter la spiritualité nouvelle. D'après ce double échange habituel, les vœux des uns seront purifiés de toute tendance anarchique, et les prétentions des autres n'indiqueront plus aucune vaine ambition. Loin de dégrader son propre caractère par des préoccupations intéressées, chacune des deux classes obtiendra ainsi sa principale satisfaction, en se bornant à la noble poursuite de son office social.

Pour achever de caractériser la politique positiviste qui seule convient aux prolétaires, il me reste à indiquer les dispositions d'esprit et de cœur qu'elle suppose en eux, et d'où résultent celles qu'ils doivent exiger de leurs alliés philosophiques. Ces diverses conditions habituelles se réduisent, au fond, à mieux développer les tendances propres au peuple, et déjà prépondérantes dans le centre du grand mouvement occidental.

Sous le rapport intellectuel, il y en a deux principales : l'une négative, ou d'émancipation ; l'autre positive, ou de préparation.

82. — *Les prolétaires n'accordent plus aucun crédit à la théologie.*

Quant à la première, elle est assez remplie déjà, du moins à Paris, envers le régime théologique, plus radicalement déchu chez nos prolétaires que partout ailleurs. Le vain déisme où s'arrêtent encore tant de lettrés, a peu de crédit parmi le peuple, heureusement étranger aux études de mots et d'entités qui seules peuvent prolonger cette extrême halte de l'émancipation moderne. Il faut seulement que les vraies tendances de l'esprit populaire se prononcent davantage, afin d'éviter toute illusion et tout mensonge sur le caractère intellectuel de notre régénération. Or, cette manifestation décisive ne tardera pas à s'accomplir, dans un milieu essentiellement libre, où la nouvelle philosophie lui servira d'organe systématique. Nous devons y compter d'autant plus qu'elle se lie intimement aux besoins sociaux du peuple, puisque le vain système d'hypocrisie théologique qu'il faut aujourd'hui briser ouvertement est surtout institué, ou du moins appliqué, contre ses justes réclamations. Cette immorale mystification suppose la soumission mentale des prolétaires, et ne tend qu'à éluder leurs vœux légitimes d'amélioration réelle en les détournant vers un avenir chimérique. Eux seuls peuvent donc et doivent rompre ce complot, encore plus ridicule qu'odieux, en se bornant à témoigner sans déguisement leur vraie situation intellectuelle, avec une énergie qui ne permette aux classes dirigeantes aucune méprise. Ils seront ainsi conduits à repousser tous les docteurs qui ne seraient point assez émancipés, ou qui conserveraient une adhésion quelconque à cette dissimulation systématique, sur laquelle s'appuient, depuis Robespierre, tous les rétrogrades, démagogiques ou monarchiques. A ceux qui conçoivent sincèrement notre vie sociale comme un exil passager, auquel chacun doit participer le moins possible, l'énergique sagesse du peuple répondra bientôt en les invitant, d'après leur propre principe, à abdiquer toute administration d'une économie étrangère à leur unique but.

83. — *Les prolétaires doivent également abandonner les idées métaphysiques.*

L'émancipation métaphysique de nos prolétaires est moins avancée, et pourtant aussi indispensable, que leur affranchissement théologique. Chez les populations préservées du protestantisme, les subtiles divagations qui aujourd'hui entravent tant l'esprit germanique ont, sans doute, obtenu peu de crédit. Mais le peuple conserve partout, même à Paris, un vicieux préjugé en faveur de l'instruction correspondante, quoiqu'il en soit heureusement dépourvu. Il importe beaucoup de rectifier maintenant cette dernière illusion de nos prolétaires, qui seule gêne désormais leur essor social. Elle repose d'abord sur une confusion trop fréquente entre l'instruction et l'intelligence, d'où la modestie populaire conclut que les hommes instruits sont seuls aptes à gouverner. Or, cette méprise, quoique très excusable, conduit souvent à choisir des guides incapables. Une meilleure appréciation de notre société apprendra au peuple que, malgré l'orgueil de nos lettrés et même de nos savants, c'est hors de leur sein que se trouvent aujourd'hui la plupart des esprits vraiment puissants, parmi ces praticiens si dédaignés, et quelquefois chez les plus illettrés prolétaires. On jugeait mieux au moyen âge, où, l'éducation l'emportant sur l'instruction, on savait admirer et utiliser la profonde sagesse réelle de chevaliers fort ignorants. La rectitude, la sagacité, et même la cohérence, sont, en général, des qualités très indépendantes de toute instruction, et leur culture résulte jusqu'ici beaucoup plus de la vie pratique que de l'apprentissage théorique. Quant à l'esprit d'ensemble, principale base de toute aptitude politique, on peut garantir aujourd'hui qu'il manque surtout aux classes lettrées.

84. — *Vénération aveugle des prolétaires pour les littérateurs et les avocats.*

Cette remarque conduit à apprécier, en second lieu, la principale source du grave préjugé que je reproche à nos prolétaires les plus émancipés. Il tient surtout, en effet, à leur confusion vicieuse entre toutes les sortes d'instruction. La déplorable confiance politique qu'ils accordent encore aux littérateurs et aux avocats montre que le prestige pédantocratique survit chez eux aux prestiges théologiques et monarchiques. Mais le cours naturel de notre existence républicaine ne tardera point à le dissiper aussi, d'accord avec l'influence systématique de la saine philosophie. L'instinct populaire sentira bientôt que l'exercice continu des talents d'expression, écrite ou orale, loin de constituer une garantie réelle d'aptitude à la conception, tend, au contraire, à nous rendre incapables de toute appréciation nette et décisive. Reposant sur une instruction dépourvue de tous véritables principes, il suppose ou entraine presque toujours l'absence totale de convictions fixes. Habiles à formuler les pensées d'autrui, la plupart des esprits ainsi cultivés deviennent finalement incapables de discerner le vrai du faux, envers les moindres sujets, même quand leur propre intérêt l'exige. Le peuple doit donc renoncer aujourd'hui à l'aveugle vénération qui l'entraine trop souvent à leur confier ses destinées sociales. Ce sentiment hiérarchique est sans doute indispensable au bon ordre ; mais il a besoin d'être mieux dirigé.

Ainsi conduits à examiner quelle doit être leur propre préparation mentale, et dès lors celle de leurs vrais organes, les prolétaires sentiront qu'elle consiste surtout à systématiser, par de saines études scientifiques, leur culture spontanée de l'esprit positif. Leurs travaux journaliers provoquent l'essor rudimentaire de la véritable méthode philosophique, et dirigent leur attention vers les principales lois naturelles. Aussi les prolétaires parisiens, type naturel du peuple occidental, sentent-ils mieux que la plupart de nos savants cette intime combinaison de la réalité avec l'utilité qui caractérise l'esprit positif. Leurs fonctions spéciales excitent beaucoup moins les besoins de généralité et de liaison. Mais elles laissent un loisir mental très propre à développer, sous ce rapport, les inclinations naturelles de tous les bons esprits. Toutefois, c'est surtout l'impulsion sociale qui bientôt fera sentir au peuple combien il lui importe de compléter et de coordonner ses conceptions réelles. Décidé maintenant à rectifier autant que possible un ordre vicieux, il comprendra la nécessité d'en connaître d'abord les véritables lois, comme envers toute autre économie extérieure. Il sentira ensuite qu'on ne peut bien apprécier ce qui est sans le rattacher, d'une part, à ce qui a été, d'une autre, à ce qui sera. Le besoin même de modifier le cours naturel des phénomènes sociaux lui fera désirer de connaître la suite de leurs antécédents et leurs tendances spontanées, afin d'y mieux éviter toute intervention vicieuse ou superflue. Ayant ainsi reconnu que l'art politique dépend, encore plus qu'aucun autre, de la science correspondante, l'esprit populaire sentira bientôt que cette science, loin d'être isolée, exige l'étude préalable de l'homme individuel et du monde extérieur. Dès lors, il aura remonté toute la hiérarchie élémentaire des conceptions positives, et reviendra systématiquement à la source où le placent spontanément ses occupations spéciales, essentiellement relatives à l'existence inorganique. Ce cours nécessaire de la raison prolétaire lui représentera bientôt la philosophie positive comme la seule qui convienne au peuple, soit pour la théorie, soit pour la pratique, puisqu'elle embrasse le même domaine avec la même destination, et qu'elle accorde la même prépondérance aux considérations sociales. L'instinct populaire sentira ainsi qu'une telle doctrine se borne à systématiser ce qui en lui reste spontané, et que cette coordination augmente beaucoup l'efficacité, publique et privée, de la morale et du bon sens, double base commune des deux sagesses, spéculative et active, désormais inséparables. Nos prolétaires rougiront alors d'avoir jamais confié les plus difficiles recherches à des esprits qui ne conçoivent pas même l'exacte différence entre un centimètre cube et un décimètre cube. D'une autre part, on doit peu craindre que les savants proprement dits, si respectés des classes moyennes, acquièrent maintenant beaucoup d'influence populaire. Ils sont antipathiques au peuple par leur indifférence réelle pour les grandes questions sociales, devant lesquelles s'effacent nécessairement leurs puérilités académiques. Leur empirique spécialité les rend incapables de satisfaire les justes exigences de ces naïves intelligences, qui, suivant la formule du grand Molière, aspirent toujours à avoir *des clartés de tout*. A mesure que la vaine ambition des savants actuels les pousse hors de leurs anciennes enceintes, la raison vulgaire s'étonne de constater combien leur régime si vanté a rétréci leur intelligence, sauf envers quelques questions peu étendues et rarement importantes. La saine philosophie dissipera cette surprise naturelle en expliquant comment cette sorte d'idiotisme académique dut résulter de la vicieuse prolongation d'un mode transitoire. Progressif pendant les trois derniers siècles, pour élaborer le long préambule scientifique de la rénovation philosophique projetée par Bacon et Descartes, ce régime provisoire a dû devenir rétrograde depuis que l'accomplissement de cette préparation permet la construction directe de la véritable science, nécessairement relative à l'Humanité. Loin de seconder aujourd'hui le principal essor de l'esprit moderne, il en entrave beaucoup, surtout en France, l'extension et la coordination décisives, comme l'avait admirablement pressenti la sagesse révolutionnaire de la Convention, quand elle osa supprimer l'Académie des sciences. Nos prolétaires ne tarderont pas à comprendre combien l'instinct politique de la grande assemblée fut alors heureux. On doit donc présumer qu'ils sauront retirer leur confiance aux esprits métaphysiques ou littéraires sans se livrer au mauvais esprit scientifique. Leur but social leur inspirera le besoin de généralité autant que celui de positivité. Tandis que la spécialité propre aux chefs industriels continuera de leur faire admirer nos savants, le peuple se trouvera politiquement entraîné vers les vrais philosophes, dont le très petit nombre actuel s'accroîtra bientôt d'après l'appel et même le recrutement prolétaires.

85. — *Le prolétaire doit se considérer comme étant un fonctionnaire public.*

Quant aux conditions morales de l'essor populaire, elles résultent surtout d'un actif sentiment de la dignité fondamentale du prolétariat combiné avec l'instinct de sa destination actuelle.

Sous le premier aspect, nos prolétaires peuvent se borner à se considérer moralement comme de vrais fonctionnaires publics, à la fois spéciaux et généraux. Un tel caractère ne doit d'ailleurs aucunement altérer leur mode actuel de rétribution privée, naturellement propre à tout service assez immédiat et assez circonscrit pour que son appréciation spéciale soit directe et habituelle. Il faut seulement compléter cette récompense individuelle de chaque acte par une juste gratitude sociale envers l'agent, comme nos mœurs le font déjà dans les professions dites libérales, où le salaire ne dispense point de la reconnaissance. C'est ainsi que la spontanéité républicaine de la Convention avait empiriquement devancé les indications systématiques de la saine philosophie pour caractériser la coopération populaire. Afin de sentir la dignité réelle de leurs travaux propres, il suffit aux divers prolétaires d'en supposer la suppression, ou même la suspension, qui troublerait aussitôt tout l'ordre élémentaire de l'existence moderne. Ils doivent aujourd'hui comprendre moins leur participation générale, principale source de l'opinion publique, et dès lors appui essentiel de l'autorité morale. Mais, suivant mes explications antérieures, cet office normal ressort tellement de leur nature et de leur situation, il est d'ailleurs si conforme à leurs besoins collectifs, que son appréciation leur deviendra bientôt familière, à mesure que le cours des événements en permettra, et même en exigera, l'application caractéristique. Ce sentiment graduel ne pourrait être gravement altéré que par un vicieux exercice de ce que les métaphysiciens nomment les droits politiques. Une telle préoccupation détournerait le peuple des questions morales relatives à l'usage du pouvoir pour le livrer aux vains débats qui en concernent la possession habituelle. Mais ce danger est peu redoutable, surtout en France, où l'instinct prolétaire n'est égaré par aucun fanatisme métaphysique. Les doctorales remontrances de nos idéologues, même officiels, n'empêcheront pas la sagesse populaire de sentir ailleurs sa vraie destination sociale. A la saturation actuelle de votes électoraux, succédera bientôt la désuétude volontaire d'une attribution illusoire, qui n'a plus même l'attrait du privilège. D'impuissants efforts pour concentrer l'attention du peuple sur les questions politiques proprement dites ne sauraient le détourner des véritables questions sociales, dont la solution réelle est surtout morale. Il ne laissera jamais réduire la grande révolution à de simples substitutions de personnes ou de coteries, ni même à des modifications quelconques dans la constitution du pouvoir central.

Ces dispositions du peuple en exigent d'équivalentes chez ceux qui aspirent à sa confiance spirituelle. Ils doivent, comme lui, placer les questions sociales au-dessus des simples questions politiques, et ils doivent, mieux que lui, apprécier la nature essentiellement morale des solutions correspondantes. Au fond, cela revient à prendre pour base normale de l'organisation moderne la séparation systématique des deux puissances élémentaires. Ce principe est tellement conforme aux vrais besoins populaires. Se bientôt le peuple en exigera l'admission de tous ses guides intellectuels. Pour mieux l'assurer, ils les obligera, sans doute, à abdiquer formellement toute prétention personnelle au pouvoir temporel, soit central, soit même local. Ainsi voués irrévocablement au sacerdoce de l'Humanité, les vrais philosophes inspireront plus de confiance à leurs alliés prolétaires, et aussi aux classes dirigeantes. Dispensée de l'application immédiate, la théorie sociale pourra prendre un libre essor, qui, loin d'être perturbateur, préparera dignement l'avenir normal, sans négliger la transition présente. En même temps, dégagée de vaines prétentions doctorales, la pratique ne conservera plus aucune affinité rétrograde avec des doctrines épuisées, et s'adaptera graduellement aux indications rénovatrices de l'esprit public, tout en accomplissant avec énergie son indispensable office matériel.

86. — *Le prolétaire ne doit rechercher ni la richesse ni les mandats politiques.*

Pour mieux convenir à leur destination, actuelle et finale, les mœurs populaires doivent seulement développer davantage leur caractère spontané. Cela exige surtout que l'instinct prolétaire se purifie de toute vaine ambition de grandeur ou de richesse personnelle. L'empirisme métaphysique réduirait volontiers la grande révolution à élargir au peuple l'accès habituel du pouvoir, politique ou civil, au delà des anciennes limites. Mais cette faculté, quoique indispensable à l'ordre final, est loin de satisfaire aux vraies conditions populaires, puisqu'elle ne comporte que des améliorations individuelles, qui ne changent pas le sort de la masse sociale, ou plutôt qui tendent souvent à l'empirer, par la désertion des membres les plus énergiques. La Convention seule a su comprendre dignement une telle influence. Elle seule sut honorer les prolétaires en tant que tels, dans leur office spécial, et dans leur participation générale à la vie publique, principale compensation de leur condition matérielle. Tous les chefs, rétrogrades ou stationnaires, qui lui ont succédé, ont tenté, au contraire, de les détourner du but social, en leur facilitant l'accès individuel des positions supérieures. L'aveugle routine des classes moyennes les a involontairement associés à cette politique corruptrice, en leur faisant prôner l'universelle imitation des habitudes d'épargne qui ne conviennent qu'à elles. Ces habitudes sont indispensables pour accumuler et administrer les capitaux ; elles doivent donc prévaloir dans la partie intermédiaire de l'organisme final. Mais elles seraient déplacées, et même funestes, partout ailleurs, là où l'existence matérielle dépend surtout d'un salaire quelconque. Les philosophes et les prolétaires doivent également repousser des mœurs qui tendent à dégrader leur caractère moral, sans améliorer ordinairement leur situation physique. Chez les uns et les autres, l'absence de toute grave responsabilité pratique, et le libre essor, tant public que privé, de la vie spéculative et affective, constituent les principales conditions du vrai bonheur. Malgré les publications de nos économistes sur l'efficacité sociale des caisses d'épargne, la saine philosophie justifiera pleinement les répugnances décisives de l'instinct populaire, qui y voit surtout une source continue de corruption morale, par la compression habituelle des sentiments généreux. Les empiriques déclamations contre les cabarets ne les empêcheront pas d'être jusqu'ici les seuls salons du peuple, qui va y cultiver une sociabilité beaucoup plus recommandable que l'égoïste fréquentation des lieux de dépôt. Quant aux vrais dangers personnels de cette sage imprévoyance, la civilisation les diminue toujours, sans ôter au prolétaire le caractère qui constitue à la fois son principal mérite et sa plus précieuse consolation. Cette rectification résulte surtout d'un essor croissant des affections et des pensées. En appelant dignement le peuple à la vie publique, le régime positif saura faire du club le meilleur correctif du cabaret. Sous ce rapport, les mœurs philosophiques ont aujourd'hui besoin de suivre les généreuses inspirations de l'instinct populaire. Toute avidité pécuniaire, comme toute ambition temporelle, deviendra bientôt une source légitime de suspicion envers ceux qui, aspirant au gouvernement spirituel de l'humanité, indiqueraient ainsi au peuple leur insuffisance morale, ordinairement liée à une secrète impuissance mentale.

Le pouvoir moral des philosophes assistés des prolétaires est surtout destiné, dans l'économie positive, à modifier sans cesse, par une juste répartition de l'estime, le classement social, où doit toujours prévaloir la prépondérance matérielle. En respectant la subordination des offices, on jugera ainsi chaque fonctionnaire, suivant la valeur propre de son esprit et de son cœur, en fuyant l'anarchie autant que la servilité. Rien ne saurait empêcher le peuple de reconnaître même que les vraies qualités indispensables aux divers postes pratiques sont fort au-dessous de la prépondérance temporelle qu'ils procurent. Il sentira de plus en plus que la véritable félicité humaine n'y est point attachée, et qu'elle peut appartenir davantage à sa modeste condition, sauf chez les êtres exceptionnels qui doivent aspirer au commandement, d'après une organisation, plutôt funeste que favorable, que notre sagesse collective applique seule au bien commun. Les vrais prolétaires, comme les vrais philosophes, cesseront bientôt d'envier une grandeur inévitablement assujettie à une grave responsabilité. Quand cette compensation ne sera plus illusoire, le peuple reconnaîtra que tout l'art social est dirigé vers sa juste satisfaction continue, d'après l'actif concours de ses chefs spirituels avec ses chefs temporels. Dès lors, il ne désirera ni la célébrité achetée par de pénibles méditations habituelles, ni la puissance chargée de constants soucis. En laissant surgir librement d'indispensables vocations théoriques et pratiques, la masse sociale pourra se féliciter d'une situation conforme à notre constitution ordinaire, qui lie surtout le bonheur réel à l'exercice modéré du sentiment, de la raison, et de l'activité. L'urgence matérielle étant écartée, chacun cherchera la juste rétribution de sa bonne conduite dans l'estime durable, même posthume, de la portion de l'humanité qui a pu l'apprécier. En un mot, la qualification, conservée par une fausse modestie, mais émanée d'un instinct anticipé de la réalité sociale, caractérisera de plus en plus tous les fonctionnaires supérieurs comme les serviteurs involontaires de leurs subordonnés volontaires. Sans aucune utopie, la société positive se trouvera tellement organisée que ses chefs, théoriques ou pratiques, au milieu de leurs avantages personnels, regretteront souvent de n'être pas nés ou restés prolétaires. Pour les grandes âmes, la prééminence temporelle ou spirituelle n'a jamais procuré de solide satisfaction que par un essor plus complet du sentiment social, d'après une meilleure participation au bien commun. Or, le principal mérite de l'ordre final consistera à rendre habituellement accessible à tous cette heureuse liaison de la vie privée à la vie publique, en assurant au moindre citoyen une influence sociale, non pas impérative, mais consultative, toujours proportionnée à son zèle et à son mérite.

Tous les aperçus propres à cette troisième partie confirment son indication initiale sur l'aptitude nécessaire du prolétariat à constituer le principal appui, non seulement du système définitif, mais aussi de notre régime provisoire, qui, ainsi conçu, différera le moins possible de l'état normal qu'il doit préparer. Les principales conditions que j'ai assignées à cette politique de transition, en terminant la seconde partie, trouvent leur meilleure garantie dans les dispositions naturelles du peuple occidental, surtout en France. Nos chefs temporels doivent plutôt suivre sagement les tendances populaires que prétendre à les diriger : car elles sont spontanément conformes à nos vrais besoins actuels, soit de liberté, soit d'ordre public.

87. — *Liberté d'association et liberté d'enseignement.*

La liberté d'examen et d'exposition, que la France possède avec une plénitude ailleurs impossible, repose principalement sur l'émancipation mentale de nos prolétaires, surtout parisiens. Ils se sont affranchis de toute théologie, sans accepter aucune métaphysique. Mais leur absence totale de convictions systématiques se concilie admirablement avec une soumission d'esprit qui les dispose à accueillir celles où la réalité et l'utilité se trouveraient assez combinées. Toutes les autres classes actuelles seraient volontiers oppressives, pour imposer des doctrines incapables de résister à la discussion. C'est du peuple seul que les vrais philosophes doivent attendre la consolidation et l'extension d'une liberté indispensable à leur office. Mais aucune garantie légale ne saurait inspirer autant de sécurité que cette heureuse garantie morale. Quelles que puissent jamais être les velléités rétrogrades ou stationnaires de certains chefs ou partis, nulle oppression réelle n'est possible avec une telle population. C'est le titre le plus décisif pour confirmer à la France sa présidence naturelle de la grande élaboration occidentale. Les dispositions populaires surmonteront bientôt les répugnances qu'excite encore l'indispensable extension de notre liberté à l'association et à l'enseignement. Une population aussi sociable ne se laissera pas ôter définitivement les libres réunions habituelles où elle peut à la fois satisfaire ses goûts dominants et surveiller ses principaux intérêts. Son besoin profondément senti d'une instruction réelle, que les métaphysiciens et les théologiens sont également incapables de lui donner, la poussera de plus en plus à seconder, avec une irrésistible énergie, la vraie liberté d'enseignement, dont les conditions essentielles seraient longtemps éludées sans un tel appui.

Quant à l'ordre public, la garantie populaire n'y est pas moins nécessaire, au dedans comme au dehors. La paix dépend autant que la liberté de la disposition fondamentale de nos prolétaires.

88. — *Les prolétaires et la guerre.*

C'est surtout à leur énergique répugnance pour la guerre que l'Occident doit aujourd'hui son admirable tranquillité. Les vains regrets des divers partis rétrogrades sur la décadence de l'esprit militaire sont moins expressifs que l'institution indispensable, d'abord française, puis occidentale, du recrutement forcé, qui indique naïvement nos mœurs véritables. Malgré de factices déclamations, il faut bien reconnaître ainsi que, dans nos armées, les officiers sont seuls volontaires. Aucune classe, d'ailleurs, ne participe moins que les prolétaires aux préventions nationales qui, quoique très affaiblies déjà, divisent encore la grande famille occidentale. Elles sont plus actives chez les classes moyennes surtout à raison des rivalités industrielles qui s'y rattachent. Aux yeux prolétaires, elles s'effacent partout devant la similitude fondamentale des penchants et des situations. Cette heureuse conformité prendra bientôt une consistance décisive par l'essor universel de la grande question sociale que le peuple soulève aujourd'hui pour obtenir enfin sa digne incorporation à l'ordre moderne. Nulle aberration, militaire ou industrielle, n'empêchera plus un tel intérêt de maintenir, par son uniforme prépondérance, l'harmonie générale de l'Occident.

89. — *Pendant la période transitoire, le pouvoir politique doit être centralisé.*

A la vérité, ces puissantes émotions sociales sont moins favorables à l'ordre intérieur qu'à la paix extérieure. Mais les justes alarmes propres à notre anarchie spirituelle ne doivent pas empêcher de reconnaître aussi les garanties spontanées que nous offrent, même à cet égard, les vraies tendances populaires. C'est surtout du peuple qu'on doit attendre la prépondérance du pouvoir central sur le pouvoir local, ci-dessus jugée indispensable à l'ordre public. Sous la seule condition de ne susciter aucune crainte de rétrogradation, le gouvernement proprement dit obtiendra facilement son appui contre une assemblée où prévaudront presque toujours des tendances anti-prolétaires. Entre ces deux branches du pouvoir temporel, l'instinct populaire préfère spontanément celle dont le caractère plus pratique et l'efficacité moins équivoque correspondent mieux à ses vœux essentiels. De vaines discussions constitutionnelles peuvent convenir aux ambitieux des classes moyennes, en facilitant leur avènement politique. Mais cette stérile agitation inspire peu d'intérêt, et souvent un juste mépris, au peuple qui n'en saurait profiter, et dont elle tend à éluder les réclamations légitimes, en augmentant l'instabilité du seul pouvoir capable d'y satisfaire. La prédilection populaire est donc assurée à toute administration qui saura la mériter, surtout en France, où les passions politiques sont déjà effacées sous l'irrévocable ascendant des questions sociales. En consolidant le pouvoir central, l'appui des prolétaires doit aussi en améliorer beaucoup le caractère habituel ; car il le dépouillera de toute vaine prétention théorique, pour le réduire à sa vraie destination pratique. Sous tous ces aspects, les vœux systématiques des philosophes seront beaucoup secondés désormais par l'influence spontanée de leurs alliés prolétaires.

Pour mieux caractériser cette salutaire intervention du peuple dans la politique actuelle, je dois ajouter une dernière indication sur la source propre à fournir un pouvoir central capable de diriger la transition temporelle jusqu'à la cessation de l'interrègne spirituel.

L'heureuse équivoque que présente, surtout en français, le mot *peuple,* rappelle sans cesse que les prolétaires ne forment point une véritable classe, mais constituent la masse sociale, d'où émanent, comme autant d'organes nécessaires, les diverses classes spéciales. Depuis l'extinction des castes, dont la royauté fut le dernier vestige, c'est parmi les prolétaires que se recrutent essentiellement nos chefs temporels. L'état normal exige seulement que ces nouvelles puissances ne deviennent pas directement publiques, sans avoir exercé d'abord, dans les travaux privés, une autorité pratique indispensable à leur éducation politique. En tout régime régulier, le gouvernement proprement dit ne peut être qu'une expansion de la prépondérance civile. C'est pourquoi l'ordre final des sociétés modernes assure le pouvoir temporel aux principaux chefs des travaux industriels. Quoiqu'ils y semblent encore impropres, ils ne tarderont pas à l'obtenir, à mesure que la réorganisation spirituelle les en rendra plus dignes, et leur en facilitera d'ailleurs l'exercice en simplifiant son caractère, dès lors purement pratique.

Néanmoins, aucune de ces deux conditions ne se trouve assez remplie aujourd'hui pour permettre l'accès habituel du pouvoir temporel à ceux qui en deviendront finalement les organes réguliers. Ils peuvent y bien remplir déjà les divers offices spéciaux, comme nous l'avons récemment vu, même envers les fonctions qui paraissent les plus étrangères aux aptitudes industrielles. Mais, quant à remplacer la royauté dans son office central, ces classes en sont maintenant incapables, sauf des exceptions personnelles, que rien n'annonce aujourd'hui, et dont ne doit pas dépendre notre régime provisoire. L'élévation des vues et des sentiments leur manquent trop jusqu'ici pour leur permettre maintenant une telle ascension politique. D'ailleurs, hors de l'industrie, cette double condition de la suprématie pratique ne se trouve pas, en général, mieux remplie. Elle l'est beaucoup moins chez les savants, principalement en France où le régime académique a tellement rétréci l'esprit, desséché le cœur et énervé le caractère, que la plupart d'entre eux sont inhabiles à la vie réelle, et surtout indignes du moindre commandement, même scientifique.

90. — *Par exception et pendant la durée de la période transitoire, le gouvernement doit être confié à des prolétaires.*

Cette inaptitude sociale de nos diverses classes spéciales oblige à satisfaire autrement une telle exigence révolutionnaire, en s'adressant là où l'esprit d'ensemble se trouve moins comprimé et le sentiment du devoir mieux cultivé. La saine théorie historique me conduit à déclarer, sans hésitation, que nos prolétaires peuvent seuls fournir habituellement de dignes possesseurs du suprême pouvoir temporel, jusqu'à la terminaison de l'interrègne spirituel, c'est-à-dire pendant une génération au moins.

En écartant tout prestige peu démocratique ou aristocratique, un examen rationnel montre aisément, d'après les indications initiales de cette troisième partie, que, chez le peuple, la généralité des pensées et la générosité des sentiments sont plus faciles et plus directes que partout ailleurs. Un défaut ordinaire de notions et d'habitudes administratives rendrait nos prolétaires peu propres aux divers offices spéciaux du gouvernement pratique. Mais il n'en résulte aucune exclusion quant à l'autorité suprême, ni envers toutes les hautes fonctions temporelles qui exigent une vraie généralité sans supposer aucune spécialité. Quand ces postes éminents seront occupés par de dignes prolétaires, leur sage et modeste instinct saura bien trouver des organes convenables, au sein des classes qui les ont fournis jusqu'ici. Leur salutaire prépondérance assurant désormais le caractère pratique et l'esprit progressif du gouvernement, ils pourront utiliser sans danger toutes les aptitudes spéciales, même celles qui, placées trop haut, répugneraient le plus au service républicain. Tous les éléments temporels propres aux diverses phases modernes fourniront ainsi d'heureux auxiliaires de notre transition finale, surtout parmi les militaires et les juges, aisément susceptibles d'une sincère transformation républicaine, sous cette puissante impulsion prolétaire. Pendant qu'une telle suprématie rassurera et calmera la masse populaire, sans exiger aucune grave compression habituelle, elle réagira sur les chefs industriels de manière à les rendre de plus en plus dignes de leur finale élévation temporelle, à mesure que leurs sentiments s'épureront et que leurs vues s'élargiront.

Ainsi, les conditions de la liberté et celles de l'ordre public vont concourir à transférer révolutionnairement le pouvoir central à quelques éminents prolétaires, tant que durera l'interrègne spirituel. Leur avènement nécessaire ne répandra point chez leurs frères une ambition perturbatrice, comme celle qu'y excite aujourd'hui l'ardeur des richesses ; car tous sentiront aisément la nature exceptionnelle et les conditions indispensables de cette rare grandeur.

La destination d'une telle anomalie politique détermine aussi son mode d'accomplissement. Il faut, en effet, l'affranchir de cette routine intéressée qui, pendant la dernière génération, fit du pouvoir local une sorte d'apprentissage obligatoire pour le pouvoir central, quoique celui-ci fût toujours le vrai but des ambitions parlementaires. Une irrécusable expérience a trop confirmé, sous ce rapport, les saines indications théoriques, qui représentent un tel mode comme ne pouvant laisser surgir que de vains discoureurs, dépourvus de toute véritable aptitude politique, suivant le type girondin. Outre que nos prolétaires seraient peu propres à triompher ainsi, on doit assurer que, s'ils avaient le malheur d'y parvenir, ils y perdraient la rectitude et la spontanéité qui constituent aujourd'hui leurs vrais titres à ce commandement exceptionnel.

C'est donc d'emblée, et sans aucun circuit parlementaire, que nos chefs prolétaires devront monter au poste temporaire que leur assigne le positivisme. Notre marche directe vers la régénération finale pourra dès lors prendre nettement son vrai caractère, autant paisible qu'énergique, par le concours, spontané et systématique, de philosophes purs de toute ambition temporelle avec des dictateurs étrangers à toute tyrannie spirituelle. La raison publique flétrira désormais, comme étant à la fois perturbateur et arriéré, tout docteur qui prétendra commander et tout gouverneur qui voudrait enseigner. En un mot, notre gouvernement révolutionnaire aura subi l'intime transformation qu'eût exigée celui de la Convention, si cette admirable création politique avait pu, suivant l'intention officielle, durer jusqu'à la paix générale.

Tel est le pacte définitif entre les vrais philosophes et les vrais prolétaires, pour diriger la terminaison organique de la grande révolution, par un sage prolongement du régime propre à la Convention, en s'efforçant d'oublier toutes les traditions empiriques de ses divers successeurs, rétrogrades ou stationnaires. L'esprit d'ensemble et le sentiment social dominent également les deux éléments de cette combinaison fondamentale, garantie nécessaire de la présente transition, et gage certain de l'avenir normal. Si l'un d'eux en constitue le représentant spontané, l'autre en doit devenir l'organe systématique. Les lacunes théoriques de nos prolétaires seront aisément réparées par les philosophes, qui, sous l'irrésistible invocation de la sociabilité, leur imposeront l'étude de la saine théorie historique, sans laquelle la solidarité humaine ne serait sentie que dépourvue de sa perpétuité caractéristique. Quoique l'insuffisance morale des philosophes actuels offre plus d'obstacles aux prolétaires, la réaction populaire s'y trouvera assistée de hautes convictions sur l'universelle prépondérance du cœur, propres à surmonter le vain orgueil qui troublerait le concert rénovateur.

QUATRIÈME PARTIE

INFLUENCE FÉMININE DU POSITIVISME

---

91. — *La femme, élément affectif de la société, doit devenir le suprême régulateur humain.*

Quelque ascendant que l'active adhésion des prolétaires doive procurer à l'influence sociale des philosophes, l'impulsion régénératrice exige encore un troisième élément, indiqué par la vraie théorie de la nature humaine, et confirmé par la saine appréciation historique de la grande crise moderne.

Notre constitution morale ne se compose pas seulement de la raison et de l'activité, que représentent respectivement les deux éléments philosophique et populaire. Elle est aussi caractérisée par le sentiment, où réside même son principe prépondérant, suivant la théorie exposée au début de ce Discours. Or, ce moteur suprême, seule base réelle de l'unité humaine, ne se trouve point représenté d'une manière assez directe ni assez complète dans l'alliance fondamentale que nous venons de caractériser entre les philosophes et les prolétaires.

Sans doute, le sentiment social dominera l'essor décisif de chacune de ces deux puissances. Mais sa source n'y est point assez pure ni assez intime pour que son efficacité pût y suffire à sa destination, sans une inspiration plus spontanée et mieux soutenue.

La sociabilité des nouveaux philosophes aura beaucoup de consistance, en tant que liée à des convictions systématiques : mais sa propre rationalité amortirait trop son énergie, si une impulsion moins réfléchie ne venait habituellement la ranimer. Quoique leur noble office public doive bientôt imprimer à leurs sentiments une activité inconnue aux penseurs abstraits, cette excitation collective ne peut dispenser d'émotions privées. Même ce que leurs mœurs gagneront au commerce des prolétaires ne saurait suffire pour compenser les lacunes ordinaires de l'organisation spéculative.

D'un autre côté, si les affections propres au peuple sont plus spontanées et plus énergiques que celles des philosophes, elles ont, en général, moins de persévérance et de pureté. Leur destination active ne leur permet pas d'être assez désintéressées ni assez fixes. Tous les avantages moraux inhérents à la systématisation de l'élément populaire seraient incapables d'y compenser les stimulations égoïstes d'une situation exigeante, sans l'assistance naturelle d'émotions plus douces et plus constantes. En dispensant les prolétaires de formuler leurs griefs ou leurs vœux, les philosophes n'en peuvent transformer l'inévitable personnalité.

Ainsi l'alliance nécessaire qui dirigera notre réorganisation manque encore d'une suffisante représentation du suprême régulateur humain. Il n'y peut dignement entrer que d'après un élément qui lui soit directement propre, comme l'élément philosophique l'est à la raison et l'élément populaire à l'activité. Tel sera le motif fondamental de l'indispensable adjonction des femmes à la coalition rénovatrice, aussitôt que ses tendances et ses besoins deviendront assez appréciables. Ce troisième élément permettra seul à l'impulsion organique de prendre son vrai caractère définitif, en y assurant spontanément la subordination continue de la raison et de l'activité à l'amour universel, de manière à prévenir autant que possible les divagations de l'une et les perturbations de l'autre.

Si son incorporation offre au positivisme un moyen indispensable, elle lui présente aussi un devoir inévitable, pour compléter l'ensemble du mouvement moderne, auquel les femmes sont jusqu'ici restées trop étrangères..

92. — *La femme et les idées modernes.*

La révolution n'a pu encore leur inspirer que des sympathies individuelles, sans aucune adhésion collective, d'après le caractère essentiellement négatif propre à sa première partie. C'est surtout au moyen âge qu'elles continuent à rapporter leurs prédilections sociales. Or, cette préférence n'est pas seulement due, comme on le croit, à leurs justes regrets sur la décadence des mœurs chevaleresques. Sans doute, le moyen âge leur offre l'unique époque où le culte de la femme ait été dignement organisé. Mais un motif plus intime et moins intéressé détermine surtout leur attrait spontané pour ces beaux souvenirs. L'élément le plus moral de l'humanité doit préférer à tout autre le seul régime qui érigea directement en principe la prépondérance de la morale sur la politique. Telle est, j'ose l'assurer, la source secrète des principaux regrets qu'inspire encore aux femmes l'irrévocable décomposition du système social propre au moyen âge.

Sans qu'elles dédaignent les divers progrès spéciaux que l'humanité doit au mouvement moderne, ils ne sauraient compenser, à leurs yeux, la rétrogradation générale que leur semble indiquer une vicieuse tendance à rétablir l'antique suprématie de la politique sur la morale. La nécessité passagère d'une telle aberration, correspondante à la dictature temporelle qu'exigea l'imperfection de la spiritualité catholique, doit être peu appréciée, faute d'une vraie théorie historique, par des esprits presque étrangers à la vie active. C'est donc à tort que les femmes ont été souvent taxées de tendance rétrograde, en vertu de ces nobles regrets. Elles seraient mieux fondées à nous adresser un tel reproche, pour notre aveugle admiration du régime grec ou romain, tant placé encore au-dessus de l'organisation catholico-féodale. Mais une telle erreur doit surtout sa persistance à une absurde éducation, dont les femmes sont heureusement préservées.

Quoi qu'il en soit, ces dispositions féminines représentent naïvement la principale condition de notre vraie régénération, le besoin de rétablir la subordination systématique de la politique à la morale, sur une base plus directe, plus étendue, et plus durable que celle du moyen âge. Le culte de la femme constitue dès lors un résultat caractéristique d'un tel régime. Voilà donc à quel prix le mouvement rénovateur obtiendra l'intime adhésion des femmes. Un tel programme ne doit sembler rétrograde qu'aux philosophes incapables d'y satisfaire.

Les femmes ne repoussent donc pas la révolution, mais seulement le sentiment anti-historique qui domina sa première partie, où l'aveugle réprobation du moyen âge choquait leurs principales sympathies. Pouvaient-elles accueillir un régime métaphysique qui semblait placer surtout le bonheur humain dans l'exercice habituel des droits politiques, pour lesquels aucune utopie ne leur inspirera jamais un véritable attrait? Mais elles sympathisent profondément avec les justes réclamations populaires qui caractérisent le but essentiel de la grande crise. Leurs vœux spontanés seconderont toujours les efforts directs des philosophes et des prolétaires pour transformer enfin les débats politiques en transactions sociales, en faisant dignement prévaloir les devoirs sur les droits. Si elles regrettent leur douce influence antérieure, c'est surtout comme s'effaçant aujourd'hui sous un grossier égoïsme, qui n'est plus modifié par l'enthousiasme révolutionnaire. Toutes les répugnances qu'on leur reproche concourent donc à faire mieux ressortir la nécessité fondamentale de dissiper enfin l'intime anarchie morale et mentale d'où émanent tous les sujets essentiels de leurs justes récriminations.

93. — *Le positivisme donne satisfaction aux vœux légitimes de la femme.*

Afin que les femmes s'associent pleinement à la révolution, il suffit aujourd'hui qu'elle tende directement vers sa destination organique, sans prolonger vicieusement son préambule négatif, dont elles ne pouvaient assez comprendre la nécessité pour en excuser les aberrations. Il faut que cette crise finale, loin de repousser toute solidarité avec le moyen âge, se présente, suivant son vrai caractère historique, comme venant réaliser, sur de meilleures bases, l'universelle prépondérance qui fut alors conférée à la morale. En un mot, le positivisme doit leur faire aimer la seconde partie de la révolution, en fondant nos mœurs républicaines sur le sentiment chevaleresque.

C'est uniquement ainsi que se complètera l'impulsion régénératrice, qui resterait insuffisante sans l'intime concours de l'élément humain qui représente le mieux le principe fondamental du régime définitif, la prépondérance de la sociabilité sur la personnalité. Les philosophes peuvent seuls donner à ce principe une consistance vraiment systématique, qui le préservera de toute sophistique altération. Son énergique activité ne saurait émaner que des prolétaires, sans lesquels son application serait presque toujours éludée. Mais les femmes doivent seules lui procurer une entière pureté, exempte à la fois de réflexion et d'oppression. Ainsi instituée, l'alliance rénovatrice offrira l'image anticipée de l'état normal de l'humanité, et le type vivant de notre propre nature.

Si la nouvelle philosophie ne pouvait obtenir un tel appui, elle devrait renoncer à remplacer totalement la théologie dans son ancien office social. Mais la théorie fondamentale exposée au début de ce Discours garantit déjà l'aptitude féminine du positivisme, encore plus directement que son efficacité populaire. Car, son principe universel, sa manière de concevoir et de traiter le grand problème humain, n'offrent qu'une consécration systématique des dispositions qui caractérisent spontanément les femmes. A ce sexe, comme au peuple, il ouvre une noble carrière sociale en même temps qu'il assure de justes satisfactions personnelles.

En l'un et l'autre cas, ces propriétés générales, loin d'être aucunement accidentelles, constituent la suite nécessaire de la réalité qui distingue la nouvelle philosophie fondant toujours son libre ascendant sur l'exacte appréciation de ce qui est. D'empiriques préventions ne sauraient longtemps empêcher les femmes de sentir que le positivisme satisfera mieux que le catholicisme à tous les besoins, non seulement intellectuels, mais surtout moraux et sociaux, qui les rattachent encore à un régime dont leur judicieuse sagacité ne se dissimule point la décrépitude. Ces préjugés résultent aujourd'hui d'une confusion très excusable entre la saine philosophie et son préambule scientifique. La sécheresse si justement reprochée aux savants se trouve ainsi imputée aux nouveaux philosophes, dont l'esprit a dû suivre d'abord un semblable régime. Mais l'injustice de cette extension deviendra manifeste quand le contact s'établira. Les femmes reconnaîtront alors que le danger moral de nos études scientifiques tient surtout à leur spécialisation dispersive et empirique, qui repousse toujours le point de vue social. Elles sentiront ainsi qu'une telle influence ne saurait s'étendre à l'initiation philosophique, même spontanée, où ces diverses études ne constituent qu'une suite indispensable d'échelons préliminaires pour s'élever dignement aux théories sociales, afin de mieux appliquer toute notre existence au perfectionnement universel. Une préparation toujours rapportée à cet unique but ne sera plus confondue par le tact féminin avec une vie entièrement vouée aux puérilités académiques. Au reste, l'ensemble de ce Discours suffirait pleinement pour dispenser, à cet égard, de toute explication préalable.

94. — *La femme ne doit pas commander. Elle doit modifier l'homme par l'affection et le conseil.*

Dans le régime positif, la destination sociale des femmes devient aussitôt une suite nécessaire de leur vraie nature.

Ce sexe est certainement supérieur au nôtre, quant à l'attribut le plus fondamental de l'espèce humaine, la tendance à faire prévaloir la sociabilité sur la personnalité. A ce titre moral, indépendant de toute destination matérielle, il mérite toujours notre tendre vénération, comme le type le plus pur et le plus direct de l'Humanité, qu'aucun emblème ne représentera dignement sous forme masculine. Mais une telle prééminence naturelle ne saurait procurer aux femmes l'ascendant social qu'on a quelquefois osé rêver pour elles, quoique sans leur aveu. Car leur supériorité directe, quant au but réel de toute l'existence humaine, se combine avec une infériorité non moins certaine quant aux divers moyens de l'atteindre. Pour tous les genres de force, non seulement de corps, mais aussi d'esprit et de caractère, l'homme surpasse évidemment la femme, suivant la loi ordinaire du règne animal. Or, la vie pratique est nécessairement dominée par la force, et non par l'affection, en tant qu'elle exige sans cesse une pénible activité. S'il ne fallait qu'aimer, comme dans l'utopie chrétienne sur une vie future affranchie de toute nécessité matérielle, la femme régnerait. Mais il faut surtout agir et penser, pour lutter contre les rigueurs de notre vraie destinée ; dès lors, l'homme doit commander, malgré sa moindre moralité. Dans toute grande opération, le succès dépend plus de l'énergie et du talent que du zèle, quoique cette troisième condition réagisse beaucoup sur les deux autres.

Tel est le défaut naturel d'harmonie générale entre les trois parties de notre constitution morale, qui condamne les femmes à modifier par l'affection le règne spontané de la force. Le juste instinct de leur supériorité affective leur inspire ordinairement des désirs de domination, qu'une critique superficielle attribue trop souvent à des penchants égoïstes. Mais l'expérience leur rappelle toujours que, dans un monde où les biens indispensables sont rares et difficiles, l'empire appartient nécessairement au plus puissant, et non pas au plus aimant, qui pourtant en serait plus digne. Ce conflit continu aboutit seulement à une modification permanente de la prépondérance masculine. L'homme s'y prête d'autant mieux, indépendamment de toute sensualité, qu'une secrète appréciation lui indique la supériorité naturelle de la femme quant au principal attribut de l'humanité. Il sent que son propre empire tient surtout aux exigences de notre situation, qui nous impose toujours des opérations difficiles, où l'égoïsme agit davantage que la sociabilité. C'est ainsi que, dans toutes les sociétés humaines, la vie publique appartient aux hommes, et l'existence des femmes est essentiellement domestique. Loin d'effacer cette diversité naturelle, la civilisation la développe sans cesse, en la perfectionnant comme je l'indiquerai ci-dessous.

De là résulte la similitude fondamentale de la condition sociale des femmes avec celle des philosophes et des prolétaires ; de manière à expliquer la solidarité nécessaire entre ces trois éléments indispensables du pouvoir modérateur.

Envers les philosophes, l'analogie provient de ce que la même fatalité, qui empêche les femmes de prévaloir en vertu de leur supériorité affective, prive encore plus les penseurs de la domination qu'ils croient due à leur prééminence théorique. Si nos besoins matériels étaient plus faciles à satisfaire, la prépondérance pratique entraverait moins la puissance intellectuelle. Mais, dans cette hypothèse, la suprématie conviendrait davantage à l'élément féminin. Car notre raison se développe surtout pour éclairer l'activité ; son essor propre est peu sollicité par notre constitution cérébrale. L'amour seul conserverait alors son inaltérable spontanéité. Ainsi, l'empire du monde réel appartient encore moins aux êtres pensants qu'aux êtres aimants, quoique l'orgueil doctoral soit moins résigné que la vanité féminine. Malgré ses prétentions, la force intellectuelle n'est pas, au fond, plus morale que la force matérielle. Chacune d'elles ne constitue qu'un moyen, dont la moralité dépend de son emploi. Il n'y a de directement moral, dans notre nature, que l'amour, qui seul tend immédiatement à faire prévaloir la sociabilité sur la personnalité. Si donc l'amour ne peut dominer, à quel titre l'esprit régnerait-il ? Toute suprématie pratique appartient à l'activité. La raison est ainsi réduite, encore plus que le sentiment, à modifier la vie réelle. Voilà comment l'élément philosophique se trouve exclu du pouvoir directeur, au moins autant que l'élément féminin. Dans sa vaine lutte pour régner, l'esprit n'aboutit jamais qu'à modifier. L'impossibilité de prévaloir devient même la source de sa moralité indirecte, que corromprait sa chimérique domination. Il peut améliorer beaucoup l'ordre spontané, mais à la condition de le respecter toujours. Son aptitude systématique le destine à lier entre eux tous les éléments sociaux que leur nature dispose aussi à modifier heureusement la prépondérance matérielle. C'est ainsi que l'influence féminine devient l'auxiliaire indispensable de tout pouvoir spirituel, comme le moyen âge l'a tant montré.

Sa solidarité naturelle avec l'élément populaire se caractérisera en complétant cette analyse sociologique de la puissance morale.

D'abord purement affective, la force modératrice devient ensuite rationnelle, quand l'esprit s'y rallie, faute de pouvoir régner. Il ne lui reste alors qu'à devenir active, par l'accession spontanée de la masse prolétaire. Or, ce complément indispensable résulte de ce que le peuple, quoique formant la base nécessaire du pouvoir pratique, demeure autant étranger que les deux autres éléments au gouvernement politique.

La force proprement dite, celle qui régit les actes sans régler les volontés, émane de deux sources très distinctes, le nombre et la richesse. Quoique réputé plus matériel que l'autre, le premier élément comporte, au fond, plus de moralité, parce que, résulté d'un concours, il suppose une certaine convergence de sentiments et de pensées, moins compatible avec la prépondérance de l'égoïsme que le pouvoir immédiat de la fortune. Mais, à ce titre même, sa nature est trop indirecte et trop précaire pour qu'il puisse habituellement prévaloir. Il se trouve exclu du gouvernement politique et réduit à l'influence morale, par une dernière conséquence de la nécessité matérielle qui impose une pareille situation sociale aux femmes et aux philosophes. La prépondérance fondamentale des besoins corporels procure un ascendant immédiat à la richesse, en tant qu'elle fournit les moyens d'y satisfaire. Car les riches sont les dépositaires naturels des matériaux élaborés par chaque génération pour faciliter l'existence et préparer les travaux de la suivante. Ainsi, chacun d'eux condense spontanément un pouvoir pratique contre lequel aucune multitude ne saurait prévaloir que dans des cas exceptionnels. Cette nécessité se manifeste même chez les peuples militaires, où l'influence numérique, quoique plus directe, affecte seulement le mode d'acquisition. Mais l'état industriel, où la violence cesse d'être une source habituelle de richesse, rend surtout sensible une telle loi sociale. Loin de diminuer par le progrès de la civilisation, son influence naturelle augmente nécessairement, à mesure que l'accroissement continu des capitaux multiplie les moyens de faire subsister ceux qui ne possèdent rien. C'est seulement en ce sens que restera toujours vraie la maxime immorale de l'antiquité : *Paucis nascitur humanum genus*. Ainsi privée de la puissance politique, la masse prolétaire devient de plus en plus, chez les modernes, un élément indispensable de la puissance morale, comme l'a expliqué la troisième partie de ce Discours. Sa moralité, encore plus indirecte que celle de l'élément philosophique, suppose davantage la subalternité pratique. Quand le gouvernement passe, par exception, à la multitude, c'est la richesse qui prend, contre sa nature, une sorte de moralité, d'après son aptitude à tempérer une prépondérance alors violente. Nous avons ci-dessus reconnu que les éminentes qualités, de cœur et d'esprit, propres aux prolétaires modernes, résultent surtout de leur position sociale. Elles s'altéreraient beaucoup si l'autorité pratique inhérente à la richesse se trouvait habituellement transférée au nombre.

95. — *L'action combinée des philosophes, des prolétaires et des femmes constitue la force morale.*

Telle est, en aperçu, la théorie positive de la force morale destinée à modifier le règne spontané de la force matérielle, par le concours nécessaire des trois éléments sociaux qui restent extérieurs à l'ordre politique proprement dit. De cette combinaison fondamentale résulte notre principale ressource pour résoudre, autant que possible, le grand problème humain, la prépondérance habituelle de la sociabilité sur la personnalité. Les trois éléments naturels de ce pouvoir modérateur lui procurent chacun des qualités indispensables. Sans le premier, il manquerait de pureté et de spontanéité ; sans le second, de constance et de sagesse ; sans le dernier, d'énergie et d'activité. Quoique l'élément philosophique ne soit ni le plus direct ni le plus efficace, c'est pourtant lui qui caractérise un tel pouvoir, parce que seul il en systématise la constitution et en éclaire l'exercice, suivant les vraies lois de l'existence sociale. A ce titre d'organe systématique de la force modératrice, la puissance spirituelle lui a imposé son propre nom. Mais une telle dénomination tend à suggérer une fausse idée de la nature d'un pouvoir encore plus moral qu'intellectuel. En respectant une précieuse tradition historique, le positivisme rectifiera pourtant cet usage, émané d'un temps étranger à toute théorie sociale, et où l'esprit était supposé le centre de l'unité humaine.

Les femmes constituent donc, dans le régime positif, la source domestique du pouvoir modérateur, dont les philosophes deviennent l'organe systématique, et les prolétaires la garantie politique. Quoique l'institution de cette combinaison fondamentale appartienne à l'élément rationnel, il ne doit jamais oublier que sa propre participation est moins directe que celle de l'élément affectif et moins efficace que celle de l'élément actif. Son ascendant social n'est possible qu'à la condition de s'appuyer toujours sur le sentiment féminin et l'énergie populaire.

Ainsi, l'obligation d'associer aujourd'hui les femmes au grand mouvement de régénération, loin de susciter aucune entrave à la philosophie qui doit y présider, lui fournit, au contraire, un puissant moyen, en manifestant la vraie constitution de la force morale destinée à régler l'exercice de toutes les autres puissances humaines. L'avenir normal se trouve alors inauguré déjà autant que le permet la transition actuelle, puisque l'impulsion rénovatrice résulte du même concours fondamental qui ensuite, plus développé et mieux ordonné, caractérisera surtout le régime final. Cet état définitif de l'humanité s'annonce ainsi comme pleinement conforme à notre propre nature, où le sentiment, la raison, et l'activité correspondent exactement, soit isolés, soit combinés, aux trois éléments nécessaires, féminin, philosophique, et populaire, de l'alliance régénératrice.

Tous les âges sociaux permettent de vérifier, plus ou moins distinctement, une telle théorie, dont les trois faces résultent toujours de la même nécessité fondamentale, relative à la loi biologique qui subordonne la vie de relation à la vie de nutrition. Mais c'est surtout ici que convient le principe général (*le progrès est le développement de l'ordre*) indiqué, dans la seconde partie de ce Discours, pour lier, en sociologie, chaque spéculation dynamique à la conception statique correspondante. Car, l'évolution humaine accroît toujours l'influence modératrice de la force morale, soit par l'essor spécial de ses trois éléments, soit en consolidant leurs concours. La belle observation historique de Robertson sur l'amélioration graduelle du sort des femmes n'est qu'un cas particulier de cette loi sociologique. Tous ces progrès ont pour principe commun la loi biologique qui diminue la prépondérance de la vie végétative sur la vie animale à mesure que l'organisme s'élève et se développe.

Dans les divers modes du régime polythéique de l'antiquité, le pouvoir modérateur resta toujours réduit à l'influence domestique de l'élément féminin, sans aucune assistance publique de la force intellectuelle, qui était encore réunie constamment à la prépondérance matérielle, d'abord comme source, puis comme instrument. Au moyen âge, le catholicisme occidental ébaucha la systématisation de la puissance morale, en superposant à l'ordre pratique une libre autorité spirituelle, habituellement secondée par les femmes. J'ai indiqué, dans la troisième partie de ce Discours, comment l'évolution moderne a seule permis de compléter l'organisation du pouvoir modérateur, en faisant enfin surgir son élément le plus énergique, d'après l'intervention sociale propre à nos prolétaires. La force morale, d'abord réduite à sa source affective, et devenue ensuite rationnelle, peut ainsi se rendre active, sans perdre son caractère fondamental, puisqu'elle reste uniquement composée d'influences extérieures à l'ordre politique proprement dit. Toutes persuadent, conseillent, et jugent : mais aucune ne commande jamais, sauf les cas exceptionnels. Dès lors, la mission sociale du positivisme consiste surtout à systématiser la combinaison spontanée de ces trois éléments nécessaires, en développant la destination propre à chacun d'eux.

Malgré les préventions actuelles, la nouvelle philosophie est de nature à remplir toutes les conditions de cet office fondamental. Une telle aptitude est assez constatée dans les précédentes parties de ce Discours, envers l'élément philosophique et l'élément populaire, soit séparés, soit combinés. Il ne me reste ici qu'à la caractériser directement pour l'élément féminin.

Cette explication résulte spontanément du principe

affectif posé, au début de ce Discours, comme base universelle du positivisme. En fondant l'ensemble de la saine philosophie sur la prépondérance systématique du cœur, on appelle aussitôt les femmes à former une partie essentielle du nouveau pouvoir spirituel. La spiritualité catholique ne pouvait voir en elles que de précieux auxiliaires ; parce que sa source directe était indépendante de leur concours. Mais la spiritualité positive les apprécie comme élément indispensable, puisqu'elles y constituent la représentation la plus naturelle et la plus pure de son principe fondamental. Outre leur influence domestique, elles y sont surtout destinées à ramener les deux autres éléments à cette commune unité, qui d'abord émana d'elles, et dont chacun d'eux est souvent disposé à s'écarter.

Quelle que doive être, sur de vrais philosophes, la puissance des démonstrations qui établissent la prépondérance logique et scientifique du point de vue social, laquelle conduit ensuite à faire systématiquement prévaloir le cœur sur l'esprit, un tel enchaînement ne saurait les dispenser d'une stimulation directe de l'amour universel. Eux-mêmes connaissent tellement le peu d'efficacité pratique des influences purement intellectuelles que, dans l'intérêt de leur propre mission, ils n'éluderont jamais cette douce nécessité. J'ose dire l'avoir dignement sentie, quand j'écrivais, le 11 mars 1846, à celle qui, malgré la mort, sera toujours mon immuable compagne (1) : « Pour devenir un parfait philosophe, il « me manquait surtout une passion, à la fois profonde « et pure, qui me fît assez apprécier le côté affectif de « l'humanité. » De telles émotions exercent une admirable réaction philosophique, en plaçant aussitôt l'esprit au vrai point de vue universel, où la voie scientifique ne

---

(1) Clotilde de Vaux. — V. Testament d'Auguste Comte, 179ᵉ lettre, p. 550. (*Note des édit.*)

peut l'élever que par une longue et difficile élaboration, après laquelle sa verve épuisée l'empêche de poursuivre activement les nouvelles conséquences du principe ainsi établi. L'essor direct du cœur sous l'impulsion féminine n'est donc pas seulement indispensable à l'ascendant social d'une philosophie qui ne pourrait jamais devenir populaire si son intime adoption devait exiger la savante initiation qui prépara sa formation originale. Cette influence habituelle est même nécessaire aussi à tous ses organes systématiques, afin d'y contenir la tendance naturelle des spéculations abstraites à dégénérer en d'oiseuses divagations, toujours plus faciles à poursuivre que les saines recherches.

96. — *Positivisme et catholicisme. Le nouveau pouvoir spirituel sera supérieur à l'ancien.*

Pour sentir, à cet égard, la supériorité spontanée du nouveau spiritualisme, il suffirait de remarquer que l'ancien se trouvait radicalement privé de cette salutaire impulsion, par le célibat sacerdotal, d'ailleurs indispensable au système catholique. Car, l'influence féminine ne pouvait ainsi s'exercer qu'en dehors de la corporation spirituelle, sans perfectionner directement ses propres membres, comme l'énergique satire d'Arioste l'a justement signalé. Sauf les cas exceptionnels, on ne devait point compter sur l'efficacité morale des affections contraires à la règle, puisque leur réaction sacerdotale était nécessairement corruptrice, en suscitant une hypocrisie habituelle.

Mais la comparaison directe des deux spiritualités, quant à leur caractère fondamental, montre encore mieux combien la nouvelle sera plus propre que l'ancienne à développer dignement, dans toutes les classes, l'influence morale des femmes.

Le principe affectif du positivisme est, en effet, nécessairement social, tandis que celui du catholicisme ne put être qu'essentiellement personnel. Chaque croyant y poursuivait toujours un but purement individuel, dont l'incomparable prépondérance tendait à comprimer toute affection qui ne s'y rapportait pas. A la vérité, la sagesse sacerdotale, digne organe de l'instinct public, y avait intimement rattaché les principales obligations sociales, à titre de condition indispensable du salut personnel. Mais cette excitation indirecte ne fournissait une issue régulière à nos meilleurs sentiments qu'en altérant beaucoup leur spontanéité, et même leur pureté. La récompense infinie, promise ainsi à tous les sacrifices, ne pouvait jamais permettre une affection pleinement désintéressée, qui eut exigé une renonciation impossible, et d'ailleurs sacrilège, à une inévitable perspective, dont la personnalité nécessaire venait souiller tout dévouement spontané. C'est d'un tel régime qu'est sortie une ignoble théorie morale, devenue si dangereuse entre les mains des métaphysiciens, qui conservèrent son vicieux principe en annulant ses correctifs théologiques. En appréciant même la plus parfaite pureté que comportât réellement l'amour de Dieu, on reconnaît que ce sentiment ne pouvait être social que d'une manière indirecte, par l'identité du but ainsi assigné à tous les cœurs. Mais, au fond, son caractère propre était tellement égoïste, que sa prépondérance exigeait, comme type de la perfection, le sacrifice complet de toute autre affection quelconque. Cette tendance est très appréciable chez les plus éminents organes de l'esprit et du sentiment chrétiens. Elle se manifeste surtout dans l'admirable poésie (1) de ce moine, aussi tendre que sublime, qui a le mieux caractérisé l'idéal catholique. Ma méditation journalière de cette com-

(1) *L'Imitation de Jésus-Christ* (Note des édit.).

position sans pareille, si digne d'être embellie par notre grand Corneille, m'a souvent conduit à sentir combien un tel régime avait dénaturé la générosité naturelle d'un cœur qui, malgré tant d'entraves, s'élance parfois à la plus pure ardeur. Il faut que la spontanéité de nos affections pleinement désintéressées soit beaucoup plus prononcée qu'on ne l'a jamais supposé, puisqu'elles n'ont pas cessé de se développer sous une discipline aussi oppressive, qui prévalut pendant douze siècles.

97. — *Dans le positivisme, le cœur et l'esprit s'entr'aident.*

D'après sa conformité nécessaire avec l'ensemble de notre nature, le régime positif peut seul consacrer l'essor direct, à la fois privé et public, de cet admirable attribut de l'humanité, resté jusqu'ici à l'état rudimentaire, faute d'une digne culture systématique. L'excitation catholique du cœur se trouvait essentiellement hostile à l'esprit, qui, de son côté, tendait nécessairement à secouer un tel joug. Au contraire, la discipline positive établit naturellement l'harmonie la plus complète et la plus active entre le sentiment et la raison.

La réflexion y tend toujours à fortifier la sociabilité, en rendant familière la liaison réelle de chacun à tous. Notre intelligence ne pouvant garder les impressions qui ne sont pas systématisées, l'absence de théorie sociale l'empêche encore d'apercevoir nettement cette solidarité habituelle, que les cas exceptionnels peuvent seuls lui dévoiler. Mais l'éducation positive, où domine toujours le point de vue social, rendra naturellement une telle appréciation plus familière qu'aucune autre, parce que toute notre existence réelle, tant individuelle que collective, se lie sans cesse à ces phénomènes. La fascination théologique ou métaphysique peut seule inspirer et accueillir ces vaines explications doctorales où l'on attribue si souvent à l'homme ce qui ne convient qu'à l'humanité. Quand une saine théorie permettra de voir nettement ce qui est, chacun n'aura qu'à contempler sa propre existence, physique, intellectuelle ou morale, pour sentir continuellement ce qu'il doit à l'ensemble de ses prédécesseurs et de ses contemporains. Celui qui se croirait indépendant des autres, dans ses affections, ses pensées, ou ses actes, ne pourrait même formuler un tel blasphème sans une contradiction immédiate, puisque son langage ne lui appartient pas. La plus haute intelligence est incapable isolément de construire la moindre langue, qui exige toujours la coopération populaire de plusieurs générations. Il serait ici superflu de caractériser davantage l'évidente tendance du véritable esprit positif à développer systématiquement la sociabilité, en nous rappelant toujours que l'ensemble est seul réel, les parties ne pouvant avoir qu'une existence abstraite.

Outre cette heureuse réaction continue de l'esprit sur le cœur, l'état final de l'Humanité doit procurer à nos meilleurs sentiments une culture plus pure, plus directe, et plus active que sous aucun régime antérieur. C'est uniquement ainsi que les affections bienveillantes peuvent être enfin dégagées de tout calcul personnel. Elles tendront à prévaloir, autant que le comporte notre imparfaite nature, comme étant à la fois plus satisfaisantes et mieux développables que toutes les autres. Des cœurs étrangers aux terreurs et aux espérances théologiques peuvent seuls goûter pleinement le vrai bonheur humain, l'amour pur et désintéressé, dans lequel consiste réellement le souverain bien, que cherchèrent si vainement les diverses philosophies antérieures. Sa prééminence nécessaire serait assez caractérisée par cette unique observation, dont toute âme sensible trouvera aisément la confirmation personnelle : il est encore meilleur d'aimer que d'être aimé. Quoiqu'une telle appréciation doive aujourd'hui sembler exaltée, elle est directement conforme à notre véritable nature, toujours mieux affectée comme active que comme passive. Or, le bonheur d'être aimé ne peut jamais être exempt d'un retour égoïste : comment ne serions-nous pas fiers d'avoir obtenu l'attachement de la personne que nous préférons à toute autre ? Si donc aimer nous satisfait mieux, cela constate la supériorité naturelle des affections pleinement désintéressées. Notre infirmité radicale consiste surtout en ce qu'elles sont spontanément beaucoup trop inférieures aux penchants égoïstes, indispensables à notre conservation. Mais, quand une fois elles ont été excitées, même d'après un motif d'abord personnel, elles tendent à se développer davantage, en vertu de leur propre douceur. Chacun de nous y est d'ailleurs invité et secondé par tous les autres, qui, au contraire, compriment nécessairement ses impulsions égoïstes. On conçoit ainsi comment, sans aucune exaltation exceptionnelle, le régime positif pourra systématiser ces tendances naturelles, de manière à imprimer à nos instincts sympathiques une activité habituelle qu'ils ne pouvaient avoir jusqu'ici. Une fois dégagé de l'oppression théologique et de la sécheresse métaphysique, notre cœur sent aisément que le bonheur réel, tant privé que public, consiste surtout à développer autant que possible la sociabilité, en n'accordant à la personnalité que les satisfactions indispensables, à titre d'infirmités inévitables. C'est ainsi que le positivisme convient directement à tous les êtres et à toutes les situations. Dans les moindres relations, comme envers les plus précieuses, l'humanité régénérée pratiquera bientôt cette évidente maxime : donner vaut mieux que recevoir.

A son tour, cette excitation continue du cœur exercera sur l'esprit une heureuse réaction, spécialement confiée aux femmes. Je l'ai assez caractérisée déjà pour être ici dispensé d'y insister davantage, puisque le sentiment m'a seul fourni le vrai principe de toute la systématisation positive, même mentale. L'unique remarque que je doive maintenant ajouter à ces indications fondamentales, concerne l'admirable aptitude d'une telle marche à surmonter aisément les plus hautes difficultés philosophiques. Au nom du cœur, on peut imposer aussitôt à l'esprit un régime scientifique dont il contesterait longtemps la convenance, si elle ne lui était signalée que par un examen rationnel. Qu'on tente, par exemple, de démontrer à un pur géomètre, même éminent et consciencieux, la supériorité logique et scientifique des spéculations sociales sur toutes les autres contemplations réelles, on ne le convaincra qu'après de longs efforts, qui auront épuisé ses facultés inductives et déductives. Au contraire, le sentiment indiquera directement, au prolétaire ou à la femme sans culture, la vérité de ce grand principe encyclopédique, dont leur raison fera aussitôt d'actives applications familières. C'est seulement ainsi que les hautes notions philosophiques peuvent vraiment prévaloir partout, et qu'on peut obtenir de tous les études indispensables à leur efficacité sociale. L'instinct sympathique est encore plus propre à exciter activement l'esprit d'ensemble qu'à en subir dignement la juste influence. Aussi, quand l'éducation positive aura prévalu, les conditions morales seront fréquemment invoquées comme garanties de la véritable aptitude intellectuelle. La sagesse révolutionnaire de la Convention pressentit, à sa manière, une telle solidarité, en osant placer quelquefois les titres républicains au-dessus des épreuves scientifiques. Quoiqu'une semblable pratique devint aisément illusoire, et même abusive, tant que la morale universelle n'est pas systématisée, le reproche de tendance rétrograde conviendrait davantage à l'usage actuel, qui ne fait nullement concourir le cœur aux garanties professionnelles, toujours demandées uniquement à l'esprit. Mais ces aberrations s'expliquent historiquement, par la nature oppressive des seules croyances qui aient pu jusqu'ici présider à la culture directe du sentiment. Le fatal antagonisme qui dure, depuis la fin du moyen âge, entre l'esprit et le cœur, ne peut trouver d'issue que dans le régime positif; aucun autre n'est capable de subordonner dignement la raison au sentiment, sans nuire à leur propre essor, comme je l'ai établi au début de ce Discours. Dans sa vaine suprématie actuelle, l'esprit est, au fond, notre principal perturbateur. Il ne peut devenir vraiment organique qu'en abdiquant au profit du cœur. Mais cette abdication ne comporte d'efficacité qu'à la condition d'être parfaitement libre. Or, le positivisme est seul susceptible d'un tel résultat, parce qu'il le fonde sur le principe même que la raison invoque à l'appui de ses prétentions, la démonstration réelle, que l'esprit ne saurait récuser sans avouer sa personnalité. Tout autre remède, théologique ou métaphysique, augmenterait nécessairement le mal, en provoquant aussitôt l'intelligence à de nouvelles insurrections contre le sentiment.

98. — *Affinités de la femme pour le positivisme.*

Meilleurs juges que nous dans l'appréciation morale, les femmes sentiront, à ces divers titres, que la supériorité affective du positivisme, envers les autres philosophies quelconques, est encore plus prononcée que sa prééminence spéculative, désormais incontestable. Elles parviendront bientôt à cette conclusion, quand elles auront cessé de confondre la nouvelle philosophie avec son préambule scientifique.

Quoique leur esprit soit moins apte que le nôtre aux inductions très générales et aux déductions fort prolongées, en un mot, à tous les efforts abstraits, il est, d'ordinaire, mieux disposé à sentir cette combinaison de la réalité avec l'utilité qui caractérise la positivité. Leur raison se rapproche beaucoup, à cet égard, de celle des prolétaires, avec le commun avantage d'être heureusement étrangère à notre absurde éducation actuelle. Mais elles ont de plus que le peuple une situation normale très favorable au juste essor spontané de la vie contemplative, d'après leur indépendance habituelle du mouvement pratique. En ce sens, leur esprit se trouve naturellement disposé à la saine philosophie, qui exige une attention désintéressée sans indifférence. Leur affinité mentale avec les vrais philosophes est, au fond, très supérieure à celle des savants proprement dits, parce que la généralité y est autant goûtée que la positivité, seule grossièrement appréciée chez ceux-ci. C'est aux femmes que Molière destina l'admirable formule rationnelle que j'ai appliquée aux prolétaires. Aussi la première ébauche systématique de la nouvelle philosophie, sous la grande impulsion de Descartes, fut-elle avidement accueillie déjà par l'esprit féminin. Cette affinité fondamentale s'est hautement manifestée, quoique la synthèse positive dût s'interdire encore toutes les hautes spéculations morales et sociales. Pourrait-elle donc ne pas se développer beaucoup lorsque le positivisme, enfin complet, a pour principal domaine le sujet le plus digne des méditations des deux sexes?

La nouvelle philosophie peut ainsi compter l'esprit féminin comme la raison populaire parmi les auxiliaires naturels sans lesquels elle ne surmonterait jamais les profondes répugnances de nos classes cultivées, surtout en France, où son essor décisif doit pourtant s'accomplir.

99. — *Le catholicisme a purifié l'amour au détriment de la tendresse.*

Mais cette indispensable assistance dépendra davantage des sympathies morales que des affinités intellectuelles, aussitôt que les femmes apprécieront directement le positivisme, d'après sa supériorité affective sur le catholicisme du moyen âge. Le cœur alors les poussera surtout vers la seule philosophie qui systématise dignement l'universelle prépondérance du sentiment. Aucun régime ne peut leur inspirer autant d'attrait que celui qui les représente comme la personnification spontanée du vrai principe fondamental de l'unité humaine, ainsi placée sous leur garantie spéciale. Si elles semblent aujourd'hui regretter le passé, c'est uniquement faute de trouver ailleurs la juste satisfaction de leurs précieux instincts sociaux. Le caractère général du régime catholique convient, au fond, encore moins au sentiment féminin qu'à la raison masculine, car il choque directement l'attribut dominant du cœur de la femme. Dans la prétendue perfection morale du christianisme, on a toujours confondu la tendresse avec la pureté. A la vérité, l'amour ne saurait être profond s'il n'est pas pur. Mais c'est en ce seul sens que le régime catholique favorisa l'essor de la véritable passion, tandis que le polythéisme consacrait surtout les appétits. Le christianisme a d'ailleurs trop prouvé que la pureté, poussée même jusqu'au fanatisme, peut exister sans aucune tendresse. Telle est aujourd'hui sa principale efficacité féminine, depuis que l'impulsion chevaleresque ne corrige plus l'austérité chrétienne. Au fond, le régime polythéique était beaucoup plus favorable à la tendresse, quoiqu'elle y manquât de pureté. La systématisation catholique des sentiments avait pour centre une affection radicalement égoïste, qui choquait surtout les meilleurs penchants du cœur féminin. Outre que l'amour divin y poussait chacun à l'isolement monastique, sa prépondérance était directement opposée à la tendresse mutuelle. Forcé d'aimer sa dame à travers son Dieu, le chevalier ne pouvait suivre dignement, sans une contradiction sacrilège, les meilleures inspirations de son cœur, toujours amorties par une telle interposition. Ainsi, loin d'être vraiment intéressées à la perpétuité du régime ancien, les femmes se sentiront bientôt poussées spécialement à son irrévocable désuétude, au nom même de leurs sentiments caractéristiques. Cette inévitable tendance se manifestera quand les conditions morales, naturellement placées sous leur juste sollicitude, ne seront plus compromises par une sociabilité toute matérielle. Or, le positivisme offre pleinement, à leur cœur encore mieux qu'à leur esprit, cette indispensable garantie. D'après une profonde connaissance de notre vraie nature, il peut seul combiner dignement la naïve tendresse du polythéisme avec la précieuse pureté du catholicisme, sans craindre les diverses perturbations sophistiques propres à l'anarchie actuelle. En subordonnant l'une à l'autre ces deux qualités fondamentales du cœur féminin, il n'hésitera point à placer la tendresse au-dessus de la pureté, comme se rapportant mieux au vrai but général du perfectionnement humain, la prépondérance de la sociabilité sur la personnalité. Toute femme sans tendresse constitue une monstruosité sociale, encore plus que tout homme sans courage. Eût-elle d'ailleurs beaucoup d'intelligence, et même d'énergie, son mérite ne pourra dès lors qu'aboutir, d'ordinaire, à son propre détriment et à celui d'autrui, à moins d'être annulé par une discipline théologique. Son caractère ne lui inspirera qu'une vaine insurrection contre toute autorité réelle et son esprit ne s'occupera qu'à forger des sophismes subversifs, comme notre anarchie le montre trop souvent.

100. — *Influence de la femme sur les prolétaires et sur les philosophes.*

D'après l'ensemble de la théorie précédente, le régime positif offre donc aux femmes une noble destination sociale, à la fois publique et privée, pleinement conforme à leur vraie nature. Sans sortir de la famille, elles doivent, à leur manière, participer au pouvoir modérateur avec les philosophes et les prolétaires, en renonçant, encore mieux qu'eux, à tout pouvoir directeur, même domestique. Elles constituent, en un mot, les prêtresses spontanées de l'Humanité, comme l'indiquera davantage la fin de ce Discours. Leur office consiste surtout à cultiver directement le principe affectif de l'unité humaine, dont elles offrent spécialement la plus pure personnification.

A ce titre, leur influence publique doit s'étendre à toutes les classes, pour y rappeler toujours la prépondérance fondamentale du sentiment sur la raison et sur l'activité. J'ai assez indiqué comment elles réagiront ainsi envers les philosophes, qui, à moins d'être indignes de leur propre mission, sentiront le besoin personnel d'aller souvent retremper leur âme à cette source spontanée de la vraie sociabilité, afin de mieux combattre la sécheresse et la divagation qui tendent à résulter de leurs habitudes. Le sentiment, quand il est pur et profond, rectifie de lui-même ses abus naturels, parce qu'ils nuisent nécessairement au bien qu'il poursuit toujours. Mais, au contraire, les abus de la raison et ceux de l'activité ne peuvent être signalés, et surtout corrigés, que par l'amour, qui seul en souffre directement. De là résulte un devoir naturel de douce remontrance habituelle de l'élément féminin envers les deux autres éléments du pouvoir modérateur, pour les ramener au principe fondamental, confié à sa garde spéciale, en redressant, chez chacun d'eux, les vices auxquels il est enclin.

Quant aux prolétaires, cette influence féminine est donc destinée surtout à combattre leur tendance spontanée à abuser de leur énergie caractéristique afin d'obtenir par la violence ce qu'ils devraient attendre d'un libre assentiment. Malgré les difficultés d'une telle mission, les femmes y trouveront moins d'obstacles qu'à rectifier chez les philosophes l'abus du raisonnement. Il y a peu d'exemples jusqu'ici de philosophes ainsi détournés d'argumenter quand il faut sentir. Au contraire, quoique l'action féminine ne soit aujourd'hui nullement systématisée, elle redresse fréquemment, dans le peuple, l'abus de l'énergie. Cette différence tient, sans doute, à l'absence actuelle de vrais philosophes, puisqu'on ne peut qualifier ainsi de vains sophistes et rhéteurs, psychologues ou idéologues, incapables d'aucune méditation réelle. Mais, en outre, il faut surtout l'attribuer au caractère dominant de chaque classe. L'orgueil doctoral sera toujours moins disposé que la violence populaire à l'efficacité du correctif féminin ; car le prolétaire est mieux animé que le philosophe par le principe affectif, dont l'invocation directe constitue la seule arme des femmes. Un sophisme leur offre beaucoup plus d'obstacles qu'une passion. L'influence féminine dignement subie par l'instinct prolétaire, constitue réellement notre principale garantie contre les immenses perturbations sociales que semble devoir susciter l'anarchie actuelle des intelligences. Quoique l'esprit ne puisse rectifier des sophismes subversifs, le cœur sait nous préserver des désordres qu'ils provoquent. L'admirable inconséquence dont j'ai félicité nos communistes en offre une preuve décisive. Au milieu d'aberrations théoriques qui tendent involontairement à dissoudre ou à paralyser la société, de nombreux prolétaires nous offrent ainsi le spectacle journalier d'une tendre vénération pour les femmes, qui n'a d'équivalent chez aucune autre classe actuelle. Il importe d'insister sur ces heureux exemples, non seulement pour rendre justice à une secte mal appréciée, mais surtout afin de sentir les grandes ressources morales que nous promet l'avenir normal, d'après ces manifestations spontanées d'un état anarchique. Les prédications doctorales n'ont eu, certes, aucune part à ce précieux résultat, qu'elles tendent plutôt à empêcher, en fortifiant, par d'absurdes réfutations, les aberrations même qu'elles attaquent. Nous en sommes entièrement redevables au sentiment populaire, dignement excité sous l'impulsion spontanée des femmes. Les populations protestantes, où leur influence est moindre, sont aujourd'hui plus exposées aux ravages pratiques du communisme métaphysique. Aux femmes surtout nous devons aussi le peu d'atteintes réelles qu'éprouve la constitution de la famille humaine, malgré un républicanisme profondément rétrograde, qui rêve, comme type de la sociabilité moderne, l'absorption exceptionnelle de la famille par la patrie chez quelques antiques peuplades.

Cette heureuse tendance à la rectification pratique de toutes les aberrations morales est tellement propre aux femmes qu'elle s'étend même à des séductions systématiques que la grossièreté masculine juge irrésistibles. Les funestes effets du divorce sont atténués, depuis trois siècles, dans l'Allemagne protestante, par les répugnances spontanées de l'instinct féminin. C'est ainsi que se trouvent contenues aujourd'hui les atteintes encore plus profondes dont l'institution fondamentale du mariage est menacée, d'après les facilités que notre anarchie offre à l'esprit métaphysique pour rajeunir ses antiques divagations. Aucun de ces rêves n'a pu sérieusement réussir parmi les femmes, quoique tous semblassent très propres à les séduire. Dans leur impuissance à réfuter de tels sophismes, que la vraie science sociale peut seule résoudre, nos docteurs anarchiques se persuadent aisément que la raison féminine y devra succomber. Mais heureusement les femmes, comme les prolétaires, ne jugent alors que par le sentiment qui les guide bien mieux qu'une intelligence dépourvue maintenant de tout principe propre à prévenir ou à corriger ses imminentes aberrations.

Il serait ici superflu d'insister davantage sur de telles indications pour caractériser l'aptitude naturelle des femmes à rectifier partout les désordres moraux propres à chaque élément social. Si cette précieuse influence est déjà très efficace sous la seule impulsion spontanée du cœur, elle doit acquérir beaucoup plus de consistance, et même d'extension, avec l'assistance systématique d'une philosophie réelle, qui écartera tous les sophismes, et dissipera toutes les incohérences, dont le pur instinct ne peut nous préserver assez.

Ainsi l'influence des femmes sur la vie publique ne doit pas être uniquement passive, pour accorder leur indispensable consécration à la véritable opinion commune, formulée par les philosophes, et proclamée par les prolétaires. Outre cette participation continue, individuelle ou collective, elles doivent donc exercer une active intervention morale, afin de rappeler partout le principe fondamental dont elles seront toujours les meilleurs organes spontanés après en avoir fourni la source initiale. Mais, pour achever de caractériser ce double office public, il importe de remarquer sa conciliation naturelle avec la condition nécessaire qui leur prescrit toujours une existence essentiellement domestique.

101. — *Le salon permet à la femme d'exercer son influence sociale.*

La civilisation occidentale a trouvé, depuis longtemps, une issue spontanée à cette apparente contradiction, que les anciens devaient juger insoluble, et qui, en effet, subsiste encore partout ailleurs. Quand les mœurs du moyen âge eurent assuré aux femmes une juste liberté intérieure, l'Occident vit bientôt surgir d'heureuses réunions volontaires, où la vie publique se mêla intimement à la vie privée, sous la présidence féminine. Développés, surtout en France, pendant la longue transition moderne, ces laboratoires périodiques de l'opinion spontanée semblent aujourd'hui fermés ou dénaturés, par suite de notre anarchie mentale et morale, qui ne permet aucun libre échange habituel des sentiments et des pensées. Mais un usage aussi social, qui naguère seconda beaucoup le mouvement philosophique d'où résulta la grande crise, ne saurait ainsi disparaître dans un milieu où la vraie sociabilité tend, au contraire, à mieux prévaloir. Il reprendra une extension plus vaste et plus décisive, à mesure que la nouvelle philosophie ralliera les esprits et les cœurs.

Tel est le mode naturel qui convient seul à l'exercice public de l'influence féminine, là dignement prépondérante, avec le plein assentiment de toutes les autres. Quand les salons seront ainsi réorganisés, ils perdront leur ancien caractère aristocratique, désormais devenu profondément rétrograde. Le salon positiviste, toujours présidé par la femme, complètera le système de réunions habituelles propre aux trois éléments généraux du pouvoir modérateur. Ils seront d'abord assemblés solennellement dans les temples de l'Humanité, où président nécessairement les philosophes, tandis que la participation des femmes, comme celle des prolétaires, y doit surtout rester passive. Aux clubs, où l'élément populaire domine naturellement, les deux autres viendront encore se joindre à lui, par une assistance sympathique mais silencieuse. Enfin, les salons féminins développeront une intimité plus active et plus familière entre les trois puissances modératrices, qui d'ailleurs y accueilleront cordialement les influences directrices dignes d'un tel ensemble. C'est là surtout que les femmes feront librement prévaloir leur douce discipline morale, pour réprimer, à l'état naissant, toutes les impulsions vicieuses ou abusives. Un avis indirect, mais opportun et affectueux, y détournera souvent le philosophe d'une ambition fourvoyée ou d'une orgueilleuse divagation. Les cœurs prolétaires s'y purifieront habituellement des germes renaissants de violence ou d'envie, sous une irrésistible sollicitude, dont ils apprécieront la sainteté. D'après une délicate répartition de l'éloge et du blâme les mieux appréciés, les grands et les riches viendront y sentir sincèrement que toutes les supériorités quelconques sont moralement destinées au service continu des infériorités.

102. — *L'action principale de la femme s'exercera toujours dans la famille.*

Quelle que soit l'importance réelle de l'office public ainsi réservé aux femmes dans le régime final de l'humanité, leur noble destination sociale est surtout caractérisée par leur auguste vocation domestique, source naturelle de toute leur influence comme premier élément nécessaire du pouvoir modérateur. Aucune philosophie actuelle ne peut dignement consacrer cette base spontanée de notre vraie sociabilité. La métaphysique a étendu jusque-là son analyse corrosive, sans que ses sophismes soient aujourd'hui rationnellement réfutables.

Mais les dogmes domestiques ne souffrent pas moins de l'empirisme théologique, s'obstinant à les retenir sous la désastreuse protection de croyances déchues qui, depuis longtemps, compromettent tout ce qu'elles garantissaient jadis. Les chants licencieux des troubadours nous attestent que, dès la fin du moyen âge, les vaines protestations du sacerdoce étaient impuissantes contre les graves atteintes qu'une critique superficielle apportait déjà à la sainteté du lien conjugal. Ces réclamations purent encore moins empêcher ensuite le scandaleux accueil qu'obtinrent partout ces frivoles maximes de l'immoralité privée, publiquement applaudies, même devant les rois. Rien n'est donc plus choquant que l'aveugle prétention de la théologie à conserver la tutelle des dogmes domestiques, qu'elle n'a pu préserver d'une discussion anarchique, et qui ne sont vraiment soutenus, chez les modernes, que par un heureux instinct public, surtout féminin. Sans aucune autre sanction systématique qu'une ridicule fiction sur l'origine physique de la femme, comment auraient-ils résisté à de spécieux sophismes, quand l'autorité qui les consacrait fut elle-même discréditée ? Désormais la philosophie positive peut seule les garantir à la fois contre la dissolution métaphysique et contre l'impuissance théologique, par leur liaison inaltérable à l'ensemble des lois réelles de notre nature, personnelle et sociale. Cette relation sera dogmatiquement établie dans le second volume du nouveau traité dont ce Discours est seulement le prélude systématique. Forcé ici de me borner à une sommaire indication sur ce sujet fondamental, j'espère du moins qu'elle caractérisera l'aptitude décisive du positivisme à réorganiser enfin la vraie moralité.

Une grossière appréciation, brutalement formulée par le héros rétrograde, semble aujourd'hui ne reconnaître à la femme d'autre vocation nécessaire que sa seule destination animale, d'où beaucoup d'utopistes détacheraient même l'éducation des petits, alors abandonnés à l'abstraite sollicitude de la patrie. La théorie positive du mariage et de la famille consiste surtout à rendre le principal office féminin pleinement indépendant de toute fonction propagatrice, pour le fonder directement sur les plus éminents attributs de notre nature.

Malgré l'importance morale de la maternité, une équivoque décisive témoigne que l'instinct public regarde la femme comme essentiellement caractérisée par sa vocation d'épouse. Outre que le mariage humain est souvent stérile, une indigne épouse ne peut être presque jamais une bonne mère. C'est donc, à tous égards, comme simple compagne de l'homme, que le positivisme doit surtout apprécier la femme, en écartant d'abord toute fonction maternelle.

103. — *L'épouse.*

Ainsi conçu, le mariage constitue le degré le plus élémentaire et le plus parfait de la vraie sociabilité, qui ne peut parvenir en aucun autre cas à une pleine identification. Dans cette union, dont toutes les langues civilisées témoignent l'excellence, le plus noble but de la vie humaine se trouve atteint autant qu'il puisse l'être. Le positivisme représente notre existence comme vouée au perfectionnement universel, et il élève au premier rang le perfectionnement moral, caractérisé surtout par la subordination de la personnalité à la sociabilité. Or, ce principe incontestable, spécialement indiqué dans la seconde partie de ce Discours, conduit aussitôt à la vraie théorie du mariage, de manière à interdire toute aberration et toute incertitude.

En effet, les différences naturelles des deux sexes, heureusement complétées par leurs diversités sociales, rendent chacun d'eux indispensable au perfectionnement moral de l'autre. Chez l'homme, dominent évidemment les qualités propres à la vie active, avec l'aptitude spéculative qui en est inséparable. Au contraire, la femme est surtout vouée à la vie affective. L'une est supérieure en tendresse, comme l'autre pour tous les genres de forces. Nulle intimité ne peut se comparer à celle de deux êtres aussi disposés à se servir et à s'améliorer mutuellement, à l'abri de toute rivalité habituelle. La source pleinement volontaire de leur union la fortifie par un nouvel attrait, quand les choix sont heureusement faits et dignement acceptés. Telle est donc, dans la théorie positive, la principale destination du mariage : compléter et consolider l'éducation du cœur, en développant les plus pures et les plus vives de toutes les sympathies humaines.

Sans doute, le sentiment conjugal émane d'abord, surtout chez l'homme, d'un instinct sexuel qui est purement égoïste, et sans lequel, pourtant, l'affection mutuelle aurait, d'ordinaire, trop peu d'énergie. Mais le cœur plus aimant de la femme a beaucoup moins besoin, en général, de cette grossière excitation. Dès lors, sa pureté supérieure réagit heureusement pour ennoblir l'attachement masculin. La tendresse est, en elle-même, si douce à éprouver, que, quand elle a commencé sous une impulsion quelconque, elle tend à persister par son propre charme, après la cessation de la stimulation initiale. Alors l'union conjugale devient le meilleur type de la véritable amitié, qu'embellit une incomparable possession mutuelle. Car l'amitié ne peut être complète que d'un sexe à l'autre, parce que là seulement elle se trouve exempte de toute concurrence actuelle ou possible. Aucune autre liaison volontaire ne comporte une pareille plénitude de confiance et d'abandon. Telle est donc la seule source où nous puissions goûter entièrement le vrai bonheur humain, consistant surtout à vivre pour autrui.

Mais, outre sa propre valeur, cette sainte union prend une nouvelle importance sociale, comme première base indispensable de l'amour universel, but définitif de notre éducation morale. J'ai indiqué, dans la seconde partie, combien est fausse et dangereuse l'opposition que tant de prétendus socialistes voient aujourd'hui entre ces deux termes extrêmes de l'évolution du cœur humain. Celui qui ne put s'attacher profondément à l'être qu'il avait choisi pour la plus intime association paraîtra toujours fort suspect dans le dévouement qu'il étale envers une foule inconnue. Notre cœur ne peut s'affranchir dignement de sa personnalité primitive que par la seule intimité qui soit complète et durable, à raison même de sa destination exclusive. Quand il a fait ce pas décisif, il s'élève graduellement à une sincère universalité d'affection habituelle, propre à modifier activement la conduite, quoique avec une énergie décroissante à mesure que le lien s'étend. L'instinct public sent déjà cette solidarité nécessaire, clairement indiquée par la vraie théorie de la nature humaine, qui la mettra définitivement à l'abri de toute atteinte métaphysique. Plus l'empire moral de la femme deviendra systématique, d'après l'impulsion positiviste, mieux on appréciera la profonde sagesse de l'usage vulgaire qui chercha toujours dans la vie privée les meilleures garanties de la vie publique. L'un des signes les moins équivoques de l'universelle décomposition morale inhérente à notre anarchie mentale ressort de la honteuse législation non abrogée encore, suivant laquelle, il y a trente ans, toute vie privée fut *murée* en France par des psychologues qui, sans doute, avaient besoin d'un tel mur.

104. — *Mariage indissoluble.*

Il suffit d'avoir saisi la principale destination du lien conjugal pour comprendre aussitôt ses conditions nécessaires, où l'intervention sociale ne tend, en général, qu'à consolider et à perfectionner l'ordre naturel.

D'abord, cette union fondamentale ne peut atteindre son but essentiel qu'en étant à la fois exclusive et indissoluble. Ces deux caractères lui sont tellement propres que les liaisons illégales tendent elles-mêmes à les manifester. L'absence actuelle de tous principes moraux et sociaux permet seule de comprendre qu'on ait osé ériger doctoralement l'inconstance et la frivolité des affections en garanties essentielles du bonheur humain. Aucune intimité ne peut être profonde sans concentration et sans perpétuité; car la seule idée du changement y provoque. Entre deux êtres aussi divers que l'homme et la femme, est-ce trop de notre courte vie pour se bien connaître et s'aimer dignement ? Pourtant, les cœurs sont, d'ordinaire, si versatiles que la société doit intervenir afin d'éviter des irrésolutions ou des variations dont le libre cours tendrait à faire dégénérer l'existence humaine en une déplorable suite d'essais, sans issue comme sans dignité. L'instinct sexuel ne peut devenir un puissant moyen de perfectionnement que sous une constante et sévère discipline, dont la nécessité serait assez confirmée en contemplant, hors de la grande république occidentale, les nombreuses populations qui n'ont pu encore l'instituer suffisamment. Vainement a-t-on prétendu réduire à une simple condition de climat le choix entre la polygamie et la monogamie. Cette frivole hypothèse est aussi contraire à l'observation universelle qu'à la saine théorie de l'humanité. Perfectionnant toujours l'institution du mariage, ainsi que toute autre, partout notre espèce part de la plus complète polygamie et tend à la plus parfaite monogamie. Au nord, comme au sud, on retrouve l'état polygame, en remontant assez le cours des âges sociaux : au midi, comme au nord, l'état monogame prévaut à mesure que la sociabilité se développe ; l'Orient lui-même y touche aujourd'hui, chez ses populations les plus occidentalisées.

La monogamie occidentale constitue donc une des plus précieuses institutions que nous devions au moyen âge. Elle a peut-être plus contribué qu'aucune autre à l'éclatante supériorité sociale de la grande famille moderne. Quoique le divorce l'ait gravement altérée chez les populations protestantes, cette aberration temporaire y est beaucoup contenue par les saintes répugnances du sentiment féminin et de l'instinct prolétaire, qui bornent ses ravages aux classes privilégiées. La recrudescence empirique de la métaphysique officielle peut aujourd'hui susciter quelques craintes sérieuses sur l'extension française d'un tel fléau. Mais la saine philosophie arrive à temps pour contenir essentiellement ces tendances éphémères et factices, radicalement contraires à l'ensemble des mœurs modernes. Cette lutte peut être dirigée de manière à hâter l'avènement de la saine théorie conjugale. Le positivisme a d'autant plus lieu d'y compter que son esprit, toujours sagement relatif, lui permet d'accorder, sans aucune inconséquence énervante, des concessions exceptionnelles, qu'interdisait le caractère nécessairement absolu de toute doctrine théologique. Une telle philosophie peut seule concilier l'indispensable généralité des diverses règles morales avec les exceptions motivées qu'exigent toutes les prescriptions pratiques.

105. — *Veuvage éternel.*

Mais, loin de rien céder ainsi aux tendances anarchiques, elle perfectionnera l'unité fondamentale du mariage humain, en faisant consacrer par nos mœurs, quoique sans aucune vaine injonction légale, le devoir du veuvage éternel, complément final de la vraie monogamie. L'instinct vulgaire a toujours honoré, même chez l'homme, cette scrupuleuse concentration du cœur. Nulle doctrine n'a pourtant été assez pure jusqu'ici, ou assez énergique, pour l'imposer. D'après l'ascendant supérieur que procure une pleine systématisation, toujours disposée à motiver ses décisions sur l'ensemble des lois réelles, le positivisme prescrira aisément à toutes les âmes délicates une obligation complémentaire qui découle du même principe que la règle fondamentale. Car, si le mariage positiviste est surtout destiné à perfectionner le cœur humain, le veuvage devient une suite naturelle de l'unité du lien. L'oubli de toute moralité systématique empêche aujourd'hui de sentir la grandeur morale inhérente à cette constance posthume, que tant de femmes ont jadis pratiquée dignement. Mais une profonde connaissance de notre vraie nature représente une telle considération comme une précieuse source de perfectionnement, aisément réalisable, même dans la jeunesse, chez tous les hommes noblement organisés. En effet, le veuvage volontaire offre, à l'esprit et au corps autant qu'au cœur, tous les avantages essentiels de la chasteté, sans exposer aux graves dangers moraux du célibat. Cette éternelle adoration d'une mémoire que la mort rend plus touchante et plus fixe permet à toute grande âme, surtout philosophique, de se mieux vouer au service actif de l'Humanité, en y utilisant la précieuse réaction publique d'une digne affection privée. Ainsi, le vrai bonheur individuel concourt avec le bien commun pour prescrire un tel devoir à tous ceux qui appprécient sainement l'un et l'autre.

Cette sainte prolongation du plus parfait des liens, outre l'intime satisfaction qu'elle procure toujours, trouvera d'ailleurs une récompense naturelle dans une extension encore supérieure. Si la liaison survécut à l'un, pourquoi la gratitude publique ne la garantirait-elle pas aussi après l'autre, en enveloppant d'un même cercueil ces cœurs que la mort ne put disjoindre ? Cette solennelle éternisation d'un digne mariage pourrait quelquefois être décernée d'avance, quand les vrais organes du sentiment public la jugeraient assez méritée. Elle exciterait alors à de nouveaux services celui qui y verrait le gage assuré de la pleine identification finale des deux mémoires. Le passé nous offre déjà quelques exemples spontanés d'une telle solidarité, comme entre Dante et Béatrice, ou Laure et Pétrarque. Mais ces cas exceptionnels ne peuvent donner une juste idée de cette nouvelle institution, qui semblerait ainsi bornée à d'éminentes anomalies. En liant partout la vie privée à la vie publique, au delà de toute possibilité antérieure, la régénération finale permettra d'appliquer la même récompense à tous les cœurs qui l'auront méritée, entre les limites locales de leur propre appréciation.

Voilà comment la tendresse positiviste trouvera naturellement de précieuses consolations, sans regretter des chimères qui désormais dégradent autant le cœur que l'esprit. La supériorité morale du nouveau régime se manifeste, même à cet égard, en ce qu'il ne console qu'en fortifiant le lien. Car, les consolations chrétiennes si vantées disposent à d'autres unions, qui altèrent la principale efficacité du mariage, et qui même suscitent une ambiguité d'affection peu compatible avec la vague utopie théologique. Jusqu'au positivisme, aucune doctrine n'avait dogmatiquement prescrit le veuvage, ni institué la communauté de cercueil, comme double complément extrême de la monogamie humaine. C'est en perfectionnant ainsi notre grandeur morale que la nouvelle philosophie doit toujours répondre à des préventions stupides ou à d'infâmes calomnies.

Le positivisme rend donc la théorie du mariage indépendante de toute destination physique, en représentant ce lien fondamental comme la principale source du perfectionnement moral, et, par suite, comme la base essentielle du vrai bonheur humain, tant public que privé. Cette épuration systématique a d'autant plus de prix, que, sans supposer aucune exaltation exceptionnelle, elle résulte seulement d'une étude approfondie de l'humanité. Toute l'efficacité personnelle et sociale du mariage serait ainsi réalisable dans une union, qui, quoique plus tendre, resterait toujours aussi chaste que le lien fraternel. Malgré que l'instinct sexuel soit ordinairement indispensable, surtout chez l'homme, à la tendresse initiale, l'affection peut se développer sans qu'il se satisfasse. Pourvu que la renonciation se trouve, des deux parts, assez motivée, elle stimule davantage l'attachement mutuel.

106. — *La mère.*

Après avoir ainsi apprécié la destination propre du mariage, indépendamment de toute maternité, la théorie sociologique de la femme doit se compléter en concevant l'office maternel comme une extension nécessaire de la mission morale qui caractérise l'épouse.

Sous ce nouvel aspect, le positivisme relève encore la dignité féminine, en attribuant à la mère la principale direction de l'ensemble de l'éducation domestique, dont l'éducation publique ne constitue ensuite que le complément systématique, suivant les indications de la troisième partie.

107. — *L'éducation de l'enfant appartient à sa mère.*

Cette décision philosophique résulte du principe fondamental qui, dans l'état normal de la société générale, confie nécessairement l'éducation au pouvoir spirituel, que la femme représente naturellement au sein de chaque famille. Une telle règle ne choque les préjugés actuels que d'après la tendance révolutionnaire de l'esprit à prévaloir sur le cœur, depuis la fin du moyen âge. Les modernes ont été ainsi conduits à négliger de plus en plus la partie morale de l'éducation, pour se préoccuper outre mesure de sa partie intellectuelle. Mais, en terminant l'état révolutionnaire par la prépondérance systématique du cœur sur l'esprit, le positivisme rend à l'éducation morale sa prééminence naturelle, comme je l'ai ci-dessus indiqué. Dès lors, les femmes, qui seraient, en effet, peu propres à diriger l'instruction actuelle, reprendront, mieux qu'au moyen âge, la présidence générale d'une éducation où la morale dominera toujours, et où, jusqu'à la puberté, les seules études suivies se réduiront à des exercices esthétiques. Nos chevaleresques ancêtres étaient, d'ordinaire, élevés ainsi sous l'ascendant féminin, et certes sans en être amollis. Si donc une telle préparation convint à des guerriers, comment pourrait-on la craindre envers une société pacifique ? Les hommes ne sont indispensables que pour l'instruction, tant théorique que pratique. Quant à l'éducation morale, les philosophes ne devront s'en emparer, comme je l'ai indiqué, qu'à l'âge où elle devient systématique, c'est-à-dire pendant les dernières années qui précèdent la majorité. Même leur principale influence morale s'exercera sur les hommes faits pour les amener dans l'existence réelle, soit privée, soit publique, à une juste application spéciale des principes inculqués à la jeunesse. Toute la morale spontanée, c'est-à-dire l'éducation des sentiments, celle qui, au fond, affecte le plus l'ensemble de la vie, doit dépendre essentiellement des mères. C'est surtout à ce titre qu'il importe de laisser toujours l'élève au sein de sa famille, en supprimant les cloîtres scolastiques, comme je l'ai proposé.

La prééminence naturelle des femmes pour cet office fondamental sera toujours respectée profondément par les vrais philosophes. Ils n'oublieront jamais que les êtres les plus sympathiques sont nécessairement les plus propres à développer en autrui les affections qui doivent prévaloir. Consacrant la sagesse vulgaire, la philosophie positive représentera toujours la culture du cœur comme plus importante que celle de l'esprit. Sa réalité caractéristique l'empêche de s'exagérer jamais l'efficacité de la systématisation, et d'en méconnaître les conditions essentielles. On ne peut vraiment systématiser, surtout en morale, que ce qui préexiste spontanément. Ainsi, rien ne dispense d'un essor propre et direct des divers sentiments humains, antérieur à toute discipline philosophique. Cet office fondamental, qui commence avec la vie, et qui dure pendant tout le cours du développement physique, appartient nécessairement aux femmes. Leur aptitude est telle, à cet égard, que, à défaut de la mère, une étrangère bien choisie y conviendrait mieux, d'ordinaire, que le père lui-même, si elle pouvait assez s'incorporer à la famille. Des âmes où le sentiment domine peuvent seules en comprendre dignement l'importance. Elles seules savent réellement que la plupart des actes humains, surtout dans le jeune âge, doivent beaucoup moins être appréciés en eux-mêmes que par les tendances qu'ils manifestent et les habitudes qu'ils suscitent. Sous le rapport du sentiment, il n'y a pas d'actions indifférentes. Ainsi jugés, les moindres actes de l'enfant peuvent assister le double précepte, fondamental de toute l'éducation positive, tant spontanée que systématique : développer la sociabilité, et amortir la personnalité. Les actions peu importantes sont même les plus propres à permettre d'abord la saine appréciation des sentiments correspondants, sur lesquels l'observation peut alors se mieux concentrer, sans être distraite par des circonstances spéciales. En outre, c'est seulement d'après ces petits efforts que l'enfant peut commencer le difficile apprentissage de la lutte intérieure qui dominera toute sa vie, pour subordonner graduellement les impulsions égoïstes aux instincts sympathiques. Sous ces divers aspects, le précepteur le plus éminent, même par le cœur, sera toujours au-dessous de toute digne mère. Quoique celle-ci fût souvent incapable de formuler ou de motiver ses décisions habituelles, l'efficacité finale fera ordinairement ressortir la supériorité réelle de sa discipline morale. Aucun autre régime ne pourrait autant saisir les occasions propres à caractériser, sans affectation, le charme naturel des bons sentiments et l'inquiétude attachée aux inspirations égoïstes.

Cette théorie sociologique de la mère vient naturellement se lier à celle de l'épouse, puisque la prépondérance maternelle, malgré son décroissement spontané, continue à diriger l'essor du cœur jusqu'à l'âge ordinaire du mariage. Alors l'homme, gouverné involontairement par la femme, contracte envers elle, pour tout le reste de sa carrière, une subordination volontaire, qui complète son éducation morale. Cet être destiné à l'action vient faire consister son principal bonheur à subir dignement le salutaire ascendant de l'être voué à l'affection.

L'office fondamental, à la fois privé et public, assigné à la femme dans le régime positif, ne constitue donc, à tous égards, qu'un vaste développement systématique de sa propre nature. Une vocation aussi homogène et aussi déterminée ne peut laisser aucune grave incertitude sur la position sociale correspondante. Nul autre cas essentiel ne saurait mieux confirmer ce principe universel de l'art humain : l'ordre artificiel consiste toujours à consolider et à améliorer l'ordre naturel.

108. — *Sophismes modernes sur les droits de la femme.*

Tous les âges de transition ont suscité, comme le nôtre, des aberrations sophistiques sur la condition sociale des femmes. Mais la loi naturelle qui assigne au sexe affectif une existence essentiellement domestique n'a jamais été gravement altérée. Cette loi est tellement réelle qu'elle a toujours prévalu spontanément, quoique les sophismes contraires restassent sans réfutation suffisante. L'ordre domestique a résisté aux subtiles attaques de la métaphysique grecque, alors animée d'une verve juvénile, et agissant sur des esprits incapables d'aucune défense systématique. On ne peut donc concevoir aujourd'hui des craintes sérieuses, en voyant surgir, de notre profonde anarchie mentale, quelques vaines reproductions des utopies subversives contre lesquelles l'énergique satire d'Aristophane soulevait assez l'instinct public. Quoique l'absence de tous véritables principes sociaux soit maintenant plus complète que pendant la transition du polythéisme au monothéisme, la raison humaine est aussi beaucoup mieux développée, et surtout le sentiment l'est bien davantage. Les femmes étaient alors trop abaissées pour repousser dignement, même par leur silence, les doctorales aberrations de leurs prétendus défenseurs, qui n'avaient donc à lutter que contre la raison. Mais, chez les modernes, l'heureuse liberté des femmes occidentales leur permet de manifester des répugnances décisives, qui suffisent, à défaut de rectification rationnelle, pour neutraliser ces divagations de l'esprit inspirées par le dérèglement du cœur. C'est le sentiment féminin qui seul contient aujourd'hui les ravages pratiques que sembleraient devoir produire ces tendances anarchiques. L'oisiveté aggrave ce danger chez nos classes privilégiées, où la richesse exerce d'ailleurs une funeste influence sur la constitution morale des femmes. Néanmoins, même là, le mal est réellement peu profond ou très restreint. On n'a jamais séduit beaucoup les hommes, et encore moins les femmes, en caressant leurs mauvaises inclinations. Il n'y a de vraiment redoutables que les séductions qui s'adressent à nos bons penchants, pour en dénaturer la direction. Des rêveries qui choquent directement toutes les délicatesses féminines ne pouvaient donc obtenir aucun ascendant réel, même dans les rangs les mieux disposés à les accueillir. Mais, chez le peuple, où leurs ravages seraient si désastreux, la répulsion est beaucoup plus décisive, parce que l'existence prolétaire indique davantage aux deux sexes leur vraie situation respective. Ainsi, là surtout où il importe le plus de consolider les dogmes domestiques, le positivisme trouvera peu d'obstacles à l'admission complète de sa théorie naturelle sur la condition sociale des femmes, d'après la double destination fondamentale que je viens de leur assigner.

Dans sa plus systématique appréciation, cette théorie découle du grand principe relatif à la séparation normale des deux puissances élémentaires, qui domine toutes les autres questions sociales. Car les motifs qui concentrent l'existence féminine au sein de la famille, sans aucune participation au commandement, même domestique, ne sont, au fond, qu'une plus complète application de ceux qui interdisent, en général, au pouvoir modérateur tout exercice du pouvoir directeur. Puisque les femmes constituent l'élément le plus pur et le plus spontané de la force morale, elles doivent mieux remplir les conditions qui lui sont propres. L'influence affective qui les caractérise exige, encore plus que l'aptitude spéculative, une stricte renonciation à l'activité habituelle du sexe dirigeant. Si donc les philosophes doivent s'abstenir des affaires pratiques, les femmes y devraient, à plus forte raison, renoncer, quand même l'ordre naturel de la société leur laisserait le choix. Car la délicatesse du sentiment, qui constitue leur mérite essentiel et la source de leur véritable ascendant, est encore plus altérable par la vie active que la netteté et la généralité des principes théoriques. L'exercice de l'autorité pratique ne peut se concilier avec l'essor habituel de l'esprit d'ensemble, parce qu'il préoccupe l'intelligence de questions spéciales. Mais il nuit beaucoup plus à la pureté des affections, en développant les impulsions égoïstes. Ce danger serait d'autant moins évitable pour les femmes, que leur âme éminemment tendre manque ordinairement d'énergie, de manière à ne pouvoir lutter assez contre les influences corruptrices. Mieux on approfondira ce sujet fondamental, plus on sentira que, loin de nuire à leur vraie vocation, leur situation sociale est très propre à développer, et même à perfectionner, leurs qualités principales. L'ordre naturel des sociétés humaines est, à tous égards, beaucoup moins vicieux que ne l'indiquent aujourd'hui d'aveugles déclamations. Sans le règne spontané de la prépondérance matérielle, la force morale serait dénaturée, comme perdant sa destination caractéristique. Les philosophes et les prolétaires altèreraient bientôt leurs hautes qualités d'esprit et de cœur s'ils obtenaient l'ascendant temporel. Mais l'exercice du commandement corromprait encore davantage la nature féminine. Cette tendance n'est que trop appréciable chez les classes supérieures, où la richesse procure souvent aux femmes une funeste indépendance, et même un pouvoir abusif. Voilà surtout ce qui oblige à chercher, parmi les prolétaires, le meilleur type féminin, parce que là la tendresse s'y développe mieux et y obtient davantage son juste ascendant. La richesse contribue encore plus que l'oisiveté et la dissipation à la dégradation morale des femmes privilégiées.

109. — *L'évolution favorise, non pas l'égalité entre les sexes, mais leur différenciation.*

A cet égard, comme à tout autre, le progrès continu de l'humanité ne fait que mieux développer l'ordre fondamental. Loin que la situation respective des deux sexes tende aucunement vers l'égalité qu'interdit leur nature, l'ensemble du passé confirme nettement la tendance constante de l'évolution humaine à caractériser davantage leurs différences essentielles. Malgré l'amélioration capitale que le moyen âge apporta dans la condition sociale des femmes occidentales, il leur ôta les fonctions sacerdotales qu'elles partageaient avec les hommes sous le régime polythéique, où le sacerdoce était plutôt esthétique que scientifique. A mesure que le principe des castes a perdu, chez les modernes, son antique ascendant, les femmes ont été exclues de la royauté et de toute autre autorité politique. Les moindres fonctions pratiques manifestent une tendance équivalente à écarter de plus en plus les femmes des diverses professions industrielles, même de celles qui semblent devoir le mieux leur convenir. Ainsi, l'existence féminine se concentre davantage dans la famille, au lieu de s'en dégager, en même temps qu'elle développe mieux un légitime ascendant moral. Loin de se contrarier, ces deux tendances sont, au contraire, nécessairement solidaires.

Sans discuter de vaines utopies rétrogrades, il importe de sentir, pour mieux apprécier l'ordre réel, que, si les femmes obtenaient jamais cette égalité temporelle que demandent, sans leur aveu, leurs prétendus défenseurs, leurs garanties sociales en souffriraient autant que leur caractère moral. Car elles se trouveraient ainsi assujetties, dans la plupart des carrières, à une active concurrence journalière qu'elles ne pourraient soutenir, en même temps que la rivalité pratique corromprait les principales sources de l'affection mutuelle.

110. — *L'homme doit nourrir la femme.*

Au lieu de ces rêves subversifs, un principe naturel garantit pleinement l'existence féminine, en fixant les devoirs temporels du sexe actif envers le sexe affectif. Le positivisme peut seul, en vertu de sa réalité caractéristique, systématiser ce principe, de manière à le faire dignement prévaloir. Mais la nouvelle philosophie n'a point créé la tendance universelle qu'elle proclame ainsi, d'après une juste appréciation de l'ensemble du mouvement humain. *L'homme doit nourrir la femme :* telle est la loi naturelle de notre espèce, en harmonie avec l'existence essentiellement domestique du sexe affectif. Cette règle, que manifeste même la plus grossière sociabilité, se développe et se perfectionne à mesure que l'évolution humaine s'accomplit. Tous les progrès matériels que réclame la situation actuelle des femmes se réduisent à mieux appliquer ce principe fondamental, dont les conséquences doivent réagir sur toutes les relations sociales, surtout quant aux salaires industriels. Conforme à une tendance spontanée, cette règle se lie à la noble destination des femmes comme élément affectif du pouvoir modérateur. L'obligation est alors analogue à celle qui prescrit à la classe active de nourrir la classe spéculative, afin que celle-ci puisse vaquer dignement à son office fondamental. Seulement les devoirs matériels du sexe actif envers le sexe affectif sont encore plus sacrés, par suite même de la concentration domestique qu'exige l'office féminin. A l'égard des penseurs, l'obligation des praticiens n'est guère que collective ; mais, envers les femmes, elle est surtout individuelle. Toutefois, cette responsabilité directe, qui pèse spécialement sur chaque homme pour la compagne qu'il a choisie, ne dispense point l'ensemble du sexe actif d'une pareille obligation indirecte à l'égard de tout le sexe affectif. A défaut de l'époux, et des parents, la société doit garantir l'existence matérielle de chaque femme, soit en compensation d'une inévitable dépendance temporelle, soit surtout en vue d'un indispensable office moral.

Tel est donc, à ce sujet, le vrai sens général de la progression humaine : rendre la vie féminine de plus en plus domestique, et la dégager davantage de tout travail extérieur, afin de mieux assurer sa destination affective. Les privilégiés ont déjà reconnu que tout effort pénible doit être épargné aux femmes. C'est presque le seul cas où nos prolétaires doivent imiter, quant aux relations des deux sexes, les mœurs de leurs chefs temporels. A tout autre égard, le peuple occidental sent mieux qu'eux les devoirs pratiques des hommes envers les femmes. Il rougirait même le plus souvent des barbares corvées imposées encore à tant de femmes, si notre régime industriel permettait déjà d'éviter une telle monstruosité. C'est surtout parmi nos grands et nos riches qu'on voit ces vils marchés, d'ailleurs si fréquemment frauduleux, où une immorale intervention détermine à la fois la dégradation d'un sexe et la corruption de l'autre. En faisant mieux ressortir la vraie vocation de la femme, et en élargissant davantage le choix conjugal, les mœurs modernes éteignent rapidement la honteuse vénalité résultée ainsi de l'usage des dots, déjà presque nul chez nos prolétaires. Le principe positiviste sur les obligations matérielles de l'homme envers la femme écartera systématiquement ce reste de barbarie, même parmi nos privilégiés. Pour y mieux parvenir, il suffira de réaliser une dernière conséquence de la théorie sociologique du sexe affectif, en interdisant aux femmes tout héritage. Sans cette suppression, celle des dots serait éludée par un escompte spontané. Dès que la femme est dispensée de toute production matérielle, c'est à l'homme seul que doivent revenir les instruments de travail que chaque génération prépare pour la suivante. Loin de constituer aucun vicieux privilège, un tel mode de transmission se lie naturellement à une grave responsabilité. Ce n'est point parmi les femmes que cette mesure complémentaire suscitera une sérieuse opposition. Une saine éducation leur en fera d'ailleurs comprendre l'utilité personnelle, pour les préserver d'indignes poursuivants. Cette importante prescription ne doit même devenir légale qu'après avoir librement prévalu dans les mœurs, par l'universelle conviction de son aptitude à consolider la nouvelle constitution domestique.

111. — *La femme doit recevoir la même éducation que l'homme.*

Pour achever de caractériser la condition sociale des femmes sous le régime positif, il suffit d'indiquer, d'après la même théorie, la nature de leur éducation.

Leur office fondamental dissipe, à cet égard, toute incertitude, en manifestant l'obligation d'étendre aux deux sexes, d'une manière presque uniforme, le système d'éducation générale ci-dessus destiné aux prolétaires. Ce système étant dégagé de toute spécialité, convient autant à l'élément sympathique du pouvoir modérateur qu'à l'élément synergique, même quant aux études scientifiques. Si, envers les prolétaires, nous avons reconnu combien est indispensable la saine théorie historique, une pareille nécessité s'étend aussi aux femmes, afin d'y développer dignement le sentiment social, toujours imparfait tant que la continuité n'y complète pas la solidarité. Or, en appliquant aux deux sexes le besoin d'une telle étude, et de la systématisation morale qui en résulte, on n'y peut méconnaître une égale urgence de la préparation scientifique qu'elle suppose, et qui d'ailleurs offre directement à tous une importance équivalente. Enfin, puisque les femmes doivent présider à toute l'éducation spontanée, il faut qu'elles aient aussi participé à l'éducation systématique qui en constitue l'indispensable complément. Il n'y a de vraiment particulière aux hommes que ce qu'on nomme l'éducation professionnelle, que nous avons reconnue ne comporter finalement aucune organisation propre, en tant qu'elle doit surtout résulter d'un judicieux exercice, succédant à un sage essor théorique. Les femmes auront donc, comme les philosophes, la même éducation que les prolétaires.

Toutefois, en proclamant cette égale participation des deux sexes, je suis loin de penser, avec mon illustre précurseur Condorcet, que leurs leçons publiques doivent être simultanées. L'appréciation morale, qui doit toujours prévaloir, interdit hautement un tel mélange, comme également funeste aux deux sexes. C'est au temple, au club, et au salon, qu'ils devront se joindre librement, pendant toute leur carrière. Mais, à l'école, ces contacts prématurés empêcheraient chacun d'eux de développer son propre caractère, outre l'évidente perturbation qu'en éprouveraient leurs études. Jusqu'à ce que, de part et d'autre, les sentiments soient assez formés, il importe beaucoup que leurs relations restent partielles et circonscrites, sous la constante surveillance des mères.

Néanmoins, cette obligation de séparer les leçons publiques des deux sexes, quoique les études y soient les mêmes, ne doit nullement conduire à instituer pour les femmes des professeurs spéciaux. Une telle institution, outre ses inconvénients financiers, tendrait surtout à dénaturer l'éducation féminine, en suscitant un préjugé inévitable sur l'infériorité de ses organes propres. Pour que l'instruction fondamentale soit vraiment la même chez les deux sexes, il faut que les professeurs soient communs, malgré la séparation des leçons. Le plan indiqué dans la troisième partie de ce Discours concilie aisément ces deux conditions, en n'astreignant chaque philosophe qu'à une seule séance hebdomadaire, ou quelquefois deux. Un tel service peut être facilement doublé, sans atteindre encore aux misérables corvées des maîtres actuels. Chaque philosophe y devant d'ailleurs parcourir successivement les sept degrés annuels de l'enseignement positif, l'obligation d'enseigner séparément les deux sexes pourrait s'y régler de manière à dispenser le professeur de toute fastidieuse répétition. Au reste, les hommes distingués qu'on chargerait toujours de ce double office seraient bientôt éclairés, par l'expérience, sur la diversité didactique correspondante à la différence naturelle des auditoires, sans cependant altérer jamais l'homogénéité nécessaire des méthodes et des doctrines.

En rehaussant, aux yeux de tous, la dignité des études féminines, cette identité d'organes doit aussi exercer une heureuse réaction sur le caractère intellectuel et moral des fonctionnaires philosophiques. Ils seront ainsi mieux détournés des spécialités oiseuses, et spontanément ramenés aux vues d'ensemble. La subordination fondamentale de l'esprit envers le cœur leur deviendra aussi plus familière, en fréquentant à la fois les natures les plus rationnelles et les plus sentimentales. Cette égale destination aux deux sexes complétera l'universalité encyclopédique des nouveaux philosophes. Ainsi forcés de traiter pareillement tous les divers ordres de conceptions réelles, et d'intéresser également deux auditoires aussi différents, il faudra bien que leur mérite personnel soit au niveau de leur office social. Mais, en même temps, l'ensemble de ces conditions tend tellement à diminuer leur nombre, qu'on pourra trouver assez d'hommes distingués pour réaliser un tel plan, quand leur recrutement sera sagement institué et leur existence matérielle dignement garantie. N'oublions pas d'ailleurs que leur corporation doit être occidentale, et nullement nationale ; en sorte que les fonctionnaires positivistes changeront encore plus souvent leurs résidences que ne le firent, au moyen âge, les dignitaires catholiques. En combinant toutes ces considérations, on reconnaîtra bientôt que l'éducation positive peut être largement organisée, chez les deux sexes, pour tous les habitants de l'Occident, sans exiger l'équivalent des dépenses inutiles, ou plutôt nuisibles, qu'entraîne aujourd'hui le seul clergé anglican. Chaque fonctionnaire philosophique trouverait pourtant une digne existence matérielle, quoique aucun ne fût jamais dégradé par la richesse. Un corps de vingt mille philosophes suffirait aujourd'hui, et probablement toujours, à tous les besoins spirituels des cinq populations occidentales, puisqu'il permettrait d'instituer, sur deux mille points du territoire positiviste, le système complet de l'enseignement septennaire. L'influence des femmes et celle des prolétaires ne peuvent jamais devenir assez systématiques pour dispenser aucunement de l'intervention philosophique. Cependant leur incorporation croissante à l'ensemble du pouvoir modérateur diminuera l'extension ultérieure de la classe purement spéculative, que le régime théologique multiplia beaucoup trop. Le privilège de l'aisance sans production sera dès lors assez rare et assez mérité pour ne susciter aucune récrimination légitime. On sentira partout que les frais consacrés à l'existence philosophique, comme à l'existence féminine, loin d'être onéreux à la société active, constituent la plus précieuse source de son perfectionnement et de son vrai bonheur, en assurant le juste essor des fonctions spéculatives et affectives qui caractérisent l'humanité.

Toutes les questions relatives à la théorie sociologique de la femme se résolvent donc, sans incertitude, d'après le principe fondamental posé, au début de cette quatrième partie, sur la destination sociale du sexe affectif, en vertu de sa constitution naturelle. Organes spontanés du sentiment qui seul préside à l'unité humaine, les femmes constituent l'élément le plus direct et le plus pur du pouvoir modérateur, destiné à moraliser de plus en plus l'empire nécessaire de la force matérielle. A ce titre, elles sont chargées, d'abord comme mères, puis comme épouses, de l'éducation morale de l'humanité. De là résulte leur existence de plus en plus domestique, et leur participation de plus en plus complète à l'instruction générale, afin que leur situation tende toujours à mieux développer leur vocation.

112. — *Récompense attachée à la mission affective de la femme.*

Il est maintenant facile de compléter cette appréciation sommaire en caractérisant aussi la récompense naturelle d'une telle destinée.

Aucune autre vocation ne fait autant sentir combien le bonheur de chaque être consiste surtout à développer son office spontané. Car les femmes n'ont toutes, au fond, qu'une même mission, celle d'aimer. Mais c'est la seule qui admette un nombre illimité d'organes, et qui, loin de redouter aucune concurrence, s'étende par le concours. Chargées d'entretenir la source affective de l'unité humaine, les femmes sont donc aussi heureuses qu'elles puissent l'être quand elles sentent dignement leur vraie vocation, et qu'elles peuvent la suivre librement. Leur office social a cela d'admirable qu'il les invite à développer leur instinct naturel, et leur prescrit les émotions que chacun préfère à toutes les autres. Ainsi, les femmes n'ont, en général, à demander à la régénération finale que de mieux adapter leur situation à leur destination, soit en les dispensant de toute activité extérieure, soit en assurant leur juste influence morale. Or, le régime positif satisfera directement ce double vœu, par l'ensemble des améliorations matérielles, mentales, et morales, qu'il réalisera dans l'existence féminine.

Mais, outre cette récompense naturelle d'un heureux office, le positivisme doit accomplir, envers les femmes, ce que le moyen âge ne put qu'ébaucher, en systématisant la reconnaissance continue qu'inspirera de plus en plus leur salutaire ascendant moral. En un mot, la nouvelle doctrine universelle peut seule instituer dignement le culte, à la fois public et privé, de la femme. Ce sera le premier degré permanent du culte fondamental de l'Humanité, où la conclusion de ce Discours placera finalement le centre général du positivisme, tant philosophique que politique.

113. — *La femme et la chevalerie.*

Nos chevaleresques ancêtres firent, à cet égard, d'admirables tentatives, qui ne sont plus appréciées que par les femmes. Mais leurs nobles efforts ne pouvaient suffire, soit à raison d'une sociabilité trop militaire, soit d'après l'insuffisance sociale de la doctrine dominante.

Néanmoins, ils ont laissé des souvenirs impérissables, et même nous leur devons encore la meilleure partie de nos mœurs occidentales, quoique déjà très altérées par notre anarchie.

La philosophie négative du siècle dernier a représenté la chevalerie comme ne pouvant jamais revivre, en tant que liée à des croyances désormais rétrogrades. Mais cette solidarité était plus apparente que réelle, et d'ailleurs purement temporaire. Elle a été vicieusement exagérée par les modernes défenseurs du catholicisme, qui ne pouvaient assez discerner la source affective de cette admirable institution sous sa consécration théologique. Le sentiment féodal constitua certainement l'origine directe et naturelle de la chevalerie, qui seulement demanda ensuite au catholicisme l'unique sanction systématique qu'elle pût alors trouver. Au fond, le principe théologique était peu conforme à l'impulsion chevaleresque ; l'un concentrait la sollicitude humaine sur un avenir chimérique, tandis que l'autre dirigeait toute notre énergie vers l'existence réelle. Toujours placé entre son Dieu et sa dame, le chevalier du moyen âge ne pouvait connaître cette pleine unité morale qui seule aurait entièrement développé sa noble mission volontaire.

En touchant au terme de la transition révolutionnaire, nous commençons à sentir que la chevalerie, loin de s'éteindre finalement, doit mieux prévaloir dans le véritable régime moderne, d'après une sociabilité plus pacifique et une doctrine plus humaine. Car cette grande institution correspondit à un besoin fondamental qui se développe davantage à mesure que l'humanité se civilise, le protectorat volontaire envers tous les faibles. Le passage de l'activité conquérante des anciens au régime défensif des guerriers féodaux dut en susciter la première manifestation générale, alors sanctionnée par les croyances dominantes. Mais l'irrévocable prépondérance de la vie pacifique doit lui procurer une meilleure extension, quand ce grand caractère temporel de l'ordre moderne aura été dignement systématisé et moralisé. Seulement, le sentiment chevaleresque transformera sa destination, d'après l'heureuse modification que notre civilisation apporte de plus en plus à l'oppression habituelle. La puissance matérielle ayant cessé d'être militaire pour devenir industrielle, la persécution ne s'adresse plus à la personne, mais surtout à la fortune. Cette transformation définitive offre beaucoup d'avantages, soit en diminuant la gravité des dangers, soit en rendant la protection plus facile et plus efficace ; mais elle ne dispensera jamais du protectorat volontaire, même systématique. L'instinct destructeur se fera toujours sentir vivement chez tous ceux qui auront, sous un mode quelconque, la puissance de s'y livrer. Ainsi, le régime positif doit naturellement offrir, comme supplément général de la systématisation morale, l'essor régulier des mœurs chevaleresques parmi les chefs temporels. Ceux d'entre eux qui se sentiront animés d'une générosité équivalente à celle de leurs héroïques prédécesseurs, consacreront, non leur épée, mais leur fortune, leur activité, et, au besoin, toute leur énergie, à la libre défense de tous les opprimés. De même qu'au moyen âge, cet office volontaire s'exercera surtout envers les classes spécialement exposées aux persécutions temporelles, c'est-à-dire les femmes, les philosophes, et les prolétaires. On ne peut supposer que l'institution la mieux inspirée par le sentiment social doive rester étrangère au régime qui développera le plus la sociabilité.

Sous ce premier aspect, la reconstruction finale des mœurs chevaleresques n'offrira qu'une rénovation de la grande institution du moyen âge, suivant un mode adapté au nouvel état mental et social. Aujourd'hui, comme alors, le dévouement des forts aux faibles deviendra la suite naturelle de la subordination de la politique à la morale. C'est ainsi que le pouvoir modérateur trouve de généreux patrons au sein même du pouvoir directeur qu'il doit ramener dignement à de sévères devoirs sociaux. Mais, outre cet office général, la chevalerie féodale présentait, envers les femmes, une destination plus spéciale et plus intime, pour laquelle la supériorité du régime positif sera plus complète et plus évidente.

En ébauchant le culte de la femme, le sentiment féodal fut mal secondé, et même, à beaucoup d'égards, entravé par le principe catholique. Directement contraires à la vraie tendresse mutuelle, les mœurs chrétiennes n'en ont assisté l'essor que par une influence indirecte, en prescrivant la pureté habituelle, indispensable au véritable amour. Sous tout autre aspect, les sympathies chevaleresques ne purent surgir qu'en luttant toujours contre l'égoïste austérité d'un régime qui jamais ne consacra le mariage qu'à titre d'inévitable infirmité, défavorable au salut personnel. La salutaire prescription de la pureté s'y trouvait elle-même altérée par des motifs intéressés, qui compromettaient beaucoup sa principale efficacité morale. C'est pourquoi, malgré l'admirable persévérance de nos généreux ancêtres, le culte de la femme ne put être, au moyen âge, qu'imparfaitement ébauché, surtout dans les mœurs publiques. Malgré les empiriques prétentions du catholicisme, il y a tout lieu de présumer que, si la situation féodale avait pu se développer sous le polythéisme, les sentiments chevaleresques y eussent mieux prévalu.

114. — *Le culte de la femme.*

Le régime positif permet seul le plein essor du culte des femmes, par son entière systématisation, où les opinions seconderont toujours les mœurs. Érigeant la tendresse en principal attribut féminin, le nouveau culte y fera pourtant apprécier dignement la pureté, en la rattachant enfin à sa véritable source et à sa destination essentielle, comme condition capitale du bonheur et du perfectionnement. Une étude approfondie de la nature humaine écartera sans peine les vains sophismes que notre anarchie inspire, sur cet important sujet, aux esprits superficiels unis à des cœurs grossiers. Même le matérialisme scientifique présentera, sous ce rapport, peu d'obstacles réels à la mission morale du positivisme. Le judicieux médecin Hufeland a déjà remarqué que la vigueur notoire des anciens chevaliers écartait d'avance toute objection sérieuse sur les dangers physiques d'une continence habituelle. Sans scinder les divers aspects d'une telle question, l'appréciation positive établira facilement que la pureté, imposée d'abord comme condition de toute profonde tendresse, n'importe pas moins au perfectionnement matériel et intellectuel de l'homme et de l'humanité qu'à leur progrès moral.

D'après l'ensemble des indications propres à cette quatrième partie, le positivisme dispose autant l'esprit que le cœur à organiser dignement, dans toute la vie réelle, soit privée, soit publique, le culte, à la fois individuel et collectif, du sexe affectif par le sexe actif. Nées pour aimer et être aimées, affranchies de toute responsabilité pratique, librement retirées au sanctuaire domestique, nos occidentales positivistes y recevront le pur hommage habituel d'une gratitude pleinement sentie. Prêtresses spontanées de l'Humanité, elles n'auront plus à surmonter leurs propres scrupules, ni la terrible rivalité d'un dieu vindicatif. Chacun de nous apprendra, dès l'enfance, à voir, dans tout leur sexe, la principale source du bonheur et du perfectionnement humains, tant publics que privés.

Tous ces trésors d'affection que nos ancêtres perdirent

pour un but mystique, et que nos mœurs révolutionnaires ont ensuite méconnus, seront alors soigneusement recueillis, et appliqués à leur vraie destination, par des populations étrangères à toute chimère dégradante. Des êtres nés pour l'action, et qui se sentiront les chefs du monde connu, feront consister leur principale félicité à subir dignement l'heureux ascendant moral des êtres voués à l'affection. En un mot, le genou de l'homme ne fléchira plus que devant la femme.

Ce culte continu dérive naturellement d'une intime reconnaissance, déterminée par une exacte appréciation habituelle des bienfaits réels du sexe affectif envers le sexe actif. Une conviction familière fera profondément sentir à tout positiviste que notre vrai bonheur, tant privé que public, dépend surtout du perfectionnement moral, et que celui-ci résulte principalement de l'influence de la femme sur l'homme, d'abord comme mère, puis comme épouse. Il est impossible qu'un tel sentiment habituel ne détermine pas une tendre vénération active envers un sexe auquel sa position sociale interdit toute concurrence intéressée. A mesure que la vocation féminine sera mieux comprise et plus développée, chaque femme deviendra pour chaque homme la meilleure personnification de l'Humanité.

Mais ce culte, d'abord émané d'une reconnaissance spontanée, sera consacré ensuite, d'après une appréciation systématique, comme un nouveau moyen de bonheur et de perfectionnement. L'imperfection morale du sexe actif lui prescrit de développer, par un exercice assidu, les affections tendres qui sont chez lui trop inertes. Rien ne peut mieux remplir cette importante condition qu'une pratique familière, à la fois privée et publique, du culte féminin. C'est surtout ainsi que le positivisme retrouvera dignement la haute efficacité morale que le catholicisme retirait de la prière.

Une grossière appréciation représente aujourd'hui cet usage religieux comme inséparable des intérêts chimériques qui l'inspirèrent aux premiers hommes. Mais la systématisation catholique tendit toujours à l'en dégager, quoique le régime théologique ne pût jamais le permettre entièrement. Depuis saint Augustin, toutes les âmes pures ont de plus en plus senti, à travers l'égoïsme chrétien, que prier peut n'être pas demander. A mesure que prévaudra la vraie théorie de la nature humaine, on concevra mieux cette haute fonction, que le régime définitif doit développer davantage, d'après un meilleur principe. Dans l'état normal de l'humanité, la prière, purifiée de tout calcul personnel, deviendra, selon sa vraie destination morale, une solennelle effusion, individuelle ou collective, des sentiments généreux, toujours liés aux vues générales. Le positivisme en prescrira la pratique journalière comme propre à combattre les impulsions égoïstes et les idées étroites qu'inspire ordinairement la vie active. C'est surtout aux hommes qu'elle sera recommandée, puisqu'ils ont plus besoin d'être régulièrement ramenés vers les pensées d'ensemble et les affections désintéressées, dont leur existence habituelle tend à les écarter davantage.

Pour en mieux assurer l'efficacité, il importe que son objet soit nettement déterminé. Or, cette condition est naturellement remplie par le culte féminin, qui peut ainsi devenir beaucoup plus salutaire que le culte divin. Sans doute, la prière humaine doit finalement avoir surtout en vue l'Humanité, comme je l'indiquerai spécialement à la fin de ce Discours. Mais ce but serait trop vague pour réaliser les heureux effets moraux d'une telle coutume, si on voulait d'abord la centraliser ainsi. Peut-être la tendresse féminine comporte-t-elle cette subite extension directe. Quoi qu'il en soit, le sexe actif n'y saurait prétendre, même chez la classe contemplative, mieux disposée à tout généraliser. C'est donc le culte féminin, d'abord privé, puis public, qui peut seul préparer l'homme au culte réel de l'Humanité.

Nul n'est assez malheureux pour ne pas trouver, parmi les femmes, soit comme épouse, soit comme mère, un digne objet d'affection spéciale, qui puisse préserver son cœur de toute divagation dans son adoration privée du sexe aimant. La mort, qui semble devoir détruire ce culte individuel, doit, au contraire, le consolider en l'épurant davantage, quand il est bien institué. Ce n'est pas seulement dans l'existence collective que le positivisme fera nettement sentir la liaison du présent avec l'ensemble du passé, et même de l'avenir. En liant tous les individus et toutes les générations, sa doctrine familière permettra à chacun de mieux raviver ses plus chers souvenirs, dans un régime où la vie privée se rattachera profondément à la vie publique, jusque chez les moindres citoyens. Les esprits bien cultivés sont déjà habitués à vivre avec leurs éminents prédécesseurs du moyen âge, et même de l'antiquité, presque comme ils le feraient envers des amis absents. Pourquoi le cœur, beaucoup plus énergique, ne comporterait-il pas aussi cette idéale résurrection? La vie publique nous offre déjà de fréquents exemples de sympathies et d'antipathies développées, à un haut degré, chez d'immenses populations, à l'égard des principaux personnages historiques, surtout quand leur influence actuelle reste appréciable. Rien n'empêche d'étendre aux destinations privées une telle aptitude affective, pour les relations senties par chacun. Notre culture morale s'est accomplie jusqu'ici sous un régime si peu convenable que nous ne pouvons aujourd'hui concevoir assez l'efficacité habituelle que comportera sa régénération positive, concentrant toujours, sur la vie humaine, les affections comme les pensées. Vivre avec les morts constitue l'un des plus précieux privilèges de l'humanité, qui le développe davantage à mesure que ses idées s'étendent et que ses sentiments s'épurent. Le positivisme doit lui procurer un vaste essor, à la fois spontané et systématique, non seulement public, mais encore privé. Il l'étendra même à l'avenir, en nous faisant vivre aussi avec ceux qui ne sont pas nés; ce qui n'était auparavant impossible que faute d'une vraie théorie historique, embrassant d'un seul regard l'ensemble des destinées humaines. Une foule d'exemples nous indique l'aptitude du cœur humain aux émotions dépourvues de tout fondement objectif, si ce n'est idéal. Les visions familières du polythéiste, les mystiques affections du monothéiste, signalent, dans le passé, une tendance naturelle que l'avenir doit utiliser en lui procurant une destination plus réelle et plus noble, d'après une meilleure philosophie générale. Ainsi, ceux-là même qui seraient malheureusement dépourvus d'un digne objet d'affection personnelle, pourraient néanmoins instituer convenablement le culte privé de la femme, en choisissant, chez nos prédécesseurs, un type adapté à leur propre nature. Les plus puissantes imaginations s'ouvriraient aussi le domaine de l'avenir, en y construisant un idéal encore plus parfait. Au fond, c'est ce que firent souvent nos chevaleresques aïeux, malgré leur naïve ignorance. Pourquoi l'habitude d'une saine théorie historique n'augmenterait-elle pas, à cet égard, nos facultés naturelles? Envers l'avenir, comme quant au passé, la doctrine positive étendra d'autant mieux cette heureuse aptitude qu'elle pourra la préserver de toute divagation énervante, en lui imposant des lois objectives propres à contenir la versatilité spontanée du cœur humain.

115. — *Le culte de la femme prépare le culte de l'Humanité.*

J'ai dû insister sur cette institution, tantôt réelle, tantôt idéale, du culte privé et individuel de la femme, parce que son culte public et collectif ne saurait autrement comporter une profonde efficacité morale. La réunion des hommes fortifie et développe beaucoup leurs sentiments propres, mais sans pouvoir les inspirer. Si donc chacun n'éprouvait isolément une tendre vénération habituelle pour celles qui président à nos principales affections, une multitude ainsi composée se bornerait à répéter, dans les temples de l'Humanité, de vaines formules en l'honneur des femmes. Mais ceux qui, tous les jours, leur adressent sincèrement de secrets hommages, pourront, par leur concours solennel, exalter souvent leurs nobles sentiments respectifs jusqu'au plus salutaire enthousiasme. Dans ma dernière lettre à mon éternelle compagne, je lui disais spontanément : « Au « milieu des plus graves tourments qui puissent résulter « de l'affection, je n'ai pas cessé de sentir que l'essentiel « pour le bonheur c'est d'avoir toujours le cœur digne- « ment rempli » (1). Après notre fatale séparation objective, une expérience journalière a mieux confirmé cette appréciation, d'ailleurs si conforme à la vraie théorie de la nature humaine. C'est par de telles habitudes individuelles qu'on peut convenablement préparer de sincères pratiques collectives.

L'aptitude caractéristique du positivisme est encore plus irrécusable pour ce culte public de la femme que pour le culte privé. Car la prépondérance systématique du point de vue social permet seule de rendre un tel hommage à la destination fondamentale du sexe aimant. Dans les grandes réunions du moyen âge, les chevaliers

---

(1) V. Testament d'Auguste Comte. (*N. des édit.*).

manifestaient à la fois leurs divers sentiments individuels, mais sans jamais s'élever au-dessus d'un simple prolongement collectif du culte privé. Quoique ce culte doive rester le préambule de l'autre, celui-ci consistera surtout à témoigner directement la reconnaissance du peuple pour l'office social du sexe affectif, comme organe spontané du principe fondamental de l'unité humaine et premier élément du pouvoir modérateur. Or, une telle appréciation était impossible, au moyen âge, faute d'une véritable théorie sociale embrassant l'ensemble des rapports réels. Elle y eût même été inconciliable avec la doctrine dominante, où Dieu usurpait la place de l'Humanité.

116. — *Les femmes exceptionnelles.*

Cette glorification convient tellement au positivisme, qu'il peut l'étendre jusqu'aux anomalies. Sans doute, le culte public de la femme, comme son culte privé, doit se rapporter surtout à la vocation affective qui la caractérise. Mais il faut aussi savoir honorer dignement les natures exceptionnelles qui auront rendu de vrais services à l'humanité, soit dans les carrières spéculatives, soit même par une activité pratique encore plus étrangère au type féminin. Le caractère absolu de l'esprit théologique lui interdisait une telle flexibilité, qui eût gravement compromis ses principales prescriptions sociales. Aussi le catholicisme fut-il contraint, malgré ses regrets d'abord sincères, de laisser sans consécration d'augustes mémoires féminines, dont le culte eût, en effet, été alors encore plus nuisible à la morale qu'utile à la politique. Rien ne caractérise mieux cette impuissance nécessaire que l'admirable histoire de l'héroïque vierge qui sauva la France au quinzième siècle. Une canonisation si méritée fut noblement sollicitée par notre éminent Louis XI, et dignement accordée par l'autorité pontificale. Cependant elle n'a jamais déterminé aucune consécration pratique, et sa désuétude entraîna bientôt le clergé à une sorte d'éloignement spontané pour cette grande mémoire, qui lui rappelait surtout son impuissance sociale. Une telle conduite n'a rien d'accidentel, ni même de blâmable ; car elle fut d'abord inspirée par des craintes, alors très légitimes, sur les dangers moraux d'une pareille célébration, qui eût tendu à dénaturer les mœurs féminines. Mais l'incompatibilité n'existe que pour une doctrine absolue, incapable de glorifier une anomalie sans compromettre la règle. Le positivisme réprouve encore davantage que le catholicisme l'existence guerrière des femmes, comme plus éloignée qu'aucune autre de leur vraie vocation. Il peut seul, néanmoins, honorer dignement l'incomparable vierge que délaissa l'impuissance théologique, et qu'osa souiller, même en France, le cynisme métaphysique. Sa consécration solennelle, à chaque anniversaire de son glorieux martyre, sera non seulement nationale, mais occidentale, comme cet immense bienfait, sans lequel le centre normal des populations d'élite perdait peut-être l'indépendance indispensable à son office européen. Tout l'Occident ayant d'ailleurs participé plus ou moins à la turpitude voltairienne, doit également concourir à la réparation positiviste. Loin de compromettre les mœurs féminines, cette glorification exceptionnelle pourra les consolider, en caractérisant l'anomalie et en manifestant les conditions d'une telle apothéose. On y trouvera une nouvelle confirmation des avantages moraux que procure l'esprit relatif du positivisme, seul apte à apprécier les exceptions sans énerver les règles.

Une telle indication du culte positiviste de la femme par l'homme suscite finalement une question fort délicate, quant à la manière de satisfaire un besoin analogue chez l'autre sexe. Si les hommes ne peuvent s'élever directement au culte réel de l'Humanité, sans s'y préparer par ce préambule naturel, les femmes, quoique plus aimantes, sont peut-être assujetties aussi à une préparation équivalente. Toutefois, elle devrait certainement prendre une autre direction, afin de mieux développer, chez chaque sexe, les qualités morales que sa nature laisse insuffisantes. Car l'humanité est autant caractérisée par l'énergie que par la tendresse, comme l'atteste familièrement l'heureuse ambiguïté du mot *cœur*. L'homme, n'ayant pas naturellement assez de tendresse, exige, sous ce rapport, un exercice assidu, que lui procure spontanément le culte de reconnaissance dû à la femme. Au contraire, le sexe affectif, où l'énergie est insuffisante, doit diriger sa préparation spéciale au culte final de l'Humanité de façon à développer plutôt le courage que l'amour. Mais mon impuissance masculine m'interdit de scruter davantage ces intimes besoins du cœur féminin. La lumière philosophique me conduit à signaler cette lacune inaperçue, sans me permettre de la remplir. A la femme seule appartient une telle tâche, que j'eusse réservée à l'éminente collègue dont je ferai, j'espère, universellement déplorer la perte prématurée.

L'ensemble de cette quatrième partie me fait profondément sentir, comme philosophe, notre séparation objective. J'ai, sans doute, constaté l'aptitude fondamentale du positivisme à incorporer dignement les femmes au grand mouvement moderne, en réalisant, mieux que le catholicisme, tous leurs vœux domestiques et sociaux, d'après leur noble office naturel dans le régime définitif. Pourtant je ne puis espérer de leur faire assez goûter une telle appréciation pour obtenir leur active adhésion, tant que cette exposition n'émanera point d'un organe féminin, seul capable de l'adapter pleinement à leur nature et à leurs habitudes. Jusqu'alors, on les supposera même impropres à comprendre jamais la nouvelle philosophie, malgré leur affinité spontanée pour le positivisme, d'après les diverses indications précédentes.

Tous ces obstacles se trouvaient pleinement écartés par la noble et tendre amie à laquelle j'ai dédié ce nouveau traité. Quoique cette dédicace exceptionnelle puisse sembler exagérée, je crains aujourd'hui, cinq ans après ce funèbre hommage, d'y avoir trop peu caractérisé l'intime reconnaissance dont je me sens redevable à ce vertueux ascendant, sans lequel l'essor moral du positivisme eût été très retardé.

Également éminente d'esprit et de cœur, Clotilde de Vaux sentait déjà l'aptitude de la nouvelle philosophie à réorganiser dignement l'influence féminine, tant altérée, depuis la fin du moyen âge, par la transition révolutionnaire. Partout méconnue, surtout dans sa propre famille, sa grande âme l'avait pourtant préservée de toute aigreur. Malgré des malheurs aussi étranges qu'immérités, sa pureté, encore plus exceptionnelle, la garantissait assez de tous les sophismes anti-domestiques, avant même que sa raison eût apprécié la vraie théorie conjugale. La seule composition qu'elle ait publiée (1) contient, à cet égard, cette admirable maxime, que sa propre destinée rend si touchante : « Il est indigne des « grands cœurs de répandre le trouble qu'ils ressentent. » Dans cette charmante nouvelle, qui précéda son initiation au positivisme, on trouve, sur la vraie vocation de la femme, cette opinion caractéristique, si décisive chez un tel juge : « Le véritable rôle de la femme n'est-il pas de « donner à l'homme les soins et les douceurs du foyer « domestique, et de recevoir de lui, en échange, tous les « moyens d'existence que procure le travail ? J'aime « mieux voir une mère de famille peu fortunée laver le

---

(1) Reproduite en tête du T. Ier du *Système de Politique positive*, p. XXII. (*N. des édit.*)

« linge de ses enfants, que de la voir consumer sa vie
« pour répandre au dehors les produits de son intelli-
« gence. J'excepte, bien entendu, la femme éminente
« que son génie pousse hors des sphères de la famille.
« Celle-là doit trouver dans la société son libre essor,
« car la manifestation est le véritable flambeau des
« intelligences supérieures. » Une telle appréciation,
émanée d'une jeune dame, aussi distinguée par sa beauté
que par son mérite, réfutait déjà nos utopies anarchiques. Mais, en outre, la composition plus étendue que
sa mort a laissée incomplète était directement destinée
à réparer les atteintes portées aux dogmes domestiques
par une éloquente contemporaine, au-dessus de laquelle
le talent l'élevait autant que la vertu. Noblement dominée par le sentiment, cette âme privilégiée savait pourtant conserver à la raison toute sa juste influence. Au
début de ses études positivistes, elle m'écrivait : « J'ai
« compris mieux que personne la faiblesse de notre
« nature, quand elle n'est pas dirigée vers un but élevé
« et inaccessible aux passions. » Peu de temps après, au
milieu des plus gracieux épanchements de l'amitié, sa
plume féminine introduisait, presque à son insu, cette
profonde sentence morale : « Il faut à notre espèce, plus
« qu'aux autres, des devoirs pour faire des sentiments. »

D'après cette préparation spontanée, on sera peu surpris que ma sainte Clotilde ait dignement senti l'aptitude
morale du positivisme, quoique cette étude n'ait pu
occuper que sa dernière année. Quelques mois avant sa
mort, elle m'écrivait, à ce sujet : « Si j'étais un homme,
« vous auriez en moi un disciple enthousiaste ; je vous
« offre, en indemnité, une sincère admiratrice. » Cette
même lettre caractérise ainsi sa participation projetée à
l'installation morale de la nouvelle philosophie : « Une
« femme gagne toujours à marcher modestement der-
« rière le convoi des novateurs, dût-elle y perdre un peu

« de son élan. » Elle y apprécie aussi notre anarchie mentale par cette charmante image : « Nous avons tous « encore un pied en l'air sur le seuil de la vérité. »

Une telle collègue, qui réunissait toutes les qualités éparses jusqu'ici entre les diverses femmes d'élite, eût bientôt associé son sexe à la régénération finale, en réalisant déjà la réaction normale du sentiment sur la raison, qui doit ensuite constituer le principal office féminin. Quand sa noble élaboration aurait été terminée, je voulais assigner, à l'ensemble de sa coopération positiviste, un but déterminé quoique vaste, pleinement conforme à sa nature intellectuelle et morale. Je crois devoir l'indiquer ici, pour mieux caractériser la participation spéciale des femmes à l'avènement occidental du positivisme, suivant un mode spontanément analogue à leur finale intervention sociale. Il concerne surtout les deux grandes populations méridionales. Partout ailleurs, il se borne aux individus dont l'affranchissement se trouve retardé aussi, quoique placés dans un milieu émancipé. Mais les fréquents succès que j'ai déjà constatés pour ce dernier cas me confirment d'avance l'efficacité collective des moyens que je vais signaler.

117. — *Les femmes feront connaître le positivisme aux populations méridionales.*

L'émancipation mentale de l'Occident commença, chez ses deux éléments septentrionaux (1), avec tous les dangers inhérents à une originalité qui ne pouvait alors être qu'empirique. Par l'ascendant légal du protestantisme, la halte métaphysique prit là une consistance qui a beaucoup troublé les progrès ultérieurs, et qui aujourd'hui y constitue le principal obstacle à une rénovation

(1) L'Angleterre et l'Allemagne. (*N. des édit.*).

décisive. Heureusement préservé de cette prétendue réformation, le centre normal de la république occidentale compensa ensuite ce retard initial en passant d'emblée, sous l'impulsion voltairienne, à une pleine émancipation, qui lui permit de reprendre enfin sa présidence naturelle de la commune régénération finale. Mais, en évitant ainsi l'inconséquence et la fluctuation protestantes, la population française s'est trouvée exposée aux tendances anarchiques que devait susciter l'entière prépondérance de la métaphysique révolutionnaire. Ce négativisme systématique constitue maintenant, par sa vicieuse prolongation, la principale entrave à la réorganisation définitive qu'il prépara si utilement. On peut dès lors espérer que, dans son inévitable extension aux deux éléments méridionaux, l'émancipation occidentale s'accomplira aujourd'hui plus heureusement chez des populations où le catholicisme a mieux résisté jusqu'ici, d'abord au protestantisme, puis au déisme. Si la France a franchi le calvinisme, pourquoi l'Italie, et même l'Espagne, ne franchiraient-elles pas aussi le voltairianisme? En compensation naturelle de leur retard apparent, les méridionaux passeraient directement du catholicisme au positivisme, sans s'arrêter sérieusement à aucun négativisme. Quoique la nouvelle philosophie ne pût naître chez ces populations, d'après un tel défaut d'émancipation préalable, elle y peut néanmoins prévaloir d'emblée, après avoir été assez élaborée dans son foyer naturel. Il suffit que le positivisme, sans s'y préoccuper d'aucune critique directe, s'y présente désormais en concurrence immédiate avec le catholicisme, pour toutes ses fonctions sociales, actuelles ou même passées.

Tous les monuments, surtout poétiques, attestent, du moins envers l'Italie, que, avant l'explosion luthérienne, les croyances occidentales étaient plus déchues au sud qu'au nord. La résistance rétrograde du catholicisme n'a pu y ranimer profondément la foi chrétienne. Ces populations, qu'on taxe d'arriérées, n'adhèrent vraiment au régime catholique que faute de sentir aucune autre satisfaction réelle de leurs besoins moraux et sociaux. Le cœur y est mieux disposé qu'ailleurs au positivisme, d'après une moindre altération des instincts de fraternité, tant compromis dans l'essor industriel des septentrionaux protestants. En même temps, l'esprit s'y trouve moins éloigné du principe fondamental de la nouvelle politique sur la séparation normale des deux puissances. Ainsi, le positivisme y obtiendra un ascendant décisif, aussitôt qu'on y reconnaîtra son aptitude nécessaire à mieux remplir que le catholicisme toutes les conditions qui caractérisaient le régime du moyen âge. Or, cette appréciation appartient davantage au sentiment qu'à la raison, puisque ces conditions étaient principalement morales. Une telle mission propagatrice est donc pleinement conforme à la nature propre du talent féminin. C'est par les femmes que le positivisme doit pénétrer en Italie et en Espagne, tandis que les hommes y ont déjà initié l'Angleterre, et surtout la Hollande, avant-garde permanente, depuis le moyen âge, de toute la Germanie. Mais cet appel positiviste aux Italiennes et aux Espagnoles ne saurait émaner convenablement que d'une éminente Française, et non d'aucun Français, afin que le cœur y parle mieux au cœur. Puisse cette sommaire indication faire apprécier l'incomparable collègue à laquelle je destinais un tel office, et lui préparer une digne émule !

Un premier exemple décisif confirme donc mon espoir naturel d'associer intimement les cœurs féminins au mouvement philosophique qui leur assigne aujourd'hui une haute mission sociale, prélude caractéristique de leur futur office normal. Quelque exceptionnelle que doive sembler cette coopération initiale, elle n'a pu qu'anticiper sur la commune adhésion. Car les êtres privilégiés subissent seulement avant les autres les transformations universelles, dont ils deviennent ainsi les meilleurs organes. Sauf son admirable nature, morale et mentale, mûrie d'avance par le malheur, ma sainte collègue n'offrait aucune disposition spécialement favorable à son initiation positiviste. Prolétaire ou illettrée, elle aurait peut-être saisi encore plus facilement l'esprit fondamental et la destination sociale de la nouvelle philosophie.

> 118. — *La femme est l'élément sympathique du pouvoir modérateur.*

D'après l'ensemble de cette quatrième partie, l'élément le plus systématique du pouvoir modérateur n'a pas moins d'affinité avec l'élément le plus sympathique qu'avec le plus synergique. Une telle adhésion féminine permet seule aux philosophes de compléter l'organisation de la force morale, fondée d'abord sur l'alliance populaire. En instituant aujourd'hui l'impulsion régénératrice qui doit terminer la révolution, ce concours décisif inaugurera déjà l'ordre final, puisque chaque élément modérateur y agira conformément à sa future destination normale et à sa disposition naturelle envers le pouvoir directeur. Celui qui doit rallier les deux autres trouvera ainsi, au sein de chaque famille, une heureuse assistance privée pour sa mission sociale, secondée déjà, dans chaque cité, par une puissante coopération publique. Toutes les influences qui doivent rester étrangères au gouvernement pratique concourront alors à soumettre la politique spéciale aux règles constantes de la morale universelle. Dans les cas exceptionnels, l'active participation du peuple dispensera même les deux autres éléments modérateurs de toute intervention directe tendant à dénaturer leur caractère spéculatif ou affectif, qu'il importe de maintenir inaltérable par une invariable exclusion de tout commandement.

Mais ce double appui fondamental, en rendant la force morale plus efficace qu'au moyen âge, imposera de difficiles conditions à ses organes systématiques. Il faudra surtout que le cœur du prêtre de l'Humanité corresponde toujours à son esprit d'ensemble. L'adhésion du sexe affectif et l'alliance du peuple ne lui seront acquises que quand il deviendra aussi sympathique et aussi pur qu'une femme, et, en même temps, aussi énergique et aussi insouciant qu'un prolétaire. Sans ce rare concours moral, le nouveau pouvoir théorique n'obtiendrait jamais l'ascendant social que comporte la systématisation positive. Malgré cet ensemble de moyens intérieurs et extérieurs, il sentira bientôt que l'extrême imperfection de la nature humaine oppose d'éternels obstacles à la mission caractéristique du positivisme, la prépondérance habituelle de la sociabilité sur la personnalité.

CINQUIÈME PARTIE

APTITUDE ESTHÉTIQUE DU POSITIVISME

119. — *Le positivisme et l'art.*

Après avoir caractérisé l'esprit fondamental et la destination sociale de la seule philosophie qui puisse terminer la révolution, j'ai assez expliqué comment cette impulsion systématique doit obtenir un ascendant décisif par l'active coopération des prolétaires et l'intime adhésion des femmes. Mais la puissance régénératrice fondée sur ce triple concours n'embrasserait pas pleinement l'ensemble des éléments humains, si elle ne remplissait point une grande condition complémentaire, envers laquelle il me reste à apprécier son aptitude nécessaire. La raison ne doit pas seulement se subordonner au sentiment pour l'aider à diriger l'activité ; il faut aussi que, sans se laisser dominer par l'imagination, elle la stimule en la réglant. Tel est l'état normal de notre nature, où les fonctions esthétiques ont trop d'importance pour être négligées dans le régime final de l'humanité, et par conséquent dans la systématisation qui doit le construire. Mais le positivisme remplit tellement ces conditions complémentaires, que, malgré d'empiriques préventions, je caractériserai sans peine son aptitude directe à constituer dignement l'art moderne, qui, depuis la fin du moyen âge, cherche si vainement une direction générale et une haute destination.

La nouvelle philosophie ne semble mériter les reproches ordinaires de tendance anti-esthétique que quand on la confond avec son préambule scientifique, dont si peu de juges savent aujourd'hui la distinguer. Car ces accusations ne conviennent réellement à l'esprit positif que pendant son âge préliminaire de spécialité dispersive, vicieusement prolongé par les savants actuels. Rien n'est plus contraire aux beaux-arts que les vues étroites, la marche trop analytique, et l'abus du raisonnement, propres à notre régime scientifique, d'ailleurs si funeste au développement moral, première source de toute disposition esthétique. Mais l'esprit positif perd nécessairement ces vices primitifs, à mesure qu'il s'étend et se coordonne, en passant à de plus hautes études, suivant ma loi encyclopédique. Parvenu jusqu'aux spéculations sociales, qui constituent sa vraie destination finale, sa réalité caractéristique l'oblige d'embrasser les conceptions esthétiques, comme les considérations affectives, afin de représenter le véritable ensemble des phénomènes humains, même individuels, et surtout collectifs. Ainsi réconcilié avec les deux ordres d'impressions qu'il repoussait d'abord, leur charme naturel l'entraîne bientôt à s'y livrer directement, et à reconnaître enfin leur destination normale dans notre constitution personnelle ou sociale. Voilà comment une culture plus complète et plus systématique dissipe naturellement le long divorce préliminaire de la raison moderne avec le sentiment et l'imagination.

Au point où ce Discours est maintenant parvenu, tout lecteur attentif doit être spontanément rassuré sur les prétendues tendances anti-esthétiques de la nouvelle philosophie. Quand même le positivisme n'assignerait point directement aux beaux-arts une destination capitale, son influence indirecte ne leur serait pas moins favorable, d'après son principe fondamental, son but caractéristique, et ses moyens essentiels. La seule philosophie qui puisse désormais subordonner l'esprit au cœur doit développer nos facultés esthétiques, par cela même qu'elle confère au sentiment, qui en est la vraie source, la présidence systématique de l'unité humaine. Une doctrine sociale qui vient terminer l'état révolutionnaire, si contraire aux beaux-arts, leur prépare dès lors un vaste domaine et un fondement solide, en établissant des convictions fixes et des mœurs caractérisées, sans lesquelles la poésie n'a rien de grand à retracer et à stimuler. En poussant nos prolétaires à chercher leur vrai bonheur dans l'essor habituel de leurs facultés affectives et spéculatives, le positivisme assure à l'art son auditoire naturel, d'après une éducation dont la base est surtout esthétique.

Mais pour pressentir, à cet égard, l'aptitude nécessaire de la nouvelle philosophie, il suffirait de considérer son efficacité féminine, sa tendance à rehausser la dignité sociale du sexe affectif, tout en fortifiant la constitution domestique. Car, de tous les éléments sociaux, la femme est certainement le plus esthétique, soit par sa nature, soit par sa situation, tant consolidées et développées dans le régime positif. Si notre instinct du bien doit ordinairement aux femmes son premier essor, elles nous initient encore mieux au sentiment du beau, étant aussi propres à l'inspirer qu'à l'éprouver. Leur aspect nous indique à la fois tous les genres de beauté, non seulement physique, mais intellectuelle, et surtout morale. Tous leurs actes sont embellis par la recherche spontanée d'une perfection idéale envers chacune de leurs occupations, même involontaires. Leur existence domestique, affranchie de l'activité extérieure, ne fait, à cet égard, que développer davantage leurs inclinations naturelles. Car, l'être voué à l'affection doit spontanément chercher partout le mieux, d'abord réel, puis idéal. Ainsi, la doctrine qui érige les femmes en élément primordial du pouvoir modérateur, et qui leur confère la présidence de l'éducation fondamentale, ne saurait mériter aucun soupçon de tendance anti-esthétique.

Ces préventions étant écartées, il faut caractériser directement l'aptitude nécessaire du positivisme à incorporer l'art à l'ensemble de l'ordre moderne, en lui procurant une constitution systématique et une destination normale, d'où surgiront de puissants moyens, et même de nouveaux organes. L'office final de l'élément esthétique sera d'ailleurs inauguré déjà par sa participation actuelle à l'impulsion régénératrice, comme pour l'élément populaire et l'élément féminin.

120. — *L'artiste doit charmer la vie et non la diriger.*

Toutefois, avant d'ébaucher ici cette appréciation complémentaire, il importe de rectifier, à ce sujet, une grave aberration temporaire, qui tend aujourd'hui à fausser toutes les notions générales relatives à l'art, en exagérant sa puissance, d'après une réaction trop naturelle de notre anarchie mentale et morale.

Depuis Homère jusqu'à Corneille, tous les éminents génies esthétiques avaient toujours conçu l'art comme destiné surtout à charmer la vie humaine, et dès lors à l'améliorer, mais sans devoir jamais la diriger. Aucun esprit normal ne pouvait, en effet, directement supposer que la suprématie intellectuelle appartînt jamais à l'imagination. Une telle opinion équivaudrait, au fond, à ériger la folie en type mental, en faisant prévaloir les inspirations subjectives sur les notions objectives. Nos facultés de représentation et d'expression sont nécessairement subordonnées à nos fonctions de conception et de combinaison. Cette loi statique est immuable, et n'a jamais souffert d'altération réelle. On pourrait même la constater au milieu de nos perturbations cérébrales, qui vicient nos relations extérieures, sans troubler l'harmonie élémentaire de nos diverses opérations intérieures.

Quoique un vain orgueil ait déjà inspiré aux derniers

poëtes anciens quelques erreurs analogues aux prétentions actuelles, jamais l'art ne fut regardé comme le régulateur de la société polythéique, malgré l'aptitude esthétique des croyances dominantes. L'Iliade, et surtout l'Odyssée, suffiraient, au besoin, pour constater, au contraire, combien était alors subalterne l'influence sociale des beaux-arts, même dégagés de la tutelle théocratique. Au déclin du polythéisme, l'utopie de Platon indique la conception d'un état social systématiquement privé de toute intervention poétique. Le régime monothéique du moyen âge repoussait encore davantage ces prétentions esthétiques, quoique la vraie destination de l'art y fût mieux goûtée de tous. Mais, quand cet ordre commença à se décomposer, on vit bientôt surgir, même chez l'incomparable Dante, les germes des aberrations que la transition révolutionnaire des cinq derniers siècles a toujours développées, et d'où résulte le délire actuel de l'orgueil poétique. Parvenue aux limites réelles de l'état théologique, sans pouvoir encore pressentir assez l'état positif, la république occidentale s'est placée, à tous égards, dans une situation de plus en plus négative, jusqu'alors impossible. Un discrédit croissant y neutralisa toutes les règles et les institutions qui jadis contenaient les ambitions fourvoyées. D'après cette dissolution graduelle des principes sociaux, la naïve admiration par laquelle des populations charmées récompensaient l'essor esthétique suscita de vicieuses prétentions politiques parmi les divers artistes, et surtout chez les poëtes, leurs chefs naturels. Quoique tout office purement critique répugne à la vraie poésie, l'art moderne, dès son début au quatorzième siècle, prit une part de plus en plus active à la démolition générale du régime ancien. Toutefois, tant que la doctrine négative ne fut pas complètement formée et caractérisée par les révolutions qui préludèrent à la grande crise, l'influence esthétique resta simplement un libre auxiliaire du mouvement de décomposition que dirigeaient les métaphysiciens et les légistes. Mais cette attitude changea et les ambitions poétiques commencèrent à devenir prépondérantes pendant le dix-huitième siècle, réservé à la propagation décisive d'un négativisme déjà systématisé. Alors les docteurs proprement dits furent de plus en plus remplacés, dans la présidence spirituelle du mouvement de décomposition, par de purs littérateurs, plutôt poètes que philosophes, mais dépourvus de toute vraie vocation. L'avènement de la grande crise procura naturellement à cette classe équivoque les bénéfices politiques de sa suprématie révolutionnaire, qui persistera jusqu'à ce que la réorganisation directe commence à prévaloir.

121. — *Influence politique des poètes et littérateurs. Les dangers de cette influence.*

Telle est la filiation historique qui tout à la fois explique et réfute les utopies anarchiques de notre siècle sur une sorte de pédantocratie esthétique. Ces rêves d'un orgueil sans frein ne peuvent devenir spécieux que chez des esprits métaphysiques, toujours enclins à la consécration absolue des cas exceptionnels. Si les philosophes doivent être exclus du commandement, les poètes y sont encore moins propres. Leur versatilité mentale et morale, qui les dispose à mieux refléter le milieu correspondant, leur interdit davantage toute autorité directrice. Une sévère éducation systématique peut seule contenir assez leurs vices naturels, qui doivent donc être beaucoup développés en un temps étranger à toute conviction profonde. Membres accessoires du pouvoir intellectuel, les poètes n'y peuvent suivre leur vocation normale qu'en renonçant à la suprématie temporelle encore plus complètement que les membres principaux. Les philosophes ne sont impropres qu'à l'action, mais la consultation leur convient ; tandis que les poètes ne doivent pas, en général, prétendre davantage à l'une qu'à l'autre. Idéaliser et stimuler, tel est leur double office naturel, qui ne s'accomplit dignement que d'après une concentration exclusive. Cette fonction est assez noble et assez étendue pour absorber tous ceux qui s'y trouvent vraiment destinés. Aussi ces égarements de l'ambition esthétique n'ont-ils pleinement surgi que depuis l'avènement passager d'une situation incompatible avec l'art véritable, faute de mœurs prononcées et de convictions réelles. Tous ces poètes manqués ou fourvoyés donneraient un autre cours à leur vie publique si la vraie poésie était déjà redevenue possible, par la prépondérance d'une doctrine universelle et d'une direction sociale. Jusqu'à une telle issue, les natures esthétiques continueront à s'éteindre ou à se corrompre dans une misérable agitation politique, plus favorable aux médiocrités spécieuses qu'aux supériorités réelles.

L'état normal de la nature humaine subordonne autant l'imagination à la raison que celle-ci au sentiment. Toute inversion prolongée de cet ordre fondamental est également funeste au cœur et à l'esprit. Le prétendu règne de l'imagination deviendrait encore plus corrupteur que celui de la raison, s'il n'était pas encore moins compatible avec les conditions réelles de l'humanité. Mais, quoique chimérique, sa seule poursuite peut troubler beaucoup l'existence privée, en substituant une exaltation factice, et trop souvent mensongère, aux émotions spontanées et profondes. A plus forte raison, cette vicieuse prépondérance de l'imagination doit-elle altérer la vie publique, quand aucune barrière sociale ne contient plus les ambitions esthétiques. L'art tend alors à perdre sa vraie destination de charmer et améliorer l'humanité. Devenu le but de l'existence, il se dégraderait bientôt, en démoralisant à la fois ses organes et son public. Il se réduirait de plus en plus à ses agréments sensuels, ou même aux difficultés techniques, sans aucune tendance morale. Les inclinations esthétiques, qui, dignement subordonnées, ont tant perfectionné les mœurs modernes, peuvent devenir profondément corruptrices par leur illégitime ascendant. On sait à quelle atroce pratique l'Italie fut conduite, pendant plusieurs siècles, dans la seule vue d'embellir les voix masculines. Ainsi dégénéré, l'art, si propre à développer les instincts sympathiques, peut directement susciter le plus abject égoïsme, en provoquant une entière indifférence sociale, chez ceux qui ont mis leur principal bonheur à goûter des sons ou des formes. Tel est l'intime danger, encore plus moral que mental, inhérent à la prépondérance privée, et surtout publique, des inclinations esthétiques, même quand elles sont réelles. Mais il faut aussi reconnaitre que cette violation de l'ordre fondamental conduit bientôt à l'inévitable triomphe des médiocrités, chez lesquelles un long exercice développe aisément l'habileté d'exécution.

C'est ainsi que nous sommes graduellement tombés sous la honteuse domination, non moins funeste à l'art qu'à la philosophie et à la morale, des influences évidemment vouées à la subalternité sociale. Une déplorable aptitude à exprimer ce qu'on ne sent ni ne croit, procure aujourd'hui un ascendant éphémère à des talents aussi incapables de toute création esthétique que de toute conception scientifique. Cette anomalie politique, principal caractère de notre situation révolutionnaire, doit devenir moralement désastreuse quand ces triomphes immérités n'échoient pas, suivant une rare exception, à des âmes assez élevées pour en contenir souvent la vicieuse impulsion. D'après leur plus grande généra-

lité, qui leur permet une plus haute ambition, les poètes
sont davantage exposés à ces dangers que les artistes
proprement dits. Mais la culture des arts spéciaux
reproduit ce mal sous une autre forme, encore plus
dégradante, par l'avidité pécuniaire qui souille aujourd'hui tant de talents. C'est là surtout que l'absence de
toute règle laisse naïvement surgir une vanité puérile
qui désormais applique le même titre habituel aux vrais
créateurs esthétiques et aux simples organes des productions d'autrui.

Tels sont les résultats nécessaires de l'égarement graduel des ambitions poétiques pendant la longue transition moderne. Je devais ici caractériser sans hésitation
des aberrations qui empêchent aujourd'hui toute saine
appréciation de la nature et de la destination de l'art.
Mais ce sévère préambule ne saurait choquer les âmes
vraiment esthétiques, déjà personnellement disposées à
sentir combien le régime actuel contrarie toute vocation
réelle. Malgré des déclamations intéressées, le véritable
essor de l'art exige au moins autant la compression des
médiocrités que l'encouragement des supériorités. Le
vrai goût n'existe jamais sans dégoût. Par cela même que
l'art doit surtout développer en nous l'instinct familier
de la perfection, ses sincères appréciateurs sont vivement
choqués de toute faible production. L'heureux privilège
des chefs-d'œuvre esthétiques de susciter une admiration que les siècles n'amortissent pas, nous préserve du
prétendu besoin d'entretenir le goût avec des nouveautés
qui l'altèrent. Si j'ose ici invoquer mes propres impressions, je puis déclarer que, depuis treize ans, par raison
autant que par inclination, je réduis mes lectures habituelles aux grands poètes occidentaux, sans éprouver la
moindre curiosité envers les produits journaliers d'une
déplorable fécondité.

122. — *Théorie générale de l'art.*

Après cette rectification préalable, il faut caractériser directement l'aptitude esthétique du positivisme, en indiquant d'abord comment il construit naturellement la vraie théorie générale de l'art, bornée jusqu'ici à d'heureux aperçus partiels. Cette systématisation esthétique résulte à la fois du principe subjectif, du dogme objectif, et du but actif, assignés à la nouvelle philosophie dans les deux premières parties de ce Discours.

L'art consiste toujours en une représentation idéale de ce qui est, destinée à cultiver notre instinct de la perfection. Son domaine est donc aussi étendu que celui de la science. Tous deux embrassant, à leur manière, l'ensemble des réalités, que l'une apprécie, et l'autre embellit. Leurs contemplations respectives suivent le même cours naturel, suivant ma loi encyclopédique, en s'élevant des spéculations les plus simples et plus extérieures aux plus compliquées et plus humaines. Ainsi, cette échelle fondamentale du *vrai*, que nous avons reconnue, dans la seconde partie, constituer aussi celle du *bon*, coïncide encore avec celle du *beau*, de manière à établir la plus intime harmonie entre les trois grandes créations de l'Humanité, la philosophie, la politique, et la poésie. C'est, en effet, le spectacle inorganique, surtout céleste, qui nous manifeste les premiers caractères de la beauté, l'ordre et la grandeur, là mieux saisissables qu'envers des phénomènes plus complexes et moins réguliers. Les degrés supérieurs du beau ne pourraient être vraiment appréciés par des âmes insensibles à ce degré initial. Mais, si la philosophie n'envisage l'étude inorganique que comme un indispensable préambule pour s'élever à sa destination humaine, la poésie doit encore davantage procéder ainsi. Sa tendance est même plus prononcée, à cet égard, que celle de la politique, qui, bornée d'abord au perfectionnement matériel, s'arrête longtemps au perfectionnement physique, et ensuite intellectuel, avant de monter directement à son but principal, le perfectionnement moral. La poésie parcourt plus rapidement les trois degrés préliminaires, et s'élève avec moins d'effort à la contemplation des beautés morales. Ainsi, le sentiment constitue naturellement son domaine essentiel. Elle y trouve ses moyens autant que son but. Parmi tous les phénomènes humains, les affections sont les plus modifiables, et dès lors les mieux idéalisables, comme les plus perfectibles, en vertu de leur complication supérieure, qui détermine une plus grande imperfection, suivant la loi positiviste. Or l'expression, même très imparfaite, doit beaucoup réagir sur des fonctions qui, par leur nature, tendent à s'épancher au dehors. Si son efficacité est reconnue envers les pensées, pourrait-elle ne pas développer davantage les sentiments, mieux disposés à la manifestation ? Toute culture esthétique, même bornée à la pure imitation, peut donc devenir un utile exercice moral, quand elle stimule dignement nos sympathies et nos antipathies. Mais cette aptitude doit être beaucoup plus complète, si la représentation, au lieu d'une stricte fidélité, se trouve convenablement idéalisée. Alors l'art s'élève à sa mission caractéristique, la construction des types les mieux animés, dont la contemplation familière peut tant perfectionner nos sentiments et même nos pensées. L'exagération de ces images est une condition nécessaire de leur destination, puisqu'elles doivent dépasser la réalité afin de nous pousser à l'améliorer. Déjà très efficaces pour la vie privée, ces émotions artificielles deviennent beaucoup plus puissantes envers la vie publique, soit d'après l'importance supérieure de leurs objets, soit par l'excitation mutuelle résultée du concours des impressions personnelles.

123. — *Rôle de la poésie.*

C'est ainsi que le positivisme explique et consolide l'appréciation universelle, en assignant à la poésie sa position systématique entre la philosophie et la politique, comme émanée de l'une et préparant l'autre.

Le sentiment lui-même, suprême principe de toute notre existence, se subordonne au dogme objectif que construit la philosophie sur l'ordre extérieur qui domine l'Humanité. A plus forte raison l'imagination doit-elle s'y soumettre. Il faut bien que l'idéalité soit toujours subordonnée à la réalité, sous peine d'impuissance autant que d'aberration. En se proposant d'améliorer l'ordre naturel, la politique se trouve d'abord obligée de le connaître. Mais la poésie ne peut davantage s'en dispenser, quoiqu'elle se borne à imaginer les améliorations sans jamais prétendre à les réaliser. Ses fictions doivent, sans doute, aller au delà des possibilités que la politique a seules en vue ; pourtant elles procèdent d'une même source nécessaire, l'appréciation de ce qui est. Nos perfectionnements artificiels ne peuvent jamais consister qu'à modifier sagement l'ordre naturel, qu'il faut avant tout respecter sans cesse. Mais nos embellissements imaginaires, quoique plus étendus, ne sont pas moins assujettis à cette loi fondamentale, que la philosophie positive impose également à la poésie et à la politique. Cette nécessité ne cessa jamais de régler notre imagination, même aux âges les plus poétiques, où seulement on se formait d'autres notions qu'aujourd'hui de la réalité extérieure. L'évolution individuelle reproduit chaque jour cette marche inévitable, en nous montrant l'enfant toujours disposé à subordonner son idéal à ses conceptions successives du réel.

Mais si, d'un côté, la poésie dépend de la philosophie,

pour la construction de ses types, d'une autre part, elle influe sur la politique, quant à leur destination. Dans toute opération humaine, l'exécution suppose l'imagination, comme celle-ci la contemplation. L'homme ne peut jamais construire hors de lui que ce qu'il a d'abord conçu en lui. Ce type intérieur, indispensable même aux moindres travaux mécaniques ou géométriques, est toujours supérieur à la réalité qu'il précède et prépare. Or, pour tous ceux qui ne confondent pas la poésie avec la versification, il n'est pas douteux qu'une telle invention ne constitue l'idéalité esthétique, appréciée dans son office le plus élémentaire et le plus universel. Directement étendue aux phénomènes sociaux, auxquels l'art et la science sont surtout destinés, cette fonction y est souvent méconnue et à peine ébauchée, faute d'une vraie systématisation. Quand elle y sera convenablement ordonnée, elle y consistera à régulariser les utopies, en les subordonnant à l'ordre réel, tel que le passé l'indique à l'avenir. Car les utopies sont, pour l'art social proprement dit, ce que les types géométriques, mécaniques, etc., sont envers les arts correspondants. Reconnus indispensables dans les moindres constructions, comment les éviterait-on à l'égard des plus difficiles ? Aussi, malgré l'état empirique de l'art politique, toute grande mutation y est précédée, d'un ou deux siècles, par une utopie analogue, qu'inspire au génie esthétique de l'Humanité un instinct confus de sa situation et de ses besoins. Loin de proscrire les utopies, le positivisme tend à les incorporer au régime normal, en facilitant à la fois leur essor et leur influence, d'après leur constante subordination à l'ensemble des lois réelles, comme en tout autre cas esthétique. Mais cette consécration systématique dissipera aussi les principaux dangers d'une telle poésie politique, qui n'est maintenant perturbatrice que faute d'une source vraiment philosophique, dont l'absence doit nous disposer à l'indulgence envers ces naïves divagations.

Toute cette théorie positiviste peut se résumer spontanément d'après l'heureuse équivoque inhérente à la dénomination usuelle de l'ensemble des fonctions esthétiques. En le qualifiant d'*art*, par excellence, l'instinct populaire d'où émanent nos langues, et qui est beaucoup plus éclairé que ne le suppose l'orgueil cultivé, a vaguement pressenti la vraie position encyclopédique de la poésie entre la philosophie et la politique, mais plus près de celle-ci que de l'autre. Quoique les arts techniques se proposent de réaliser des perfectionnements que les arts esthétiques se bornent à imaginer, cependant la poésie accomplit déjà une amélioration indirecte, mais capitale, en modifiant nos sentiments. Si on n'en sépare pas l'éloquence, qui n'en est, au fond, qu'une première ébauche, trop souvent avortée, elle exerce spécialement l'action la plus difficile et la plus décisive, pour exciter ou calmer nos passions, non pas à son gré, mais suivant leurs lois naturelles. Elle devient alors un puissant auxiliaire de la morale, comme on l'a toujours senti. Rien n'est donc mieux motivé que son titre relatif à l'action plutôt qu'à la spéculation, puisqu'elle a surtout en vue le perfectionnement le plus étendu et le plus important, envers lequel les arts matériels, physiques, et même intellectuels, ne sont que secondaires ou préparatoires, malgré leur efficacité propre. Au début de l'évolution moderne, elle fut souvent qualifiée de *science*, dans tous nos idiomes occidentaux, en un temps où la science proprement dite était à peine appréciable. Mais, à mesure que le génie scientifique et le génie esthétique se sont librement développés, on a mieux senti leurs différences caractéristiques, et partout le nom d'*art* a fini par prévaloir envers l'ensemble de nos fonctions poétiques. Toutefois, cette mutation historique confirme davantage le caractère positiviste de l'idéalisation, comme intermédiaire entre l'appréciation et la réalisation.

124. — *L'art établit l'harmonie entre les sentiments, les pensées et les actes.*

On comprend ainsi comment l'art constitue la représentation la plus complète, autant que la plus naturelle, de l'unité humaine, puisqu'il se rattache directement aux trois ordres de nos phénomènes caractéristiques, sentiments, pensées, et actes. Sa source est dans le premier, encore plus évidemment que celle de nos deux autres créations générales. Il a pour base le second, et pour but le troisième. De là résulte son heureuse aptitude à réagir indifféremment sur toutes les parties de notre existence, personnelle ou sociale, et dès lors son privilège exclusif de charmer également tous les rangs et tous les âges. L'art ramène doucement à la réalité les contemplations trop abstraites du théoricien, tandis qu'il pousse noblement le praticien aux spéculations désintéressées. Sa nature intermédiaire le destine encore mieux à cultiver le commerce naturel entre l'affection et la raison. Il est également propre à stimuler le sentiment chez ceux qui exercent trop l'intelligence, et à développer le goût de la contemplation dans les âmes les plus affectueuses. Le célèbre adage qui le représente comme le reflet naturel de l'humanité ne convient donc pas seulement à la vie publique, qui devait le suggérer, en manifestant mieux sa réalité. Il faut aussi l'étendre à toute notre existence, qu'il retrace et modifie, parce qu'il en émane. En remontant jusqu'à la source biologique de cette harmonie sociologique, on la voit résulter de la liaison nécessaire entre le système musculaire et le système nerveux. Nos mouvements, d'abord involontaires, puis volontaires, traduisent nos impressions intérieures, surtout morales, et réagissent sur elles, parce qu'ils en découlent. Tel est le premier germe de la vraie théorie de l'art. Dans l'ensemble du règne animal, toute la représentation se borne à une mimique plus ou moins expressive, qui constitue aussi, chez l'homme, l'origine spontanée de l'évolution esthétique.

125. — *Le processus esthétique : imitation, idéalisation, expression.*

Cette détermination fondamentale conduit aussitôt à compléter la conception statique de l'art, en distinguant ses trois degrés ou modes essentiels. Malgré de vaines distinctions métaphysiques entre l'imitation et l'invention, tous les arts imitent, et tous aussi idéalisent. La réalité fournissant toujours la source naturelle de l'idéalité, l'art est d'abord purement imitateur. Dans notre enfance, individuelle ou collective, comme chez les animaux, une servile imitation, bornée même aux moindres actes, constitue la première manifestation de nos aptitudes esthétiques. Mais, malgré les prétentions d'une vanité puérile, la représentation ne reçoit maintenant le nom d'art qu'autant qu'elle est embellie, c'est-à-dire perfectionnée, de manière à devenir, au fond, plus fidèle, en faisant mieux ressortir les traits principaux, qu'altérait d'abord un mélange empirique. C'est en cela que consiste l'idéalisation, qui, depuis les premiers chefs-d'œuvre de l'antiquité, caractérise de plus en plus l'élaboration esthétique. Toutefois, sans méconnaître la prééminence de ce second degré, il ne faut jamais oublier la nécessité du premier, à défaut duquel on ne saurait comprendre la vraie source de l'art, ni même sa propre nature.

Ainsi caractérisée surtout par la création idéale, l'élaboration esthétique se complète par une troisième fonction, qui n'était pas indispensable au premier mode, mais qui le devient au second, où manque l'*expression* proprement dite, faute de laquelle la manifestation resterait impossible. Voilà comment le langage, d'après les sons ou les formes, constitue naturellement la dernière opération esthétique, qui n'est pas toujours proportionnée à la précédente. Quand elle demeure trop imparfaite, le poëte peut composer de sublimes créations sans que sa supériorité devienne assez appréciable, parce que la communication reste incomplète. Au contraire, un grand talent de style peut procurer une prééminence illégitime, mais alors passagère, comme celle que Racine usurpa trop longtemps sur Corneille.

Tant que l'art se borne à l'imitation initiale, il n'éprouve pas le besoin d'un langage spécial dont elle tient lieu. Mais quand la représentation a été idéalisée, en exaltant quelques traits et écartant ou modifiant beaucoup d'autres, le tableau n'est plus directement intelligible que pour son créateur, qui ne peut le manifester au dehors que d'après un travail complémentaire, uniquement relatif à l'expression. Dans cette opération finale, sans laquelle l'art avorte ou du moins échoue, le poëte conforme ses signes à son type intérieur, comme il les adaptait d'abord à la nature extérieure. C'est seulement ainsi qu'on peut admettre le principe de Grétry, étendu ensuite aux autres arts spéciaux, que le chant dérive de la parole, par l'intermédiaire de la déclamation. On pourrait l'appliquer aussi à l'art le plus général, en regardant l'élocution oratoire comme liant la versification à la prose. Mais l'esprit historique qui caractérise la nouvelle philosophie oblige à rectifier ces aperçus, en concevant plutôt la relation en sens inverse, du moins envers les âges où se forment à la fois les arts et les langues.

Nos facultés quelconques d'expression sont toujours d'origine esthétique, puisque nous n'exprimons qu'après avoir fortement éprouvé. Aussi concernent-elles davantage, surtout au début, les sentiments que les pensées, vu l'énergie supérieure des premiers, principaux stimulants de toute manifestation. Même dans nos langues les plus élaborées, où l'intelligence a tant empiété sur l'affection, sous l'impulsion des besoins publics, on peut encore constater chaque jour cette source nécessaire, en appréciant la partie musicale du moindre discours. Qu'on examine soigneusement les intonations mêlées à la plus sèche exposition mathématique, on ne tardera pas à sentir qu'elles viennent du cœur et non de l'esprit, au point qu'on y peut discerner le caractère moral de l'orateur le moins spontané. La biologie explique aisément cette loi en rappelant que la réaction musculaire, vocale ou mimique, d'où résulte l'expression, est surtout commandée par la partie affective du cerveau, sa partie spéculative étant trop inerte pour provoquer des contractions qui ne lui semblent pas indispensables. C'est pourquoi la sociologie conçoit le fond de chaque langue comme recueillant ce qu'il y a de spontané et d'universel dans l'évolution esthétique de l'humanité, pour satisfaire aux besoins communs de manifestation. Les arts spéciaux exploitent d'abord ce domaine public, et ensuite l'agrandissent. Mais l'opération ne change pas de nature, soit qu'elle émane de l'instinct populaire ou d'un organe particulier. Le résultat dépend toujours davantage du sentiment que de la raison, même aujourd'hui, dans la plupart des cas, malgré la moderne insurrection de l'esprit contre le cœur. Ainsi, la parole dérive du chant, et l'écriture du dessin, parce que nous exprimons d'abord ce qui nous affecte le plus. Nos besoins sociaux ont ensuite augmenté l'usage, et même l'extension, de cette partie du chant ou du dessin qui concerne la vie active et le degré correspondant de vie spéculative, sujets essentiels des communications habituelles. Alors l'intention affective qui avait d'abord inspiré le signe s'efface graduellement sous cette destination pratique, qui rend l'expression plus rapide et moins prononcée. On finit ainsi par attribuer son origine à une convention arbitraire, dont l'universalité spontanée serait pourtant inexplicable. Telle est, en aperçu, la théorie sociologique du langage humain, regardé comme lié à l'ensemble des fonctions esthétiques, avec lequel il coïncide chez les autres animaux, dont aucun n'embellit assez son chant ou sa mimique pour s'élever à l'art proprement dit.

126. — *Classification des beaux-arts.*

Afin que la philosophie de l'art soit ici caractérisée sous tous ses aspects statiques, il suffit maintenant d'indiquer la hiérarchie esthétique. Intermédiaire encyclopédique entre la hiérarchie théorique et la hiérarchie pratique, elle repose aussi sur le même principe fondamental de généralité décroissante, que j'ai depuis longtemps érigé en régulateur universel de toutes les classifications positives. Déjà nous avons reconnu qu'il fournit une échelle du beau essentiellement équivalente à celle qui, d'abord établie pour le vrai, s'était ensuite étendue au bon. Nous devons encore l'appliquer à ranger les divers beaux-arts suivant un ordre, à la fois de conception et de succession, analogue à celui qui convient au système scientifique et au système industriel, d'après mon grand traité philosophique.

Cette classification procède, en effet, selon la généralité décroissante et l'énergie croissante de nos divers moyens d'expression, qui en même temps deviennent de plus en plus techniques. La série esthétique qui, dans son terme supérieur, se liait directement à la série théorique, viendra ainsi, par son extrémité inférieure, se rattacher immédiatement à la série pratique, conformément à la vraie position intellectuelle de l'art, entre la science et l'industrie. En devenant moins général et plus technique, l'art, quoique toujours relatif à l'homme, se rapporte moins directement à nos plus éminents attributs, et tend davantage vers la nature inorganique, de manière à exprimer de préférence la simple beauté matérielle.

127. — *La poésie.*

Pour constituer une hiérarchie esthétique qui remplisse toutes ces conditions de classement, il faut placer à sa tête, comme servant de base à tous les autres, l'art le plus général et le moins technique, la poésie proprement dite. Quoique ses impressions propres soient les moins énergiques, son domaine est, évidemment, le plus étendu, puisqu'il embrasse toute notre existence personnelle, domestique et sociale. Comme les arts spéciaux, il retrace nos actes, et surtout nos sentiments, de préférence à nos pensées : mais pourtant il peut seul s'exercer aussi envers nos conceptions les plus abstraites, sans se borner à les mieux formuler, et en se proposant de les embellir. Il est, au fond, plus populaire qu'aucun autre, d'abord en vertu de cette aptitude plus complète, et ensuite par la nature de ses moyens d'expression, immédiatement puisés dans le langage usuel, ce qui le rend aussitôt intelligible à tous. La versification est, sans doute, indispensable à toute vraie poésie : mais elle ne constitue nullement un art spécial. Malgré sa forme distincte, la langue poétique n'est jamais qu'un simple perfectionnement de l'idiome vulgaire, dont elle ne diffère que par de meilleures formules. Sa partie technique se réduit à la prosodie, que chacun peut aisément apprendre en quelques jours d'exercice. Cette connexité avec le langage universel est tellement intime que jamais le génie poétique n'a pu parler avec succès une langue morte ou étrangère. Outre qu'il comporte plus de généralité, de spontanéité, et de popularité, l'art par excellence est aussi supérieur à tout autre, quant à leur commune fonction caractéristique, l'idéalisation. C'est celui de tous qui idéalise le plus, en même temps qu'il imite le moins. A ces divers titres, l'art poétique domina toujours les autres arts, et sa prééminence ne fera que ressortir davantage, à mesure que les prédilections esthétiques s'attacheront surtout à l'idéalisation, sans accorder trop d'importance à l'expression. Les arts spéciaux ne le surpassent, en effet, que sous ce dernier aspect, en rendant avec plus d'énergie les sujets qui leur conviennent, mais qu'ils empruntent presque toujours à la poésie.

128. — *La musique.*

Ce premier terme esthétique peut faciliter le classement des autres, qui se rangent spontanément selon leur affinité propre envers lui. Il faut d'abord les distinguer d'après le sens auquel ils s'adressent, et l'ordre artistique se trouvera ainsi conforme à celui que les biologistes ont consacré, depuis Gall, entre les sens spéciaux, d'après leur sociabilité décroissante. Nous n'avons que deux sens qui soient vraiment esthétiques, l'ouïe et la vue, seuls susceptibles de nous élever à l'idéalisation. Quoique l'odorat soit d'une nature assez synthétique, il se trouve trop faible chez l'homme pour y comporter des effets d'art. Nos deux sens esthétiques correspondent aux deux modes de notre langage naturel, tantôt vocal, tantôt mimique. Le premier sens ne fournit que l'art musical, tandis que le second, moins esthétique pourtant, comprend les trois arts relatifs aux formes. Ceux-ci sont plus techniques que l'autre, et leur domaine est moins étendu, en même temps qu'ils s'éloignent davantage de la source poétique, avec laquelle la musique reste longtemps confondue. On peut aussi distinguer le premier art comme s'adressant à un sens dont la fonction est involontaire, ce qui contribue beaucoup à rendre les émotions plus spontanées et plus profondes, quoique moins déterminées, que quand on ne peut être affecté malgré soi. Enfin cette différence correspond encore à celle entre le temps et l'espace, principaux champs respectifs de l'art des tons et des arts de la forme, puisque l'un exprime surtout la succession et les autres la coexistence. Sous tous ces aspects, la musique constitue certainement le premier des arts spéciaux, et le second terme de notre série esthétique. Quoique une pédanterie intéressée y exagère beaucoup les besoins techniques, il exige moins que les trois autres un apprentissage particulier, soit pour goûter, soit même pour produire. Aussi est-il, à tous égards, plus populaire et plus social.

120. — *La peinture, la sculpture, l'architecture.*

Quant aux trois arts qui s'adressent, par les formes simultanées, au sens dont l'office est surtout volontaire, le même principe hiérarchique assigne le premier rang à la peinture, et le dernier à l'architecture, en plaçant entre elles la sculpture. La peinture développe seule tous les moyens d'expression visuelle, en joignant la puissance du coloris à celle du dessin. Son domaine, soit privé, soit public, est plus étendu que celui des deux derniers arts. Elle se rapproche davantage de la poésie, à laquelle on l'a tant comparée. Quoique l'habileté technique y soit plus indispensable et plus difficile que dans la musique, elle y comprime moins l'essor esthétique qu'envers la sculpture et l'architecture. Aussi ces deux derniers arts sont-ils ceux qui idéalisent le moins, en imitant davantage. Enfin, l'architecture est encore moins esthétique que la sculpture. Les procédés techniques y deviennent prépondérants, et la plupart de ses productions doivent être plutôt regardées comme industrielles que comme artistiques. Presque bornée à la beauté matérielle, elle n'exprime la beauté morale que par des artifices souvent équivoques. Mais la permanence et l'énergie de ses impressions propres la maintiendront toujours au rang des beaux-arts, surtout envers les grandes constructions publiques, qui constituent la plus imposante formule de chaque phase sociale. Rien n'a mieux caractérisé jusqu'ici cette haute destination que ces admirables cathédrales où, dans son idéalisation monumentale des sentiments propres au moyen âge, l'architecture avait si dignement réalisé son aptitude naturelle à combiner tous les beaux-arts par un siège commun.

130. — *L'art dans l'antiquité.*

Ces sommaires indications signalent assez la tendance de la nouvelle philosophie à systématiser la théorie fondamentale de l'art, considéré sous ses divers aspects statiques. Il faut maintenant apprécier surtout la haute destination sociale que le positivisme assigne au génie esthétique, soit dans le régime final de l'humanité, soit dans l'élaboration qui doit y conduire.

D'après la théorie historique qui caractérise la nouvelle philosophie, on reconnaît d'abord que, malgré de puissants préjugés, l'évolution de l'art, comme celle de la science et de l'industrie, ne put jamais être jusqu'ici que préparatoire, faute d'un suffisant concours de toutes les conditions essentielles.

On a vicieusement exagéré les inclinations esthétiques

de l'antiquité, par suite de la prépondérance nécessaire de l'imagination dans la construction des doctrines initiales. Le polythéisme a été ainsi regardé comme une œuvre d'art, depuis qu'on a cessé de comprendre la foi correspondante. Mais le long empire de ses croyances suffirait pour constater que, loin de constituer des productions esthétiques, elles émanèrent toujours du génie philosophique de l'humanité, suivant le mode spontané qui seul convenait alors, d'après ma théorie d'évolution. La poésie n'y eut d'autre part que de les embellir, conformément à sa destination constante. Seulement la nature de la philosophie polythéique rendit cet office beaucoup plus favorable à l'essor de l'art que sous tout autre régime ultérieur. Aussi est-ce à cet âge théologique que remontera toujours notre initiation esthétique, individuelle ou collective. Mais l'art n'en resta pas moins extérieur à l'ordre antique. Il n'y put même surgir librement qu'après avoir échappé à la théocratie qui, par une incorporation subalterne, entravait toutes ses créations, en consacrant l'immobilité nécessaire des diverses croyances. La nature de la sociabilité antique lui fut d'ailleurs encore moins favorable. Pouvant à peine y retracer les affections domestiques ou personnelles, la vie publique lui offrait seule un vaste domaine, d'après des mœurs à la fois énergiques et persistantes. Mais on peut reconnaître, jusque chez l'incomparable Homère, que le génie esthétique ne s'exerçait déjà qu'à regret sur cette existence guerrière, faute d'un plus digne sujet d'idéalisation. Le seul grand aspect social qu'elle comportât, le système d'assimilation institué par la succession des conquêtes, n'était point encore appréciable. Quand il le devint assez, le régime antique touchait à sa fin, et cette noble politique ne put inspirer à Virgile que quelques vers admirables, résumés par l'hémistiche caractéristique, *pacis imponere morem*.

131. — *L'art au moyen âge.*

Malgré d'empiriques préventions, le système social du moyen âge eût été, par sa nature, beaucoup plus favorable aux beaux-arts, s'il avait pu se prolonger davantage. Ce n'était point, à la vérité, d'après les croyances dominantes, dont la tendance anti-esthétique suscita l'étrange inconséquence qui, à travers le christianisme, accordait une consécration factice aux dogmes polythéiques. En imposant à chacun un but individuel et chimérique, la foi monothéique n'encourageait d'autre poésie que celle qui concerne l'existence personnelle, alors idéalisée dans ses plus intimes émotions, par d'admirables compositions mystiques, où la langue seule fut insuffisante. A tout autre égard, le catholicisme n'excita l'essor des beaux-arts qu'en leur préparant un meilleur accueil, quand la constitution sacerdotale put assez contenir les vices intellectuels et moraux des croyances chrétiennes. Mais la sociabilité correspondante était beaucoup plus esthétique que celle de l'antiquité. Quoique la vie publique fût restée militaire, elle avait acquis une haute moralité, très favorable à la poésie, en devenant surtout défensive. La juste émancipation des femmes permettait enfin de développer toutes les émotions domestiques. Un nouveau sentiment de la dignité personnelle, pleinement compatible avec le dévouement social, rendait possible l'entière idéalisation de l'existence individuelle. Aussi, l'admirable institution de la chevalerie occidentale, qui résumait ces trois attributs, suscita-t-elle partout un libre essor esthétique, mieux accueilli qu'en aucun temps antérieur. Mais cette impulsion générale, source trop méconnue de l'art moderne, ne put assez persister, parce que le moyen âge ne dut constituer, à tous égards, qu'une immense transition. Quand la langue et la société furent tellement formées que l'aptitude esthétique de ce régime put enfin aboutir à des productions durables, la situation catholico-féodale se trouvait déjà radicalement altérée par la prépondérance croissante du mouvement négatif. L'art dut ainsi idéaliser des croyances et des mœurs dont le déclin senti interdisait au poète et au public les intimes convictions qu'exige toute grande impression esthétique.

132. — *L'art dans les temps modernes.*

A cette impulsion décroissante, la longue période révolutionnaire qui nous sépare du moyen âge associa bientôt l'excitation indirecte résultée d'une active décomposition, à laquelle participaient de plus en plus toutes les influences mentales ou sociales. Quoiqu'une destination négative ne convienne jamais à l'art, il éprouvait un tel besoin de se soustraire au joug chrétien que, dès son début, il seconda beaucoup l'émancipation moderne. L'incomparable composition de Dante caractérise nettement ce concours exceptionnel de deux impulsions contradictoires. Cette situation anti-esthétique, où tout se transformait, et même se dénaturait, avant d'avoir pu être idéalisé, obligea l'art de s'ouvrir une issue factice, en cherchant, dans les souvenirs du type antique, ces mœurs fixes et prononcées qu'il ne pouvait trouver autour de lui. Le régime classique fournit ainsi, pendant quelques siècles, le seul expédient qui pût diriger l'essor des beaux-arts, sans lui permettre cependant l'originalité et la popularité qui le caractérisaient au moyen âge. Les éminents chefs-d'œuvre qu'a laissés surgir une direction aussi défavorable constituent la meilleure vérification de la spontanéité de nos fonctions esthétiques. Depuis que cet artifice est partout épuisé, l'entière consommation du mouvement négatif n'a permis à l'art qu'une grande opération passagère, l'idéalisation du doute lui-même. Cette extrême attribution, qui ne comporte aucune culture prolongée, fut surtout destinée, dans les admirables chants de Byron et de Gœthe, à étendre au milieu protestant la pleine émancipation émanée philosophiquement du centre occidental.

L'ensemble du passé montre donc que l'essor esthétique résulte davantage des tendances spontanées de l'humanité que d'aucune impulsion systématique. Jamais les conditions mentales de cette impulsion n'ont pu jusqu'ici être remplies en même temps que ses conditions sociales. Elles nous manquent aujourd'hui à la fois. Cependant rien n'annonce le prétendu déclin de nos facultés esthétiques. Non seulement l'art a toujours grandi malgré tous ces obstacles, mais il s'est incorporé de plus en plus à l'existence universelle. Borné, chez les anciens, à un public exceptionnel, il y était tellement extérieur à l'ordre fondamental que ses jouissances ne figuraient pas même dans les utopies sur la vie future. Le moyen âge fit partout surgir une naïve disposition à cultiver ces doux instincts comme l'une de nos plus précieuses consolations. Cet exercice fut alors érigé en principale occupation de la vie céleste. Toutes les classes occidentales ont ensuite goûté de plus en plus ces nobles plaisirs, d'abord quant à la poésie, et puis envers les arts spéciaux, surtout pour le plus social d'entre eux. Leurs organes, même seulement présumés, ont alors acquis une influence croissante, que l'anarchie actuelle pousse jusqu'à leur conférer une suprématie politique contraire à leur nature.

133. — *Avenir de l'art.*

Tous ces indices concourent donc à nous présenter l'avenir comme la principale époque de l'essor esthétique de l'humanité, à laquelle le passé n'a pu fournir, à cet égard comme à tout autre, qu'une indispensable préparation. D'après ce prélude spontané de notre longue enfance, notre virilité mentale et morale systématisera dignement la culture esthétique, en même temps que la culture scientifique et la culture industrielle, pareillement désorganisées aujourd'hui. La régénération finale ne peut s'accomplir sans une intime incorporation de l'art à l'ensemble de l'ordre moderne, préparée par la suite de nos antécédents. En reprenant, sur de meilleures bases théoriques, la grande construction sociale tentée au moyen âge, le positivisme renouvellera aussi l'admirable impulsion esthétique que la réaction classique vint alors interrompre. Ainsi rétablie, elle ne pourra ensuite que se développer de plus en plus, d'après sa profonde solidarité, à la fois spontanée et systématique, avec tout le régime définitif. Voilà ce qui me reste à indiquer directement pour avoir assez caractérisé ici l'aptitude esthétique de la nouvelle philosophie.

Comme seule source désormais possible de convictions fixes et communes, servant de base à des mœurs prononcées et durables, le positivisme serait déjà indispensable au développement ultérieur de l'art moderne. L'interprète et le spectateur doivent également remplir cette condition préliminaire, pour que notre existence, personnelle, domestique, ou sociale, devienne vraiment idéalisable. Il n'y a d'esthétiques que les émotions profondément senties et spontanément partagées. Quand la société manque de tout caractère intellectuel et moral, l'art destiné à la retracer n'en saurait avoir non plus, et il se réduit à la vague culture de facultés trop naturelles pour devoir jamais rester inactives, même lorsqu'elles n'ont aucun grand but. Ainsi, l'efficacité esthétique du positivisme résulterait d'abord de son aptitude à terminer la révolution par la prépondérance directe du mouvement organique.

Mais, outre cette incontestable influence, commune à toute réorganisation quelconque, il faut ici faire sentir que le principe de la reconstruction positiviste est principalement favorable à l'essor des beaux-arts, en faisant prévaloir les opinions et les mœurs qui leur conviennent le mieux.

On ne peut concevoir un régime plus esthétique que celui qui érige le sentiment en base nécessaire de l'unité humaine, et qui assigne pour unique but de toute notre existence le perfectionnement universel, surtout moral. Quoique la nouvelle philosophie ne semble d'abord se proposer que de former des hommes plus systématiques, on reconnaît bientôt qu'elle n'institue cette indispensable coordination qu'afin de nous rendre plus sympathiques et plus synergiques, en fondant des mœurs actives sur des convictions inébranlables. En faisant consister la principale satisfaction de chacun à coopérer au bonheur d'autrui, le positivisme appelle enfin l'art à sa meilleure destination, la culture des sentiments bienveillants, beaucoup plus esthétiques que les instincts de haine et d'oppression, seuls chantés jusqu'alors. Cette culture devenant notre but principal, la poésie se trouve directement incorporée à l'ensemble du régime définitif, et acquiert ainsi une dignité auparavant impossible. Malgré l'origine scientifique de la philosophie nouvelle, la science y sera réduite à son véritable office, pour construire la base objective de la sagesse humaine, afin de fournir un indispensable fondement à l'art et à l'industrie, qui doivent surtout attirer notre sollicitude continue. Substituant partout le relatif à l'absolu, en rapportant tout à l'Humanité, elle bornera l'étude du vrai à ce qu'exige le développement du bon et du beau. Au delà de cette destination, la culture scientifique sera représentée comme détournant, par d'oiseuses contemplations, du principal but de notre existence, individuelle ou collective. La subordination nécessaire de l'idéalité à la réalité n'empêchera pas l'art d'exercer sur la science une heureuse réaction systématique, qu'interdisait jusqu'ici l'empire de l'absolu. Envers les moindres phénomènes, quand on a atteint le degré de vérité qui suffit à tous nos besoins, il reste toujours une certaine liberté théorique, dont nous userons alors sans scrupule pour embellir nos conceptions scientifiques, afin d'augmenter leur utilité. Mais cette réaction du beau sur le vrai convient surtout aux plus éminentes études, directement relatives à l'Humanité. La précision y étant à la fois moins possible et moins importante, les convenances esthétiques y devront modifier davantage les conceptions scientifiques, dans l'élaboration fondamentale des principaux types historiques. Une existence vouée au perfectionnement universel accordera une prédilection naturelle au genre de culture intellectuelle le plus propre à developper en nous l'instinct habituel de la perfection.

134. — *L'art et l'éducation.*

Cette disposition générale du positivisme en faveur de nos facultés mentales les plus énergiques et les mieux liées au principe affectif se manifestera spécialement dans l'ensemble de l'éducation nouvelle. D'après les indications de la troisième partie, le lecteur sait déjà que cette éducation sera plus esthétique que scientifique, comme l'exige la vraie théorie de l'évolution humaine. La science n'y interviendra que pour systématiser définitivement ce que l'art aura spontanément ébauché sous la présidence directe du sentiment. Puisque l'essor esthétique de l'humanité a précédé son développement scientifique, il doit en être de même dans l'éducation individuelle, dont la marche positiviste consiste à reproduire l'initiation collective. Cette tendance à faire d'abord prévaloir l'instruction poétique constitue aujourd'hui le seul principe raisonnable que renferme notre absurde régime classique. On sait d'ailleurs combien reste illusoire une telle prétention, dans un cours d'études qui n'aboutit, d'ordinaire, qu'à développer une vicieuse appréciation, et même un profond dégoût, de tous les beaux-arts. Pour caractériser son inanité esthétique, il suffirait de rappeler que, pendant un siècle, une admiration officielle y érigea en dieu des pédants français celui de nos habiles versificateurs qui fut peut-être le plus étranger à tout vrai sentiment poétique. Réalisant ce qui fut jusqu'ici mal tenté, l'instruction positiviste familiarisera, dès l'enfance, le moindre prolétaire de chaque sexe avec toutes les beautés de la véritable poésie, non seulement nationale, mais aussi occidentale. L'essor esthétique ne peut être sincère et efficace qu'en s'appliquant d'abord aux productions qui retracent notre propre mode de sociabilité. J'ai d'ailleurs indiqué comment le jeune positiviste sera ensuite conduit à compléter son initiation poétique en contemplant l'idéalisation originale de la vie antique. Son éducation ne se bornera point à l'art fondamental ; elle s'étendra aussi aux arts spéciaux qui, soit par les tons, soit par les formes, expriment avec plus d'énergie ses principales créations. C'est ainsi que la contemplation et la méditation esthétiques, outre leur propre charme, seront destinées, dans l'ensemble des études positives, à préparer la contemplation et la méditation scientifiques. Pour l'individu, comme envers l'espèce, la combinaison des images doit servir de base à celle des signes, qui tous furent d'abord des images affaiblies. Suivant l'aptitude de l'art à reproduire tout ce qui peut nous intéresser, la partie spontanée de l'éducation positiviste rendra naturellement familières les principales notions que devra systématiser sa partie scientifique.

Cette préparation naturelle sera surtout sensible envers les études historiques, qui ne seront ainsi abordées que par des intelligences déjà familiarisées avec la représentation poétique des diverses phases sociales et de leurs promoteurs essentiels.

135. — *L'art et les fêtes publiques.*

D'après sa participation fondamentale à l'éducation positive, l'art n'aura pas moins de part à l'indispensable complément qu'elle nécessite, pour ramener les individus et les classes aux sentiments et aux principes que l'activité pratique tend toujours à altérer. Dans toutes les solennités, privées ou publiques, relatives à cet important office, le positivisme emploiera davantage les impressions esthétiques que les explications scientifiques. Cette prépondérance devra même y être encore plus prononcée qu'envers l'éducation proprement dite. En effet, la base universelle de la sagesse humaine étant alors systématisée, il suffira d'y faire appel, et le sacerdoce philosophique s'occupera moins de la conception que de l'exposition, dont la nature est surtout esthétique.

L'empirisme révolutionnaire a déjà suscité un vague pressentiment de cette fonction sociale de l'art moderne, comme principal régulateur des fêtes publiques. Mais l'inanité notoire de toutes les tentatives entreprises à ce sujet, depuis le début de la révolution, est très propre à confirmer à la philosophie le privilège exclusif d'un office que la politique ne saurait remplir. Toute fête devant consister dans la manifestation solennelle de sentiments réels, la spontanéité constitue toujours sa condition préliminaire. Le pouvoir qui commande y est donc incompétent, et celui qui conseille n'y doit même intervenir qu'à titre d'organe systématique des dispositions préexistantes. Depuis la décadence du catholicisme, nous n'avons plus de véritables fêtes, et elles ne pourront renaître que sous le libre ascendant du positivisme. Jusque là le pouvoir temporel continuera vainement d'ordonner des simulacres sans dignité, au milieu d'un tumultueux concours, où les spectateurs tiennent lieu de spectacle. Ses empiriques prétentions deviennent même souvent tyranniques, quand il impose des formules arbitraires à des sentiments qui n'existent pas. Nulle opération sociale ne tombe plus évidemment sous l'unique compétence du pouvoir spirituel, seul apte à régulariser les tendances d'où elle résulte. Or, son office devient alors esthétique. Car, toute fête réelle, même privée, et surtout publique, constitue, au fond, une œuvre d'art, en tant que destinée à l'idéalisation, vocale ou mimique, des sentiments correspondants. Aucune fonction ne saurait être aussi esthétique, puisque la manifestation exige, d'ordinaire, l'intime combinaison des quatre arts spéciaux, sous la présidence de l'art fondamental. C'est pourquoi la routine temporelle a toujours été conduite à subordonner, sous ce rapport, sa suprématie officielle à de libres consultations artistiques, même en invoquant de simples peintres ou sculpteurs, faute de véritables poètes.

Pour constater, à cet égard, l'aptitude esthétique du positivisme, il suffirait de rappeler le culte de la femme, indiqué dans la quatrième partie de ce Discours, et le culte de l'Humanité, qui sera spécialement annoncé par sa conclusion générale. Tous deux constitueront, en effet, les principales sources des fêtes positivistes, tant privées que publiques. Aucune indication directe n'est donc nécessaire ici sur un sujet déjà ébauché et que je compléterai bientôt, dans les limites propres à ce simple prélude d'un traité spécial.

En assignant à l'art un office fondamental qui consolidera sa dignité sociale, le régime positif doit aussi lui procurer de nouveaux moyens généraux, surtout en lui livrant l'ensemble du domaine historique, à peine abordé jusqu'ici.

136. — *Évocation idéale des grandes époques et des grands hommes.*

Obligée, sous l'impulsion classique, de remonter aux types antiques, faute d'inspirations contemporaines, la poésie moderne fut déjà conduite à idéaliser les phases antérieures de l'humanité. Tel fut le principal caractère de notre grand Corneille, consacrant l'ensemble de ses drames à l'admirable peinture des divers âges romains. La prépondérance croissante de l'esprit historique a produit, de nos jours, dans les compositions épiques, une suite analogue de tentatives moins parfaites envers les temps postérieurs, par les éminents chefs-d'œuvre de Walter Scott et de Manzoni. Mais ces manifestations partielles ne pouvaient constituer que les indices spontanés de la nouvelle carrière que le positivisme doit offrir au génie esthétique, en lui ouvrant l'accès familier du passé, et même de l'avenir. Ce domaine immense ne pouvait être livré à la poésie que quand la philosophie en aurait d'abord embrassé l'ensemble. Or, l'esprit absolu de la théologie et de la métaphysique empêchait jusqu'ici de comprendre les diverses phases sociales, surtout assez pour les idéaliser dignement. Au contraire, le positivisme, toujours relatif, est principalement caractérisé par une théorie historique qui rendra familière l'intime contemplation de tous les modes propres à l'existence humaine. Un monothéiste sincère ne saurait bien comprendre et peindre avec succès les mœurs polythéiques ou fétichiques. Le poète positiviste, habitué à la filiation de tous les états antérieurs, peut s'identifier avec un âge quelconque, au point de réveiller nos sympathies pour une phase dont chacun de nous doit retrouver en lui-même l'équivalent spontané. C'est ainsi que nous pouvons maintenir, envers l'antiquité, les croyances du paganisme, sans affaiblir leur admirable efficacité esthétique par les inévitables scrupules qu'une telle obligation inspirait aux chrétiens. L'art nouveau se trouvera donc appelé à faire dignement revivre tous les âges antérieurs, dont quelques-uns seulement sont déjà assez idéalisés, surtout par Homère et Corneille. Il comptera d'autant mieux sur l'efficacité esthétique d'une telle source que le même régime qui la lui ouvrira disposera aussi le public à la goûter. Cette suite presque inépuisable d'heureuses créations, épiques ou dramatiques, se liera profondément, d'une part, à l'ensemble de l'éducation positive, d'une autre part, au culte systématique de l'Humanité, pour faciliter l'appréciation et seconder la glorification de toutes les phases sociales.

Il faut enfin reconnaître que le régime final, en procurant à l'art des moyens plus étendus, lui fournira aussi de meilleurs organes, en faisant cesser une vicieuse spécialisation, directement contraire à la tendance synthétique qui caractérise toujours le véritable génie poétique.

137. — *La nouvelle éducation favorisera les vocations esthétiques.*

Le positivisme développera nécessairement toutes les vraies vocations esthétiques, par le système d'éducation générale qui, institué pour les prolétaires, convient également aux autres classes quelconques. Comme nous ne pouvons idéaliser et peindre que ce qui nous est devenu familier, la poésie a toujours reposé sur quelque philosophie, capable d'imprimer une direction fixe à l'ensemble de nos pensées et de nos sentiments. Aussi tous les vrais poètes ont-ils profondément participé, depuis Homère jusqu'à Corneille, à la plus forte éducation générale que comportât leur époque. Il faut que le génie esthétique ait tout conçu avant de tout représenter. Même aujourd'hui, quand notre anarchie fait partout prévaloir une spécialité empirique, les prétendus poètes qui se croient dispensés d'initiation philosophique ne font réellement qu'emprunter cette base indispensable à des systèmes arriérés, théologiques ou métaphysiques. Leur vaine éducation spéciale, bornée à cultiver le seul talent de formuler, est aussi nuisible à leur esprit qu'à leur cœur. En leur interdisant toute conviction profonde, elle ne tend à développer qu'une habileté machinale pour la partie technique de l'art, sans leur laisser apprécier l'idéalisation qui en constitue le principal caractère. Nous lui devons cette déplorable multiplicité de versificateurs et de littérateurs étrangers à tout vrai sentiment poétique, et seulement propres à troubler la société par leur ambition déréglée. En tant que plus technique, l'éducation actuelle pour les quatre arts spéciaux est encore plus vicieuse, à tous égards, chez ceux qui n'en reçoivent pas d'autre. Rien ne peut donc dispenser les diverses vocations esthétiques de participer d'abord à l'éducation fondamentale commune à tous. Si nous l'avons reconnue indispensable aux femmes, les poètes et les artistes pourraient-ils n'en avoir pas besoin ?

Mais, par cela même qu'elle est profondément esthétique, elle leur rend superflue toute éducation spéciale, sauf celle qui résulte spontanément de l'exercice préparatoire. Aucune autre profession n'est autant dispensée d'un enseignement particulier, qui ne tend qu'à y éteindre une indispensable originalité, en étouffant l'élan esthétique sous le travail technique. Il ne faut pas même conserver l'éducation professionnelle envers les arts spéciaux, qui doivent, comme pour l'industrie, s'apprendre par un judicieux exercice, subordonné à une digne imitation. L'impuissance notoire de nos écoles publiques destinées à former des musiciens ou des peintres dispense, à cet égard, de toute explication. Outre leurs graves dangers moraux, ces institutions ne peuvent que contrarier toute vraie vocation esthétique. Ainsi les poètes et les artistes n'ont réellement besoin que de l'éducation universelle, destinée à l'initiation du public dont ils doivent représenter les émotions et les pensées. Son défaut de spécialité ne la rendra que plus propre à préparer et à signaler les véritable talents. Elle développera également le goût simultané de tous les divers beaux-arts, dont l'intime connexité doit rendre fort suspectes les vocations esthétiques qui se glorifient de n'en sentir qu'un seul. Cette universalité d'appréciation a toujours caractérisé les grands maîtres, même pendant les derniers siècles. Son extinction actuelle suffirait pour confirmer l'absence nécessaire de toute supériorité esthétique, en un temps où l'art est dépourvu de destination sociale et de direction philosophique. Les simples amateurs devant tout goûter, comment les vrais compositeurs ne sentiraient-ils qu'un seul mode d'idéalisation et d'expression ?

138. — *Dans l'avenir, les artistes seront annexés au pouvoir spirituel.*

En rendant l'éducation générale profondément esthétique, le positivisme supprimera donc toute éducation spéciale contraire au véritable essor de l'art et seulement propre à faire prévaloir la médiocrité. Par une conséquence ultérieure de la même tendance, le régime final dissipera les classes uniquement vouées à la culture des beaux-arts, devenue alors une annexe spontanée des fonctions qui caractérisent les trois éléments du pouvoir modérateur, surtout quant à l'art général.

Sous le régime théocratique qui dut partout inaugurer l'évolution humaine, l'activité pratique fut seule séparée de l'existence contemplative. Mais les diverses fonctions spéculatives restaient réunies chez les mêmes organes, sans aucune distinction entre les aptitudes qualifiées ensuite d'esthétiques et de scientifiques. Quoique leur séparation ultérieure fût indispensable à leur développement respectif, elle était pourtant contraire à l'ordre fondamental, qui n'admet d'autre grande division sociale qu'entre la théorie et la pratique. Elle doit donc aboutir à une nouvelle combinaison, plus intime que la coexistence primitive, de toutes les facultés théoriques, dont l'influence nécessaire sur la vie active s'affaiblirait par leur dispersion. Seulement cette fusion finale ne devait surgir qu'après un suffisant essor partiel de ses divers éléments principaux. Or, ce préambule nécessaire a exigé tout le temps qui nous sépare de l'état théocratique. L'art dut se détacher du tronc commun avant la science, en vertu de son essor plus rapide et de son caractère plus indépendant. Au siècle d'Homère, le sacerdoce avait déjà cessé d'être esthétique, mais il restait encore scientifique, jusqu'à l'avènement des philosophes proprement dits, bientôt suivis des purs savants. C'est ainsi que le régime de la spécialité, qui n'est normal que pour l'industrie, a dû s'étendre d'abord à l'art, et ensuite à la science. Mais, après avoir seul permis l'essor décisif des divers éléments spéculatifs échappés à une théocratie oppressive, ce régime préliminaire constitue maintenant, par sa vicieuse prolongation, le principal obstacle à l'ordre final vers lequel tendaient toutes ces préparations partielles. Leur intime combinaison suivant un nouveau principe devient désormais la condition fondamentale d'une vraie régénération.

En appréciant les fonctions essentielles du pouvoir modérateur, soit pour l'éducation, soit pour la consultation, on reconnaît aisément qu'elles exigent un mélange habituel des dispositions esthétiques avec les aptitudes scientifiques. Si le public doit participer à ces deux caractères, pourraient-ils être séparés chez ses vrais directeurs spirituels ? On continuera pourtant à les nommer philosophes plutôt que poètes, parce que leurs attributions ordinaires sont plus scientifiques qu'esthétiques : mais ils devront autant sentir l'art que la science. Celle-ci exige des leçons systématiques, tandis qu'une culture spontanée suffit à l'autre, sauf pour la partie technique des arts spéciaux. D'un autre côté, les hautes fonctions esthétiques ne comportent pas d'organes permanents, puisque leur principale efficacité suppose l'excellence des compositions, qui, une fois produites, conservent une éternelle aptitude à fournir partout des moyens d'idéaliser et de formuler nos sentiments privés ou publics. Il suffit qu'une éducation convenable ait également préparé les interprètes et les auditeurs à goûter la perfection et à repousser la médiocrité. Tous les rangs sociaux peuvent dès lors, comme on l'a vu souvent, fournir de dignes organes exceptionnels aux nouveaux besoins réels de manifestation affective. Mais cet office doit naturellement convenir surtout à la classe philosophique, qui, lorsque son vrai caractère définitif aura prévalu, sera autant sympathique que systématique.

139. — *Comparaison entre le génie esthétique et le génie philosophique ou scientifique.*

Il n'existe, au fond, aucune incompatibilité organique entre le génie esthétique et le génie scientifique, qui ne se distinguent réellement que par la diversité de leurs combinaisons, concrètes et idéales chez l'un, abstraites et réelles chez l'autre. Tous deux emploient le régime analytique pour leurs élaborations préliminaires, et poursuivent également une synthèse définitive. Les vaines théories qui les supposent inconciliables n'offrent que la vicieuse consécration d'un état passager, suivant la tendance absolue de toute doctrine métaphysique. S'ils paraissent, en effet, n'avoir jamais les mêmes organes, c'est seulement parce que leurs offices caractéristiques ne sauraient être simultanés. Toute situation sociale qui nécessite de grands efforts philosophiques se trouve nécessairement impropre au véritable essor poétique, puisqu'elle exige une nouvelle élaboration dans les opinions fondamentales, dont la fixité est, au contraire, indispensable à l'art. C'est pourquoi l'ensemble du passé montre les révolutions de la poésie succédant à celles de la philosophie, sans jamais coexister avec elles. En étudiant les types intellectuels qui n'ont pu trouver un milieu convenable, on reconnaît aisément que les mêmes esprits auraient cultivé avec un égal succès la philosophie ou la poésie selon l'époque de leur apparition. Diderot eût été, sans doute, un grand poète, en un temps plus esthétique, comme Goethe un éminent philosophe sous une autre impulsion publique. Tous les savants qui ont plus induit que déduit offrent des signes évidents d'aptitude poétique. Que l'invention soit abstraite ou concrète, qu'elle s'applique à saisir la réalité ou à l'idéaliser, c'est toujours, au fond, la même fonction cérébrale, avec des destinations différentes, dont les principaux cas ne peuvent jamais coexister. L'admirable génie synthétique de notre grand Buffon doit être apprécié historiquement comme une annonce spontanée de cette fusion finale entre l'esprit scientifique et l'esprit esthétique. Bossuet aurait déjà offert un exemple encore mieux décisif d'égale aptitude à la plus haute philosophie et à la plus sublime poésie, si l'ensemble de la situation lui eût imprimé une impulsion mieux caractérisée en l'un ou l'autre sens.

Ainsi, malgré les préjugés actuels, aucune incompatibilité naturelle n'empêchera la classe habituellement livrée aux offices philosophiques proprement dits de fournir aussi, quand il y aura lieu, les meilleurs organes poétiques. Il suffit alors que les plus éminents penseurs passent de l'activité scientifique à l'activité esthétique, suivant la pente naturelle de tous les grands esprits vers les compositions les plus nécessaires à leur siècle. C'est seulement pour les arts spéciaux que, d'après leurs exigences techniques, une certaine consécration exclusive restera indispensable chez quelques maîtres choisis, qui deviendront alors des membres accessoires du pouvoir spirituel, en vertu de leur digne participation à l'éducation universelle. Même dans ces cas exceptionnels, la spécialité actuelle sera beaucoup modifiée, puisque cette rare élévation ne s'accordera qu'à des natures assez esthétiques pour goûter également tous les beaux-arts, au point de cultiver à la fois les trois qui concernent la forme, comme en Italie au seizième siècle.

Cette aptitude poétique des nouveaux philosophes ne se manifestera, d'ordinaire, que par leur disposition permanente à sentir dignement et à faire bien apprécier les divers modes d'idéalisation. La fonction esthétique ne deviendra habituellement active chez eux que pour la composition des fêtes publiques. Mais, quand les besoins sociaux susciteront d'éminentes créations épiques ou dramatiques, les principaux d'entre eux deviendront des poètes proprement dits, l'office purement philosophique cessant alors d'exiger les plus hautes intelligences. Les grands travaux de systématisation et d'idéalisation devant désormais alterner à de moindres intervalles que jadis, on pourrait les concevoir successivement accomplis par les mêmes organes, si la vie humaine durait davantage. Toutefois, notre faible longévité, et la verve juvénile qu'exigent toutes les hautes productions, n'autorisent une telle supposition qu'afin de mieux caractériser l'idendité fondamentale de deux aptitudes qu'on juge maintenant incompatibles.

140. — *L'art et la femme.*

Envers des compositions moins difficiles et plus multipliées, le pouvoir modérateur prouvera fréquemment sa compétence esthétique par les travaux exceptionnels de son élément féminin. Les arts spéciaux, surtout ceux des formes, resteront, sans doute, interdits aux femmes, comme exigeant une habileté technique qui leur convient peu, et dont le lent apprentissage étoufferait leur admirable spontanéité. Mais les femmes d'élite sont plus propres que les hommes à toutes les compositions poétiques qui ne demandent point une contention intense et prolongée. C'est là qu'elles doivent voir leur participation habituelle aux travaux spéculatifs ; car les succès scientifiques sont incompatibles avec leur vraie nature. Quand la nouvelle éducation générale aura systématiquement associé les femmes au mouvement universel, elles perfectionneront beaucoup tous les genres de poésie qui concernent l'existence personnelle et la vie domestique. L'aptitude est, au fond, la même pour goûter que pour produire, avec de simples différences de degré, très affectées par la culture. Pourquoi les femmes ne deviendraient-elles donc pas supérieures aux hommes pour toutes les compositions qu'elles savent déjà mieux apprécier ? Les grands poèmes, épiques ou dramatiques, destinés à idéaliser la vie publique, me semblent seuls au-dessus de leurs forces esthétiques. A tout autre égard, la culture poétique leur appartient naturellement ; et elle se trouve en harmonie avec leur situation sociale, quand la vocation ne cesse pas d'être exceptionnelle. Nos affections privées ne sauraient être mieux retracées que par leurs plus purs organes, chez lesquels le talent d'expression complète spontanément la tendance à l'idéalisation. On doit donc regarder le régime esthétique de l'humanité comme imparfaitement organisé, tant que la plupart des travaux poétiques, et peut-être aussi musicaux, ne constituent pas l'apanage spéculatif du sexe aimant. Cette intervention féminine est surtout indispensable pour donner à la poésie privée la constante moralité dont elle est tant susceptible, et que notre grossièreté masculine n'atteint jamais sans des efforts contraires à la spontanéité esthétique. La grâce naïve de Lafontaine et la suave délicatesse de Pétrarque se trouveront ainsi combinées naturellement avec une tendresse plus pure et plus profonde, de manière à procurer aux opuscules poétiques une perfection jusqu'alors impossible.

141. — *L'art et le prolétaire.*

Quant au troisième élément nécessaire du pouvoir modérateur, son aptitude esthétique doit être moins prononcée, puisque sa destination active l'éloigne davantage de l'existence spéculative que supposent de telles créations. Cependant toutes les compositions peu étendues, où l'énergie et l'insouciance constituent les principales sources de l'inspiration réelle, conviennent mieux aux prolétaires qu'aux femmes, et surtout qu'aux philosophes. Lorsque l'éducation positiviste aura dignement cultivé le peuple occidental, il offrira partout d'heureux organes, poétiques ou même musicaux, des dispositions qui lui sont propres, comme tant d'exemples spontanés l'indiquent déjà. Outre cette participation spéciale de quelques prolétaires, l'ensemble du peuple prend indirectement une part fondamentale à l'évolution esthétique, puisque le langage lui est surtout dû.

Tel est donc, dans le régime positif, l'organisation finale de l'art : plus de classes esthétiques proprement dites, sauf quelques maîtres spéciaux ; mais une éducation générale disposant à goûter profondément tous les modes d'idéalisation, et faisant surgir leur culture chez les trois éléments modérateurs. Dans la répartition fondamentale du travail poétique entre les forces étrangères au gouvernement, les philosophes exercent toutes les attributions relatives à la vie publique ; tandis que les compositions privées et personnelles appartiennent aux femmes ou aux prolétaires, selon qu'elles exigent surtout la tendresse ou l'énergie. Ainsi, l'exercice mental qui convient le mieux à l'humanité se développera davantage chez les classes où notre nature se caractérise le plus. Cette douce coopération n'exclut que ceux dont les constantes préoccupations de grandeur ou de richesse personnelles condamnent l'existence esthétique à des jouissances essentiellement passives, augmentées d'ailleurs par l'universelle éducation positive. Intimement annexées à de grands offices sociaux, nos fonctions d'idéalisation tendront directement vers leur noble destination affective. En perdant une spécialité qui altère son charme naturel, l'art n'offrira plus les dangers moraux auxquels s'expose toute vie exclusivement vouée à l'expression.

142. — *Participation de l'art au mouvement régénérateur.*

Après avoir caractérisé l'incorporation normale de l'art au régime final de l'humanité, il ne me reste qu'à indiquer sa participation fondamentale au mouvement actuel de régénération positiviste. Envers les trois éléments nécessaires de cette impulsion rénovatrice, nous avons déjà reconnu que chacun doit y concourir en exerçant aujourd'hui, à un degré plus prononcé, quoique dans un mode moins régulier, l'office essentiel que lui assigne l'organisation définitive. Or, si cette marche, naturelle aux philosophes qui prennent l'initiative systématique de la reconstruction, convient aussi aux prolétaires qui la consolideront, et même aux femmes qui la sanctionneront, elle doit également s'étendre au complément esthétique de cette triple fonction organique. Un examen direct rend incontestable cette similitude nécessaire.

La principale fonction de l'art consiste toujours à construire les types dont la science lui fournit les bases. Or cette opération est surtout indispensable à l'inauguration du nouveau régime. Quand la philosophie en aura assez élaboré les diverses conceptions essentielles, elles resteront encore trop indéterminées pour suffire à leur destination pratique. Car l'étude systématique du passé ne peut nous fournir directement que le caractère général de l'avenir. Même envers les moindres phénomènes, la détermination scientifique ne saurait devenir complète sans dépasser les limites propres à la vraie démonstration. Dans les recherches sociologiques, ses résultats doivent donc rester davantage au-dessous du degré de plénitude, de netteté, et de précision qu'exigent des notions destinées à la plus familière universalité. C'est alors à la poésie qu'il convient de combler les inévitables lacunes de la philosophie pour inspirer la politique. Au début du polythéisme, elle remplit déjà cet office naturel envers les créations imparfaites de la théologie systématique. Il lui appartient encore plus de compléter une appréciation objective où l'imagination participe moins. Dans la conclusion générale de ce Discours, je vais indiquer davantage cette indispensable fonction poétique au sujet de la conception centrale du positivisme. Le lecteur pourra dès lors étendre la même explication à tous les autres cas principaux.

Pour accomplir ce grand office, l'art positiviste se

trouvera naturellement conduit à nous offrir des tableaux anticipés de la régénération humaine, appréciée sous tous les aspects susceptibles d'idéalisation. Ce sera sa seconde coopération générale à l'impulsion rénovatrice, en développant sa participation initiale. Au fond, ce nouvel office se réduit à régulariser les utopies, en y subordonnant toujours l'idéalité à la réalité, comme en toute autre composition poétique. La liberté spéculative que semble leur procurer l'anarchie actuelle finit par restreindre beaucoup leur essor effectif, d'après les craintes de divagation qu'elle inspire même aux plus rêveurs, dont l'esprit ne saurait devenir insensible aux besoins communs d'harmonie mentale. Mais, quand le domaine de l'imagination se borne à développer et vivifier celui de la raison, les plus austères penseurs subissent volontiers un charme qui, loin d'altérer la réalité, ne fait que mieux ressortir son principal caractère, trop peu déterminé par la science. Ainsi, en assignant aux utopies leur vraie destination, le positivisme stimulera beaucoup ce genre moderne de compositions poétiques, qui, sous l'inspiration sociologique, peut tant concourir à pousser l'ensemble du peuple occidental vers l'état normal de l'humanité. Les cinq modes esthétiques participeront tous à cette salutaire impulsion, en nous faisant d'avance apprécier, d'après l'idéalisation propre à chacun d'eux, les charmes et la grandeur de la nouvelle existence, personnelle, domestique, et sociale.

Cette seconde assistance générale de l'art dans la grande reconstruction en suscitera naturellement une troisième, dont le besoin n'est pas moindre aujourd'hui, pour achever de détacher les occidentaux des vains débris du passé qui empêchent de sentir l'avenir. Il suffira de donner une direction comparative aux tableaux anticipés que je viens d'indiquer. Depuis le début de la transition moderne, au quatorzième siècle, l'art s'est surtout développé sous une intention critique, qui pourtant convient peu à sa nature éminemment synthétique. Son essor organique peut donc se concilier pleinement avec la lutte secondaire qu'exige encore la situation actuelle envers les opinions, et surtout les mœurs, qui nous restent du régime déchu ou de la phase transitoire. Cet ébranlement complémentaire, relatif aux plus intimes racines du passé, altèrera d'autant moins la grande mission de l'art positiviste, qu'il s'accomplira sans jamais exiger une critique directe. Ni envers la théologie, ni seulement quant à la métaphysique, nous n'avons désormais besoin d'aucune discussion, même philosophique, et, à plus forte raison, poétique. Tout se réduit maintenant à une simple concurrence, le plus souvent implicite, entre les modes opposés suivant lesquels le catholicisme et le positivisme correspondent aux mêmes besoins moraux et sociaux. Or cet office accessoire, dont les bases scientifiques sont déjà posées, est surtout du ressort de l'art, puisqu'il doit s'adresser davantage au sentiment qu'à la raison. J'en ai indiqué le cas le plus caractéristique, à la fin de la quatrième partie, pour la noble coopération que je réservais à ma sainte collègue envers l'initiation positiviste de nos deux populations méridionales, principalement dévolue à l'intervention esthétique des femmes.

Dans cette troisième fonction sociale, la nouvelle poésie rattachera directement sa mission actuelle à son office final, en idéalisant le passé, comme ci-dessus l'avenir. Car, l'avènement du positivisme exige, à tous égards, une scrupuleuse justice envers le catholicisme. Loin d'atténuer le mérite moral et politique du régime propre au moyen âge, la poésie guidée par la philosophie, devra d'abord le glorifier dignement, afin de mieux caractériser la supériorité nécessaire de l'ordre final. Elle préludera ainsi à son devoir normal de ranimer le passé, dont la liaison naturelle avec l'avenir doit devenir profondément familière, dans l'intérêt simultané de la raison systématique et du sentiment social.

Quoique prochain, ce triple office, par lequel l'art positiviste inaugurera son incorporation à l'ordre final, ne saurait être immédiat, puisqu'il exige une préparation philosophique qui n'est point encore assez accomplie, ni chez le public occidental, ni par ses organes esthétiques. La génération pacifique qui vient de commencer, en France, la seconde partie de la grande révolution, peut faire librement prévaloir le positivisme, non seulement parmi les vrais penseurs, mais aussi dans le peuple parisien chargé des communes destinées de l'Occident, et même auprès des femmes les mieux disposées. Élevée sous cette impulsion, la génération suivante pourra donc, avant la fin du siècle ouvert par la Convention, compléter spontanément cette inauguration mentale et morale en manifestant le nouveau caractère esthétique de l'Humanité régénérée.

143. — *Le positivisme est plus favorable aux beaux-arts que toute autre philosophie.*

L'ensemble de cette cinquième et dernière partie représente directement la philosophie positive comme plus favorable qu'aucune autre à l'essor continu de tous les beaux-arts. Une doctrine qui appelle l'humanité au perfectionnement universel devait s'incorporer profondément les spéculations les plus propres à développer notre instinct de la perfection. Elle ne les subordonne à l'étude systématique de la réalité, que pour fournir à l'idéalité une base objective, indispensable à sa consistance et à sa dignité. Mais, ainsi constituées, les fonctions esthétiques conviennent mieux que les fonctions scientifiques, soit à la nature et à la portée de notre intelligence, soit surtout à sa destination essentielle, l'organisation de l'unité humaine ; car elles se rapportent immédiatement au principe affectif de cette systématisation. Après la culture directe du sentiment, c'est l'art qui peut habituellement fournir les meilleurs moyens de nous rendre à la fois plus tendres et plus nobles.

Sa réaction logique doit même perfectionner notre aptitude systématique, en nous familiarisant de bonne heure avec les vrais caractères de toute construction humaine. La science a pu longtemps préférer le régime analytique ; tandis que, même au milieu de son anarchie actuelle, l'art vise toujours à la synthèse, but nécessaire de toutes nos contemplations. Quand, contre sa nature, il travaille à détruire, son œuvre quelconque ne s'accomplit encore qu'en construisant. Le goût et l'habitude des constructions esthétiques doivent ainsi nous disposer à mieux construire sur le sol plus réfractaire de la réalité.

A tous ces titres, l'art, dirigé par le sentiment, devient, pour le positivisme, la principale base de l'éducation universelle, où la science ne préside ensuite qu'à une indispensable systématisation objective. La vie active complète cette prépondérance initiale, en imprimant un caractère plus esthétique que scientifique aux fonctions régulières du pouvoir modérateur. Les trois éléments nécessaires de la force morale deviennent ainsi les organes spontanés de l'idéalisation, désormais inséparable de la systématisation.

Une telle fusion oblige les nouveaux philosophes à sentir profondément tous les beaux-arts. Quoique habituellement passive, cette aptitude devra pouvoir s'élever, chez les principaux d'entre eux, jusqu'à la plus sublime activité, dans les âges d'intermittence philosophique et de verve poétique. Sans ce difficile complément, leur office ne saurait obtenir le libre ascendant moral que comporte sa nature et qu'exige sa destination. Le prêtre de l'Humanité ne développera sa supériorité nécessaire sur le prêtre de Dieu que quand sa raison systématique se combinera dignement avec l'enthousiasme du poète comme avec la sympathie féminine et l'énergie prolétaire.

CONCLUSION GÉNÉRALE

DU DISCOURS SUR L'ENSEMBLE

RELIGION DE L'HUMANITÉ

144. — *Caractères fondamentaux du nouveau régime : l'amour pour principe, l'ordre pour base, et le progrès pour but.*

L'amour pour principe, l'ordre pour base, et le progrès pour but ; tel est, d'après ce long Discours préliminaire, le caractère fondamental du régime définitif que le positivisme vient inaugurer en systématisant toute notre existence, personnelle et sociale, par une combinaison inaltérable entre le sentiment, la raison, et l'activité. Cette systématisation finale remplit, au delà d'aucune possibilité antérieure, les diverses conditions essentielles, soit quant à l'essor spécial des différentes parties de notre nature, soit quant à leur connexité générale. La suprématie nécessaire de la vie affective s'y trouve mieux constituée qu'auparavant, d'après l'universelle prépondérance du sentiment social, qui peut directement charmer chaque pensée et chaque acte quelconques.

Jamais oppressive envers l'esprit, une telle domination du cœur sanctifie l'intelligence en la vouant désormais au service continu de la sociabilité, dont elle doit consolider l'ascendant et éclairer l'exercice. Dignement subordonnée au sentiment, la raison acquiert ainsi une autorité qu'elle n'avait pu encore obtenir, comme seule apte à dévoiler l'ordre fondamental qui dirige nécessairement toute notre existence d'après l'ensemble des lois naturelles des divers phénomènes. Cette base objective de la vraie sagesse humaine réagit profondément sur nos affections elles-mêmes, qui trouvent, dans l'obligation de s'y conformer, une source de fixité propre à contenir leur versatilité spontanée, et une stimulation directe à la prépondérance des instincts sympathiques. Noblement appliqué à un office fondamental qui le préserve de toute oiseuse divagation, le génie scientifique trouve la plus vaste alimentation dans l'appréciation de toutes les lois réelles qui influent sur nos destinées, et surtout dans l'étude de notre propre nature, individuelle et collective. La prépondérance du point de vue sociologique, loin d'étouffer les spéculations plus abstraites, augmente autant leur consistance que leur dignité, en constituant la seule unité qu'elles comportent.

En assurant à la raison sa juste influence sur l'ensemble de la vie humaine, ce régime final consolide et développe l'essor habituel de l'imagination, désormais appliquée à sa destination caractéristique, l'idéalisation continue de la réalité. Les fonctions scientifiques ne sont indispensables que pour construire la base extérieure de toutes nos conceptions. Mais, cet office une fois accompli, les fonctions esthétiques conviennent mieux à notre intelligence, pourvu que leur exercice respecte toujours ce fondement nécessaire, d'ailleurs si propre à prévenir leurs écarts. Sous cette unique condition générale, elles sont directement encouragées par la systématisation positive, comme étant à la fois les plus conformes à son principe affectif et les plus rapprochées de son but actif. Profondément incorporées à la nouvelle existence, elles y constituent, d'ordinaire, l'exercice le plus doux et le plus salutaire de notre intelligence, qui ne saurait tendre plus directement à cultiver l'affection et à poursuivre le perfectionnement.

D'abord émanée de la vie active, la systématisation

finale y revient avec un surcroît d'énergie, quand, d'après sa longue préparation spéculative, elle a pu remonter jusqu'à son principe affectif, devenu désormais sa source directe. Loin de susciter aucune langueur, cet amour fondamental nous poussera toujours à la plus complète activité, en vouant toute notre existence au perfectionnement universel. Il ne nous oblige à étudier l'ordre naturel qu'afin de mieux appliquer nos forces quelconques, individuelles ou collectives, à son amélioration artificielle. A peine ébauchée jusqu'ici, même envers le monde matériel, cette destination normale n'a pu encore occuper que la moindre partie des efforts humains. Son essor ne pourrait devenir dégradant que s'il restait borné aux degrés inférieurs du perfectionnement. Dès que notre sagesse spéculative embrasse directement son principal domaine, notre sagesse active s'applique surtout aux plus éminents phénomènes, où l'ordre naturel est à la fois plus imparfait et mieux modifiable. Ainsi agrandie et systématisée, notre existence pratique poursuit de préférence l'amélioration intellectuelle, et encore davantage le perfectionnement moral, soit en tendresse, soit en courage. La vie privée et la vie publique se trouvent désormais liées par un même but principal, dont la vue familière vient ennoblir tous leurs actes. Dès lors, la prépondérance nécessaire de la pratique, loin d'être jamais hostile à la théorie, lui prescrit surtout les plus difficiles recherches, pour découvrir les vraies lois de notre nature personnelle et sociale, dont la connaissance restera toujours inférieure à nos besoins réels. Au lieu de disposer à la sécheresse morale, une telle activité habituelle nous poussera sans cesse à mieux sentir que l'amour universel constitue, non seulement notre principal bonheur, mais aussi notre plus puissant moyen, indispensable à l'efficacité de tous les autres.

145. — *Harmonie entre le cœur, l'esprit et le caractère.*

C'est ainsi que, dans l'existence positive, le cœur, l'esprit, et le caractère se consolident et se développent mutuellement, d'après la systématisation habituelle de leur propre exercice naturel. Jamais la vie publique et la vie privée n'avaient pu être aussi pleinement liées que par cette égale consécration à une même destination essentielle, où elles ne diffèrent que pour l'étendue de leurs moyens respectifs. Vouées l'une et l'autre à faire toujours prévaloir, autant que possible, la sociabilité sur la personnalité, chacune y applique sans cesse, et à tous égards, toutes nos puissances quelconques, affectives, spéculatives, et actives.

146. — *Pouvoir spirituel et pouvoir temporel.*

D'après cette position finale du grand problème humain, l'art social, directement consacré à sa solution générale, prend désormais pour principe fondamental la séparation normale entre les deux pouvoirs élémentaires, l'un moral, qui conseille, l'autre politique, qui commande. La prépondérance nécessaire de celui-ci, toujours fondée sur la force matérielle, représente l'ascendant spontané de la personnalité dans notre imparfaite nature, où les plus grossiers besoins se trouvent les plus urgents et les plus continus. Sans cette irrésistible fatalité, notre vie individuelle manquerait elle-même de consistance et de direction ; mais surtout notre existence collective ne comporterait ni caractère, ni activité. C'est pourquoi le pouvoir moral, qui repose sur la conviction et la persuasion, doit rester purement modérateur, sans devenir jamais directeur.

Émané du sentiment et de la raison, il représente spécialement la sociabilité, que seul il cultive immédiatement. Mais, par cela même qu'il correspond à nos plus éminents attributs, il ne peut obtenir une prépondérance pratique qui appartient aux plus énergiques. Inférieur en puissance, quoique supérieur en dignité, il oppose toujours son classement virtuel des individus selon leur mérite mental et moral à leur classement réel suivant la richesse ou la grandeur. Sans jamais parvenir à faire prévaloir ses principes d'appréciation, il aboutit ainsi à modifier heureusement l'ordre naturel de toute société, en y rappelant dignement l'esprit d'ensemble et le sentiment du devoir, que l'activité pratique tend à altérer.

Cet office fondamental, dont le besoin est partout senti, se systématise d'après l'attribution caractéristique de ce pouvoir modérateur, pour nous préparer à la vie réelle par une saine éducation générale, principalement relative à la morale, même dans sa partie intellectuelle. Ainsi vouée à la spéculation et à l'affection, cette puissance modificatrice ne peut constituer un digne organe systématique de la sociabilité qu'en restant toujours extérieure à l'action. Son premier devoir consiste donc à combattre, dans son propre sein, nos vains instincts d'élévation temporelle, qui ne deviennent salutaires, malgré l'impureté de leur source ordinaire, que chez les natures vraiment destinées à un indispensable commandement. Cette renonciation solennelle à la richesse et à la grandeur devient la base primitive du véritable pouvoir théorique, et la condition initiale de sa légitime résistance aux usurpations toujours imminentes du pouvoir pratique. Il obtient ainsi ses principaux appuis habituels, en développant ses affinités naturelles avec les éléments sociaux qui sont, comme lui, nécessairement étrangers au gouvernement politique.

147. — *Rôle de la femme.*

Première source spontanée de l'influence modificatrice, d'après leur nature éminemment affective, les femmes deviennent alors, en vertu de leur situation passive, les auxiliaires domestiques du vrai pouvoir spirituel. Il les associe intimement à son office essentiel, en leur confiant toute l'éducation privée, dont l'éducation publique ne constitue, dans le régime positif, qu'un indispensable complément systématique. Comme épouses, elles participent encore davantage à ses fonctions consultatives, en tempérant par la persuasion l'ascendant matériel qu'il modère seulement par la conviction. Dans le genre de vie publique qui convient à leur nature, elles l'assistent spontanément, pour élaborer l'opinion commune dont il devient l'organe systématique, en appréciant les actes, et surtout les personnes, d'après les principes qu'il leur a fournis. Cet intime concours se développera mieux quand les femmes, dignement préservées par les hommes de toute sollicitude matérielle, seront partout aussi étrangères à la richesse qu'à la domination, comme on le voit si souvent chez les prolétaires.

148. — *Rôle du prolétaire.*

Quoique moins pure et moins directe, l'affinité du peuple envers le pouvoir philosophique procure naturellement à celui-ci une énergique assistance civile dans son inévitable antagonisme avec le pouvoir politique. Privés à la fois de loisir matériel et de puissance individuelle, les prolétaires ne sauraient habituellement participer au gouvernement pratique, dont l'efficacité dépend surtout de sa concentration. Au contraire, la force morale, toujours émanée d'une libre convergence, comporte, et même exige, des ramifications universelles. Or, dégagés de toute grave responsabilité pratique, les prolétaires s'associent naturellement au pouvoir théorique, d'après la disponibilité d'esprit et l'insouciance personnelle qui les disposent mieux que leurs chefs temporels aux vues d'ensemble et aux sentiments généreux. Ils fourniront ainsi la principale base habituelle de la véritable opinion publique, quand une éducation générale, qui leur sera surtout destinée, leur permettra de bien caractériser leurs vœux. Leurs besoins comme leurs inclinations les rapprocheront toujours du sacerdoce philosophique, qui deviendra leur organe systématique envers les classes dirigeantes. En retour de cet office naturel, il recevra d'eux une imposante assistance pour sa grande mission sociale de subordonner sans cesse le commandement à la moralité. Dans les cas exceptionnels qui exigeraient l'intervention politique du pouvoir modérateur, le caractère actif de son élément populaire dispensera son élément philosophique d'une anomalie qui le dénaturerait presque autant que son élément féminin.

149. — *La solution du grand problème humain.*

La faible influence de la raison sur notre imparfaite nature interdirait directement au nouveau sacerdoce de faire assez respecter la dignité sociale de la vraie théorie et sa juste relation avec la pratique. Mais cette double solidarité fondamentale lui assurera de puissants appuis dans chaque cité, et même au sein de chaque famille, pour organiser la légitime réaction morale des pauvres envers les riches. L'éducation universelle lui procurera d'ailleurs, parmi les classes dirigeantes, une assistance supplémentaire, par l'accession volontaire de leurs plus nobles membres à une sorte de chevalerie nouvelle. Néanmoins, malgré cette vaste organisation de la force morale, l'ascendant spontané de notre personnalité se trouve tellement prononcé, que la solution effective du grand problème humain restera toujours fort inférieure à nos justes souhaits. Cette appréciation, commune à tous les aspects de notre vraie destinée, doit seulement nous encourager davantage à mieux concerter tous nos efforts pour améliorer l'ordre naturel dans ses dispositions les plus importantes, qui sont à la fois les plus modifiables et les plus imparfaites.

Notre principal progrès, tant collectif qu'individuel, consiste à développer toujours cet empire qui n'appartient qu'à nous sur nos propres imperfections, surtout morales. Cette tendance caractéristique ne pouvait assez surgir dans l'antiquité, qui dut seulement en préparer la manifestation par un indispensable préambule, intellectuel et social. Sa destination fut même tellement incompatible avec la position directe de la grande question humaine, qu'elle exigea toujours, au contraire, l'intime subordination de la morale à la politique. Mais ce noble but convient tant à notre espèce, que, dès le moyen âge, elle y tendit ouvertement, malgré les obstacles qu'offrait encore l'insuffisant accomplissement des deux conditions préliminaires. La doctrine dominante n'était point assez réelle ni assez complète, le caractère social restait trop militaire et trop aristocratique, pour permettre alors de constituer l'ascendant final de la morale sur la politique. Cependant l'insuffisance nécessaire de cette admirable tentative n'empêcha pas les populations occidentales d'apprécier déjà ce principe fondamental, qui survécut ensuite à l'irrévocable déclin des opinions et des mœurs d'où il avait d'abord surgi. Pour lui procurer une prépondérance décisive, il fallait que le véritable esprit philosophique, longtemps borné aux plus simples études, embrassât graduellement tout le domaine spéculatif, jusqu'à devenir pleinement systématique, d'après son extension finale aux contemplations sociales. En même temps, il était indispensable que l'activité industrielle prévalût irrévocablement sur l'existence militaire chez toutes les populations préparées par l'incorporation romaine et par l'initiation catholico-féodale. Ce double préambule élémentaire s'est accompli, conjointement avec la décomposition générale du régime ancien, pendant la longue transition qui nous sépare du moyen âge. Un ébranlement décisif a dès lors poussé l'élite de notre espèce à reprendre directement, sur de meilleures bases mentales et sociales, le grand problème posé par nos pieux et chevaleresques ancêtres, pour instituer enfin sa solution radicale, que le positivisme vient aujourd'hui systématiser et formuler.

150. — *L'Humanité est le véritable Grand-Être.*

Toutes les phases essentielles de cette préparation collective en exigent d'équivalentes dans l'initiation individuelle, spontanée ou systématique, sous peine d'insuffisance. Mais il faut ensuite que ces divers modes et degrés de la régénération humaine, outre leur intime connexité, viennent tous aboutir naturellement à un même centre, propre à constituer directement l'unité fondamentale du régime définitif. Sans cette condensation finale, la systématisation positive ne saurait entièrement remplacer la systématisation théologique, malgré l'homogénéité et la solidarité supérieures de ses éléments plus réels et plus stables. A son principe affectif, à sa base rationnelle, et à son but actif, le positivisme doit donc joindre un centre unique, qui embrasse à la fois le sentiment, la raison, et l'activité. Telle est la dernière condition de son ascendant décisif, tant privé que public.

Elle se trouve entièrement remplie par la convergence naturelle de tous les aspects positivistes vers la grande conception de l'Humanité, qui vient éliminer irrévocablement celle de Dieu, pour constituer une unité définitive plus complète et plus durable que l'unité provisoire du régime initial. L'extension et l'application de la nouvelle doctrine générale deviennent ainsi accessibles à tous les cœurs, et, par suite, à tous les esprits, en évitant aujourd'hui un long et difficile préambule scientifique, qui reste seulement indispensable à ses organes systématiques.

D'après sa nature encore plus morale que mentale, ce centre universel du positivisme représente aussitôt le principe affectif de la systématisation finale. Car le caractère propre de ce nouveau Grand-Être consistant à être nécessairement composé d'éléments séparables, toute son existence repose sur l'amour mutuel qui lie toujours ses diverses parties, sans qu'aucun calcul puisse jamais tenir lieu d'un tel instinct.

A cette prépondérance directe du sentiment social correspond l'essor continu de l'esprit d'ensemble, qui seul permet de concevoir le concours spontané d'où résulte cet immense organisme, en faisant abstraction de tous les conflits partiels. La raison participe donc comme l'amour à cette condensation finale. En outre, elle seule complète la notion du véritable Être Suprême, en dévoilant toutes les conditions, extérieures et intérieures, de son existence réelle.

Mais l'activité n'est pas moins inhérente que le sentiment et la raison à la nature de l'unité positiviste. Car l'organisme le plus compliqué doit, plus qu'aucun autre, réagir sans cesse sur le milieu correspondant, pour le modifier en s'y subordonnant. De là résulte le progrès nécessaire, qui n'est jamais que le développement de l'ordre émané de l'amour.

L'Humanité condense donc directement les trois caractères essentiels du positivisme, son moteur subjectif, son dogme objectif, et son but actif. A ce seul véritable Grand-Être, dont nous sommes sciemment les membres nécessaires, se rapporteront désormais tous les aspects de notre existence, individuelle ou collective, nos contemplations pour le connaître, nos affections pour l'aimer, et nos actions pour le servir.

Voilà comment les positivistes peuvent, mieux que les théologistes quelconques, concevoir la vie comme un vrai culte, aussi intime qu'usuel. Ce culte continu de l'Humanité exaltera et épurera tous nos sentiments; il agrandira et éclaircira toutes nos pensées; il ennoblira et consolidera tous nos actes. Le grand problème du moyen âge s'y trouve directement résolu autant que possible, puisque la subordination de la politique à la morale y résulte nécessairement d'une prépondérance sacrée de la sociabilité sur la personnalité.

C'est ainsi que le positivisme devient enfin une véritable religion, seule complète et réelle, destinée à prévaloir sur toutes les systématisations imparfaites et provisoires qui émanèrent du théologisme initial.

L'unité des théocraties antiques fut elle-même insuffisante, puisque sa nature purement subjective ne put jamais embrasser pleinement l'existence pratique, toujours subordonnée à la réalité objective. Bornée au sentiment et à la raison, cette systématisation primitive perdit bientôt une notable partie de son domaine intellectuel, quand l'esprit esthétique s'affranchit irrévocablement de la tutelle théocratique, pour mieux s'adapter à la vie réelle, suivant sa vocation spontanée. Restés encore seuls arbitres de la science comme de la morale, les prêtres virent ensuite décroître beaucoup leur autorité théorique, aussitôt que l'essor abstrait des moindres conceptions positives eut donné naissance à la philoso-

phie proprement dite. Quoiqu'elle ne pût alors être que
métaphysique, elle tenta déjà une systématisation anti-
sacerdotale, qui, sans comporter aucune efficacité organique, ruina le polythéisme, et finit par le transformer
en monothéisme. Dans ce mode extrême de la théologie,
l'autorité spéculative du sacerdoce fut aussi radicalement
altérée que le principe de sa doctrine. Les prêtres perdirent alors l'ascendant scientifique, comme ils avaient
d'abord perdu l'ascendant esthétique. Ils conservèrent
seulement une suprématie morale, bientôt compromise
par l'émancipation intellectuelle, dont l'esprit positif
constitua la source réelle, quoique l'esprit métaphysique
lui servit encore d'organe systématique.

151. — *Les prêtres de l'Humanité.*

Quand la science eut assez grandi pour se séparer
aussi de la philosophie, elle ne tarda pas à manifester
sa tendance nécessaire vers une nouvelle unité spéculative, non moins contraire à toute métaphysique qu'à
toute théologie. Cette construction finale, naturellement
assujettie à une lente succession de préambules que les
deux autres n'exigeaient pas, conduisait d'ailleurs l'esprit positif à systématiser la vie active, d'où il émana
spontanément, à mesure qu'il s'emparait du domaine
spéculatif. Mais ce double ascendant n'a pu se compléter
que par la récente fondation de la vraie science sociale,
constituée enfin par ma théorie historique. Dès lors, les
véritables savants, en s'élevant à la dignité philosophique, tendent nécessairement vers le caractère sacerdotal,
parce que cette élaboration finale conduit à la prépondérance systématique du principe affectif, d'où résulte
aussitôt une construction complète autant qu'homogène.
Ainsi érigés en prêtres de l'Humanité, les nouveaux philosophes doivent obtenir un ascendant, intellectuel et

moral, plus étendu et mieux enraciné que celui du sacerdoce antique. Leur exclusion nécessaire de toute autorité temporelle devient la condition fondamentale de cette suprématie spirituelle, pour garantir la division systématique entre la théorie et la pratique. Aucune dégénération théocratique n'est possible dans un régime où le conseil et le commandement ne peuvent jamais émaner des mêmes organes.

D'après cette entière renonciation à la grandeur et à la richesse, individuelles ou mêmes collectives, les prêtres de l'Humanité pourront obtenir une incomparable dignité, en réunissant l'ascendant intellectuel, tant esthétique que scientifique, et l'ascendant moral, toujours séparés depuis l'extinction des théocraties. La raison, l'imagination, et le sentiment se combineront ainsi pour modifier profondément l'empire nécessaire de l'activité pratique, suivant les véritables lois de la morale universelle, dont il tend toujours à s'écarter. Ce nouveau pouvoir modérateur acquerra d'autant plus d'influence que sa systématisation aura précédé et préparé l'essor direct du régime définitif; tandis que le théologisme ne parvint à l'unité qu'au temps de son déclin. Le sacerdoce positif doit donc régénérer à la fois toutes les fonctions relatives à notre propre perfectionnement, en destinant la science à étudier l'Humanité, la poésie à la chanter, et la morale à l'aimer, afin que, d'après cet irrésistible concours, la politique s'applique sans cesse à la servir.

Une telle mission procure à la science réelle une grandeur et une consistance qui n'eurent jamais d'égales, puisqu'elle seule nous fait connaître la nature et la condition du véritable Grand-Être, dont le culte complet doit caractériser toute notre existence. Quoique cette détermination fondamentale ne semble directement exiger que des études sociologiques, elle repose nécessairement sur un double préambule logique et scientifique, relatif, d'abord, au monde extérieur, et ensuite à l'homme individuel, afin d'apprécier le milieu et l'agent de ces éminents phénomènes.

152. — *Aspect statique de l'Humanité.*

Le culte des positivistes ne s'adresse point, comme celui des théologistes, à un être absolu, isolé, incompréhensible, dont l'existence ne comporte aucune démonstration, et repousse toute comparaison réelle. Nul mystère ne doit altérer l'évidence spontanée qui caractérise le nouvel Être-Suprême. Il ne sera dignement chanté, aimé, et servi que d'après une suffisante connaissance des diverses lois naturelles qui régissent son existence, la plus compliquée que nous puissions contempler.

D'après cette complication supérieure, il offre, encore davantage qu'aucun autre organisme, ce double attribut de solidarité intérieure et de subordination extérieure qui appartient à tout corps vivant. Malgré son immense extension dans le temps et dans l'espace, l'exacte appréciation de chacun de ses phénomènes nous manifeste son consensus universel. Son existence est aussi la plus dépendante de la nécessité extérieure, résultée, envers chaque être réel, de l'ensemble des lois inférieures. A toutes les fatalités ordinaires, mathématiques, astronomiques, physiques, chimiques, et biologiques, viennent alors se joindre les fatalités sociologiques, étrangères aux natures moins éminentes. Mais, par une dernière conséquence générale de sa complication caractéristique, ce grand organisme réagit nécessairement plus qu'aucun autre sur l'ensemble du monde réel, dont il est le vrai chef. Sa définition scientifique semble donc se réduire à le concevoir comme l'être véritablement suprême, qui manifeste le mieux tous les principaux attributs de la vitalité.

Mais un dernier caractère essentiel, qui n'appartient qu'à lui, doit compléter sa notion fondamentale, en appréciant systématiquement l'indépendance nécessaire de ses propres éléments. Tandis que les diverses parties d'aucun autre organisme ne sauraient vivre isolément, la grande existence se compose de vies réellement séparables. Quoique cette indépendance n'empêche point le consensus, elle est aussi indispensable que le concours à la nature d'un tel être, qui perdrait toute sa supériorité si ses éléments devenaient inséparables. La difficulté de concilier ces deux conditions également fondamentales explique assez la lenteur de cette suprême évolution. Néanmoins, le nouveau Grand-Être ne suppose point, comme l'ancien, une abstraction purement subjective. Sa notion résulte, au contraire, d'une exacte appréciation objective; car l'homme, proprement dit, n'existe que dans le cerveau trop abstrait de nos métaphysiciens. Il n'y a, au fond, de réel que l'humanité, quoique la complication de sa nature nous ait interdit jusqu'ici d'en systématiser la notion, terme nécessaire de notre initiation scientifique. Cette dernière appréciation conduit à compléter la conception systématique de l'Être-Suprême, en y distinguant deux ordres de fonctions fondamentales, les unes d'activité, les autres de liaison. En effet, il n'y a là de directement actif que les parties séparables; mais l'efficacité de leurs opérations dépend de leur concours spontané ou concerté. Un tel organisme suppose donc à la fois des fonctions extérieures, essentiellement relatives à son existence matérielle, et des fonctions intérieures, spécialement destinées à combiner ses éléments mobiles. Or, cette indispensable division se réduit, au fond, à étendre jusqu'à l'organisme collectif la grande théorie de l'incomparable Bichat sur la distinction des deux vies, de nutrition et de relation, dans tout organisme individuel. C'est là qu'il faut saisir la vraie source systématique de la séparation normale des deux pouvoirs sociaux. Le pouvoir temporel, seul directeur, émane de la personnalité, et développe l'activité, d'où résulte l'ordre fondamental : tandis que le pouvoir spirituel, purement modérateur, représente immédiatement la sociabilité, et institue le concours, qui détermine le progrès. Ainsi, dans la conception du Grand-Être, le premier correspond à l'appareil nutritif et le second à l'appareil nerveux de l'organisme individuel.

153. — *Aspect dynamique de l'Humanité.*

L'ensemble de cette étude statique permet ensuite à la science d'apprécier directement l'existence dynamique correspondante, d'après ma théorie fondamentale de l'évolution humaine, comme l'exposera le troisième volume de ce traité. Notre Grand-Être n'est pas plus immobile qu'absolu ; sa nature relative le rend éminemment développable : en un mot, il est le plus vivant des êtres connus. Il s'étend et se compose de plus en plus par la succession continue des générations humaines. Mais ses mutations nécessaires sont aussi assujetties que ses fonctions fondamentales à des lois invariables. Leur ensemble, désormais appréciable, constitue un spectacle plus imposant que la sublime inertie de l'ancien Être-Suprême, dont l'existence passive n'était suspendue que par d'inexplicables caprices. Ainsi, la science réelle peut seule nous faire apprécier cette destinée prépondérante, qui domine et enveloppe toutes les nôtres. Comme envers les moindres phénomènes, c'est à l'étude systématique du passé qu'il appartient d'y déterminer l'avenir pour caractériser le présent. De la conception normale du Grand-Être, nous passons donc à l'histoire de sa formation continue, dont l'ensemble résume tous les progrès quelconques. Sa notion était incompatible, dans l'antiquité, soit avec l'ascendant de l'esprit théologique, soit avec l'essor de l'activité guerrière, fondé sur l'esclavage des producteurs. La Patrie, même très restreinte d'abord, pouvait seule constituer alors le prélude nécessaire de l'Humanité. Sous cette nationalité primitive, surgit, au moyen âge, le sentiment de la fraternité universelle, d'après le caractère défensif de la nouvelle activité militaire et la libre concentration des croyances surnaturelles en un monothéisme commun à tout l'Occident. L'essor des mœurs chevaleresques, et la première ébauche d'une séparation normale entre les deux puissances élémentaires, annonçaient déjà l'élaboration directe du grand organisme, en proclamant la subordination de la politique à la morale. Mais la nature chimérique et égoïste des croyances dominantes, ainsi que le caractère militaire et aristocratique de ce régime transitoire, ne permettaient alors d'autre préparation immédiate que l'indispensable abolition de tout esclavage personnel, principal résultat de cette grande époque. Les mœurs industrielles ayant ainsi commencé à prévaloir, le sentiment de fraternité a pu s'appuyer sur une activité vraiment universelle. En même temps, l'essor décisif de la positivité rationnelle a préparé l'élaboration finale de la science sociale, seule capable de systématiser de telles préparations, pour construire directement la notion du véritable Grand-Être. Cette conception est d'abord devenue systématique quant aux fonctions spéculatives, surtout scientifiques, qui suscitèrent, il y a deux siècles, la première formule (1) relative à cet immense et éternel organisme. A travers l'indispensable

---

(1) Allusion à cette pensée de Pascal : « Toute la suite des hommes pendant le cours de tant de siècles doit être considérée comme un même homme qui subsiste toujours et qui apprend continuellement ». (N. des édit.)

dissolution du système théologique et militaire, l'évolution moderne fit ensuite surgir, d'après ses diverses préparations organiques, la notion réelle du progrès continu qui caractérise cette vie collective. Mais la conception de l'Humanité ne peut constituer une nouvelle unité fondamentale que depuis l'ébranlement décisif qui a, d'une part, manifesté l'urgence d'une régénération universelle, et, d'une autre part, suscité la philosophie capable de la systématiser. C'est ainsi que la contemplation du nouveau Grand-Être accompagna toujours sa formation graduelle. Sa conception actuelle résume autant l'ensemble de nos préparations sociales que celui de nos spéculations positives.

154. — *La science et les savants.*

En caractérisant ainsi la consécration directe de la science régénérée, il serait ici superflu d'insister sur la dignité qu'elle procure à son indispensable préambule inorganique et biologique, dès lors intimement annexé au dogme final. Les parties les plus inférieures reçoivent par là une auguste destination sociale, soit d'après leur supériorité logique, soit en vertu de leur nécessité scientifique. Il est vrai que la religion de l'Humanité exige aujourd'hui l'abolition radicale du régime académique, comme étant à la fois immoral et irrationnel, surtout en France. Ce double danger résulte, en effet, chez les géomètres, de leur aveugle limitation au simple début de l'initiation positive; et, chez les biologistes, d'une empirique tendance à instituer leurs études sans base et sans destination systématiques. Le bon sens et la morale proscriront bientôt toute spécialité théorique qui ne sera pas conçue et cultivée d'après des vues encyclopédiques, propres à la rattacher toujours à l'ensemble de notre existence. On ne peut autrement contenir l'idiotisme et l'égoïsme, déjà trop développés, que suscite nécessairement l'anarchie actuelle. Mais cette indispensable épuration assurera ensuite la consécration publique de tous les vrais travaux scientifiques, même envers les moindres sujets. Ainsi corrigées de leur désastreuse sécheresse, les études mathématiques manifesteront toujours leur secrète aptitude morale, comme seules bases réelles de convictions vraiment inébranlables, que ne sauraient obtenir dans les hautes spéculations ceux qui n'y peuvent atteindre pour les plus simples. Quand l'intime connexité de toutes nos conceptions se trouvera assez appréciée, le Grand-Être repoussera autant le publiciste resté étranger à la géométrie que le géomètre dédaignant la sociologie. De même, purifiées de leur dangereux matérialisme, les études biologiques acquerront dès lors l'imposante grandeur due aux théories préliminaires les plus rapprochées de la science finale, et les plus propres à préparer le dogme fondamental. L'esprit qui aspirerait à comprendre l'Être-Suprême sans avoir d'abord apprécié les vitalités inférieures, ne serait pas moins blâmable que celui qui refuserait de rattacher la biologie à son unique destination normale. Devenues indispensables aux démonstrations morales, et dignement subordonnées aux inspirations du cœur, toutes les saines études scientifiques se trouveront désormais liées profondément au sacerdoce de l'Humanité. Le règne du vrai sentiment développera l'essor de la droite raison, qui, à son tour, le consolidera par une sanction systématique. Outre son évidente nécessité pour régulariser l'activité spontanée du Grand-Être, la philosophie naturelle tend immédiatement à le perfectionner, en puisant au dehors la seule base de fixité que comporte l'ensemble de nos affections.

Irrévocablement vouée à l'étude, directe ou indirecte, de l'Humanité, la science prendra désormais un caractère vraiment sacré, comme fondement systématique du culte universel. Elle seule peut nous faire bien connaître, non seulement la nature et la condition du Grand-Être, mais aussi ses destinées et ses tendances successives. Dans ce saint office, dont l'immense difficulté exige la combinaison habituelle de toutes nos forces spéculatives, nos moindres procédés scientifiques s'ennobliront par leur liaison permanente avec les plus hautes fonctions. La précision scrupuleuse et l'austère circonspection de la méthode positive, qui semblent si souvent puériles d'après leur oiseuse application, seront alors respectées et recommandées comme des garanties indispensables à l'efficacité d'une élaboration relative à nos principaux besoins. On sentira que, loin d'être incompatible avec le vrai sentiment, la véritable rationalité peut concourir beaucoup à le consolider et à le développer, en manifestant mieux tous les rapports réels, surtout sociaux.

155.— *La religion de l'Humanité est plus favorable à l'art qu'à la science.*

Mais, quelque imposante grandeur que la science régénérée doive ainsi recevoir du nouveau culte, il procurera nécessairement à la poésie une consécration encore plus directe et plus complète, en lui assignant une destination plus active et plus familière. Désormais voué à chanter l'Humanité, le génie esthétique se sentira directement appelé à sa mission naturelle, dont tout son essor antérieur ne constitua que le prélude nécessaire, presque toujours accompli avec impatience par l'art, qui échappa avant la science au joug théocratique. Il n'accepta franchement que le régime polythéique, qui lui permit d'idéaliser librement tous nos sentiments élémentaires, pour représenter des dieux naïvement conformes au type humain. Secrètement rebelle à la concentration monothéique, qui ne lui laissait qu'un essor trop subalterne, il tend, depuis la fin du moyen âge, à s'emparer enfin de son vrai domaine, subordonné jusqu'alors à de ténébreuses chimères. Le culte du véritable Grand-Être lui ouvrira bientôt une carrière inépuisable, en l'appelant surtout à idéaliser notre existence collective, dont l'antiquité ne put lui offrir qu'une faible ébauche, peu favorable à la haute poésie.

156. — *Représentation poétique du nouvel Être-Suprême.*

D'abord, l'art doit beaucoup participer à la construction directe du type fondamental, sous la seule condition de se conformer toujours aux grandes données scientifiques. Car la science ne peut assez déterminer la nature et la destinée du nouvel Être-Suprême pour suffire aux besoins d'un culte dont l'objet doit se concevoir nettement afin qu'on puisse l'aimer sans effort et le servir avec ardeur. Il appartient au génie esthétique de remplir, à cet égard, les inévitables lacunes que laisse le génie scientifique, toujours contenu dans les étroites limites de la réalité, surtout en un tel sujet. Son propre caractère le dispose à mieux représenter celui de l'Humanité, parce que l'art y participe davantage que la science. L'indépendance et le concours, dont la combinaison distingue le Grand Être de toutes les autres vitalités, constituent aussi les attributs spontanés de la poésie. Quoique sa nature soit plus sympathique que celle de la science, ses productions sont pourtant les plus individuelles de toutes, celles où le génie propre de chaque compositeur se trouve le mieux marqué, parce qu'il y doit moins à ses prédécesseurs et à ses contemporains. Ainsi, la synthèse fondamentale qui inaugurera le culte final convient davantage à l'art qu'à la science, qui lui fournira seulement une base indispensable. La poésie y prendra encore plus de part qu'à l'élaboration primitive des types polythéiques, où sa coopération si vantée fut plus apparente que réelle et se réduisit, au fond, à orner les mythes construits par une ombrageuse théocratie. Seule elle achèvera de nous placer au vrai point de vue humaniste, en nous faisant sentir dignement tous les attributs essentiels du Grand-Être que nous composons. Elle chantera tour à tour sa puissance matérielle, son amélioration physique, son progrès intellectuel, et surtout son perfectionnement moral. Antipathique à toute analyse, l'art nous expliquera la nature et la condition de l'Humanité en nous représentant sa vraie destinée, sa lutte continue contre une douloureuse fatalité, devenue une source de bonheur et de gloire, sa lente évolution préliminaire, et ses hautes espérances prochaines. La seule histoire de l'amour universel, âme nécessaire du nouveau Grand-Être, fournirait à la poésie régénérée un sujet intarissable, pour représenter, dans l'individu, et surtout dans l'espèce, l'admirable progression qui nous élève graduellement à la plus pure tendresse, en partant néanmoins d'un brutal appétit.

157. — *L'Humanité et les Dieux.*

Ce grand office esthétique prendra souvent une forme comparative, qui caractérisera la supériorité du nouveau culte, sans exiger aucune critique spéciale de l'ancien. Pour mieux signaler les principaux attributs du vrai Grand-Être, l'art sera fréquemment conduit, surtout au début, à leur opposer l'imperfection nécessaire de ses divers précurseurs. La nature absolue, indéfinie, et immuable des types théologiques n'a jamais permis d'y concilier assez les conditions essentielles de bonté, de sagesse, et de puissance, dont la combinaison ne nous devient intelligible que dans une existence réelle, assujettie à des lois insurmontables. A des dieux actifs et sympathiques, mais sans dignité et sans moralité, le monothéisme substitua une divinité tantôt inerte et impassible, tantôt impénétrable et inflexible, quoique toujours majestueuse. D'après la réalité qui caractérise le nouvel Être-Suprême, sa nature relative et modifiable nous permet une appréciation plus complète, et surtout plus apte à nous élever sans cesser de nous dominer. Chacun y sent un supérieur, d'où dépend, à tous égards, sa propre destinée, toujours subordonnée à l'évolution collective. Mais cette domination ne nous annule point comme l'ancienne omnipotence, parce que chaque digne individualité se reconnaît, à son tour, indispensable au grand organisme. Il n'est suprême que par notre concours, et son ascendant n'est que supérieur aux autres existences connues. Aucune terreur dégradante ne trouble notre amour envers lui, et pourtant il nous inspire toujours une sincère vénération. Loin de le supposer parfait, nous étudions avec soin ses imperfections naturelles, afin de les corriger autant que possible. Nous l'aimons d'une affection aussi noble que tendre, qui, au lieu d'une honteuse adulation, inspire une active sollicitude de perfectionnement. Mais tous ces avantages du nouveau culte, indiqués d'abord par la philosophie, ne peuvent être assez développés que par la poésie. Déjà Gœthe, et surtout Byron, ont pressenti la grandeur morale de l'homme affranchi de toute chimère oppressive. Cependant ils n'ont pu aboutir ainsi qu'à des types insurrectionnels, conformes à leur office révolutionnaire. Il faut sortir de l'état négatif où leur génie était retenu par leur situation, et s'élever à la contemplation positive de l'ensemble des lois réelles, surtout sociologiques, pour chanter dignement le nouvel homme en présence du nouveau dieu.

158. — *Culte de l'Humanité.*

Enfin, la mission sacerdotale de l'art régénéré se développera sous une troisième forme générale, en présidant au système de fêtes, publiques ou privées, qui constituera la majeure partie du culte proprement dit. Pour un tel office, les prêtres de l'Humanité devront, en effet, appliquer davantage leur aptitude esthétique que leur talent scientifique. Car cette immense fonction doit, au fond, consister à mieux manifester la nature, statique et dynamique, du grand organisme, par l'idéalisation de ses divers caractères.

Il faudra donc instituer deux sortes de fêtes, relatives aux deux attributs nécessaires de l'être fondamental, en y célébrant, tantôt l'existence, tantôt l'activité, de manière à développer les deux éléments indispensables du vrai sentiment social. Les fêtes statiques manifesteront l'ordre, et stimuleront l'instinct de solidarité : les fêtes dynamiques caractériseront le progrès, pour faire mieux sentir la continuité. Dans ce double complément périodique de l'éducation universelle, tous les principes qu'elle aura posés se trouveront développés et consolidés, quoique sans aucune intention didactique, toujours contraire au vrai génie de l'art, qui ne doit instruire qu'en charmant. Au reste, la fixité naturelle de telles solennités n'empêchera jamais le sacerdoce positiviste d'y mêler avec opportunité une application spéciale aux principaux incidents de chaque situation réelle.

Les fêtes de l'ordre seront nécessairement moins concrètes et plus austères que celles du progrès. Elles devront caractériser la solidarité statique du grand organisme, d'après les diverses fonctions fondamentales de l'amour qui l'anime. La plus générale et la plus auguste serait donc celle de l'Humanité, qui, dans tout l'Occident, inaugurerait dignement chaque nouvelle année, en régularisant la seule tendance universelle qui charme encore notre prosaïque existence. Cette solennité initiale concernerait directement la plus vaste solidarité, de manière à convenir un jour à toutes les branches de notre espèce. Elle pourrait se compléter, dans le même mois, par trois fêtes secondaires, relatives aux degrés inférieurs d'association, la nation, la province, et la cité. A cette première célébration directe du lien social, succéderait, au début de chacun des quatre mois suivants, celle des quatre relations de famille, le mariage, la paternité, la filiation, et la fraternité, complétées, le mois d'après, par une juste glorification de la domesticité proprement dite.

Ce système statique représenterait à la fois la vraie théorie de notre nature, tant collective qu'individuelle, et l'ensemble correspondant de la saine morale. Les impulsions purement personnelles, malgré leur prépondérance, n'y doivent pas figurer distinctement, puisqu'un tel culte est surtout à les mieux subordonner aux instincts sympathiques. Quoique l'éducation positive attache beaucoup d'importance aux vertus correspondantes, elles ne méritent point une célébration spéciale, qui pousserait à l'égoïsme. Elles doivent seulement être indirectement glorifiées, dans toutes les parties du culte humaniste, d'après leur influence réelle sur les affections généreuses. Il n'en résulte donc aucune véritable lacune au tableau esthétique de nos attributs et de nos devoirs. Ce tableau n'exige pas davantage une manifestation spéciale de la subordination nécessaire du Grand-Être à l'ensemble du monde extérieur. En effet, cette nécessité fondamentale se fait partout sentir, soit qu'on célèbre nos inclinations qu'elle règle, nos spéculations qu'elle détermine, ou notre activité qu'elle impose. La seule périodicité de nos solennités suivant les mouvements de l'astre qui nous porte, y rappelle assez notre invincible assujettissement aux fatalités extérieures.

159. — *Culte des grands hommes. Calendrier positiviste.*

Quant aux fêtes dynamiques, destinées à célébrer le progrès, leur ensemble doit représenter l'histoire comme l'autre la morale. Le culte esthétique de l'Humanité y devient plus concret et plus animé, consistant surtout à glorifier les meilleurs types individuels des diverses phases de la grande évolution. Cependant il faut aussi que les principaux degrés de la progression sociale soient abstraitement célébrés, indépendamment de toute commémoration personnelle. En y consacrant les mois restés étrangers au culte statique, quatre fêtes équidistantes glorifieraient les trois grandes phases du passé, fétichique, polythéique et monothéique, pour aboutir à la fête de l'avenir, terme normal d'une telle célébration.

La chaîne générale des temps étant alors constituée, chaque mois serait consacré à l'un des principaux représentants des diverses évolutions du Grand-Être. Mais je ne dois pas reproduire ici les indications spéciales que contenait, à cet égard, l'édition partielle de ce Discours, et où je n'avais pas encore distingué suffisamment le culte concret du culte abstrait. Quelques mois après, l'urgence de notre situation républicaine me conduisit à instituer déjà, sous le nom de *Calendrier positiviste*, un système complet de commémoration occidentale, dont l'exposition dogmatique appartiendra naturellement au dernier volume du présent traité. Le succès de cet opuscule séparé a pleinement confirmé l'opportunité d'une telle anticipation, à laquelle je dois ici renvoyer le lecteur, en l'invitant à se familiariser ainsi avec la constitution provisoire de la nouvelle année occidentale, usitée maintenant chez la plupart des positivistes.

160. — *Culte des morts.*

Étendu ensuite aux divers degrés locaux, ce système occidental de glorification individuelle aboutirait enfin à la vie privée, dont les célébrations domestiques se rattacheraient aux plus vastes manifestations publiques par une double institution que le positivisme s'honorera d'emprunter au catholicisme. D'une part, une touchante fête, que j'ai transportée au dernier jour de notre année, continuera d'inviter tous les occidentaux à pleurer à la fois sur les tombes qu'ils chérissent, en soulageant leurs douleurs respectives par cette commune expansion. Les nobles prolétaires parisiens prouvent annuellement que la plus complète émancipation n'altère nullement le culte nécessaire de la mort, même sans attendre sa nouvelle systématisation. En second lieu, la réorganisation finale saura maintenir et perfectionner l'institution, trop peu appréciée, des noms de baptême, par laquelle le régime antérieur lia si heureusement la vie privée à l'existence publique, en appelant chacun à l'imitation spéciale de l'un des types consacrés. Ce complément individuel manifestera partout l'aptitude supérieure du nouveau culte pour toute commémoration, d'où aucun temps ni aucun lieu ne serait plus exclu ; tandis que l'esprit absolu du catholicisme était incompatible avec ses intentions d'universalité, surtout à cet égard.

Malgré ses limites nécessaires, l'indication précédente caractérise assez le double système de fêtes positivistes d'après lequel chaque semaine appellera l'Occident régénéré à une nouvelle célébration publique de l'ordre ou du progrès humain, intimement liée au culte privé par une digne adoration de la femme. Toute cette partie esthétique du culte universel tendra directement à développer l'amour fondamental, en lui offrant une expansion régulière, dignement instituée par la poésie, assistée ensuite des divers arts spéciaux relatifs aux sons ou aux formes. L'expression dominante sera toujours celle d'une sincère appréciation motivant une profonde gratitude, sans mystère ni affectation. En s'efforçant de surpasser tous leurs ancêtres, les populations régénérées sauront honorer leurs services quelconques et respecter leurs divers régimes. Des chimères, jadis consolantes, mais aujourd'hui dégradantes, ne détourneront plus chacun de se lier autant que possible au Grand-Être dont il aspire à faire partie. Le système de commémoration sera surtout destiné à développer chez tous le désir naturel d'éterniser notre existence par l'unique voie qui nous appartienne réellement. Quand une même loi fondamentale embrasse familièrement l'ensemble des rapports humains, chacun est appelé à vivre, d'une vie véritable, dans le passé, et même dans l'avenir, interdite à ceux qui attribuent nos phénomènes à des volontés impénétrables. La noble émulation excitée par la glorification continue de nos divers prédécesseurs poussera chacun à mériter aussi cette irrévocable incorporation à l'être immense et éternel qui se compose beaucoup plus de morts que de vivants. Quand le système de commémoration sera pleinement développé, aucun digne coopérateur ne s'en trouvera exclu, quelque humble que soit sa participation, domestique, municipale, nationale, ou occidentale. La nouvelle éducation générale aura bientôt disposé tous les positivistes à sentir, dans une telle récompense de toute conduite honorable, un plein équivalent des vaines espérances qui animaient leurs précurseurs.

Subsister en autrui constitue un mode très réel d'existence, puisque c'est ainsi que s'accomplit, au fond, la meilleure partie de la nôtre. L'impuissance où nous étions jusqu'ici de nous placer systématiquement au point de vue social nous empêchait d'apprécier une telle vérité. Mais une synthèse complète, que le culte esthétique de l'Humanité doit rendre familière à tous, nous ouvrira bientôt les immenses satisfactions morales propres au plein essor direct des sentiments de solidarité et surtout de continuité. Cette faculté de prolonger librement notre vie dans le passé et dans l'avenir, pour la mieux développer dans le présent, constitue le dédommagement nécessaire des puériles illusions que nous avons irrévocablement perdues. Parvenue enfin à sa maturité, la même science qui nous ravit ces consolations subjectives construit aujourd'hui la base objective d'une compensation auparavant impossible, en permettant à chacun d'espérer une entière incorporation au Grand-Être, dont elle nous révèle les lois statiques et dynamiques. Sur ce fondement inébranlable, la poésie peut seule organiser le culte public et privé qui nous associera intimement à cette universelle existence, inintelligible aux esprits non émancipés. Ainsi éclairée par la raison, l'imagination prendra un essor plus complet et plus efficace qu'à son début polythéique. Les prêtres de l'Humanité sauront réduire la science à construire le domaine fondamental de l'art, tant esthétique que technique. Mais, ainsi constituée, la poésie deviendra, suivant notre nature, la principale occupation, active ou passive, de nos facultés spéculatives. Directement appelée à sa vraie destinée, elle charmera et ennoblira toute notre existence, en nous faisant mieux sentir notre relation au Grand-Être. C'est principalement par elle que le nouveau sacerdoce solennisera, encore mieux que l'ancien, toutes les grandes époques individuelles, surtout la naissance, le mariage, et la mort, pour y faire toujours prévaloir une saine appréciation de cette connexité nécessaire, aussi convenable à la vie privée qu'à la vie publique. Forcés désormais de concentrer sur l'existence réelle tous nos vœux et tous nos efforts, nous sentirons de plus en plus combien il nous importe d'y appliquer autant que possible toutes les ressources de l'imagination comme celles de la raison, du sentiment et de l'activité.

161. — *Le concours des divers beaux-arts.*

Cette auguste consécration de l'art fondamental s'étendra bientôt à tous les autres beaux-arts, qui lui empruntent les créations auxquelles ils fournissent, par les sons ou par les formes, une expression plus décisive. Appelés, après la poésie, à célébrer le véritable Être-Suprême, ils acquerront ainsi un domaine inépuisable, qui les détournera de regretter les chimères usées que leur empirisme suppose encore indispensables. La musique moderne, essentiellement bornée aux affections privées, n'a pu pleinement aborder la vie publique que dans l'admirable chant exceptionnel (1) qui résumera toujours notre grande impulsion révolutionnaire. C'est au culte de l'Humanité, fondé sur l'éducation positive, et institué par la poésie, qu'il appartient de consacrer le plus social des arts spéciaux à chanter dignement les attributs et les destinées de notre espèce, comme à glorifier tous nos types historiques. Dans cette commune destination esthétique, la peinture et la sculpture utiliseront noblement leur aptitude caractéristique, en nous faisant concevoir le Grand-Être avec plus de netteté et de précision que ne l'aura pu la poésie, même assistée de la musique. Toutes les admirables tentatives accomplies, depuis le moyen âge, par des artistes presque émancipés, pour représenter le type chrétien de la femme, ne seront plus senties que comme des préparations spontanées à la symbolisation graphique de l'Humanité sous la forme féminine, qui seule lui convient. Cette impulsion sociale conduira la sculpture à surmonter les difficultés techni-

(1) La *Marseillaise*. (*N. des édit.*)

ques que lui offrent les représentations collectives, bientôt devenues son champ principal. Elle ne figure encore des groupes que dans les bas-reliefs, productions équivoques, où le génie de la forme confond ses deux modes. D'admirables exceptions permettent d'entrevoir combien la sculpture s'étendra et s'ennoblira, en s'élevant ainsi à son office final, par la création des statues composées, soit adhérentes, soit surtout disjointes, qui lui permettront d'aborder beaucoup de grands sujets, jusqu'ici étrangers à son domaine.

Quoique l'architecture doive s'incorporer la dernière au culte final, sa participation normale n'y sera pas moindre que celle des autres beaux-arts. Le nouvel Être-Suprême ne pourra pas se contenter toujours des temples érigés à l'ancien, pas davantage que le monothéisme ne se borna aux constructions polythéiques, qu'il dut d'abord utiliser, à mesure de leur désuétude. Il ne faut pas chercher aujourd'hui quels édifices conviendront finalement à un culte où les diverses fonctions d'enseignement et de consécration se trouveront intimement régénérées. Moins déterminée qu'aucune autre, cette manifestation monumentale de la grande unité ne pourra devenir caractéristique que quand l'Occident, déjà familiarisé avec la nouvelle éducation, accueillera suffisamment le culte institué par la poésie, assistée de la musique, et même complétée par le double art graphique. Cet empressement des populations d'élite sollicitera des constructions appropriées à leurs convictions finales. Les véritables temples de l'Humanité ne commenceront donc à surgir qu'avec la génération directement appelée à appliquer la rénovation mentale et morale à une complète réorganisation politique. Jusqu'alors, le nouveau culte utilisera, autant que possible, les édifices construits pour l'ancien, à mesure qu'ils se trouveront librement abandonnés.

162. — *Le positivisme est supérieur au catholicisme.*

L'unité fondamentale que l'amour fournit spontanément à l'ensemble du régime final est donc aussi propre à régénérer le génie esthétique que le génie scientifique, en les appelant à leur destination normale, étudier ou célébrer le seul véritable Grand-Être, pour l'aimer et le perfectionner de plus en plus. Ainsi placé irrévocablement au service du cœur, l'esprit, loin d'être jamais opprimé par cette subordination nécessaire, en reçoit à la fois une alimentation inépuisable et une imposante consécration. Dans cet essor direct de toutes nos fonctions contemplatives, chacune d'elles trouve une mission pleinement conforme à sa propre nature. Le culte systématique de l'Humanité doit être construit par la poésie, mais sur la base inébranlable que la science peut seule tirer de l'ensemble de l'ordre réel. Sans usurper l'office de la raison, l'imagination y développe dignement sa prépondérance spontanée, que la nouvelle philosophie sanctionne comme aussi salutaire que naturelle. C'est ainsi que notre existence parvient enfin à l'harmonie complète qu'elle a toujours poursuivie, par le véritable règne du sentiment, dirigeant activement toutes nos facultés vers leur vraie destination commune. Tous les efforts antérieurs de l'imagination et de la raison, même les plus discordants, sont alors appréciés comme ayant développé nos forces, indiqué les conditions de leur équilibre, et manifesté leur aptitude à concourir à notre bonheur d'après une sage systématisation. Nous sentons surtout l'immense mérite de la noble tentative qui caractérise le moyen âge, pour constituer directement une synthèse totale, dont la préparation nécessaire n'était point encore assez accomplie, malgré les résultats intellectuels et sociaux du régime polythéique. En reprenant, sur de meilleures bases, cette admirable construction, qui maintenant ne peut plus avorter, la diversité des temps et des moyens n'empêchera pas les fondateurs du culte de l'Humanité de se regarder comme les vrais successeurs des grands hommes du catholicisme progressif. La succession mentale ou sociale appartient, en effet, à ceux qui continuent ou réalisent les entreprises antérieures, et nullement aux empiriques sectateurs de doctrines épuisées, qui, devenues contraires à leur destination initiale, seraient aujourd'hui désavouées par leurs propres organes primitifs.

Mais le sentiment continu de cette indispensable filiation ne saurait pourtant interdire une comparaison propre à mieux caractériser la synthèse finale. En célébrant dignement les mérites et les bienfaits du catholicisme, l'ensemble du culte positiviste fera nettement apprécier combien l'unité fondée sur l'amour de l'Humanité surpasse, à tous égards, celle que comportait l'amour de Dieu.

La synthèse chrétienne n'embrassait réellement que la vie affective : elle repoussait l'imagination, et craignait la raison ; ce qui ne lui permettait qu'un ascendant contesté et passager. Dans son propre domaine, son principe ne s'adapta jamais à la direction sociale que tenta de lui imprimer l'admirable persévérance du sacerdoce catholique. Un but chimérique et égoïste ne pouvait convenir à une existence réelle et sympathique. L'universalité de cette affection prépondérante ne constituait un véritable lien indirect que lorsqu'elle n'était point en conflit avec le vrai sentiment social. Or, par la nature d'un tel régime, cette opposition caractérisait l'état normal, et l'accord ne pouvait être qu'exceptionnel; puisque l'amour divin exigeait presque toujours l'entier sacrifice de toute autre passion, même chez les meilleurs types. Une pareille synthèse ne servait donc l'essor moral que comme instituant une discipline quelconque, préférable à une anarchie qui eût laissé prévaloir nos plus grossiers instincts. D'ailleurs, malgré les tendres efforts des principaux mystiques, l'affection suprême ne comportait point une vraie réciprocité. Enfin, les terreurs oppressives et les récompenses exorbitantes, attachées, par ce régime factice, à chaque prescription, tendaient à dégrader notre caractère et à souiller nos meilleures impulsions. Le mérite fondamental d'une telle tentative consistait à coordonner, pour la première fois, l'ensemble de nos sentiments ; tandis que la discipline polythéique se bornait ordinairement aux actes, en remontant quelquefois jusqu'aux habitudes, mais sans jamais atteindre les affections qui en sont les sources. Quoique cette synthèse chrétienne employât le seul principe qui fût alors applicable, elle ne comportait d'autre succès réel que de seconder indirectement l'essor de nos meilleurs penchants. Sa nature vague et absolue ne lui a même permis une telle efficacité que par la sagesse sacerdotale qui contenait sans cesse les dangers inhérents à ce régime arbitraire. Quand ce sacerdoce, devenu rétrograde, vers la fin du moyen âge, perdit à la fois sa moralité et son indépendance, sa doctrine, livrée à sa propre insuffisance, dégénéra bientôt en une source croissante de dégradation et de discorde.

163. — *Vivre pour autrui sera le bonheur suprême.*

Par sa réalité caractéristique, la synthèse fondée sur l'amour de l'Humanité se trouve préservée d'une telle décadence, et son ascendant ne pourra qu'augmenter tant que notre espèce se développera. Le nouveau Grand-Être ne craint pas l'examen, et n'entrave point l'imagination. Toute discussion approfondie conduira nécessairement à mieux sentir son existence, et à apprécier davantage l'ensemble de ses bienfaits, depuis que ses lois naturelles sont enfin connues. Il provoque le plus vaste essor de l'imagination pour faire, autant que possible, participer chacun de nous à sa vie universelle, dans le temps et l'espace propres à nos saines contemplations. Son culte peut seul systématiser à la fois toutes nos constructions spéculatives, tant esthétiques que scientifiques, en constituant l'unique lien durable que comportent nos pensées et nos sentiments. Aucun autre régime ne saurait établir, sans artifice comme sans oppression, l'entière prépondérance de l'affection sur la contemplation et sur l'action. Il érige directement la sociabilité en principe unique de la vraie morale, qui pourtant respecte l'ascendant spontané de la personnalité. Vivre pour autrui devient ainsi le bonheur suprême. S'incorporer intimement à l'Humanité, sympathiser avec toutes ses vicissitudes antérieures, et pressentir ses destinées futures, en concourant activement à les préparer, constituera le but familier de chaque existence. L'ensemble du régime correspondant représente directement l'égoïsme comme notre principale infirmité, que notre constante discipline, individuelle et collective, peut beaucoup atténuer, mais sans pouvoir jamais la guérir radicalement. Cet empire croissant sur notre propre nature devient la meilleure mesure du perfectionnement, privé ou public, d'après sa relation immédiate à l'existence du Grand-Être et au bonheur de ses éléments.

164. — *Nouvelle forme de la prière.*

Inspiré par une reconnaissance réelle, que tout examen développe davantage, le nouveau culte peut seul écarter toute demande intéressée, dont la réaction affective est toujours dégradante. Nous ne prierons le véritable Être-Suprême que pour lui témoigner notre sincère gratitude, d'après ses bienfaits actuels et antérieurs, qui nous annoncent ses progrès futurs. Quoique les lois de notre nature nous assurent que cette manifestation habituelle procure nécessairement une intime amélioration morale, cette noble récompense ne peut susciter aucun calcul personnel, puisque son efficacité dépend de sa spontanéité. Notre bonheur consistera surtout à aimer; et nous sentirons que l'amour, plus qu'aucune autre affection, se développe par un exercice qui, chez lui seul, peut également convenir à tous les individus à la fois, en s'accroissant avec un tel concours. Sans altérer notre vénération, le nouveau Grand-Être nous deviendra plus familier que ne le furent jamais nos dieux primitifs, même en perdant leur dignité. Étranger à tout caprice, il se trouve aussi actif que nous dans le culte que nous lui rendons, puisqu'il y honore tout ce qui concourt à sa grandeur. Tandis que l'ancien dieu ne pouvait agréer nos hommages sans se dégrader lui-même par une vanité puérile, le nouveau n'accueillera jamais que nos louanges méritées, qui l'amélioreront autant que nous. Cette pleine réciprocité d'affection et d'influence ne pouvait appartenir qu'au culte final, seul adressé à un être relatif, modifiable, et perfectible, composé de ses propres adorateurs, et mieux assujetti que chacun d'eux à des lois assignables, qui permettent de prévoir ses vœux et ses tendances.

165. — *La morale positiviste.*

La morale correspondante réunit tous les attributs de la spontanéité à tous les avantages de la démonstration. Intimement liée à l'ensemble de notre existence, elle ne comporte aucun subterfuge qui puisse étouffer ou éluder les remords propres à chaque infraction réelle. Dans tout phénomène individuel, elle nous manifeste sa vraie réaction sociale, directe ou indirecte, qui nous oblige à nous juger sans condescendance. Quoiqu'elle semble d'abord plus tendre qu'énergique, l'amour qui l'inspire n'est jamais inerte, et pousse ardemment à la plus complète activité que comporte la réalisation du bien qu'il poursuit toujours. Éclairé par la véritable science, il sent constamment que nous devons constituer, par notre activité continue, l'unique providence qui puisse améliorer notre rigoureuse destinée. Quoique supérieur à tous les êtres connus, notre grand organisme reconnait que son existence, subordonnée à d'immuables lois, ne comporte, sous aucun aspect, une satisfaction, ni même une sécurité, absolues. Toutes nos conditions réelles, extérieures ou intérieures, peuvent se trouver compromises, sans excepter notre moralité et notre raison, d'où émanent nos principales ressources. C'est au milieu de telles éventualités, toujours possibles, qu'il faut trouver la force de vivre dignement, c'est-à-dire, d'aimer, de penser, et d'agir, pour le vrai Grand-Être, en écartant des inquiétudes oppressives et de vaines récriminations. Mais le même régime qui exige de nous ce courage et cette résignation nous en inspire aussi l'essor continu. Car il suscite un sentiment familier de notre vraie prééminence, et il dissipe toute erreur dégradante, de manière à faire surgir une vive   faction de notre lutte, même insuffisante, contre les rigueurs d'une destinée qui n'est pas toujours immodifiable. La réaction affective d'une telle nécessité devient une nouvelle source d'intime perfectionnement, en écartant une prévoyance exagérée autant qu'une stupide indifférence, surtout quant à la personnalité, que la morale théologique ou métaphysique invitait toujours à une sollicitude flétrissante, sque dans les sacrifices imposés. Se résigner noblement à tous les maux insurmontables, et intervenir, avec une sage énergie, dans tous les cas modifiables: tel est le caractère pratique de l'existence positiviste, individuelle ou collective.

Malgré le vice radical de sa doctrine, le catholicisme, subissant, à son insu, l'impulsion moderne, tendit, depuis la fin du moyen âge, vers une semblable transformation, dont la sanction systématique était pourtant incompatible avec son propre principe. Ces vaines tendances, où le sacerdoce lutte contre sa théorie, ne restent sensibles que chez les populations préservées du protestantisme. Leur Dieu y deviendrait de plus en plus un vague et insuffisant symbole de l'Humanité, si la dégradation sociale du clergé lui permettait de participer assez à la spontanéité commune. Quoique cette modification graduelle doive demeurer impuissante, elle offre pourtant un indice irrécusable de la nouvelle direction que prennent involontairement les cœurs et les esprits des occidentaux qu'on suppose les plus étrangers à l'émancipation moderne. Ce symptôme spontané devient surtout décisif quant au culte de la Femme, préambule caractéristique du vrai culte de l'Humanité. Depuis le douzième siècle, la Vierge obtient, surtout en Espagne et en Italie, un ascendant croissant, contre lequel le sacerdoce a souvent réclamé en vain, et qu'il a été quelquefois forcé de sanctionner, pour conserver sa propre popularité. Or, cette suave création esthétique ne peut attirer une adoration directe et privilégiée sans altérer radicalement le culte où elle surgit. Elle est propre à servir d'intermédiaire entre le régime moral de nos ancêtres et celui de nos descendants, en se transformant peu à peu en personnification de l'Humanité. Mais cette heureuse transition ne saurait émaner du sacerdoce officiel, même italien ou espagnol. Elle trouvera de plus purs organes dans l'intervention féminine qui doit propager le positivisme chez nos frères du Midi.

La supériorité nécessaire de la morale démontrée sur la morale révélée se résume donc par la substitution finale de l'amour de l'Humanité à l'amour de Dieu. Ce nouveau principe n'exclut pas moins la métaphysique que la théologie, puisqu'il repousse tout calcul personnel, et place le bonheur, privé ou public, dans l'essor direct et continu des affections bienveillantes. Aimer l'Humanité constitue réellement toute la saine morale quand on comprend les vrais caractères d'un tel amour et les conditions qu'exige son ascendant habituel. Cette active prépondérance de la sociabilité sur notre personnalité fondamentale ne peut résulter que d'une lente et difficile éducation du cœur secondé par l'esprit. La principale préparation consiste dans la tendresse mutuelle des deux sexes, précédée et suivie des autres affections domestiques. Mais toutes les parties quelconques de la morale, même personnelle, peuvent aussi se rattacher à l'amour du Grand-Être, qui fournit la meilleure mesure de leur importance réelle et le plus sûr moyen d'y établir des préceptes incontestables. Le principe de la systématisation y coïncide donc avec celui de la spontanéité, ce qui rend la doctrine universelle également accessible à tous.

166. — *Le nouveau pouvoir spirituel.*

Ainsi régénérées, par une même religion, la science, la poésie, et la morale tendent à former une combinaison inaltérable, sur laquelle reposeront nos nouvelles destinées. Cette libre consécration permanente de la raison et de l'imagination au service du sentiment a toujours existé spontanément chez les femmes, premiers organes naturels du pouvoir modérateur. Mais elle ne comportait une haute efficacité sociale qu'après avoir été systématisée par une doctrine générale. C'est ce que tenta le moyen âge, d'après son unité théologique. Alors le pouvoir modérateur commença à se composer de ses deux éléments nécessaires, l'un sympathique et privé, l'autre systématique et public. Malgré la salutaire influence qu'exerça longtemps cette première ébauche, elle ne pouvait constituer qu'un simple préambule, parce qu'elle reposait sur une synthèse insuffisante et passagère. La doctrine et le culte catholiques n'embrassaient réellement que la vie affective, et même d'après un principe factice et précaire. Tout le domaine spéculatif, esthétique ou scientifique, lui échappait presque autant que l'existence pratique, sauf les inclinations personnelles du sacerdoce, qui ne pouvaient survivre à son indépendance sociale, toujours menacée dans le milieu militaire où s'accomplissait cette tentative prématurée. Avant que la vie industrielle commençât à se développer, l'essor esthétique et métaphysique du moyen âge compromettait déjà cette frêle systématisation, bientôt incompatible avec le progrès qu'elle avait d'abord dirigé. Sans le concours de la supériorité intellectuelle, l'ascendant moral ne saurait constituer un véritable pouvoir spirituel, capable de tempérer réellement l'énergique prépondérance de la force matérielle. C'est pourquoi la condition fondamentale d'une vraie réorganisation consistait à terminer l'insurrection radicale de l'esprit contre le cœur, qui dure depuis la dernière phase du moyen âge, et dont la source remonte même jusqu'à l'essor de la métaphysique grecque. Le positivisme vient surmonter cette immense difficulté en constituant la science sociale d'après toutes les sciences préliminaires, de manière à établir l'unité spéculative. Son principe de coordination, qui embrassait déjà l'activité, s'étend aussitôt au sentiment, et construit dès lors une synthèse totale, aussi spontanée que systématique, propre à tout régénérer par le culte du vrai Grand-Être. Ainsi doit surgir un nouveau pouvoir modérateur, homogène et complet, non moins consistant que progressif, et mieux assuré que l'ancien du concours féminin indispensable à son efficacité sociale.

Sans les nécessités matérielles qui dominent notre existence, cette double puissance suffirait à la régler entièrement. Dispensés alors d'une pénible activité, nous poursuivrions directement le souverain bien, l'amour universel, qui n'aurait plus à commander que l'essor intellectuel propre à mieux développer son ascendant, par un sage exercice de la raison, et surtout de l'imagination. Malgré sa nature imaginaire, cette hypothèse peut devenir très efficace, pour nous fournir une limite idéale, d'où nous tenterons de rapprocher de plus en plus la vie réelle. Quand une telle utopie aura été assez élaborée par le génie esthétique, elle procurera au nouveau culte des ressources supérieures à celles que l'ancien retirait de sa vague et chimérique représentation du bonheur futur. C'est à elle seule que convient le classement social fondé sur le mérite intellectuel et moral, indépendamment de toute puissance matérielle. En effet, les individus ne seraient alors appréciables que d'après leur aptitude respective à aimer et à charmer l'Humanité.

167. — *Dualisme entre la hiérarchie morale et la hiérarchie pratique.*

Quoique un tel classement ne puisse jamais prévaloir, ni seulement s'accomplir, on doit toujours le concevoir autant que possible, afin de l'opposer sagement à la hiérarchie réelle, où la puissance, même accidentelle, influe encore davantage que le propre mérite. Les prêtres de l'Humanité, dignement assistés des femmes, appliqueront cette opposition à modifier l'ordre effectif, d'après un contraste irrécusable, dont l'autorité morale sera directement sanctionnée par l'éducation universelle, et souvent proclamée dans le culte correspondant. Sa réalité fondamentale, qui n'écarte que les exigences pratiques, doit procurer à ce type abstrait une efficacité que ne comportait point la critique fondée sur le classement confus et incertain propre à l'avenir théologique. Quand la société n'admettra d'autre providence que la sienne, elle semblera, d'ordinaire, assez disposée à réaliser une telle hiérarchie pour réagir sur ceux qui en sentent le mieux l'impossibilité. Toutefois, cette réaction normale devra toujours respecter les lois naturelles relatives à la répartition de la grandeur et de la richesse, en s'efforçant d'améliorer leur exercice spontané, mais sans troubler leur destination pratique. Cette indispensable conciliation exige que le classement abstrait se borne aux individus, en laissant un libre cours à la subordination concrète des divers offices. La vraie prééminence personnelle est tellement rare que la vie sociale se consumerait en débats stériles et interminables si l'on prétendait conférer toujours chaque fonction à son meilleur organe, de manière à déposséder souvent le fonctionnaire primitif, sans égards aux conditions d'exercice. Une telle tendance serait profondément perturbatrice, même dans la hiérarchie spirituelle, où l'aptitude est mieux jugeable. Mais il y a toujours beaucoup d'avantages moraux, sans aucun danger politique, à manifester, en chaque cas décisif, combien diffèrent l'ordre de puissance et l'ordre de mérite. L'estime ainsi accordée au plus digne ne compromet point l'autorité du plus puissant. Quoique saint Bernard fût plus considéré qu'aucun pape contemporain, il savait, comme simple abbé, respecter toujours la hiérarchie ecclésiastique. Saint Paul avait déjà caractérisé encore mieux un tel devoir, en reconnaissant la suprématie officielle d'un apôtre (1) dont il ne pouvait se dissimuler l'infériorité d'esprit et de cœur. Toutes les corporations régulières,

---

(1) Saint Pierre. (*N. des édit.*)

civiles ou militaires, offrent, à un moindre degré, de fréquents exemples d'une semblable conciliation entre l'ordre abstrait des individus et l'ordre concret des offices. Le contraste des deux classements cesse alors d'être subversif, et concourt au perfectionnement moral de tous, en même temps qu'il vérifie l'imperfection nécessaire d'un organisme aussi compliqué.

Ainsi, la religion de l'Humanité suscite un pouvoir intellectuel et moral qui suffirait pour nous gouverner si notre existence se trouvait affranchie de toute grave nécessité matérielle. Malgré l'imperfection réelle de toute notre nature, la sociabilité y prévaudrait par son propre charme, si des besoins irrésistibles n'y venaient sans cesse stimuler la personnalité. Sous leur impulsion prépondérante, notre existence est nécessairement dominée par une activité égoïste, à laquelle la raison, l'imagination, et même le sentiment, doivent subordonner leur essor direct. Dès lors, le double pouvoir qui semblait destiné à diriger ne doit plus tendre qu'à modifier. Son élément affectif subit aisément cette nécessité, parce que le cœur s'efforce toujours de réaliser le bien, quand il en connaît les vraies conditions. Mais l'esprit ne saurait être aussi sage, et il se résigne difficilement à servir au lieu de régner. Sa vaine ambition trouble davantage le monde que celle qu'il reproche tant à la grandeur et à la richesse. Notre principal embarras consiste aujourd'hui à la régler, en lui assurant une légitime satisfaction, pour que le pouvoir théorique soit vraiment modérateur sans vouloir jamais devenir directeur. Cette transformation fondamentale, impossible à l'antiquité, où l'esprit fut toujours oppresseur ou opprimé, dut avorter au moyen âge, sous un régime encore théologique et militaire. Le positivisme peut l'accomplir, d'après sa réalité caractéristique, dans un milieu où prévaut l'existence industrielle. Suivant son exacte appréciation de l'ensemble de nos vraies destinées, il doit enfin régénérer la politique en la réduisant au culte actif de l'Humanité, comme la morale en constitue le culte affectif, et la science avec la poésie le culte contemplatif. Telle sera la principale mission du nouveau sacerdoce occidental, convenablement assisté des femmes et des prolétaires.

168. — *Les droits et les devoirs. Nul ne possède d'autre droit que celui de faire son devoir.*

Cette régénération décisive consiste surtout à substituer toujours les devoirs aux droits, pour mieux subordonner la personnalité à la sociabilité. Le mot *droit* doit être autant écarté du vrai langage politique que le mot *cause* du vrai langage philosophique. De ces deux notions théologico-métaphysiques, l'une est désormais immorale et anarchique, comme l'autre irrationnelle et sophistique. Également incompatibles avec l'état final, elles ne convenaient, chez les modernes, qu'à la transition révolutionnaire, par leur action dissolvante sur le système antérieur. Il ne put exister de droits véritables qu'autant que les pouvoirs réguliers émanèrent de volontés surnaturelles. Pour lutter contre ces autorités théocratiques, la métaphysique des cinq derniers siècles introduisit de prétendus droits humains, qui ne comportaient qu'un office négatif. Quand on a tenté de leur donner une destination vraiment organique, ils ont bientôt manifesté leur nature anti-sociale, en tendant toujours à consacrer l'individualité. Dans l'état positif, qui n'admet plus de titres célestes, l'idée de *droit* disparaît irrévocablement. Chacun a des devoirs, et envers tous ; mais personne n'a aucun droit proprement dit. Les justes garanties individuelles résultent seulement de cette universelle réciprocité d'obligations qui reproduit l'équivalent moral des droits antérieurs, sans offrir leurs graves dangers politiques. En d'autres termes, nul ne possède plus d'autre droit que celui de toujours faire son devoir. C'est uniquement ainsi que la politique peut enfin se subordonner réellement à la morale, suivant l'admirable programme du moyen âge. Le catholicisme ne put que poser vaguement cette immense question sociale, dont la solution, incompatible avec tout principe théologique, appartient nécessairement au positivisme.

Pour y parvenir, il fait consister la politique à servir l'Humanité, c'est-à-dire à seconder artificiellement les diverses fonctions, d'ordre ou de progrès, que le Grand-Être accomplit naturellement. Cette destination finale du nouveau culte en constitue la plus importante partie, sans laquelle toutes les autres se trouveraient insuffisantes, et deviendraient bientôt illusoires. Le véritable amour ne se borne point à souhaiter le bien ; il pousse à le réaliser autant que possible. En nous prescrivant d'étudier et de célébrer l'Humanité, ce n'est pas seulement pour nous procurer les douces satisfactions inhérentes à la contemplation et à l'expansion. Il a surtout en vue de nous disposer à mieux servir cet Être-Suprême, dont la conservation et le perfectionnement exigent de nous une activité continue. Une telle destination forme le principal caractère du culte final. Car l'ancien Grand-Être n'avait, au fond, aucun besoin réel de nos services quelconques. Aussi le quiétisme constitua-t-il toujours l'imminente dégénération de tout culte théologique, surtout depuis le monothéisme. Il ne put être contenu que quand la sagesse sacerdotale, heureux organe de l'instinct universel, profita du vague de ces théories pour prescrire l'activité. Or cette salutaire transformation ne comportait une haute efficacité qu'autant que le sacerdoce conservait une pleine indépendance sociale. Depuis que le catholicisme en est privé par l'usurpation temporelle, les tendances quiétistes, qu'il ne pouvait contenir qu'artificiellement, ont repris leur cours naturel chez la plupart de ses vrais sectateurs. Au contraire, dans le positivisme, la doctrine elle-même pousse directement à la plus vaste activité, indépendamment de toute sollicitude sacerdotale. Cette stimulation spontanée et continue résulte aussitôt de la nature relative et dépendante du nouveau Grand-Être, composé de ses propres adorateurs.

169. — *Le sentiment social comprend : la solidarité entre tous les hommes et surtout la continuité entre toutes les générations.*

Le principal caractère de ce service fondamental, qui sanctifiera toute notre existence, consiste dans une immense coopération dont aucun organisme moins compliqué e peut suggérer l'idée. Ce consensus, également relatif au temps et à l'espace, suscite les deux degrés nécessaires du sentiment social, appréciant d'abord la solidarité actuelle et ensuite la continuité historique. L'étude approfondie de chaque phénomène social, statique ou dynamique, y manifestera toujours le concours, direct ou indirect, de toutes les existences contemporaines et de toutes les générations antérieures, entre certaines limites, géographiques et chronologiques, qui s'écartent à mesure que le Grand-Être se développe. Incontestable envers nos pensées et nos affections, cette coopération nécessaire doit convenir encore davantage à nos actions, dont les résultats exigent un concours plus complet. C'est ce qui fait le mieux sentir combien est fausse, autant qu'immorale, la notion du *droit* proprement dit, qui suppose toujours l'individualité absolue. La subordination réelle de la politique à la morale résulte directement de ce que tous les hommes doivent être conçus, non comme autant d'*êtres* séparés, mais comme les divers *organes* d'un seul Grand-Être. Aussi, dans toute société régulière, chaque citoyen fut-il toujours érigé en un fonctionnaire public, remplissant, bien ou mal, son office, spontané ou systématique. Ce principe fondamental n'a jamais été méconnu empiriquement que pendant la longue transition révolutionnaire qui s'achève maintenant, et où les abus d'une organisation devenue rétrograde suscitèrent une anarchie alors progressive, mais aujourd'hui contraire à son but initial. Le positivisme le mettra hors de toute atteinte en lui procurant une pleine systématisation, d'après l'ensemble des connaissances réelles.

Cette démonstration décisive deviendra la base rationnelle de l'autorité morale du nouveau sacerdoce, seul apte à faire exactement apprécier, en chaque cas, la vraie coopération, pour déterminer nettement les devoirs correspondants. Sans son intervention scientifique, complétée par son office esthétique, le sentiment social ne pourrait jamais se développer assez pour modifier profondément la conduite habituelle. Car il resterait ainsi borné à la simple solidarité actuelle, qui n'en constitue que l'essor rudimentaire. Nos plus purs socialistes fournissent aujourd'hui trop d'exemples de cette déplorable restriction, qui, laissant le présent sans racines antérieures, nous précipiterait vers un avenir indéterminé. Dans chaque phénomène social, surtout moderne, les prédécesseurs participent davantage que les contemporains. Les travaux matériels, dépendant d'un plus vaste concert, sont encore plus propres à confirmer l'intime réalité d'une telle appréciation. Cette continuité nécessaire manifeste mieux que la simple solidarité combien la vie collective est seule réelle, la vie individuelle ne pouvant exister que par abstraction. Notre sociabilité en tire son principal caractère : car beaucoup d'autres animaux sentent la coopération simultanée, tandis que nous seuls apprécions et développons la coopération successive, première source de notre évolution graduelle. Le sentiment social reste donc très imparfait, et fort stérile, ou même perturbateur, quand il se borne aux relations actuelles. Toutes les aberrations hostiles à une hérédité quelconque reposent aujourd'hui sur ce vicieux dédain de la continuité historique. Car la science réelle manque seule à nos utopistes sincères pour confesser et apprécier cette erreur radicale. L'hérédité collective, qu'on ne peut sérieusement contester, les conduirait bientôt à mieux juger l'hérédité individuelle, ou plutôt domestique. Mais, à mesure que la pratique les poussera à se rapprocher de la réalité, ils reconnaîtront que la solidarité ne peut pas même être assez sentie sans la continuité. En effet, d'une part, l'initiation personnelle reproduit spontanément les principales phases de l'évolution sociale, dont la marche générale est donc indispensable à chacun pour comprendre sa propre histoire. D'une autre part, tous les états successifs du Grand-Être se retrouvent aujourd'hui chez les diverses populations qui n'y sont pas encore incorporées ; en sorte qu'on ne peut sympathiser dignement avec elles, sans respecter d'abord la chaîne des temps occidentaux. Nos généreux socialistes ou communistes, surtout prolétaires, sentiront bientôt le vice et le danger de cette double inconséquence, et ils s'efforceront de combler une lacune mentale qui paralyse leurs efforts moraux. Les prêtres de l'Humanité feront encore mieux accueillir l'ensemble des études historiques chez l'élément le plus pur et le plus spontané du pouvoir modérateur. Car les femmes sont naturellement disposées à apprécier une continuité dont elles constituent la première source.

170. — *Les fonctions du nouveau pouvoir spirituel. Séparation complète entre le spirituel et le temporel, la théorie et la pratique, le conseil et le commandement.*

Le vrai sentiment social, d'abord de solidarité, et puis surtout de continuité, ne peut donc se raffermir et se développer sans cette grande base scientifique, qui dépend nécessairement de l'ensemble des spéculations positives. Tel est le premier fondement, à la fois rationnel et affectif, de l'inévitable séparation des deux puissances élémentaires dans le régime final. A mesure que le perfectionnement social deviendra le principal but de notre activité, on sentira davantage que l'on ne peut modifier de tels phénomènes sans en connaitre les lois naturelles. Or leur étude ne saurait émaner que d'une classe éminemment contemplative, vouée à cette difficile appréciation, et investie de l'autorité consultative qui en résulte, comme de l'office didactique indispensable à sa destination. Si, envers les moindres arts, la raison occidentale a déjà reconnu que la théorie ne peut être cultivée et enseignée que par des penseurs étrangers à la pratique, elle ne saurait tarder à prescrire plus fortement une semblable division pour l'art le plus difficile et le plus important. Une telle sagesse prévaudra nécessairement sur toutes les tendances contraires, quand on concevra partout les phénomènes correspondants comme assujettis à d'invariables lois, dont la complication et la dépendance supérieures constituent de nouveaux motifs d'en concentrer l'étude chez les vrais philosophes.

Cette séparation systématique devient aussi la base nécessaire de la saine politique moderne sous un second aspect fondamental, comme autant indispensable à la digne activité personnelle qu'à la sage coopération sociale. En effet, le Grand-Être n'est pas moins caractérisé par l'indépendance de ses divers éléments, individuels ou plutôt domestiques, que par leur concours universel. Si l'ordre exige surtout cette dernière condition, le progrès s'y rapporte davantage à l'autre. Or ces deux nécessités, également impérieuses, se trouvaient inconciliables dans l'antiquité, d'après la confusion radicale entre le pouvoir spirituel et le pouvoir temporel, toujours émanés des mêmes organes, sacerdotaux ou guerriers. L'indépendance y était habituellement sacrifiée au concours, tant que l'état subsistait. C'est pourquoi le sentiment du progrès y resta inconnu, même aux utopistes. Aucune conciliation ne put surgir entre ces deux conditions, jusqu'à ce que le moyen âge suscitât une admirable tentative pour séparer la puissance modératrice d'avec le pouvoir directeur, afin que la politique se subordonnât à la morale. Dès lors, le concours dépend surtout d'une libre adhésion, du cœur et de l'esprit, à une doctrine universelle qui impose, sans arbitraire, des règles générales de conduite, autant relatives au commandement qu'à l'obéissance. C'est surtout ainsi que, malgré son extrême imperfection mentale et sociale, cette première ébauche comportait déjà de précieux résultats, moraux et politiques. La plus énergique indépendance put alors se combiner avec le plus entier dévouement, chez tous les vrais types chevaleresques. Aucune classe occidentale ne resta étrangère à ce nouveau mélange entre la dignité personnelle et la fraternité universelle. Cette combinaison est si conforme à notre nature, qu'elle se réalisa bientôt sous la première systématisation qui put l'instituer. Sa conservation empirique, malgré de graves altérations, survécut ensuite au déclin nécessaire des croyances correspondantes, surtout chez les populations préservées du protestantisme. Par là, le moyen âge rendit possible la théorie générale du grand organisme, en dissipant l'opposition radicale qu'offraient jusqu'alors ces deux attributs caractéristiques. Ainsi, la même évolution qui réduisit le théologisme à l'unité provisoire d'où date son déclin, prépara de loin l'avènement nécessaire de l'unité plus complète et plus réelle qui doit présider au régime final.

Mais, malgré le mérite, et même l'efficacité, de cette ébauche prématurée, elle ne put instituer une solution décisive, incompatible avec l'esprit et le caractère d'un tel âge intermédiaire. Le principe théologique et l'activité militaire repoussaient également cette séparation normale des deux puissances théorique et pratique. Elle ne put alors obtenir, pendant quelques siècles, une existence précaire et insuffisante que d'après une sorte d'équilibre spontané, toujours flottant entre la théocratie et l'empire. Au contraire, l'esprit positif et le caractère industriel tendent naturellement vers une telle division, qui, enfin systématisée, garantit aux modernes la conciliation fondamentale de l'indépendance avec le concours. D'abord, cet état final présente, comme le régime catholique, et à un plus haut degré, l'avantage de soumettre la conduite de tous à des règles fondées sur la persuasion ou la conviction, sans aucune origine oppressive. Mais la nature de la nouvelle foi, toujours susceptible de démonstration, rendra cette spiritualité très supérieure à l'ancienne, autant en dignité qu'en stabilité. Car la discipline catholique n'avait pu éviter l'arbitraire qu'en substituant des volontés surnaturelles aux simples commandements humains. Quelques ressources que comportât un tel antagonisme, la vraie liberté n'y pouvait être assez garantie, puisqu'on devait ainsi obéir toujours à des ordres inexplicables, dont la source était seule changée. Les efforts ultérieurs des métaphysiciens pour fonder notre dignité sur la soumission aux lois comportaient encore moins de succès. Car ils tendaient finalement à rétablir l'antique empire des volontés arbitraires, alors dépouillées seulement de la sanction théocratique qui les avait rendues à la fois plus respectables et moins capricieuses. Cette conciliation entre l'indépendance et le concours, qui constitue la vraie liberté, ne peut se réaliser qu'en obéissant à des lois objectives, dégagées de toute inspiration subjective, et dès lors accessibles toujours à de véritables démonstrations. Tel sera l'immense bienfait social du génie scientifique convenablement étendu aux phénomènes les plus complexes et les plus importants. L'homme n'est plus alors l'esclave de l'homme : il ne cède qu'à une nécessité extérieure, que subissent aussi ceux qui la proclament ; ces ordres émanés du dehors ne nous dégradent jamais, même quand ils sont inflexibles. Mais la nouvelle sagesse nous apprend d'ailleurs, qu'ils sont presque toujours modifiables, surtout en ce qui concerne nos plus éminents attributs. Alors notre dignité cesse d'être passive, et nous vouons toute notre existence, individuelle ou collective, au perfectionnement continu d'un système dont nous sommes les chefs réels. Les lois naturelles qui le constituent deviennent la base nécessaire de notre active intervention, soit en dirigeant nos efforts, soit en fixant nos desseins. Mieux elles seront connues, plus notre conduite s'affranchira de tout commandement arbitraire et de toute obéissance servile. A la vérité, ces règles extérieures peuvent rarement être assez déterminées pour dispenser, en chaque cas, des prescriptions impératives. C'est alors au cœur qu'il appartient de suppléer, de part et d'autre, à l'insuffisance de l'esprit, en disposant à accomplir par affection les injonctions trop peu motivées. Sans pouvoir éviter toujours les volontés arbitraires, il suffit à notre dignité qu'elles soient subordonnées à l'uniformité des lois extérieures, et que la raison et le sentiment tendent constamment à en réduire le domaine journalier. Or cette double condition est certainement remplie par l'ensemble du régime positif, où la vie industrielle et l'esprit scientifique concourent à rendre chacun de plus en plus indépendant de tout caprice individuel en même temps que mieux adhérent à l'organisme universel. Le positivisme garantit donc la liberté et la dignité en leur donnant pour base inébranlable l'assujettissement des phénomènes sociaux, comme de tous les autres, à des lois naturelles, modifiables, entre certaines limites, par notre sage activité, surtout collective. Il ne faut attendre, au contraire, qu'oppression et dégradation de toutes les utopies métaphysiques où l'on suppose la société indéfiniment livrée, sans aucune impulsion spontanée, aux volontés législatives, et où le concours ne s'obtient qu'en étouffant l'indépendance, comme dans l'antiquité.

C'est ainsi que le culte final systématise l'existence active du Grand-Être, d'après l'ensemble de ses lois naturelles, soit en y complétant l'instinct de la solidarité par le sentiment de la continuité, soit en conciliant l'indépendance inévitable de ses divers organes avec leur concours indispensable. Alors la politique peut enfin se subordonner réellement à la morale, parce que le devoir remplace le droit. Le pouvoir théorique proclame des règles irrécusables, où la raison et le sentiment concourent toujours pour modifier l'activité. Quels que soient les organes du pouvoir pratique, son exercice se trouve constamment moralisé. Tous les systèmes métaphysiques se bornent, au contraire, à régler l'accès ou l'étendue de chaque autorité, sans fournir ensuite aucun principe de conduite, ni d'appréciation.

171. — *Les fonctions des capitalistes ou chefs temporels.*

De l'ensemble du culte actif de l'Humanité, il faut maintenant passer à sa division essentielle, pour achever de caractériser la séparation normale qui constitue le principe fondamental de la politique positive.

L'activité continue du Grand-Être se rapporte ou à sa condition extérieure ou à sa propre nature. Quoique chacune de ces deux grandes fonctions concerne à la fois l'ordre et le progrès, la première est surtout relative à la conservation, et la seconde au perfectionnement. Cet immense organisme doit d'abord, comme tout autre, agir sans cesse sur le milieu correspondant, pour maintenir et étendre son existence matérielle. Sa vie pratique est donc vouée surtout à satisfaire ces besoins irrésistibles, qui exigent la reproduction permanente d'abondants matériaux. Cette élaboration perpétuelle tend bientôt à dépendre davantage du concours successif des générations que du concours simultané des individus. Même dans ces fonctions grossières, mais indispensables, nous travaillons surtout pour nos successeurs, et nos principales satisfactions proviennent de nos prédécesseurs. Chaque génération produit, au delà de ses propres besoins, des richesses matérielles destinées à faciliter le travail et à préparer la subsistance de la suivante. Les organes de cette transmission deviennent ainsi les chefs naturels de l'élaboration industrielle, où les avantages attachés à la possession de ces instruments et provisions ne peuvent être compensés que par une incapacité exceptionnelle. Cet ascendant pratique s'établit d'autant mieux que les capitaux tendent naturellement à s'accumuler chez les administrateurs prudents et habiles.

Tels sont les chefs temporels de la société moderne. Le culte final doit les consacrer comme les organes nutritifs du Grand-Être, soit qu'ils recueillent et préparent les matériaux assimilables, soit qu'ils les distribuent partout, sous l'impulsion continue d'un appareil central. Fiers de leur importance directe et journalière, poussés d'ailleurs par les instincts personnels qui seuls peuvent, d'ordinaire, stimuler leur activité soutenue, ils tendent naturellement à abuser de leur prépondérance pratique pour imposer le joug d'une ignoble nécessité, inaccessible au sentiment et à la raison. Leur empire spontané a donc besoin d'être sans cesse modéré par le concours des forces morales. Telle est la principale destination politique de la seconde fonction générale du Grand-Être.

172. — *Réaction nécessaire des forces morales sur les forces matérielles.*

Directement relative à son perfectionnement propre, même physique, mais surtout intellectuel et moral, cette existence cérébrale y semble d'abord réduite, comme dans les organismes inférieurs, à seconder l'élaboration nutritive. Néanmoins, elle développe bientôt un charme qui lui est propre, et d'où résulte notre principal bonheur. Alors nous concevrions, au contraire, la vie humaine comme destinée au libre essor de la raison, de l'imagination, et surtout du sentiment, si les exigences pratiques ne nous ramenaient sans cesse à une triste activité. Ne pouvant jamais prévaloir, cette éminente fonction, outre ses satisfactions directes, devient notre principale ressource, d'abord spontanée, puis systématique, pour régler l'action plus ou moins aveugle des organes nutritifs, par le concours habituel de l'esprit avec le cœur. La source la plus pure et la plus naturelle de cette réaction morale consiste dans l'influence féminine, qui représente l'existence affective du cerveau individuel. Mais elle ne comporte une pleine efficacité que d'après sa combinaison avec la puissance philosophique, laquelle, malgré sa faible énergie directe, devient aussi indispensable à l'organisme collectif que l'est, pour l'individu, l'office spéculatif du cerveau. A ces deux éléments nécessaires du pouvoir modérateur, la maturité du Grand-Être en joint un troisième, qui complète cette organisation et constitue la principale base de son intervention politique, en faisant enfin surgir la fonction active du cerveau social, l'influence prolétaire.

De cet élément complémentaire dépend, en effet, la seule solution possible du grand problème humain, l'ascendant de la sociabilité sur la personnalité. Exclu du pouvoir pratique, par son défaut de loisir et de richesse, il y est pourtant indispensable pour l'exécution des travaux d'où émane la prépondérance temporelle. Lié au pouvoir théorique, d'après des goûts semblables et des situations analogues, il en attend surtout une éducation systématique, dont il éprouve profondément le besoin, comme source de dignité et d'amélioration autant que de bonheur direct. Malgré le temps qu'ils absorbent, les travaux populaires laissent une grande disponibilité à des esprits qui, ne pouvant se restreindre à de telles spécialités, aspirent ordinairement aux vues générales, en y demandant toujours le concours de l'utilité avec la réalité. En même temps, les cœurs prolétaires, étrangers à d'ardentes préoccupations de grandeur ou de richesse, sont mieux disposés à l'essor habituel des sentiments généreux, dont leur existence manifeste davantage le charme et l'efficacité. Ne pouvant prévaloir que par le nombre, le peuple tend plus à l'union que ses chefs temporels, dont chacun possède une prépondérance matérielle qu'il suppose irrésistible, et qui pousse à l'isolement. C'est ainsi que le pouvoir modérateur trouve naturellement, auprès des puissances pratiques dont il doit modifier l'ascendant spontané, un énergique auxiliaire, pleinement accessible à l'influence morale, dont il devient le plus ferme appui. A la fois spécial et général, actif et spéculatif, sans cesser d'être éminemment affectif, le peuple constitue l'intermédiaire nécessaire entre l'autorité théorique et l'autorité pratique, auxquelles il se lie presque également, soit pour l'éducation et le conseil, soit pour le travail et l'assistance. Il représente l'énergie du Grand-Être, comme les femmes sa tendresse et les philosophes sa raison.

173. — *Sanctions propres à limiter et à réfréner les abus des capitalistes.*

La réaction systématique de cette triple influence cérébrale doit d'abord respecter les fonctions indispensables de l'appareil nutritif, avant de procéder à leur moralisation. Elle ne doit les régler qu'en les ennoblissant, d'après leur saine appréciation continue. Sans doute, il faut surmonter le vain orgueil, aussi irrationnel qu'immoral, qui dispose les chefs temporels de la société moderne à se regarder comme les créateurs et les arbitres de la puissance matérielle fondée par l'ensemble de leurs contemporains et de leurs prédécesseurs. Mais, en les érigeant désormais en vrais fonctionnaires publics, chargés de l'administration des capitaux et de la direction des travaux matériels, il faut honorer et consolider leur précieux office, au lieu de le dégrader ou de le comprimer. La séparation normale des deux puissances y conduit aussitôt, en rendant surtout morale leur responsabilité habituelle, qu'une métaphysique subversive conçoit toujours comme politique. Quand le nouveau sacerdoce aura épuisé, auprès d'eux, les moyens de conviction et de persuasion résultés de l'éducation universelle, il pourra recourir au blâme systématique, auquel l'adhésion populaire et la sanction féminine procureront, dans chaque cité, et autour de chaque foyer, une redoutable efficacité. Pour réprimer les déviations extrêmes, ce moyen normal pourra s'étendre jusqu'à l'excommunication sociale, qui, en cas opportun, deviendra, par ce double appui, plus décisive qu'au moyen âge, où le pouvoir modérateur n'était qu'ébauché. Mais, même alors, la répression doit rester purement morale. Si, par une exception qui deviendra de plus en plus rare, l'abus exige quelques mesures politiques, le pouvoir temporel en sera seul juge.

174. — *Dans le nouveau régime, la richesse peut être transmise par hérédité.*

Malgré les récriminations métaphysiques contre la transmission héréditaire des richesses matérielles, cette discipline morale contiendra presque toujours les principaux abus de ce mode naturel. En substituant les devoirs aux droits, on s'inquiète peu des possesseurs actuels d'une force quelconque, pourvu que l'exercice en soit bien réglé. Le positiviste fera d'ailleurs ressortir les avantages sociaux d'un tel mode, envers des fonctions qui, n'exigeant aucune rare capacité, comportent mieux le simple apprentissage domestique. Surtout sous l'aspect moral, les hommes toujours habitués à la richesse sont plus susceptibles de générosité que ceux qui l'ont lentement amassée, même avec loyauté. Ainsi, le mode qui, au début, s'appliquait à toutes les fonctions, peut indéfiniment convenir à celles qui supposent le moins d'habileté spéciale, quand elles se bornent à la conservation des capitaux, sans participer à leur emploi. Si on instituait d'autres conservateurs, le service public n'en serait pas mieux garanti. L'industrie moderne a déjà constaté la supériorité administrative des directeurs privés, auxquels tendent à passer tous les offices sociaux qui comportent une telle transformation, interdite seulement envers les fonctions théoriques, à jamais investies du caractère collectif. D'envieuses déclamations contre les fortunes héréditaires ne sauraient empêcher leurs possesseurs de devenir souvent les plus utiles organes de l'Humanité, pourvu qu'une sage éducation, convenablement assistée par l'opinion universelle, y dispose au bien d'heureux naturels. Malgré la pauvreté propre aux trois éléments nécessaires du pouvoir modérateur, ce n'est point dans leur sein que surgiront ces vaines récriminations, à moins que quelques membres n'y méconnaissent la dignité et les conditions de leur commun office, affectif, spéculatif, ou actif.

175. — *Responsabilité matérielle des capitalistes.*

Les seuls intérêts matériels que la force morale doive débattre avec la puissance politique se trouvent réglés par deux principes généraux, résultés d'une exacte appréciation de l'ordre naturel. D'une part, *l'homme doit nourrir la femme;* d'une autre part, *la classe active doit nourrir la classe contemplative.* Telles sont les deux conditions fondamentales qu'impose, évidemment, la nature du Grand-Être, afin que ses fonctions affectives ou spéculatives puissent dignement s'accomplir. Le bonheur privé et le bien public dépendent tant de la prépondérance du sentiment sur la raison et sur l'activité, qu'elle ne sera jamais trop achetée, au prix de l'inaction industrielle d'une moitié de notre espèce. Chez les moindres tribus, le sexe actif accepte, à cet égard, une obligation continue, qui distingue toujours l'amour humain, même le plus grossier, du simple appétit animal. A mesure que le Grand-Être se développe, cette condition d'existence s'y prononce davantage et s'y satisfait mieux. Le culte final l'érige en devoir fondamental, dont rien ne saurait habituellement dispenser, ni l'individu, ni l'espèce. Quant à l'autre condition, l'ancien sacerdoce l'a depuis longtemps consacrée; et l'anarchie actuelle la respecte essentiellement, là du moins où le protestantisme n'a pas trop laissé prévaloir l'individualité. En la systé-

matisant comme indispensable aux fonctions théoriques
de l'Humanité, on devra plutôt la restreindre que l'étendre, surtout par comparaison au régime antérieur, où la
richesse seconda beaucoup la dégénération spontanée du
catholicisme. Pour que la séparation normale des deux
puissances soit pleinement établie, il importe que les
nouveaux philosophes restent toujours aussi étrangers à
la fortune qu'à la domination. Si les prêtres de l'Humanité doivent être autant exclus que les femmes de toute
autorité pratique, ils ne doivent pas être plus riches que
les prolétaires, en proportion des convenances propres
à leur office social. C'est à ce double titre qu'ils pourront
proclamer dignement des opinions et des conseils dont
la pureté ne sera jamais douteuse.

Dans leur administration normale de la commune
richesse, les chefs temporels devront donc satisfaire à
ces deux conditions nécessaires, pour le règlement privé
des salaires industriels et la rétribution publique des
travaux théoriques. Quelque difficile que puisse aujourd'hui sembler leur accomplissement habituel, c'est à ce
prix légitime que l'équilibre pratique deviendra stable.
Les possesseurs actuels d'une prééminence qui ne peut
plus reposer sur de vains droits personnels pourront
déclarer inacceptable un tel programme. En ce cas, leurs
fonctions passeront, d'une manière quelconque, à de
nouveaux organes, jusqu'à ce que le Grand-Être ait
trouvé des serviteurs qui ne reculent pas devant leur
office fondamental, condition nécessaire de la prééminence qu'ils poursuivent. Mais, entre ces justes limites,
leur salutaire prépondérance sera chérie et respectée,
comme indispensable à la suprême existence. L'esprit
et le cœur s'accorderont pour dissiper partout les ignobles passions et les doctrines subversives que suscite
aujourd'hui une puissance qui, depuis le déclin de la
discipline catholique, prétend rejeter toute véritable

obligation morale, au nom de ses titres chimériques. Elle sentira bientôt que de telles prescriptions, qui laissent à chacun le mérite d'une exécution volontaire, permettent seules aux riches d'éviter la tyrannie politique qui les menace aujourd'hui. Alors la libre concentration des fortunes sera généralement appréciée comme indispensable à leur pleine efficacité, surtout sociale ; car de grands devoirs supposent de grandes forces.

176. — *Rapports normaux entre philosophes, prolétaires et capitalistes.*

C'est ainsi que les prêtres de l'Humanité accompliront la régénération morale de la puissance matérielle, afin que l'appareil nutritif fonctionne convenablement pour tous les organes du Grand-Être. Renonçant alors à des luttes trop légitimes, mais passagères, le peuple développera dignement ses dispositions naturelles à la vénération, en devenant d'ordinaire aussi subordonné à ses chefs temporels que confiant envers ses chefs spirituels. Les prolétaires sentiront que le vrai bonheur, nullement propre à la richesse, dépend surtout des satisfactions intellectuelles, morales, et sociales, auxquels ils sont mieux appelés que leurs supérieurs. Il renonceront sans regret aux jouissances de cupidité et de domination, qui constituent la récompense naturelle des instincts d'où émane la stimulation pratique. Après le consciencieux accomplissement de son office spécial, chacun d'eux n'aura d'autre ambition que de remplir dignement sa fonction générale comme auxiliaire actif du pouvoir théorique, en concourant, par de sages discussions journalières, à former la véritable opinion publique. Éclairé sur les vraies conditions du gouvernement spirituel, le peuple n'accordera sa confiance qu'à un sacerdoce toujours disposé à subordonner l'esprit au cœur, en garantissant la moralité de la science réelle par une constante abnégation temporelle. Si une vicieuse ambition entraînait quelques philosophes à de vaines prétentions politiques, les prolétaires sauraient leur appliquer énergiquement la doctrine universelle pour maintenir le juste ascendant de l'autorité pratique. Quoique l'art doive toujours subordonner à la science ses inspirations générales, lui seul doit pourtant diriger l'application quelconque des théories positives. L'incapacité pratique des théoriciens, déjà reconnue envers les moindres arts, sera dès lors systématiquement proclamée, surtout pour les fonctions politiques. Aux philosophes, l'éducation, et, par suite, le conseil ; aux chefs industriels, l'action, et d'abord le commandement : telle est la répartition normale que le peuple saura faire également respecter partout, comme indispensable à l'harmonie du Grand-Être.

177. — *Évolution des devises révolutionnaires.*

Le culte actif de l'Humanité, complétant son culte contemplatif et affectif, fixe donc le vrai caractère général de la seule réorganisation politique qui puisse terminer la grande révolution occidentale. Mais cette rénovation finale de toutes les institutions sociales ne peut directement commencer aujourd'hui, puisqu'elle exige la reconstruction préalable des opinions et des mœurs, qui demande au moins une génération, d'après les bases philosophiques que le positivisme a déjà posées. Dans cet intervalle, la politique doit donc rester essentiellement provisoire, quoique dominée par la considération de l'état final. Il n'y a maintenant de reconnu que le principe affectif du nouveau régime, la subordination continue de la politique à la morale. Elle constitue, en effet, le vrai sens organique de la proclamation, désormais irrévocable, de la République française, consacrant toutes les existences quelconques au service de l'Humanité. Quant à la systématisation qui peut seule réaliser ce principe fondamental, le positivisme en a posé les bases, mais la raison publique ne les a pas encore adoptées. Toutefois, on doit espérer la prochaine consécration, surtout spontanée, de la devise qui caractérise cette nouvelle philosophie politique.

178. — *Première devise : Liberté, Égalité.*

Destinée à manifester une irrévocable renonciation au régime ancien, mais sans pouvoir aucunement indiquer la nature de l'état final, la partie négative de la révolution se résuma tout entière dans une devise profondément contradictoire, *Liberté, Égalité*, qui repoussait toute organisation réelle. Car un libre essor développe nécessairement les différences quelconques, surtout mentales et morales ; en sorte que, pour maintenir le niveau, il faut toujours comprimer l'évolution. Mais cette incohérence radicale n'altérait point l'énergie négative de cette formule initiale, où la haine du passé suppléait à la conception de l'avenir. Sa tendance progressive modérait alors sa nature anarchique, au point d'inspirer la première tentative directe pour fonder la vraie politique sur l'ensemble de l'histoire, dans l'ébauche immortelle (1), quoique avortée, qu'essaya mon éminent précurseur Condorcet. Ainsi, la prépondérance finale de l'esprit historique s'annonçait déjà sous le principal ascendant d'un esprit anti-historique.

La longue rétrogradation qui dut suivre cet ébranlement décisif ne comporta jamais de véritable devise,

---

(1) *Tableau historique des progrès de l'esprit humain.* — Bibliothèque positiviste, 1900. Seule Édition complète. — 5 francs. (*N. des édit.*).

d'après la secrète antipathie qu'elle inspira toujours aux têtes pensantes et aux cœurs énergiques. Elle ne pouvait laisser d'autres résultats durables que l'universelle conviction, d'abord expérimentale, puis systématique, de l'impuissance organique de la métaphysique révolutionnaire, et l'élaboration historique qui concourut à préparer le positivisme par une première appréciation du moyen âge.

179. — *Deuxième devise : Liberté, Ordre public.*

Quand une mémorable secousse eut terminé cette réaction rétrograde, commencée par Robespierre, développée par Bonaparte, et prolongée par les Bourbons, la halte équivoque qui vient de finir fit surgir une nouvelle devise passagère. La célèbre formule *Liberté, Ordre public*, qui prévalut ainsi pendant une demi-génération, caractérisa fidèlement le milieu social d'où elle émanait. Sa signification fut d'autant plus réelle que sa source fut purement spontanée, sans jamais susciter aucune sanction solennelle. Elle indiquait une raison publique qui, ne voyant sur aucun drapeau la vraie formule de l'avenir social, se bornait à prescrire la conciliation des deux conditions indispensables à sa préparation. Cette seconde devise se rapprocha davantage que la première du but organique de la révolution. On y élimina la notion antisociale d'égalité, dont tous les avantages moraux se retrouvent, sans aucun danger politique, dans le sentiment indestructible de la fraternité universelle, qui, en Occident, n'a plus besoin, depuis le moyen âge, d'être distinctement formulé. La grande notion de l'ordre s'y trouvait empiriquement introduite, avec la réserve propre à un temps où l'anarchie des esprits et des cœurs prescrivait de se borner à l'ordre matériel, intérieur et extérieur.

180. — *Troisième et dernière devise* : *Ordre et Progrès.*

Cette devise provisoire ne pouvait suffire depuis que l'ascendant politique du principe républicain nous ouvre directement la partie positive de la révolution (1), déjà commencée, pour les vrais philosophes, quand je fondai la véritable science sociale. Mais, en abandonnant une telle formule, la raison publique ne saurait la remplacer par une consécration rétrograde de celle qui ne convenait qu'à l'ébranlement initial. Quoique le défaut total de convictions sociales explique maintenant cette sorte de résurrection officielle, elle n'empêchera point les bons esprits et les cœurs honnêtes d'adopter spontanément la devise systématique de l'avenir, *Ordre et Progrès*. Son caractère, à la fois philosophique et politique, a été assez expliqué, dans la seconde partie de ce Discours, pour que je doive ici me borner à indiquer sa filiation et son avènement. Elle se rattache à la précédente, ainsi que celle-ci se liait à la première, par l'un des éléments de cette combinaison sociale, nécessairement binaire comme toute autre quelconque, même inorganique. D'ailleurs, elle consacre aussi, à sa manière, la notion commune aux deux autres, puisque tout progrès suppose la liberté. Mais elle accorde directement à l'ordre la prééminence qui lui convient, et sans laquelle il ne peut embrasser l'ensemble de son domaine naturel, à la fois public et privé, théorique et pratique, moral et politique. En y associant le progrès, comme but et manifestation de l'ordre, elle proclame une notion qui, préparée par l'ébranlement initial, dominera la terminaison organique de la révolution occidentale. La conciliation, jusqu'alors impossible, de ces deux grands attributs, est déjà systématisée pour tous les esprits

(1) La République de 1848. (*N. des édit.*).

avancés. Quoique la raison publique ne l'ait pas encore sanctionnée, tous les vœux spontanés s'y rapportent depuis la dernière phase de la rétrogradation. Un contraste décisif annonce son prochain avènement, d'après la coïncidence croissante qui se manifeste maintenant entre les tendances rétrogrades et les tendances anarchiques, de plus en plus liées aux mêmes inspirations.

181. — *Nécessité d'une politique provisoire pendant la période de transition. Le nouveau gouvernement doit être confié à trois prolétaires.*

Mais en supposant accompli, à cet égard, ce qui n'est encore que présumé, une telle combinaison de la devise systématique de l'avenir avec son principe fondamental ne saurait suffire pour commencer aujourd'hui la politique définitive, qui suppose la terminaison préalable de l'interrègne spirituel. Pendant la génération qu'exige cette grande élaboration, où tous les esprits et tous les cœurs, surtout prolétaires et féminins, doivent assister le sacerdoce philosophique, il faut donc instituer une politique ouvertement provisoire, destinée à maintenir, au dedans et au dehors, l'ordre indispensable à la transition occidentale. Le positivisme suffit aussi à cet office exceptionnel, d'après son exacte appréciation historique des deux états entre lesquels il doit ménager un intermédiaire passager.

Sa solution consiste à ériger aujourd'hui un nouveau gouvernement révolutionnaire, aussi adapté à la partie positive de la révolution que le fut, pour la partie négative, l'admirable création politique de la Convention. Il est caractérisé par une intime conciliation entre le plein essor de la liberté d'exposition ou de discussion et la prépondérance pratique du pouvoir central, dignement régénéré. L'examen, oral ou écrit, y devient complètement libre, soit en supprimant une oppressive législation, fiscale ou pénale, réduite désormais à l'obligation de tout signer ; soit en brisant l'ignoble mur élevé par les psychologues contre l'appréciation privée des hommes publics ; soit surtout en détruisant le double budget officiel, théologique ou métaphysique, qui seul empêche aujourd'hui la vraie liberté d'enseignement. D'après cette garantie fondamentale, le pouvoir central ne pouvant plus inspirer de sérieuses inquiétudes de rétrogradation, sa prépondérance nécessaire sur le pouvoir local acquerra, sans danger, l'intensité qu'exige aujourd'hui le maintien de l'ordre matériel au milieu de l'anarchie mentale et morale. C'est pourquoi l'assemblée française, réduite à environ deux cents membres, ne conserverait d'autres attributions que le vote annuel de l'impôt proposé par le comité gouvernant, et l'appréciation des comptes antérieurs. Toutes les mesures politiques, tant législatives qu'exécutives, appartiendraient au pouvoir central, assujetti seulement à les soumettre d'avance à la libre discussion des journaux, des réunions populaires, et des penseurs isolés, sans que cette universelle consultation lui imposât jamais aucune entrave. Ayant ainsi garanti la tendance toujours progressive du comité directeur, il reste à le composer de façon à y assurer un caractère toujours pratique, indispensable à sa destination transitoire. C'est ce qu'indique aussi la théorie positive, en choisissant, parmi les prolétaires, les seuls hommes d'État qui puissent aujourd'hui succéder dignement à ceux de la Convention. Le pouvoir central serait donc conféré à trois gouverneurs populaires, qui réuniraient toutes les attributions ministérielles aux fonctions royales, en dirigeant, l'un le dedans, l'autre le dehors, et le troisième les finances. Ils convoqueraient et dissoudraient, sous leur responsabilité morale, l'assemblée locale, où, sans aucune prescription formelle, prévaudraient bientôt les chefs industriels, pour un office gratuit, toujours conforme à leurs occupations journalières. Dans les mutations personnelles propres à cette transition, ce petit nombre de directeurs maintiendrait assez la continuité, en permettant de représenter distinctement la phase antérieure, la tendance prochaine, et la situation présente.

Quoique nécessairement révolutionnaire, ce gouvernement provisoire se rapproche autant que possible de l'état normal. La suprématie purement temporelle qui le caractérise, n'offre de vraiment exceptionnel que le choix de ses organes, ainsi émanés d'une classe régulièrement étrangère au pouvoir pratique, finalement réservé à ses chefs industriels. Mais la nécessité de cette unique anomalie ressort tellement de la question actuelle que son application, d'ailleurs très circonscrite, ne saurait susciter aucune dégénération réelle des mœurs populaires. Puisqu'il s'agit surtout de moraliser la vie active, il faut bien accorder la prépondérance politique à l'élément pratique le mieux accessible, d'esprit et de cœur, à l'influence morale. Son ascendant politique, en laissant un libre essor à ses chefs civils, préparera leur avènement normal, en leur faisant sentir le besoin d'une intime régénération, privée et publique, sans laquelle ils resteraient indignes de leur suprématie finale. En même temps, l'influence consultative se trouve ainsi introduite régulièrement dans le gouvernement moderne. Purement spontanée d'abord, elle y deviendra de plus en plus systématique, à mesure que s'accomplira la libre rénovation philosophique sur laquelle reposera le régime définitif.

Cette nouvelle politique provisoire est d'autant plus conforme à sa destination que, quoique inspirée par l'urgence de la situation française, elle convient aussi à toutes les populations assez avancées pour que la grande crise s'y soit déjà caractérisée. Ainsi, dès son début, la seconde partie de la révolution se montre ouvertement occidentale, tandis que la première devait être seulement nationale. La nature prolétaire du nouveau pouvoir central indiquera partout un tel caractère, puisque cette suprématie révolutionnaire appartiendra à la classe la mieux affranchie de toute antipathie locale, et la plus disposée, d'esprit comme de cœur, à l'union universelle. Même quand ce régime se bornerait à la France pendant quelques années, il aura bientôt régénéré, dans tout l'Occident, l'ancienne diplomatie.

Tels sont les avantages essentiels qu'une fondation systématique doit procurer au second gouvernement révolutionnaire, tandis que le premier ne put émaner que d'une appréciation empirique, rectifiée par l'instinct progressif de la Convention.

On trouvera déjà, sur ce sujet, des indications plus complètes dans le *Rapport* spécial que publia, en août 1848, la Société Positiviste (1).

182. — *Le Comité positif occidental, organe du nouveau pouvoir spirituel.*

Le calme intérieur étant ainsi assuré autant que la paix extérieure, malgré le prolongement de l'anarchie mentale et morale, l'immense élaboration régénératrice pourra s'accomplir activement, d'après une liberté philosophique désormais inaltérable. Pour y mieux procéder, il importera que son essor soit assisté par l'association,

---

(1) Reproduit dans la *Revue occidentale*, n° de juillet 1889, p. 91. Sur la même question, lire un article et un document publiés par Pierre Laffitte dans la *Revue occidentale*, n° de janvier 1890, p. 70. (*N. des édit.*)

à la fois philosophique et politique, que le dernier volume de mon ouvrage fondamental annonça, en 1842, sous le titre caractéristique de *Comité positif occidental*. Siégeant surtout à Paris, il se compose, dans son noyau primitif, de huit Français, sept Anglais, six Allemands, cinq Italiens, et quatre Espagnols. Ce nombre initial suffit pour que tous les éléments principaux de chaque population occidentale s'y trouvent représentés. Ainsi, sa partie germanique admettrait un Hollandais, un Prussien, un Suédois, un Danois, un Bavarois, et un Autrichien. De même, le Piémont, la Lombardie, la Toscane, l'État Romain, et le pays Napolitain, y fourniraient les organes de l'Italie. Enfin, la Catalogne, la Castille, l'Andalousie, et le Portugal, y caractériseraient assez la population ibérique.

Cette sorte de concile permanent de la nouvelle Église doit admettre tous les éléments nécessaires du pouvoir modérateur, et même il doit s'adjoindre ceux des organes du pouvoir directeur dont la régénération personnelle est assez avancée pour seconder dignement la rénovation universelle. Dès son début, il comprendra donc des praticiens comme des théoriciens. La coalition fondamentale entre les philosophes et les prolétaires s'y manifestera surtout, sans exclure les autres adhésions sincères, même émanées des classes en décadence. Pour correspondre dignement à sa destination principale, il admet, à plus forte raison, le troisième élément général du pouvoir modérateur, le mieux apte à y représenter la prépondérance fondamentale du cœur sur l'esprit. Aux trente membres précédents, il faut donc joindre six dames d'élite, deux françaises et une de chaque autre branche occidentale. Outre leur influence normale, leur participation spéciale y devient indispensable pour faire convenablement pénétrer le positivisme chez nos frères méridionaux, suivant le noble office que je réservais à ma sainte collègue, ravie d'avance au comité rénovateur où elle eût si dignement siégé.

Pendant que les divers gouvernements nationaux maintiendront partout l'ordre matériel, ces libres précurseurs du régime final présideront à l'élaboration occidentale qui dissipera graduellement l'interrègne spirituel, seul obstacle essentiel à la régénération sociale. Ils devront donc seconder le développement et la propagation du positivisme, ainsi que son application croissante, par tous les moyens honorables dont ils pourront disposer. Outre l'enseignement, oral et écrit, populaire et philosophique, ils s'efforceront surtout d'inaugurer autant que possible le culte final de l'Humanité, déjà susceptible d'ébauche immédiate, au moins quant au système de commémoration. Leur influence politique pourra même indiquer directement l'occidentalité caractéristique du nouveau régime, en faisant partout adopter quelques mesures communes, dont l'utilité est reconnue depuis longtemps, mais qui n'ont jamais prévalu, faute d'un organe central, supérieur aux rivalités nationales.

183. — *La République occidentale. Ses principales institutions : la marine, la monnaie, le collège, la bannière religieuse, le drapeau politique.*

Telle serait surtout l'institution d'une marine occidentale, noblement destinée, soit à l'universelle police des mers, soit aux explorations théoriques ou pratiques. Librement recrutée et dotée dans les cinq branches de la grande famille, elle remplacerait dignement une admirable chevalerie maritime, tombée avec le catholicisme. Son pavillon constituerait naturellement la première manifestation solennelle de la commune devise positiviste.

Cette première mesure caractéristique en susciterait

naturellement une seconde, dont l'importance n'est pas plus contestée, et qui pourtant n'a pu encore se réaliser, d'après l'anarchie occidentale résultée de la décadence politique du catholicisme. Elle consisterait à faire sanctionner, par les divers pouvoirs temporels, la monnaie commune destinée à faciliter, dans tout l'Occident, les transactions industrielles. Trois sphères, pesant chacune cinquante grammes, respectivement formées d'or, d'argent, et de platine, offriraient assez de variété pour une semblable destination. Le grand cercle parallèle à la petite base plate y reproduirait la devise fondamentale. A son pôle, figurerait l'immortel Charlemagne, comme fondateur historique de la République occidentale, dont le nom entourerait cette vénérable image. Une telle mémoire, également chère à tout l'Occident, fournirait, dans l'ancienne langue commune, la dénomination usuelle de la monnaie universelle.

A cette double indication d'un service qui populariserait bientôt le comité rénovateur, il serait ici superflu d'ajouter aucune mention spéciale des diverses opérations qui se rapportent directement à sa principale destination. J'y dois pourtant signaler la libre fondation d'un collège occidental propre à constituer le noyau systématique d'une véritable classe contemplative. Destinés au sacerdoce final, ces nouveaux philosophes devraient surtout se recruter parmi les prolétaires, sans toutefois exclure aucune vocation réelle. Ils introduiraient l'enseignement septenaire du positivisme dans toutes les localités disposées à l'accueillir. En outre, ils fourniraient de libres missionnaires qui prêcheraient partout la doctrine universelle, même hors des limites occidentales, suivant la marche indiquée ci-dessous. Un tel office serait beaucoup secondé par les voyages habituels des prolétaires positivistes.

Pour mieux concevoir cet enseignement transitoire,

on peut déjà consulter la seconde édition du *Rapport* sur l'École positive, publié, dès 1849, par la Société positiviste (1).

Outre ces diverses mesures spéciales, je dois ici indiquer davantage une institution générale, également relative au régime normal et à la transition finale. Elle concerne le drapeau systématique, à la fois occidental et national, dont la nécessité se fait déjà sentir instinctivement, pour remplacer partout des emblèmes rétrogrades sans adopter aucune bannière anarchique. La transition organique ne serait pas dignement inaugurée si, dès son début, on n'y voyait point prévaloir les couleurs et les devises propres à l'état définitif.

Pour déterminer le drapeau politique, il faut d'abord concevoir la bannière religieuse. Tendue en tableau, elle représentera, sur sa face blanche, le symbole de l'Humanité, personnifiée par une femme de trente ans tenant son fils entre ses bras. L'autre face contiendra la formule sacrée des positivistes : *L'Amour pour principe, l'Ordre pour base, et le Progrès pour but*, sur un fond vert, couleur naturelle de l'espérance, propre aux emblèmes de l'avenir.

Cette même couleur convient seule au drapeau politique commun à tout l'Occident. Devant flotter en pavillon, il ne comporte aucune peinture, alors remplacée par la statuette de l'Humanité, au sommet de son axe. La formule fondamentale s'y décompose, sur les deux faces vertes, dans les deux devises qui caractérisent le positivisme : l'une politique et scientifique, *Ordre et Progrès* ; l'autre morale et esthétique, *Vivre pour autrui*. Si la première doit être préférée par les hommes, la seconde convient seule aux femmes, qui pourront ainsi

(1) Reproduit dans la *Revue occidentale*, n° de septembre 1883, p. 153. (*N. des édit.*).

prendre enfin une digne part à nos manifestations sociales.

De ce drapeau occidental, on déduit aisément celui qui distinguera chaque nationalité, en y ajoutant une simple bordure, aux couleurs actuelles de la population correspondante. En France, où doit surgir l'initiative décisive d'une telle innovation, cette bordure offrirait donc nos trois couleurs, dans l'ordre maintenant usité, mais avec prépondérance du milieu blanc, pour honorer notre ancien drapeau. L'uniformité et la variété se trouvant ainsi combinées heureusement, la nouvelle occidentalité annoncerait dignement son aptitude nécessaire à respecter scrupuleusement jusqu'aux moindres nationalités, dont chacune conserverait ses emblèmes propres sans altérer le symbole commun. Tous les signes accessoires, qui partout dérivent du drapeau principal, subiraient naturellement la même transformation.

En proposant une telle symbolisation, proclamée, depuis deux ans, dans mon cours hebdomadaire, j'indique ici la fonction la plus immédiate du comité positif, celle qui annoncerait le mieux l'ensemble de sa libre intervention.

Quoique cette association régénératrice doive acquérir graduellement une immense extension, il importe que son noyau central reste toujours borné à ses trente-six membres primitifs, sauf le double complément signalé ci-après. Chacun d'eux pourrait ensuite fonder, chez ses compatriotes, une corporation plus nombreuse, susceptible elle-même d'un pareil mode d'accroissement. Par ces affiliations successives, dont les degrés sont presque illimités, on assurerait mieux l'unité et l'homogénéité de l'Église positive, sans nuire à sa consistance ni à son activité. La régénération finale serait assurée, quand cette adhésion volontaire comprendrait la partie prépondérante de chaque élément occidental.

Dans cette marche graduelle, les nombres assignés ici aux diverses nationalités n'y représentent que le concours plus ou moins prochain de leurs organes d'élite. Ce traité expliquera l'ordre, un peu différent, suivant lequel, d'après l'ensemble du passé, les cinq masses occidentales participeront au mouvement positiviste. Il se distingue du précédent en ce que l'Italie s'y élève au second rang, et l'Espagne au troisième ; l'Angleterre descendant au dernier. La troisième édition de mon *Calendrier positiviste* motive déjà cette importante modification, dont la pleine justification appartient naturellement au quatrième volume de ce traité (1).

184. — *La nouvelle doctrine convient aux hommes de toutes les races et de tous les climats, mais leur adhésion volontaire ne peut se produire qu'avec une vitesse inégale.*

Ce mouvement décisif, qui doit finalement embrasser toute notre espèce, recevra spontanément une première extension normale, en passant, de l'Occident, aux populations dont il fut la source moderne, et chez lesquelles l'indépendance politique n'a pu dénaturer la filiation sociale. A ce titre, le comité occidental proprement dit s'adjoindra bientôt douze membres coloniaux, quatre pour chacune des deux Amériques, deux pour l'Inde, et deux pour l'Océanie, soit hollandaise, soit espagnole.

Ainsi parvenu à quarante-huit membres, le comité positif complètera ensuite sa composition normale en s'incorporant peu à peu douze associés extérieurs, destinés à y représenter les diverses populations retardées. Chacune d'elles doit subir, à son tour, la régénération finale, dont l'Occident prendra seulement, sous la prési-

(1) Dans le tome IV du *Système de Politique positive*, c'est l'Allemagne qui est placée au dernier rang. (*N. des édit.*).

dence française, l'initiative nécessaire. Il importe beaucoup de ne point introduire trop tôt une telle expansion, qui, mal conçue, altèrerait la netteté et l'énergie de l'impulsion rénovatrice. Mais il ne faut pas oublier que le Grand-Être ne sera pleinement formé que d'après l'universelle assimilation de ses organes quelconques. Entre la simple nationalité, que le génie social de l'antiquité ne dépassa jamais, et l'Humanité définitive, le moyen âge a institué un intermédiaire trop méconnu aujourd'hui, en fondant une libre occidentalité. Notre premier devoir politique consiste maintenant à la reconstruire sur des bases inébranlables, en réparant l'anarchie suscitée par l'extinction du régime catholique et féodal. A mesure que cette systématisation s'accomplira, elle indiquera partout que l'occidentalité constitue seulement une dernière préparation à la véritable Humanité, toujours pressentie dès notre berceau, mais impossible jusqu'ici, même en idée, tant que le théologisme et la guerre ont prévalu. Les lois fondamentales de l'évolution humaine, qui posent la base philosophique du régime final, conviennent nécessairement à tous les climats et à toutes les races, sauf de simples inégalités de vitesse. Ces retards explicables doivent se compenser désormais par un essor mieux systématisé, exempt des dangers et des oscillations propres à la marche originale, laquelle ne pouvait être qu'empirique, puisque son appréciation a seule indiqué la loi commune. En exerçant désormais, envers nos frères arriérés, cette sage et généreuse intervention, l'Occident ouvrira le plus noble champ à l'art social, dignement fondé sur la science réelle. Toujours relatives sans être arbitraires, et jamais indiscrètes quoique zélées, ces réactions naturelles, à la fois privées et publiques, nationales et occidentales, constitueront un système moral et politique très supérieur au prosélytisme théologique ou militaire. Elles susciteront un jour la principale occupation du comité positif, quoiqu'il ne doive leur accorder d'abord qu'une attention secondaire.

Cette extension graduelle commencera nécessairement par le reste de la race blanche, partout supérieure aux deux autres. Son incorporation finale au Grand-Être offrira trois phases essentielles, deux monothéiques et une polythéique, dont chacune facilitera la suivante, et qui représenteront d'ailleurs la propagation orientale du mouvement rénovateur.

Quoique l'immense agrégation russe soit restée étrangère à l'initiation catholique et féodale que nous devons au moyen âge, son christianisme, malgré la confusion fondamentale des deux puissances, l'érige aujourd'hui en avant-garde de l'Orient monothéique. Le mouvement occidental y recevra sa première extension décisive suivant deux intermédiaires naturels, l'un religieux, l'autre politique, la Grèce, et surtout la Pologne. Cette propagation ne pourrait être gravement retardée que par une véritable séparation de ces appendices hétérogènes.

Après une telle expansion, la rénovation finale s'étendra aux monothéistes musulmans, d'abord en Turquie, puis en Perse. Le positivisme y trouvera naturellement des sympathies que le catholicisme ne comportait pas, et qui sont déjà très sensibles. Par une honorable transmission de la science grecque, la civilisation arabe figurera toujours parmi les éléments essentiels de notre grande préparation au moyen âge.

Une dernière extension, dont les racines spontanées existent déjà, incorporera au Grand-Être l'immense population polythéique qui complète la race blanche. La persistance exceptionnelle du régime théocratique n'empêchera pas le positivisme de trouver, dans l'Inde, sous l'assistance naturelle de la Perse, de véritables points de contact. C'est le privilège nécessaire d'une doctrine qui, toujours attentive à l'ensemble de l'évolution humaine, sait apprécier dignement les plus antiques systèmes de sociabilité.

En ébauchant ces trois degrés de propagation, le comité positif s'adjoindra la première moitié de ses associés extérieurs, par l'admission successive d'un Grec, d'un Russe, d'un Égyptien, d'un Turc, d'un Persan, et enfin d'un Hindou.

Malgré son polythéisme opiniâtre, la race jaune est partout modifiée maintenant sous l'influence monothéique, soit chrétienne, soit surtout musulmane. D'après cette préparation spontanée, le comité positif y pourra bientôt trouver assez d'adhésions pour s'associer, presque à la fois, un Tatar, un Chinois, un Japonais, et un Malais.

Il complètera enfin son organisation fondamentale en s'adjoignant deux représentants de la race noire, l'un émané de la portion qui sut énergiquement briser un monstrueux esclavage (1), l'autre de celle restée encore étrangère à l'ascendant occidental (2). Quoique notre orgueil suppose celle-ci condamnée à une irrévocable stagnation, sa spontanéité la disposera mieux à accueillir la seule philosophie qui puisse apprécier le fétichisme, origine nécessaire de toute l'évolution préparatoire.

Le comité positif atteindra probablement cette composition finale de soixante membres avant la terminaison de l'interrègne spirituel au centre du Grand-Être. Mais, quand même la réorganisation temporelle seconderait ensuite, autant que possible, cette vaste opération philosophique, les cinq phases nécessaires, qu'offrira successivement une telle expansion, ne permettent pas de la supposer décisive avant deux siècles. Toutefois, cet

(1) Haïti. (N. des édit.).
(2) Afrique centrale. (N. des édit.).

office systématique comportera bientôt une efficacité croissante, soit pour la préparation directe des populations retardées, soit surtout en confirmant la famille d'élite dans sa nouvelle foi, ainsi appelée à manifester son universalité caractéristique.

185. — *La religion de l'Humanité. Par son élévation morale, sa supériorité intellectuelle, son efficacité sociale et politique, elle peut résoudre le grand problème des temps modernes.*

Sans attendre cette active comparaison avec toutes les phases diverses du régime préliminaire, le régime final est assez caractérisé maintenant pour permettre à nos esprits et à nos cœurs de commencer l'entière rénovation énergiquement préparée par nos précurseurs révolutionnaires. Leur haine du passé les empêchait de concevoir l'avenir. Désormais, au contraire, l'esprit historique et le sentiment social se fortifient mutuellement. Toujours dominés par l'instinct de la continuité, sans lequel la solidarité reste insuffisante, nous ne nous élançons vers l'avenir qu'en nous appuyant sur le passé, dont notre culte final honore toutes les phases. Loin de restreindre notre énergie rénovatrice, cette sincère et complète justice, que nous seuls pouvons rendre sans inconséquence, achève notre émancipation, en nous dispensant de toute concession actuelle envers des systèmes épuisés. Appréciant mieux leur nature et leur destination que ne peuvent le faire leurs empiriques sectateurs, nous voyons, en chacun d'eux, une préparation, indispensable mais passagère, au système définitif, qui doit remplir à la fois tous ces offices partiels.

Comparée surtout à la dernière synthèse qui ait régi la famille d'élite, la systématisation nouvelle se présente déjà, dans ce Discours, simple prélude d'un grand traité,

comme plus réelle, plus complète, et plus durable.
Toutes les qualités propres à l'admirable régime du
moyen âge sont consolidées et perfectionnées par le positivisme, qui seul conduit enfin l'esprit à accepter irrévocablement la juste domination du cœur. Nos pieux et
chevaleresques ancêtres ont, à nos yeux, appliqué dignement la meilleure doctrine que comportât leur temps.
Ces éminents prédécesseurs se trouveraient aujourd'hui
dans nos rangs, et y proclameraient la désuétude finale
de leur philosophie provisoire, graduellement dégénérée
en symbole de rétrogradation et source de discorde.

Parvenue à son entière unité, aussi spontanée que systématique, notre doctrine comporte maintenant un
parallèle direct qui fera sentir aux esprits droits et aux
cœurs purs sa supériorité nécessaire, autant pour l'affection et l'imagination que pour la raison et l'activité.
L'ensemble de la vie, privée ou publique, devient ainsi,
encore davantage que sous le polythéisme, un véritable
culte continu, toujours inspiré par l'amour universel.
Toutes les pensées, tous les sentiments, et tous les actes
s'y rapportent sans effort à un même Grand-Être, éminemment réel, accessible, et sympathique, en tant que
composé de ses propres adorateurs, quoique évidemment
supérieur à chacun d'eux. Sa seule notion résume l'ensemble du passé, mental et social, comme supposant
l'irrévocable décadence du théologisme et de la guerre,
incompatibles avec toute véritable universalité théorique
et toute activité vraiment commune. En faisant partout
prévaloir la morale spontanée, cette religion finale régénère directement la philosophie, la poésie, et la politique, toujours consacrées, suivant leur vraie connexité,
à étudier, célébrer, et servir l'Humanité, l'être le plus
relatif et le plus perfectible. Ainsi devenue synthétique,
la science réelle se sanctifie en construisant, d'après
l'ensemble des lois extérieures et intérieures, la base

objective qui seule peut contenir la fluctuation naturelle de nos opinions, la versatilité de nos sentiments, et l'irrésolution de nos desseins. Investie enfin de son office social, la poésie devient à jamais l'occupation favorite de toutes les intelligences, en idéalisant tous les aspects du Grand-Être pour lui exprimer dignement une gratitude publique et privée d'où nous retirons une intime amélioration.

Mais, en développant tout le charme propre à cette étude et à cette célébration, la nouvelle religion, toujours caractérisée par la réalité et l'utilité, ne comportera aucune dégénération ascétique ni quiétiste. L'amour qui y préside ne saurait être passif : il ne stimule la raison, et surtout l'imagination, que pour mieux diriger l'activité, d'où émana la positivité, étendue ensuite au domaine contemplatif et enfin à la vie affective. Notre existence est ainsi vouée au perfectionnement continu de l'ordre naturel, d'abord quant à notre condition matérielle, puis quant à notre propre nature, physique, intellectuelle, et morale. Son but caractéristique consiste dès lors dans le progrès moral, à la fois personnel, domestique, et social, comme principale source du bonheur privé et du bien public. Enfin subordonnée à la morale, la politique devient donc notre art fondamental, pour consacrer tous nos efforts au service du véritable Être-Suprême, suivant l'ensemble de ses propres lois naturelles.

Le régime de l'antiquité, surtout romaine, eut pour principal mérite l'active prépondérance de la vie publique, d'après le mode et le degré de coopération convenables à cet état initial, où l'existence domestique ne pouvait encore se régler dignement. Au moyen âge, le catholicisme commença la systématisation directe de la morale universelle, en s'attachant surtout à la vie privée, dont toutes les affections essentielles furent soumises à une admirable discipline, remontant enfin jusqu'aux sources intimes de nos vices et de nos vertus. Mais l'inaptitude sociale de la doctrine dirigeante ne permit alors qu'une solution contradictoire, où l'on s'efforçait de comprimer la personnalité, tout en détournant les hommes de la vie publique, pour vouer chaque existence à la poursuite égoïste d'un but chimérique. Toute l'efficacité passagère de cette grande tentative résulta d'une première séparation entre le pouvoir moral et le pouvoir politique, toujours confondus chez les anciens. Or, une telle division, résultat empirique de l'ensemble de la situation, dut alors avorter, comme aussi contraire à l'esprit de la doctrine qu'au mode de sociabilité. Malgré les sympathies féminines, le régime catholique, où manquait l'énergique assistance des prolétaires, succomba bientôt sous l'usurpation temporelle, secondée par la dégénération sacerdotale.

Cette ébauche prématurée ne peut être dignement reprise et pleinement réalisée que dans le régime positif, qui combine le génie social de l'antiquité avec celui du moyen âge pour accomplir le grand programme politique de la Convention.

La religion finale pose directement le saint problème humain, la prépondérance habituelle de la sociabilité sur la personnalité. Autant que le comporte l'extrême imperfection de notre nature morale, elle le résout d'après l'essor général et continu des affections de famille, qui constituent la seule transition réelle des instincts égoïstes aux sympathies universelles. Pour consolider et développer cette solution radicale, elle établit enfin la séparation normale, à la fois intellectuelle et sociale, entre le pouvoir théorique et le pouvoir pratique : l'un, général et consultatif, ne préside qu'à l'éducation ; l'autre, spécial et impératif, dirige toujours l'action. Tous les éléments sociaux qui sont naturellement exclus du gouvernement proprement dit deviennent les garants nécessaires de cette constitution fondamentale. Organes systématiques du pouvoir modérateur, les prêtres de l'Humanité pourront toujours compter sur l'adhésion féminine et l'assistance populaire, dans leurs luttes légitimes contre le pouvoir directeur. Mais ce double appui ne sera jamais acquis qu'à celui qui, aux conditions intellectuelles prescrites par la nature de l'art à régénérer, saura joindre les qualités morales encore plus indispensables, en prouvant un cœur aussi sympathique que celui de la femme et aussi énergique que celui du prolétaire. La première garantie d'une telle aptitude consiste dans une sincère renonciation au commandement et même à la richesse. Alors la religion nouvelle se substituera définitivement à l'ancienne, comme remplissant mieux toute sa destination réelle, tant sociale que mentale. Tombé à jamais dans le simple domaine de l'histoire, après le polythéisme et le fétichisme, le monothéisme sera incorporé avec eux au système universel de commémoration où le vrai Grand-Être rendra toujours un juste hommage à ses divers précurseurs.

186. — *Tout homme doit maintenant choisir entre le camp, rétrograde et anarchique, des serviteurs d'un Dieu en décadence et le camp, organique et progressif, des serviteurs de l'Humanité.*

Ce n'est donc plus seulement au nom de la raison développée que les positivistes doivent aujourd'hui pousser tous les sectaires équivoques à choisir enfin entre l'absolu et le relatif, entre la vaine recherche des causes et l'étude réelle des lois, entre le régime des volontés arbitraires et celui des nécessités démontrables. Désormais, ce sera surtout le sentiment qui prononcera sur une concurrence destinée à faire prévaloir la vraie sociabilité.

Le monothéisme se trouve aujourd'hui, en Occident, aussi épuisé et aussi corrupteur que l'était le polythéisme quinze siècles auparavant. Depuis l'irréparable déclin de la discipline qui constitua sa principale efficacité morale, sa doctrine si vantée n'aboutit plus qu'à souiller le cœur par une immense cupidité, et à dégrader le caractère par une servile terreur. Toujours hostile à l'imagination, il la força de rétrograder vers le polythéisme et le fétichisme, seules bases possibles de la poésie théologique. Il ne put jamais consacrer sincèrement la vie active, qui n'a surgi qu'en l'éludant ou en le neutralisant. Aujourd'hui, il s'oppose directement à la plus noble activité, celle qui nous pousse à régénérer l'état social, où sa vaine providence empêche de concevoir aucune véritable loi, susceptible de permettre une prévision rationnelle, pour présider à une sage intervention.

Ses sectateurs sincères renonceront bientôt à régir un monde où ils se proclament étrangers. Le nouvel Être-Suprême n'est pas moins jaloux que l'ancien : il n'admet point des serviteurs subordonnés à d'autres maîtres. Mais les plus actifs théologistes, monarchiques, aristocratiques, ou même démagogiques, manquent, depuis longtemps, de bonne foi. Leur Dieu est devenu le chef nominal d'une conspiration hypocrite, désormais plus ridicule qu'odieuse, qui s'efforce de détourner le peuple de toutes les grandes améliorations sociales en lui prêchant une chimérique compensation, déjà discréditée auprès des prolétaires occidentaux, surtout parisiens. Chaque tendance théologique, catholique, protestante, ou déiste, concourt réellement à prolonger et aggraver l'anarchie morale, en empêchant l'ascendant décisif du sentiment social et de l'esprit d'ensemble, qui seuls peuvent reproduire des convictions fixes et des mœurs prononcées. Il n'y a pas maintenant d'utopie subversive qui ne prenne sa base ou sa sanction dans le monothéisme. Le catholicisme a lui-même perdu le pouvoir de contenir, chez ses principaux organes, le développement spontané des diverses aberrations révolutionnaires.

C'est donc au nom de l'ordre, encore plus que du progrès, que nous sommes tous ceux qui veulent sortir d'une désastreuse fluctuation, mentale et morale, de se prononcer nettement entre le théologisme et le positivisme. Il n'y a plus aujourd'hui que deux camps : l'un, rétrograde et anarchique, où Dieu préside confusément ; l'autre, organique et progressif, systématiquement dévoué à l'Humanité.

En concentrant toute notre sollicitude sur l'existence réelle, nous lui attribuerons son entière extension, non seulement présente, mais aussi passée, et même future, toujours soumise à une seule loi fondamentale, qui nous permet d'en saisir familièrement l'ensemble. Plaçant notre principal bonheur dans l'amour universel, nous vivrons le plus possible pour autrui, en liant profondément la vie privée à la vie publique, d'après un culte esthétique dignement subordonné au dogme scientifique. Après avoir ainsi développé, charmé et sanctifié notre existence temporaire, nous aurons mérité une éternelle incorporation au Grand-Être, qui se compose nécessairement de tous les éléments honorables. L'ensemble de son culte nous aura fait sentir l'intime réalité et la douceur incomparable d'une telle identification, inconnue à tous ceux qu'un théologisme quelconque empêche à la fois de concevoir un avenir certain et d'apprécier une sincère abnégation.

EDITIONS

DE LA

REVUE POSITIVISTE INTERNATIONALE

Collection in-8, avec le Frontispice de la BIBLIOTHÈQUE POSITIVISTE.

ONT PARU :

Bibliothèque Positiviste. = BICHAT : ANATOMIE GÉNÉRALE APPLIQUÉE A LA PHILOSOPHIE ET A LA MÉDECINE. Nouvelle édition conforme à celle de 1801. Deux beaux vol. in-8 de 525 p. et 606 p., très bien imprimés. Prix d'édition de l'ouvrage complet : 7 fr. 50, (beau papier ordinaire) ou 11 fr. (papier de luxe), à la librairie Steinheil, rue Casimir-Delavigne, 2, Paris VI°. =: CONDORCET : TABLEAU HISTORIQUE DES PROGRÈS DE L'ESPRIT HUMAIN. Nouvelle édit. complète et conforme à celle (épuisée) de 1847 ; un beau vol. in-8 de 480 p., soigneusement imprimé, édité à 5 fr. chez Steinheil.

Publications Positivistes. = CONSIDÉRATIONS GÉNÉRALES SUR L'ENSEMBLE DE LA CIVILISATION CHINOISE ET SUR LES RELATIONS DE L'OCCIDENT AVEC LA CHINE, par PIERRE LAFFITTE. 1 vol. in-8, de 150 p., édité à 1 fr. 50 (1900). — L'ŒUVRE D'AUGUSTE COMTE ET SON INFLUENCE SUR LA PENSÉE CONTEMPORAINE, par HECTOR DENIS, professeur à l'Université libre de Bruxelles, broch. in-8 éditée à 0 fr. 50 (1901). — MOLIÈRE MORALISTE (Recherches sur le Criterium de la Morale pratique), par JEAN CANORA, broch. de 32 p., édit. à 0 fr. 50 (1901). — LA CRISE MORALE ET LE POSITIVISME, par P. GRIMANELLI, 1 vol. de 400 p., édité à 4 fr. (1904). — TRANSITION, Roman positiviste, par MAURICE AJAM, 1 vol. de 240 p., édité à 3 fr. 50 (1905). — LA GÉOMÉTRIE NON-EUCLIDIENNE DANS SES RELATIONS AVEC LA CONCEPTION INFINITÉSIMALE, par V.-E. PEPIN, broch. de 47 p., éditée à 0 fr. 75 (1906). — ESQUISSE D'UNE HISTOIRE DE L'ÉCONOMIE POLITIQUE, par JOHN KELLS INGRAM, L. L. D. Professeur honoraire du Trinity Collège, Dublin, traduite par V.-E. PÉPIN. 1 vol. de 300 p., éditée à 4 fr. (1907). — LE POSITIVISME ET LE MOUVEMENT SOCIAL, par ÉMILE DELIVET, op. de 32 p., édité à 0 fr. 35 (1907).

SUR LE POINT DE PARAITRE :

LA RÉFORME DE LA MAGISTRATURE, civile et judiciaire, par V.-E. PEPIN, un op. d'environ 120 p.

POUR PARAITRE ULTÉRIEUREMENT :

L'ŒUVRE HISTORIQUE DE CONDORCET, par CONSTANT HILLEMAND, 1 vol. d'environ 250 p. — HISTOIRE BIOGRAPHIQUE DE LA PHILOSOPHIE, par G.-H. LEWES, trad. de PAUL DESCOURS et V.-E. PÉPIN, 1 vol. d'environ 1000 p.

Adresser les demandes et les mandats à Mme veuve Antoine, aux bureaux de la Revue Positiviste Internationale et de la Société Positiviste, 2, rue Antoine-Dubois, Paris, VI°.

Envoi franco au reçu de la valeur en mandat-poste.